决战华东

刘统————著

辽宁人民出版社

© 刘统　　2015

图书在版编目（CIP）数据

决战华东 / 刘统著. — 沈阳：辽宁人民出版社，
2015.1（2021.5重印）

ISBN 978-7-205-08037-2

Ⅰ.①决… Ⅱ.①刘… Ⅲ.①第三次国内革命战争—
史料—华东地区 Ⅳ.①K266.6

中国版本图书馆CIP数据核字(2014)第164764号

出版发行：辽宁人民出版社
　　　　　地址：沈阳市和平区十一纬路25号　邮编：110003
　　　　　电话：024-23284321（邮　购）　024-23284324（发行部）
　　　　　传真：024-23284191（发行部）　024-23284304（办公室）
　　　　　http://www.lnpph.com.cn
印　　　刷：北京长宁印刷有限公司天津分公司
幅面尺寸：170mm×240mm
印　　张：24
字　　数：400千字
出版时间：2015年1月第1版
印刷时间：2021年5月第3次印刷
责任编辑：赵维宁
封面设计：杨　龙
版式设计：琥珀视觉
责任校对：吴艳杰　等
书　　号：ISBN 978-7-205-08037-2
定　　价：75.00元

关于"回顾丛书"

约半年前，艾明秋女士来电，要我"再做点贡献"。小艾是辽宁人民出版社文史编辑室主任，也是我的第一本书《大汉开国谋士群》的责任编辑，我们的合作，非常愉快，进而"成为生活中的益友"（张立宪语）。

对小艾的要求，我一向近乎有求必应。听她谈过初步构想后，觉得挺有意思，可以操作。今年初，辽宁人民出版社副总编辑张洪兄来电，进一步讨论、商定了相关细则。这便是"回顾丛书"的由来。

"回顾丛书"拟每年出一辑，每辑6册左右。以经过时间和市场淘洗的旧书再版为主，新作为辅；以专著为主，文集为辅；以史为主，政治经济军事社会思想文学为辅。入选的各类书籍，都是我所感兴趣的，有料，有趣，有种。回顾的目的，当然是为了更好地前瞻、前行。

太白诗：却顾所来径，苍苍横翠微。2008年初夏，收到首册样书时，欧洲杯激战方酣。去年秋天再版，新书出炉时，我正沿着318国道驱车前往珠峰大本营。此情此景，宛如昨日。我想，再过五年、十年，回过头来看这套"回顾丛书"，又会是什么心境呢？

是为序。

梁由之

夏历癸巳芒种后一日，于深圳天海楼

却顾所来径·苍苍横翠微

目 录

第 1 章
向北发展，向南防御

我军将领们乘美国军用飞机返回前线——中央部署大反攻——陈毅受命回华中——新四军出击大江南北——山东五路大军进展神速——毛泽东决定去重庆谈判——曾克林到延安汇报东北情况——中央决定进军东北——江南地区部队北上

1945 年 8 月 25 日上午，延安东关机场，一架美国军用运输机在轰鸣声中腾空而起，向东方飞去。

这是一次非同寻常的航行，窄小的机舱里拥挤地坐满了二十多人。他们是来延安出席中国共产党第七次全国代表大会的各抗日根据地的代表，有刘伯承、邓小平、陈毅、林彪、陈赓、薄一波、萧劲光、李天佑、邓华、陈锡联、陈再道、宋时轮、滕代远、张际春、杨得志等。此刻，他们都怀着急迫的心情，恨不得马上回到各自的领导岗位。

时局变化得太快了。8 月 8 日，苏联对日本宣战。8 月 9 日，150 余万苏联红军以排山倒海之势，向驻扎在东

◎ 返回战区的指挥员

北的日本"关东军"发起进攻。15 日，日本宣布无条件投降。平静的延安顿时忙碌起来，党中央领导人日夜紧张工作。毛泽东把办公地点从他的窑洞移到枣园小礼堂，一面同各根据地领导人谈话，一面挥笔疾书，起草给各地的电报和指示。小礼堂四周摆上一圈长条靠背木椅，干部们坐在那里等候毛主席的召见，受领任务[1]。

当时中央最重视的是山东和华中根据地。山东是以八路军 115 师为骨干，加上几个分区的地方部队，控制着鲁西南、鲁中、山东半岛等地区，由罗荣桓在那里主持。华中是新四军活动的地区，在苏中、淮北、浙东拥有大片根据地，此时由饶漱石在主持。这两个地区经过八年抗战，已经奠定了坚实的基础，是最有利于我党我军大发展的地方。毛泽东的计划是要抢在国民党军队之前，指挥我军接收日伪占领区，猛烈迅速扩大解放区。他要派最得力的干部去加强和领导那里的工作。

中央经过研究，决定派林彪去山东，让陈毅仍然回华中。对此，林彪是非常满意的。115 师是他的老部队，可以放手去干。而陈毅却有几分顾虑：他不会忘记 1943 年 10 月期间，在盱眙县黄花塘的新四军军部，华中局代理书记、新四军代政委饶漱石发起了一场对他的批判斗争。饶漱石罗织罪名，诬陷陈毅"历史上一贯反对毛主席"，企图把陈毅整倒，排挤出新四军。直到毛泽东来电要陈毅到延安出席党的第七次代表大会，陈毅才得以脱身。但是在延安，毛泽东不愿意听陈毅的申诉，而是要他先做自我批评。陈毅听从了毛泽东的劝告，在整风期间进行了认真的自我检查，在"七大"上被选为中央委员。此时，毛泽东要他回华中工作，陈毅考虑到与饶漱石的关系，坦诚相告：回华中去恐怕没有事情做，不起作用。毛泽东说："怎么不起作用，只要你坐在那里就起作用！"陈毅看毛泽东这样说，就答应下来。为了让陈毅能顺利开展工作，毛泽东于 8 月 26 日在陈毅乘飞机走后致电华中局：

"陈毅同志昨日飞抵太行，转赴华中。陈态度很好，一切问题均谈通。分工：饶为书记及政委，陈为军长及副书记，其余不变。"

在那些日子里，毛泽东和中共中央负责人与各根据地保持着密切联系，频繁往来电报，下达命令，部署反攻和向日伪占领区进军的行动。8 月 11 日，毛泽东起草的《中央关于日本投降后我党任务的决定》中说："目前阶段，应集中主要力量迫使敌伪向我投降，猛力扩大解放区，占领一切可能与必须

[1] 师哲：《在历史巨人身边》第305页，中央文献出版社1991年版。

占领的大小城市和交通要道，夺取武器与资源，并放手武装基本群众，不应稍有犹豫。"8月10日和11日两天，周恩来同志起草了延安总部的第一到第六号命令，以朱德总司令的名义命令解放区各部队前往敌占区接管受降。任弼时同志也为中共中央起草了几份重要指示。8月10日，在致中共中央华中局的电报中，要新四军采取"重点主义"，集中主力占领津浦、沪宁两线，并向长江以南的城市进军。要新四军军部"即日发表江苏、浙江、安徽三个省主席，上海、南京两个市长"。遵照中央指示，华中局书记、新四军政委饶漱石发表粟裕为南京市市长、刘长胜为上海市市长的委任声明。

延安的行动，急坏了在重庆的蒋介石。8月11日，他也连发三道命令。一是要国民党各战区部队"加紧作战努力，一切依照既定军事计划与命令积极推进，勿稍松懈"。二是命令沦陷区伪军"维持治安，保护人民。非经蒋委员长许可，不得擅自迁移驻地"。三是命令第18集团军（八路军）"该集团军所属部队，应就原地驻防待命。政府对于敌军之缴械、敌俘之收容、伪军之处理及收复地区秩序之恢复，均已统筹决定，分令实施。为维护国家命令之尊严，恪守盟邦协议之规定，各部队均勿再擅自行动"。

毛泽东收到蒋介石的电报，怒不可遏。华北、华中、山东大片的敌后抗日根据地，都是共产党领导的八路军、新四军和游击队打出来的。如今胜利到来，不让我军去受降，是何道理？他奋笔疾书，在8月13日以朱德总司令的名义，给蒋介石回电指出："这个命令你是下错了，而且错得很厉害。使我们不得不向你表示：坚决地拒绝这个命令。因为你给我们的这个命令，不但不公道，而且违背中华民族的民族利益，仅仅有利于日本侵略者及背叛祖国的汉奸们。"[1]当天，毛泽东在延安干部会议上发表了长篇讲演《抗日战争胜利后的时局和我们的方针》，提出了"针锋相对，寸土必争"的战斗口号。

但是，怎样与蒋介石进行争夺，中央的考虑还不是很成熟。毛泽东8月12日在给各中央局、各区党委的指示中说："太原以南之同蒲路，郑州以西之陇海路及以南之平汉路，长江以南各要道及大城市根本不作占领计划，而置重点于占领广大之乡村。在城市及要道未取得前，乡村仍是我党的根据地。"[2]同日，陈毅代中央军委起草了给华中局的指示："江南方面立即有计划分路发动进攻，占领吴兴、长兴、宜兴、郎溪诸城镇及太湖西岸各地及浙

---

[1]《毛泽东军事文集》第3卷第24页，军事科学出版社1993年版。
[2]《毛泽东军事文集》第3卷第6页，军事科学出版社1993年版。

西敌区各地。并在以上各地造成一些片的（包括城镇）统一的广大农村局面。对京沪沿线苏州、无锡、武进、镇江、丹阳等城相机占领，不可能时即不要去，能占领时亦不宜作久住之计。江南的任务是占领各城镇后，即放手发动群众，扩大部队武装，囤积资财，布置内战战场。——江北方面，应将津浦路以东、长江以北、陇海以南、运河两岸这块地区打成一片，占领所有城市，解放所有地区，打定长期巩固根据地的基础。"[1]

根据中共中央的指示，各根据地都积极行动起来，向日伪军盘踞的据点和县城发起攻击。在江北，张爱萍指挥新四军4师收复淮北的宿迁、泗县、泗阳三县；罗炳辉指挥新四军2师攻克淮南的定远、嘉山、天长、六合等县城；谭希林指挥新四军7师攻克无为县城；黄克诚指挥新四军3师攻克沭阳、涟水等城。在江南，粟裕、叶飞指挥苏浙军区一、二、三纵队连克长兴、溧水、溧阳、金坛等县，解放了江阴、无锡、常熟三角地带的大多数乡镇。短短一个多月时间，华中、淮北、淮南根据地基本上联成一片，江南、浙西地区根据地也有很大的发展。

山东形势的发展也同样令人振奋。8月10日，中共山东分局书记、山东军区司令员兼政委罗荣桓接到中央指示："山东军区有占领德州、济南、徐州、青岛、连云港及其他大小城市交通要道之任务。"要求他们"迅速进攻与招降伪军，争取群众，扩大部队"，"将山东行政委员会宣布为正式省政府"。罗荣桓立即召集会议，向干部们传达中央指示精神，下达了进军的命令。13日，山东行政委员会宣布改为山东省人民政府，黎玉为主席。山东八路军和地方部队迅速进行整编，组成一线的8个师、12个警备旅。按照鲁中、鲁南、滨海、渤海、胶东五个军分区编成五路大军，动员了十万民工支援，山东大地展现出空前规模的大反攻和大进军的热潮。

鲁中军区部队在王建安、罗舜初指挥下，连克临朐、博山、莱芜、周村、益都等城镇，切断胶济铁路，逼近济南。滨海军区部队在陈士榘、唐亮指挥下，占领日照、青口，切断陇海线东段，逼近海州、连云港；又北上切断胶济线东段，解放胶县。胶东军区部队在许世友、林浩指挥下，解放了威海卫、烟台、蓬莱、即墨等山东半岛大部分城镇，逼近青岛。渤海军区部队在杨国夫、景晓村指挥下，解放了昌邑、临淄、广饶、邹平、吴桥等地，切断了胶济线中段，与鲁中军区部队会合，逼近济南。鲁南军区部队在张光中、王麓水指挥下，

---

 [1]《陈毅军事文选》第333页，解放军出版社1996年版。

切断津浦线，解放泗水、曲阜、台儿庄，逼近兖州。短短半个月内，山东部队战果辉煌，解放了山东境内 40 多个县城，将残存的山东日伪军压缩在胶济、津浦铁路沿线的少数孤立城市中。

　　蒋介石对共产党方面的积极行动感到焦急不安。国民党的精锐部队都远在中、缅边境和云南、四川大后方。要想用西南地区现有的破烂交通工具将如此之多的政府官员、军队运送到东部沿海和平原的各个城市，没有半年十个月是办不到的。而共产党的军队就挨着敌占区，迈开双腿就到。蒋介石必须要想一个冠冕堂皇的办法，阻止共产党的进军。于是，蒋介石在 8 月 14 日、20 日和 23 日连发三封电报，打着"和平建国"的旗号"恳词"邀请毛泽东来重庆谈判。

　　中共中央负责人开会研究对策，毛泽东清醒地分析了蒋介石的有利条件，同时也列举了解放区目前的有利条件。他说："我们现在新的口号是和平、民主、团结（过去是抗战、团结、进步）。和平是能取得的，因为苏美英需要和平，不赞成中国内战。中国人民需要和平。国民党也不能下决心打内战，因为他的摊子未摆好，兵力分散，内部矛盾，加上解放区的存在，我们不易被消灭。"毛泽东估计今年的局面蒋介石还不会发动大规模内战，但很可能是"打打停停，甚至可能要打痛他才能逼他让步"，"不可能设想在蒋的高压下，没有斗争可以取得地位"。所以，毛泽东说："这次谈判应该去，不能拖，而且估计也不会有什么危险。只要我们站稳脚跟，保持清醒的头脑，就不怕一切大风大浪。"经过周密研究，最后大家的意见是周恩来先去重庆，毛泽东随后再去。

　　方针既定，中共中央立即安排有关的准备工作。因为参加中共第七次全国代表大会，各战略区的领导人和主要将领还都在延安。现在迫切要求他们立即回到各自的岗位上去。就在 25 日这天，恰巧美军观察组的飞机要从延安飞往太行山区的黎城县，中央紧急决定，刘伯承、邓小平、林彪、陈毅、陈赓、薄一波等二十几位将领搭乘美军运输机返回各自地区。上飞机之前，刘、邓向毛泽东请示。毛泽东说："我们的口号是和平、民主、团结，首先立足于争取和平，避免内战。我们提出的条件中，承认解放区和军队为最中心的一条。中间可能经过打打谈谈的情况，逼他承认这些条件。你们回到前方，放手打就是了，不要担心我在重庆的安全问题。你们打得越好，我越安全，谈得越好。别的法子是没有的。"

◎ 毛泽东到重庆

　　重庆谈判进行得相当艰苦，国共双方在一系列问题上争论不休。但是谈判桌以外的形势却在迅速地发生着变化。根据延安总部的命令，冀热辽军分区部队于8月中旬开始向东北进军。曾克林率领的部队在苏军配合下打开了山海关，于9月5日到达沈阳。他们在那里收集武器，扩充人马，放手大干起来。苏军统帅部感到不安，决定派人与延安取得联系。9月15日，曾克林与苏军代表一起乘飞机到了延安。

　　听到东北来人的消息，中共中央领导人喜出望外。当天下午，刘少奇主持中央政治局会议，听取曾克林的汇报。曾克林报告了他的部队进入沈阳的经过后，说：东北各地秩序混乱，到处堆积着武器和物资，无人看管，各种轻重武器都可以随便拿。任何人只要不打八路军和中央军的旗号，都可以自由进入东北。乘火车不用买票。在东北扩兵很容易，我们四个连进沈阳，一星期就扩大了四千人，还收编了一万多人的保安队，全都装备了新式武器。我们已经看守了沈阳各重要仓库和工厂，枪有几十万支，大炮有几千门。弹药多的数不清。红军只占领大城市，中小城市和乡村都没有人管。

　　曾克林的汇报让中央领导人精神振奋。16日晚上，中央政治局就东北局势展开热烈讨论。大家一致认为，东北工业基础雄厚，物产丰富，蒋介石还没有派军队进入东北，这是我党占领东北的大好时机。会议通过两项决议：

一、立即成立东北局，以彭真为书记，陈云、程子华、林枫、伍修权为委员，马上随苏军飞机去沈阳。

二、从华中、华北派遣100个团级干部去东北。"不带武器，穿便衣作为劳工到满洲找东北局。"

事不宜迟，9月17日彭真、陈云等搭乘苏军飞机前往东北。刘少奇等中央负责人连续向重庆中共代表团发报，向毛泽东汇报这个重大消息，并商量下一步的行动计划。刘少奇、朱德、任弼时提出党的战略方针应该是"向北发展，向南防御"。为了避免主力分散，处处陷入被动的局面，建议新四军在江南的主力立即转移到江北。从华东、华中抽调十万部队北上。

东北的好消息使毛泽东精神振奋。9月17日，毛泽东、周恩来复电延安，完全同意组建东北局和力争东北的决策。并且指出：东北及热河、察哈尔控制在手，全党团结一致，什么也不怕。9月19日，毛泽东再次电复延安，完全同意"向北发展，向南防御"的战略方针。并对人事安排做了重要调整[1]。

根据毛泽东的指示，刘少奇为中央起草了《目前任务和战略部署》的指示，于9月19日发往各中央分局。指示中说："国共谈判暂时很难有结果。国民党军队在敌伪掩护下业已进入许多大城市及交通要道，并有进入北平、天津之可能。伪军几乎全部为国民党掌握。热河及察哈尔两省我必须全部控制，东北全境我亦有控制可能，但红军在12月初将全部撤离东北，我必须迅速作妥善部署，方能保障我党对于东北的控制。"

为了完成战略目标，中央的部署是："山东主力及大部分干部迅速向冀东及东北出动。第一步，由山东调三万兵力到冀东，协助冀热辽军区肃清伪军，开辟热河工作，完全控制冀东、锦州、热河。另由山东调三万兵力，进入东北发展，并加装备。"

"华东新四军（除五师外），调八万兵力到山东和冀东，保障与发展山东根据地及冀热辽地区。浙东我军即向苏南撤退，苏南、皖南主力即撤返江北。"

"成立冀热辽中央局，并扩大冀热辽军区，以李富春为书记，林彪为司令。罗荣桓到东北工作。将山东局改为华东局，陈毅、饶漱石到山东工作。现在的华中局改为分局，受华东局指挥，其人员另行配备。"

中央指示最后说："全国战略方针是向北发展，向南防御。只要我们能

◎ 刘少奇

控制东北及热、察两省，并有全国各解放区及全国人民配合斗争，即能保障中国人民的胜利。"[1]

此时，陈毅、林彪一行正在向河南濮阳进发。8月25日，他们乘飞机在晋南的黎城机场降落后，即与刘伯承、邓小平告别，在冀鲁豫军区司令员杨得志和一支小分队的护送下，匆匆赶路。9月23日，刘少奇紧急致电冀鲁豫军区司令宋任穷："请设法转告陈毅，因中央有新的部署，决定新四军主力及陈、饶二人均到山东工作，望你及你所率之军事干部取捷径直到山东，接替罗荣桓的职务，以便罗能迅速去东北。林、萧已决定不去山东，直去冀东履行新的任务。"

26日，陈毅和林彪在濮阳获悉中央指示，立即分手。一个向东，一个向北，日夜兼程。各根据地的部队也根据中央"向北发展，向南防御"的战略方针，开始了一场大调动。

罗荣桓在山东正忙得不可开交。9月初，他指挥鲁中部队攻克临沂，并将军区和省委机关迁到那里。就在各分区部队忙于攻占县城乡镇时，又接到中央要求他们派先遣部队渡海北上的命令。9月20日，刘少奇电告山东分局："发展东北控制冀东、热河进而控制东北，除去各地派去之部队和干部外，中央是完全依靠你们及山东的部队和干部。原则上以山东全部力量去完成这个任务，其他各地加以帮助。"要求"罗荣桓及萧华望能很快到东北，林彪到冀东"。9月28日，中央电告罗荣桓："向东北和冀东进兵及运送干部是目前关系全国大局的战略行动，对我党及中国人民今后的斗争，有决定的作用。在目前是时间决定一切，迟延一天即有一天的损失。"第二天下达严厉的命令："必须在二十天至一月内渡过二三万部队和干部，否则决不能完成你们的战

[1]《刘少奇年谱》第496页，中央文献出版社1996年版。

略任务。""必须用全力迅速组织渡海，再不能容许片刻迟缓。"但是，主持山东军区工作的罗荣桓却无法立即动身。因为陈毅还在途中，山东这一摊也很重要，不能扔下就走。再说，罗荣桓的肾病越来越重，已经卧床不起。军令如山，罗荣桓忍着腰痛，调遣人马，一部分由萧华指挥走海路，一部分过黄河北上走陆路，许世友、王建安等留在山东，接受陈毅指挥。

10月5日，陈毅长途跋涉一个多月后，到达临沂。罗荣桓抓紧时间向陈毅交代山东的工作，同时开始组织山东各主力部队进军东北的准备工作。配备干部，整编部队，设置兵站，筹集粮食，制定渡海和陆地行军路线。

10月11日，毛泽东回到延安后，立即部署进军东北的行动。25日，毛泽东又给陈毅、罗荣桓等下达严厉的渡海命令："渡海与野战并重，而渡海最急。""请罗、李精密组织渡海，务使每日不断，源源北运。山东应出之兵，请分别陆行、海运，下月必须出完，并全部到达辽宁省，那边需用至急，愈快愈好。"[1]

这次山东部队的大搬家规模空前，也是争夺东北战略上具有决定性意义的一步。根据东北军区后来的统计，陆续到达东北的山东部队有：

万毅率领的由原滨海支队组成的"东北挺进支队"，约3500人，9月下旬从海路到辽东半岛，10月中旬抵达吉林的磐石、海龙地区。

萧华率山东军区机关人员及部队1000余人，9月下旬从海路到辽东，于10月初到达安东（今丹东市）。

胶东军区副司令吴克华率山东6师及5师两个团，约8000人，9月下旬从海路到辽东，10月24日到达营口地区。

渤海军区司令杨国夫率山东7师三个团，副政委刘其人率三个团，共12000人，从陆路行军，11月分别到达山海关、古北口一带。

山东军区2师罗华生部，约7500人，从海路到辽东，11月上旬到达沈阳以西地区。

山东军区1师梁兴初部，约7500人，走陆路于11月中旬到达锦州以西地区。

山东田松支队约1000人，从海路到辽东，11月中旬到达牡丹江地区。

罗荣桓率山东军区机关直属部队和几个独立营，约4000人，从海路到辽东，11月到达沈阳、安东地区。

最后出发的是鲁中军区司令罗舜初率领的山东3师及鲁中警备第3旅，

---

[1] 东北军区司令部编：《东北三年解放战争军事资料》，军事科学院图书馆藏。

共 9000 余人。从海路到辽东，12 月上旬到达沈阳、鞍山地区[1]。

上述各部队，人数总计约 6 万人。在 1945 年进军东北的十万大军中，除去黄克诚部 3 万多人，山东部队显然是绝对的主力。他们构成了东北野战军的基础，这些经过抗日战争考验的老部队，作风硬朗，战斗力强，在东北解放战争中建立了卓越的功勋。

为了填补上述部队走后留下的空白，大江南北的新四军部队也开始大规模北上。从 9 月下旬开始，罗炳辉率新四军 2 师从高邮地区，张爱萍率领新四军 4 师从泗县地区，谭希林率新四军 7 师从无为地区相继北上到鲁南根据地。新四军江北主力的北上，给华中、淮南根据地造成了兵力不足的空缺，党中央认识到这些根据地的重要性，9 月 26 日指示华中局："粟裕两个旅可作为北进预备队，看山东形势需要时即调赴山东，不需要时，可留华中工作。叶飞一个旅必须留在苏中、苏北，因华中仍须留必要的主力部队。如将来山东方面需要更多兵力，可从华中派些次要的部队北上。因目前谈判已无结果，大的内战可能爆发。那时苏北、皖北在全国战略上仍居很重要地位。"

新四军在江南的部队，也开始陆续北上了。9 月下旬，在江苏宜兴县的张渚镇，新四军 1 师师长、苏浙军区司令员粟裕主持会议，研究北上的行动方案。

粟裕，湖南会同人，1927 年参军，在叶挺部队中任班长。同年 6 月加入中国共产党，8 月参加了著名的南昌起义，后随朱德上了井冈山，成为红军中的一员战将。1934 年，他随方志敏的北上抗日先遣队转战闽浙赣边区，在国民党军队的围攻下，先遣队不幸失利。粟裕率领余部突出重围，在浙江南部山区打游击。在与中央失去联系的情况下，坚持了极其艰苦的三年游击战争。新四军成立后，他率领部队北上苏中，协助陈毅打开了苏中抗日根据地的新局面。在指挥黄桥、车桥等战役中，显示出高超的指挥艺术。在新四军中以擅长运动战、歼灭战闻名。1944 年底，为了迎接抗日战略反攻，他奉命率新四军 1 师主力再下江南，开辟天目山、四明山敌后根据地。

1945 年"八一五"日本投降后，粟裕指挥部队出击，在短短一个月中收复许多县城、集镇。部队得到很大发展。9 月 25 日，根据中央"向北发展，向南防御"的战略部署，华中局做出华东部队北调的行动计划。10 月初，粟裕率领苏浙军区机关和主力一、三纵队及部分地方武装共约万人，从宜兴地区出发，在常州至奔牛之间越过宁沪铁路，由西桥渡江北上，10 月 8 日全部

[1]《毛泽东军事文集》第 3 卷第 82 页，军事科学出版社 1993 年版。

安全转移到江北的泰兴。由于行动隐蔽，国民党军队并未察觉，事后才派出十多艘军舰，在长江上来回巡逻。

9月下旬，叶飞率苏浙军区4纵从金华地区出发，集结于长兴，配合浙东游击纵队渡钱塘江北上。这时，国民党军顾祝同部已进至杭州，企图拦截我军于钱塘江口，重演"皖南事变"的阴谋。形势顿时紧张起来。10月3日，华中局指示："浙东部队能北渡即迅速北渡，如不能即退回原地坚持。"然而此时已无法后退，只能向前。4日拂晓，浙东我军一部北渡杭州湾在澉浦登陆，遭到国民党军队包围。我军坚决突围，血战竟日，在付出213人伤亡的代价后，终于杀开一条血路，继续北上。

得悉浙东部队突围后，叶飞即率四纵主力经宜兴、句容，渡江北上到达泰兴。渡江时仅租到一艘商轮，昼夜不停地运送我军。10月16日夜里，当商轮运送最后一批人员时，因轮机损坏，船又超载，不幸沉没。叶飞闻讯赶到江边，黑夜茫茫，人手又少，除几十人获救，四纵政委韦一平等800余人不幸遇难。这是江南部队北上遭受的最严重的意外损失，令人痛心[1]。

最后一批北上的是广东抗日游击队的战士们。抗战时期，在广东地下党组织的领导下，活跃着几支抗日武装。主力是以曾生为司令员，林平为政委的东江纵队和珠江纵队、韩江纵队等。他们在远离党中央的情况下，坚持游击战争。时而分散，时而集中，神出鬼没地打击日伪敌人，度过了极为艰苦的岁月。抗战胜利后，他们正准备迅速发展时，根据国共谈判的协议，党中央指示他们北上转移。为了保证转移的安全，北平军事调处执行部派出第八小组前来广州。小组中有中共代表方方少将、国民党代表黄少校、美方代表米勒上校。1946年3月，由中共代表廖承志等组成的三人小组来广州，协助第八执行小组实施东江纵队撤退计划。

1946年6月26日，内战全面爆发。东江纵队和其他抗日游击队的干部、战士和家属共2500多人从各游击区集结到大鹏湾，登上三艘美国海军登陆舰，开始了北上的航行。7月5日，各舰相继进入烟台港口。在岸上等待的胶东解放区军民热烈欢迎来自广东的战友们。在内战爆发前，能安全圆满地撤退到解放区，的确是一个奇迹。东江纵队的北上，标志着党中央"向北发展，向南防御"的战略计划，画上了一个完满的句号。

---

[1]《叶飞回忆录》第353页，解放军出版社1988年版。

第 2 章
苏中七战七捷（一）

巩固苏中根据地——蒋介石挑起全面内战——毛泽东筹划南线作战——粟裕请求在苏中先打几仗——宣家堡、泰兴初战告捷——如皋痛击 49 师——毛泽东指示不打无把握之仗——我军主动撤离海安

1945 年 10 月中旬，粟裕率领江南新四军主力渡江北上，到达海安。这里是苏中军区所在地，他们受到老战友、苏中军区司令员兼苏中行政公署主任管文蔚的热烈欢迎。

当时的苏中根据地拥有长江以北、京杭大运河以东、北至斗龙港、东至黄海的一片约 23000 多平方公里的地区。相当于今天江苏省的扬州、泰州、南通地区大部和盐城地区南部。这里城镇比较稠密，人口 800 余万。盛产粮食、棉花、食油、海盐等重要战略物资，棉纺织业和商业也很发达。平原上水网密布，公路纵横，生存环境相当优越。抗日战争中，陈毅率新四军渡江北上，在盐城建立新四军军部。粟裕被任命为新四军 1 师师长兼苏中军区司令员，到东台、泰兴、海安、兴化、南通一带开辟根据地。1944 年底粟裕奉命过长江开辟苏浙根据地前，苏中已经成为巩固的抗日根据地。时隔不到一年，粟裕又回到曾经战斗过的老根据地，如同回到家乡一般的亲切。

《双十协定》公布后，苏中地区出现了短暂的和平。在此之前，新四军苏中部队在管文蔚、陈丕显、吉洛（姬鹏飞）领导下，自 8 月中旬大举出击，向盘踞大小城镇的伪军发起进攻，很快收复了泰兴、海安、兴化、如皋等一

批县城，向高邮、南通逼近。

抗战胜利后，国民党军队从津浦路向大运河以东的苏中、淮南、淮北地区进发。华中解放区与南京、上海仅隔一条大江，蒋介石当然容不得身边有这样一个解放区的存在。他委任顾祝同为徐州行营主任，汤恩伯、李品仙为副主任，用飞机将嫡系的5军、74军空运到南京。伪军孙良诚的25军进至扬州，4军盘踞盐城，还有几个师也正从徐州、安徽调往津浦路以东，企图三面包围，将华中解放区吃掉。

到达苏中后，粟裕与大家分析了形势，认为和平是靠不住的，苏中地处与国民党斗争的前线，战争不可避免。这时，党中央根据战略形势的变化，决定将中共山东分局与华中局合并为中共中央华东局，以饶漱石为书记兼新四军政委，陈毅为副书记兼新四军军长、山东军区司令员。原华中局改为华中分局，受华东局领导。因此，华中的党和军队领导也做了相应的调整。10月27日，粟裕接到华中分局转达的中央命令，任命他为苏皖军区司令员，张鼎丞为副司令；邓子恢、谭震林为正、副政委。粟裕认为张鼎丞资历比他老，当副职不合适，当天就给中央发出电报，说明鼎丞同志"抗战以前为长辈，抗战初期为职之上级"，"请求中央以鼎丞为司令，职当尽力协助，以完成中央给予之光荣任务"。中央领导看到粟裕这封恳切的电报，感到粟裕确实是从大局和团结的愿望出发，表示了不计职位高低的谦虚态度，于是，29日指示华中局，同意粟裕的要求，以张鼎丞为华中军区司令，粟裕为副司令兼华中野战军司令员[1]。

领导机构做了调整，势必要对部队也进行调整和改编。当时新四军部分主力北上山东，江南主力回到华中，部队产生了一些动荡不安情绪。一方面要适应新的环境，一方面要重新组织部署，使之尽快安定下来。当时华中局曾有指示，以老部队与新部队混编，成立新建制。粟裕感到不妥，老部队是作战的骨干，一旦打乱原有编制，与新部队要有相当一段时间才能相互适应，很可能影响部队的战斗力，不能适应突然情况。而战争危险时刻存在，不可能有很从容的时间来完成整编。想到这些，粟裕在10月27日以个人名义又给中央发了一封电报，建议不要过分打乱各师建制。电报说：

"此次华中北调部队，除3师保持整个建制外，其他各主力师均系分别抽调。似此不同建制之部队，今后须有较长时期方可打通思想。但对目前战斗之协同配合不利（特别是华中分局领导下之部队），可能产生重大影响。

[1]《粟裕文选》第2卷第1页，军事科学出版社2004年版。

此点虽曾向华中局及分局建议，未蒙采纳，对此问题尚不能完全理解。因职以为各师地区既留有地方兵团，虽将当地主力师调走，对坚持似无大影响。因此，职意应尽可能不过分破坏建制，较为有利。职敢冒本位、宗派主义之嫌，特电告中央，尚盼指示。"[1]

中央认真考虑了粟裕的意见。认为集中主力、形成拳头，对作战是有利的。回电同意粟裕的建议，在原来老部队的基础上组建华中野战军，编成四个纵队：

原苏浙军区一纵编为六纵，王必成任司令，江渭清任政委。

原苏中军区主力编为七纵，吉洛任司令兼政委。

原苏浙军区三纵编为八纵，陶勇任司令，卢胜任政委。

原新四军4师的11、12旅编为九纵，张震任司令。

这四个纵队加上华中地方武装，总数近15万人，由于新四军主力大规模的调动，华中的情况并不稳定。这时，山东野战军领导向中央建议，再抽华中部分主力北上，支援山东方向的作战。华中局领导接到电报，认为这样会引起华中局势动荡，不如先在华中打几个胜仗，建立巩固的根据地，再支援山东。11月30日，华中局致电中央，说明华中存在的不稳定现象。"此种现象，除继续政治动员与解释外，尚须在各主要方面打几个胜仗才能稳定。"

关于作战的设想，华中局的电报说："依华中情况发展，将来至少有两个以上的作战方向。除蚌埠至徐州段为主要方向外，高邮运河线亦将为顽军主要进攻方向之一。现25军有两个师正开扬州、泰州、高邮一线，此路对分割我华中地区威胁甚大。淮南及南通和灌云方向亦将是其次要的进攻方向。"

华中局的电报告诉中央：现在他们能够机动作战的主力只有六、八、九3个纵队，近4万人，骨干只有王必成、陶勇的6个团。加上华中地方部队也不过6万人，力量是有限的。所以目前实在无法分兵给山东，必要时可以临时抽调配合山东作战。

当时华中部队最迫切的任务是要打几个胜仗，扩大和巩固根据地，真正在这个地区站住脚。当时伪军孙良诚部的4军盘踞着盐城和周围的几个据点，等待配合国民党军队进攻解放区。这是一个心腹之患，华中局决定肃清这股伪军，夺回盐城这个战略要地。苏中军区受命完成这个任务，管文蔚、陈丕显调集两个纵队和地方武装共2万多人，从四面包围了盐城和附近的伪军据点。

首先进攻的目标是伍佑镇，这里有伪军39师数千人把守。管文蔚决定

[1]《粟裕传》第419页，当代中国出版社2000年版。

把伪军引出城来消灭。他争取了一个伪军俘虏，模仿4军军长赵云祥的笔迹写了一封信，命令伪39师师长按时向北门突围。随后，我军开始佯攻伍佑。伪军师长信以为真，下令打开北门往外冲。伪军一出城就乱了套，四散逃命，我军杀声震天，合围上来，把2300伪军干脆利落地消灭。然后乘胜追击，将盐城团团包围。

盐城中的赵云祥非常恐慌，39师是他的主力，竟然这样快就被消灭，说明新四军力量强大。部下建议赵云祥找新四军谈判，他只好惴惴不安地来见管文蔚和姬鹏飞。

管文蔚直率地对赵云祥说："你的部队只有两条路，要么打光，要么投降。你走哪条路？想好了没有？"

赵云祥低声说，他们请求起义，希望新四军不要拆散他们的部队建制，保护军官和家属的生命财产安全。

管文蔚要求赵云祥放下武器，带部队出城等候整编。这样，盐城不费我军一枪一弹，顺利解决。11月11日，新四军进入盐城。赵云祥心里发虚，怕新四军追究他的罪恶。借口到扬州说服孙良诚起义，带家属离开盐城。到了扬州，赵云祥便被孙良诚扣押起来。他的部队经过我军的改造整编，组成3个团，充实了华中野战军的力量。

盐城收复后，粟裕率领六、八两个主力纵队与管文蔚部队会合。下一步打哪个地方，粟裕经过思考，12月15日致电陈毅、饶漱石，建议组织高邮战役。他指出，现在伪军孙良诚的25军占据高邮，如果敌人沿大运河北上，华中解放区有被分割、孤立的危险，对山东的配合也会减弱。如果夺取高邮、邵伯，我军就可以控制大运河这条运输线，保证华中的经济供给，对今后的作战意义极大。

中央军委、华东局很快批准了粟裕的计划。粟裕命令管文蔚指挥七纵攻邵伯，而以主力八纵主攻高邮。高邮是两淮地区的门户，西临运河、高邮湖，三面是水网，只有一条运河大堤公路贯穿南北，工事坚固，易守难攻。高邮城里驻守着日军一个大队、4000多伪军，一个小小的城市，几乎家家住兵。日本人奉国民党当局的命令在那里留守，人无斗志；伪军则等着国民党来接收。我军士气旺盛，战斗打响后，12月21日，七纵攻占邵伯，25日，八纵攻克高邮，日军很快投降，我军俘虏日军891人，伪军3493人。

高邮战斗的胜利，拔掉了敌人设在解放区门口的一个重要据点。除扬州、南通、泰州等主要城市外，苏中、苏北全部解放，并与山东解放区连成一片。粟裕高兴地对管文蔚说："现在苏北地区，除了南通、泰州、扬州、海州、徐州这几个孤立的城市外，都已经被我们控制了。原来四个战略区完全连成了一片，形成了东滨黄海、南界长江、西迄涡河、裕溪口、北接陇海路这样一块广大的解放区。有这么多人口，养二三十万兵不成问题。给养、兵源都有了保证。党政军统一的领导机构已建立起来，群众的基础又那么好，加强和平建设是有很大力量的，即使再打起仗来，我们也有条件在这里战胜敌人。"[1]

1946 年 1 月 10 日，国共双方停战协定生效后，苏中度过了一段相对平静的日子。受和平思想的影响，一部分干部认为国共开始和平谈判，政协会议也召开了，武装斗争可能没有了，即使有也是局部摩擦。军队要国家化，整军复员也搞起来了。部队干部很多人对此是表示怀疑的，认为和平不可靠，战争危险仍然存在。但上级说和平了，有的干部就想结婚成家，过安稳日子。有的看到地方干部穿得好，部队还穿老粗布衣服，也不安心，想转到地方工作。但是粟裕等领导人却没有放松警惕。遵照中央和华东局指示，他们开展了"百日练兵"，教育干部战士不可松懈。

果然，到了 1946 年 5 月东北四平之战结束后，国民党军队占领了长春。形势已经十分明显，蒋介石是决心要打全面内战，退让已经没有出路。毛泽东思考了几天几夜，终于下定决心以自卫战争对付蒋介石的全面内战。6 月 22 日，他设想了一个南线作战的战略计划，请刘伯承、邓小平、陈毅等同志考虑：如果国民党军队向我大举进攻，山东、太行两区的我军主力则实行外线出击，向南作战。刘、邓主力以豫东地区为主要作战方向，相机占领开封；陈毅主力以徐州为主要作战方向，相机占领徐州；力求在野战中歼灭国民党军一部分有生力量。华中主要对付江北敌军，配合南线作战。毛泽东的意图是将战争引向国民党统治区，保护老解放区不受损害，同时开辟新解放区，并保障中原李先念部队的安全。对于苏中地区，毛泽东考虑到那里靠近南京，肯定是国民党要重点进攻的地方。6 月 25 日，毛泽东电告华中分局："苏中地区在蒋优势兵力进攻下，有暂时失陷可能。你们宜做事先准备，以免临事仓促，受过大损失。"[2]

为了实施这个战略计划，中央于 6 月 26 日指示华中分局，要粟裕、谭

[1]《管文蔚回忆录续编》第5章，人民出版社1988年版。
[2]《毛泽东军事文集》第3卷第294页，军事科学出版社1993年版。

震林率领 15 个团的主力向淮南进发，配合山东主力进攻蚌埠。留下少量部队钳制扬州方向国民党军队。在山东的新四军军部表示执行中央命令，电令华中野战军主力西进待命。

接到这些电报，粟裕立即从海安动身赶往华中分局驻地淮安，与邓子恢、张鼎丞、谭震林等商量对策。大家认为，抽调华中主力到淮南，苏中根据地可能有失陷的危险。苏中保不住，淮南作战也将处于不利局面。粟裕回忆，当时他们考虑了三个方面的问题：

"第一，淮南地区人口仅 130 余万，抗日战争后期，该区环境比较安定，转入战时状态需有一个过程。战争初期，我华中野战军主力如在淮南作战，不仅粮草需由苏中供给，就连支前民工也需由苏中补给。主力部队开道，加上民工、干部，每天至少需要粮食 10 万斤，两三个月的粮食将达数百万斤，其他军需供应也相当繁重，将给初期作战带来很大困难。

第二，苏中当面有敌军九个旅，如我华中主力西进，留守部队难以担任钳制任务，该区有被敌迅速占领之极大可能。苏中地富人稠，人口九百万，占华中总人口的五分之二，粮食亦占华中总产量的五分之二，沿江商业繁盛，税收就占华中的一半，这些都是支援战争的巨大力量，一旦沦入敌手，就为敌人所用。而且苏中地近京沪，如不战而弃，政治影响也不利。

第三，淮南之敌有第 5 军，整编第 74 师一个旅也在淮南（另两个旅在南京，一打起来势必北渡淮南）。这两支部队均属蒋军五大主力，加上淮南其他敌军，兵力较强。相对说来，苏中之敌较弱。"[1]

经过慎重研究，华中分局领导人于 6 月 29 日联名致电中央和新四军军部，表示目前华中主力不宜调到淮南作战。建议将华中主力王必成、陶勇纵队仍留在苏中解决当面之敌，改善苏中形势，钳制敌人。待山东及太行主力完成第一阶段任务后，华中主力再西进津浦线，配合第二阶段作战。

毛泽东收到这份电报，认为有道理。30 日复电华中分局："部队暂缓调动，待与陈军长商酌后，即可决定通知你们。"

以后的几天中，毛泽东从各方面转来的情报获悉，国民党军队可能向胶济、徐州、豫北、豫东、苏北几个方向同时发起进攻。7 月 4 日，他指示刘、邓、陈及华中局："先在内线打几个胜仗再转至外线，在政治上更为有利。"[2]

---

[1]《粟裕战争回忆录》第359页，解放军出版社1988年版。
[2]《毛泽东军事文集》第3卷第320页，军事科学出版社1993年版。

这样，粟裕等坚持苏中作战的方针，实际上已经获得肯定。

粟裕晚年，谈起当年坚持苏中作战的指导思想时说："我们部队营以下干部、战士基本上都是土生土长的；即使是团以上干部，虽然大都是外地干部但是由于长期在苏中地区坚持，坚持了八年抗战，与人民结成了血肉关系，与地方党政关系也是很融洽的，很密切的。那时是党政军一元化领导，大家曾经是生死与共，艰难困苦都是一道的，这是我们一个不可战胜的力量。我们部队对于当时的地形、地理、道路、人情、风俗习惯都很熟悉，这对我军作战也是一个很有利的条件。同时，我军的补给无所谓什么交通线很长的问题，到处都是我们的后方，到处可以安置我们的伤病员，到处可以得到补给，所以我们没有后顾之忧。""我们当时考虑了，如果我们不利用苏中这些有利条件打几仗，不打就撤，那不仅会影响士气，而且会大大地失掉民心，也会影响该地干部、党政机关的信心，更谈不上坚持那个地方的斗争。"[1]

1946 年 6 月间，国民党调兵遣将，准备向苏中大举进攻。驻守常州的国民党第一绥靖区司令李默庵接到上司徐州绥靖公署主任薛岳的命令，前去密商进攻苏中的行动计划。6 月 24 日，李默庵见到薛岳，薛岳将他召进内室，密谈了一阵，将一个密封的大信封交给李默庵和他的参谋长罗觉元说："这是我们根据国防部的意图拟订的作战计划，你们回到司令部再拆开，要绝对保守秘密。"李默庵遵命回到常州才打开信封，只见里面是一张作战部署要图和计划。要求黄百韬的整编第 25 师从扬州向邵伯、高邮进攻；李天霞的 83 师以泰兴为基地向兴化进攻；王铁汉的整编第 49 师以南通为基地向如皋、海安等地进攻；行动的时间定在 7 月 15 日[2]。

粟裕密切注视着国民党军队的动向。在敌强我弱的局面下，粟裕决定主动出击，先发制人。在国民党军队完成进攻准备之前，先打他个措手不及。经过"百日练兵"，部队的状态有明显提高。为了攥紧"拳头"，他把华中野战军的两支老部队——陶勇的八纵和王必成的六纵恢复原来的番号。陶勇部为 1 师，粟裕兼任师长，陶勇为副师长；王必成部为 6 师，谭震林兼任师长，王必成任副师长。当时华中野战军这两个主力师和其他部队共 19 个团、3 万余人驻扎在如皋、海安一带。粟裕考虑：泰州之敌离我军最近，威胁较大；但泰州是个中等城市，周围水网密布，大兵团行动不便，不是理想的战场。

[1] 粟裕：1978年5月16日的谈话记录稿，军事科学院图书馆藏。
[2] 罗觉元：《国民党军进犯苏北的回忆》，载《江苏文史资料》第3辑。

而泰兴、宣家堡一带敌军占据不久，各有1个团把守。虽然临时修了些工事，但远不如泰州、南通坚固。打掉泰兴、宣家堡这孤立、分散的一路敌军，我军就能打开局面。考虑成熟，粟裕、谭震林于7月10日午夜发布命令，向泰兴、宣家堡进军。

7月12日，陶勇率领1师急行军向宣家堡进发。陶勇原名张道庸，安徽霍丘人，1929年参加红军，1931年入党。在红四方面军中当过师长，身经百战。长征中在西路军的9军，浴血奋战河西走廊。西路军不幸失败，陶勇与战友坚贞不屈，终于被党中央营救回到延安。抗战时期他奉命到新四军工作，由于勇猛善战，深受陈毅、粟裕的信任，在粟裕的1师中任旅长，转战大江南北。这次他接受任务去打头阵，部队上下士气高昂。

宣家堡是泰兴以北的一个镇子，三面环水，一条小河横贯镇中。镇子四周有土圩和炮楼，驻守在那里的是国民党整编第38师56团。38师原来是第100军，属于蒋介石的嫡系，参加过缅甸远征军，师长李天霞颇为傲慢，没把新四军放在眼里。我军到达时，敌军还在仓促修工事。

13日黄昏，1师先头部队2团到达距宣家堡不远的许家堡，发现敌情。当时以为敌军兵力不多，旅首长命令3团解决许家堡之敌，主力仍去包围宣家堡。3团于当夜打响。因为没有时间进行战前准备，3团发起攻击后，遇到河沟障碍，被国民党军的轻重机枪火力封锁，造成人员伤亡。3团发觉敌军比他们估计的要多，便重新调整部署，选择适当的突破口于次日清晨分两路发起进攻。在我军密集火力压制下，敌军终于顶不住，夺路突围，被3团战士追赶围歼，1个营的敌军大部被俘。

14日，陶勇指挥1师4个团的兵力围攻宣家堡。在扫清外围战斗中，敌军迅速收缩，退入宣家堡镇中。8团首先向敌人发起进攻，没想到当天月光明亮，能见度很好，敌军集中火力，猛烈封锁前沿，第一次攻击失利。陶勇骑马赶到8团团部，只见团干部正在准备再次攻击。陶勇感到这样硬拼肯定伤亡很大，果断制止8团行动，亲自观察阵地。粟裕指示陶勇，要投入6:1的优势兵力消灭敌军，而8团投入的兵力是1:1，所以打成了消耗战。陶勇重新部署兵力，将7团和9团调上来，三面围攻宣家堡。第二天夜晚，8团再次开始攻击，敌军仍然像昨天一样集中火力封锁8团的攻击路线，西北方向是敌军侧后方，河流环绕，地势起伏，敌军只设了两道铁丝网。8团吸引敌军火力时，7团突然从西北发起攻击，很快突破敌军防线。敌军慌忙调兵前来抵挡，正面又被8团突破，开始巷战。敌军在我军两面夹击下溃不成军，天亮时冲出镇子，向西北方向突围，被赶来参战的1团、3团堵个正着，国民党军56团和附属山炮营全部被歼灭。

王必成率领的6师担任泰兴攻坚任务。泰兴是一个古老的县城，有完整的城墙和宽阔的护城河。国民党军38师57团和一个炮连驻在城内。王必成的部队是新四军中打硬仗出名的"老6团"基础上扩编的，干部战士士气旺盛。13日黄昏，6师开始扫清外围，很快逼近城墙。敌军依靠城墙进行抵抗，炮弹和机枪子弹从城头上猛烈地喷泄下来。王必成暂停攻击，重新组织兵力，选择突破口，14日黄昏从三个方向再次攻城。我军集中了几门山炮，猛轰城墙，48团突击队在火力掩护下快速登城，突破敌军防御。二梯队紧跟突入城内，夺取东门。52团两次进攻失利，团首长及时调整部署，组织突击队架起梯子攻城，终于在后半夜突入西门。53团也攻入北门，王必成令47团投入战斗，在巷战中消灭敌军。到15日早晨，国民党守军基本被消灭，只有敌军团长带百余人在城角的庆云寺内顽抗。我军缺乏攻坚经验，没有使用大爆破的方法，一时难以攻下[1]。

13日下午，李默庵在常州突然接到38师李天霞师长的电话，说宣家堡和泰兴受到共军攻击。李默庵没当回事，叫李天霞看着办。半夜李天霞频频告急，说泰兴眼看守不住了。李默庵顿时紧张起来，命令赶紧增援。15日靖江国民党军出动增援，粟裕决定主动撤离泰兴，命令陶勇、王必成率领部队向如皋方向转移。

苏中首战，我军歼灭国民党军两个团，约3000余人。比起后来的战役，这两仗的规模不算大。但初战告捷，大大地鼓舞了我军和苏中百姓的士气，为以后的连续获胜打下了良好的基础。

李默庵获悉我军发起进攻后，加紧了向苏中调运兵力。当时戴之奇的69师99旅乘火车到达无锡，原计划调往苏北，被南京国防部命令增援李默庵。这样，99旅与65师的两个旅迅速过江增援，于7月15日左右占领黄桥。王铁汉率49师3个旅分两路从南通北上，16日进攻杨家桥、林梓，准备夹击如皋。83师、25师也从泰州方向前来增援。国民党几路大军向如皋地区逼近，企图将华中野战军包围吃掉。

毛泽东关注苏中战局，7月15日指示华中分局："此次泰兴作战不论胜

[1] 华野参谋处：《苏中50天战斗要报》，1946年9月，军事科学院图书馆藏。

败如何，均须于结束战斗后，立即整理部队，准备再战。即使打了大胜仗，也要如此；因为敌人会继续进攻，我军在南线需准备打四五个大仗，方能解决问题。"

粟裕与毛泽东的想法是一致的。他根据敌情迅速作出决断："南通的敌人乘我军正在激战于泰兴和宣家堡的时候，迅速向我如皋进攻；靖江的敌人也向泰兴前进。敌人以为我军主力在西边，可以乘虚夺取我们的如皋、海安这样一些城镇。当时敌人估计我军第一仗伤亡必然很大，不敢再战了，而且泰兴还在战斗。这时我们把泰兴战斗当成一个钓鱼的鱼饵，因为我们在泰兴还没有解决战斗，敌人判断我们的兵力不会转移到东边去，至少不会转移得这么快。而我们利用泰兴没有完全解决战斗这样一个条件，把坏事变成好事。除了以极少数部队继续在那里猛攻，不管能否打下，吸引敌人注意力。而以陶纵全部、王纵大部昼夜兼程东进,这样又出乎敌人意料之外。"所以，宣家堡、泰兴战役结束后，部队没有休息，华中野战军司令部即下达命令，主力部队除一小部分钳制泰兴、靖江之敌，大部前往如皋消灭国民党军49师。

陶勇、王必成率领部队不顾疲劳，一夜强行军100余里，16日早晨赶到

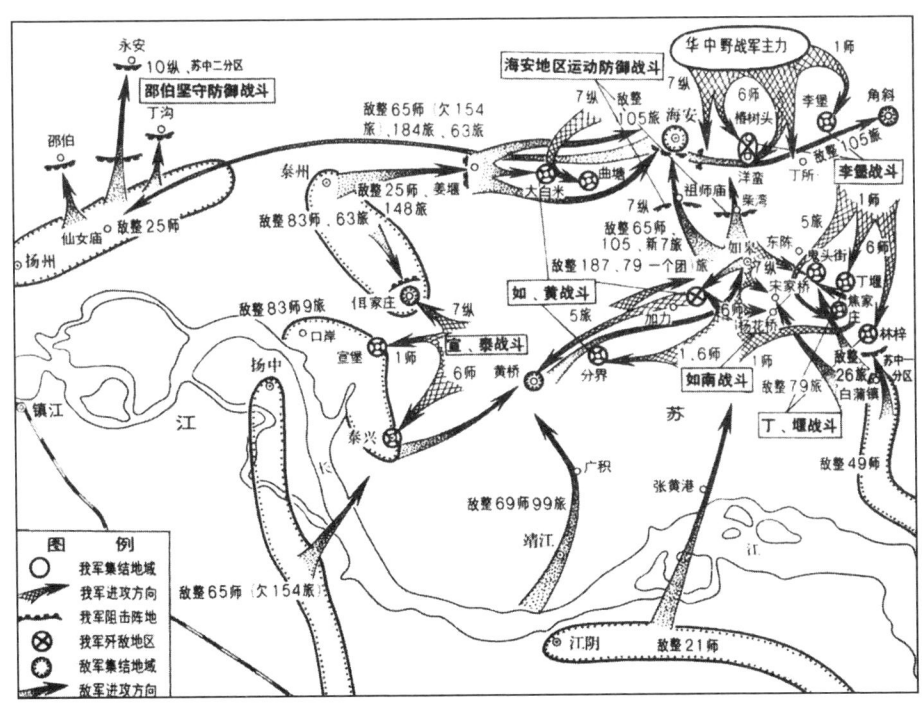

◎ 苏中战役示意图

如皋以南地区。管文蔚率领的七纵也奉粟裕之命前来担任阻击任务。17日国民党军王铁汉的49师分两路北进,右路的26旅在王铁汉带领下占领丁堰镇,推进到田肚里、鬼头街;左路79旅推进到宋家桥、杨花桥地区,准备占领如皋。这天夜里,我军集结了4倍于敌的优势兵力,悄悄出动,分别包围了鬼头街、杨花桥等地。18日早晨,49师的炮兵营从白蒲出发沿公路北上,被我1师2团包围,我军上前猛攻,将敌军击溃,缴获野炮3门。然后我军掉过头来,1师和七纵向林梓逼近。国民党军迅速收缩,向丁堰镇逃去,王铁汉指挥26旅残部和师直属队盘踞丁堰纱厂,企图依靠高大厂房固守待援。1师3团向鬼头街守敌进攻,激战一夜,敌军顶不住,19日下午开始突围。他们有意让大批骡马和辎重行李走在前面,想诱惑我军战士"发洋财",趁机突围。3团首长发现这些情况,立即通报各部不许捕捉骡马,把几十挺机枪架在房顶上,封锁道路。敌军突围中遭到我军猛烈火力杀伤,混乱不堪,我军战士冲入敌阵,杀声震天。除王铁汉带领少数敌军逃往宋家桥,26旅的两个团基本被我军解决。

宋家桥位于如皋以南,北面是一条河,形成天然障碍。盘踞在这里的49师79旅战斗力比26旅要强些,王铁汉逃到宋家桥后,立即命令加强工事,并向李默庵紧急求援。20日下午,王必成的6师和从丁堰赶到的1师1团包围了宋家桥,准备消灭这里的敌军。当天夜里,6师从西北、1师1团从东北分别向宋家桥发起攻击,连续的胜利使一些干部产生骄傲情绪,事先没有认真看地形,就匆忙下达命令。部队渡河后才发现前面还有鹿砦等障碍,无法前进。而敌军不断从村里向外发动反冲锋,我军每次进攻只有一两个连的兵力,显得力量薄弱,被迫撤回。这样冲上去又撤下来,反复了几次,连队干部战士伤亡较大。在这次战斗中,我军不善于打攻坚战的弱点暴露出来,在战术配合上也不如国民党军队。后来1师总结经验教训说,国民党军队善于组织火力与使用火力,"敌在部队展开后即用远距离炮火向我纵深二线阵地轰击,再以中距离火力杀伤我密集部队,迫使我过早展开兵力;又以短距离火力杀伤我接近前沿部队。他们善于发挥火器性能,用六零炮、掷弹筒打我二线阵地,火箭炮专打我军占领的前沿房屋。重机枪封锁我军二线部队,山炮打我三线部队,步枪仅射击单独目标。"国民党军队也擅长村落战斗,他们"占据要点后很快构筑工事,并利用民家各种用具和牛车等构筑简单抵抗工事,普遍架设鹿砦,在鹿砦下埋手榴弹。阵地内除配备正面火力外,还组织侧射火力，从侧面杀伤我前进部队，消灭死角"。我军虽然善于打近战、夜战，冲锋勇猛，但战术配合比较差，各部队之间的协同也不好。最令人着急的是战斗中联络通讯很差，我军缺乏通讯器材，技术不好，电话架不到前沿。战斗打响后连队的情况上级不能及时掌握，只靠通信员跑来跑去口头转达命令，非常误事[1]。

1师1团在宋家桥打了一夜，6师也连续发起3次进攻，均因兵力不集中，相互协同不好未能奏效。王必成命令21日晚集中4个团的兵力猛攻宋家桥，并向华野首长保证当晚解决战斗。没想到敌军拼命死守，6师虽然打得很努力，把敌军阵地冲开两个缺口，但仍然没能拿下宋家桥。国民党守军一再向李默庵求救，李默庵也命令其他国民党部队迅速向如皋靠拢。21日，国民党65师占领黄桥，又前进到杨花桥附近。整编第49师105旅也从南通赶来救援，83师也到达姜堰一带。国民党空军出动飞机到宋家桥轰炸，使6师的进攻受到阻碍。粟裕见我军主力连续作战，已经相当疲劳，为了避免陷入被动，果断决定停止战斗。命令陶勇、王必成率部撤离宋家桥，转移到海安东北地区休整。23日清晨，我军开始主动后撤，国民党军趁机占领如皋。如南战斗我军消灭49师近万人，俘虏敌军6000人。我军在攻坚战中也付出了5000人伤亡的代价。

毛泽东得知苏中两次战斗的胜利，十分高兴。7月21日致电粟裕："1.庆祝你们打了大胜仗；2.敌情尚严重，望将参战主力集中休整，补充缺额，恢复疲劳，以利再战。"[2]

国民党军队占领如皋后，对我军主力的去向一无所知。李默庵不敢大意轻进，指示国民党江北各部队，下一步的目标是占领海安。为了谨慎起见，他命令65师和49师105旅由如皋向北，以83师、25师各一个旅由姜堰向东，采取锥形阵势两面靠拢前进。其正面不足15公里，纵深约10公里。21师的第二梯队向如皋集结，随时准备增援前面的部队。国民党军队互相靠得很紧，不给我军以各个歼灭的机会。

粟裕回忆当时的情况："海安是苏中的战略要点和交通枢纽，（南）通（赣）榆公路、（南）通扬（州）公路，以及从海安向东延伸到黄海边的公路都联结于此；贯穿南北的串场河，沟通东西的运粮河也在此交汇。记得1940年

[1] 1师3旅参谋处：《如东南战役对敌我的战术研究》，1946年9月17日。载华野《建军增刊》第12期。
[2]《毛泽东年谱：1893—1949》下卷第113页，中央文献出版社1993年版。

10月5日黄桥战役胜利发展到追击阶段时，我们曾向部队提出一个口号：'占领海安就是胜利！'部队控制海安后，立即斩断了韩德勤与南通、如皋、海门、启东地区的联系，使我军迅速控制了富饶的江海一角。但是，如果我兵力处于劣势，则海安这个苏中战略要地势难固守。"[1]

海安是苏中根据地的中心城市，轻易放弃必然影响我方士气。国民党军队有明显的优势，我军主力与其硬拼，必然大伤元气。粟裕考虑再三，希望上级能加强苏中的兵力。7月25日，他致电山东的陈毅、淮南的张鼎丞，并转告中央，希望将中原突围到达淮南的皮定均5旅调来苏中。电报说："我们经十天或半个月之休整与兵源及干部补充，尚可再战，但以当面尚有顽十师（旅）之众，而我仅能集中35000人（官兵在内）之野战军，于一个突击方向，于短时期中恐难使战局打开更大局面。现目前我淮南部队形势很难保住天长与盱眙，果如此，则淮南仅以少数坚持即可。故建议在淮北战役尚未大打时，仍将5旅调至苏中参战，比留淮南更为有效。"

海安究竟能不能守，粟裕是打算放弃的。这样可以避免与国民党军硬拼，有灵活机动的余地。但放弃海安责任重大，粟裕一个人是不能轻易作决定的。他考虑再三，决定与华中分局领导一起研究。于是他日夜兼程从海安赶往淮安，300多里路，他开始骑摩托车，又坐了一段黄包车，接着又骑自行车，乘船，当时能用的交通工具全用上了，一天一夜赶到淮安。华中分局立即召开常委会，讨论苏中战局和我军的行动方针。大家基本达成一致，在海安采取运动作战。

毛泽东在7月20日起草了中央给各战略区的指示《以自卫战争粉碎蒋介石的进攻》，要求各解放区依靠群众，克服困难，坚持持久战争，不怕暂时放弃若干城市，与国民党军队打运动战。接到粟裕来电后，他于7月30日复电华中的张、邓、粟："在我军主力未获充分休息恢复疲劳以前，及敌未进至于有利我之地形条件以前，宁可丧失一些地方，不可举行勉强的无把握的作战。此次粟部歼敌2万，打得很好，今后作战亦不要过于性急，总以打胜仗为原则。敌以十万大军向我进攻，我损失若干地方是不可避免的。你们应有对付恶劣环境之精神与组织准备。"[2]这样，中央与华中局的意见也一致起来。

粟裕返回海安，决定组织力量先守一个时期，不能轻易将海安交给敌人。

---

[1]《粟裕战争回忆录》第373页，解放军出版社1988年版。
[2]《毛泽东军事文集》第3卷第369页，军事科学出版社1993年版。

守海安的任务交给管文蔚的七纵。七纵是地方部队新组建的部队，许多战士是刚从俘虏兵里补充的，装备和战斗力都不如1、6师。但是七纵干部战士积极挖工事，准备节节阻击敌人。

7月30日，国民党军队开始进攻海安，在飞机大炮配合下，65师向杨家桥我军阵地发起轮番冲锋，七纵55团凭借水网和工事，顶住敌人一次又一次进攻。并在夜间组织小部队反击，扰乱敌军部署。31日，敌军连续冲锋九次，55团用上所有的预备队，最后把团部的勤务人员、参谋全部调上火线，终于又坚守了一天。这时，我军阵地已经完全被炮火打烂，管文蔚决定将部队主动撤到二线阵地防守。

海安前线激战正酣，后方也发生了变故。管文蔚夫人张云在东台后方医院生小孩，当地的地主和坏分子听说国民党军队要来了，掀起叛乱。他们煽动群众说："我们本来不要打仗，都是管文蔚叫我们的子弟上前线，如今死的死、伤的伤，国军来了还要抓我们的人，烧我们的房。我们找管文蔚算账去！"他们冲进医院，抓走张云和一个孩子，扬言要杀掉她们母子，动摇前方部队的斗志。粟裕得到消息，非常愤怒，命令刘培善立即带领部队坚决镇压，一定要救出管文蔚家属。刘培善迅速出动，将叛乱分子打得四散逃命，救回了张云和孩子。战争是残酷的，在那个艰难的时期，前方后方都可能出现意想不到的复杂情况[1]。

8月2日，海安保卫战进入第4天，七纵且战且退，55团撤到海安城西的三线阵地。敌军尾追而至，与我军在前沿厮杀。55团边打边撤，守在蔡子湾桥的一个连没得到撤退命令，被敌军包围。他们依靠地形熟悉，冲出包围圈，连续渡过几条河流，与部队会合。这天下午，国民党空军8架飞机轮番轰炸海安城。天降倾盆大雨，泥水过膝，我军阵地工事在大雨和轰炸中大部被毁，眼看无法再守下去，粟裕命令七纵主动放弃海安城。4天的防御作战，七纵杀伤国民党军3000人，而自己仅伤亡200多人，作战是成功的。更重要的是为华中我军主力赢得了宝贵的休整时间，为下次战斗的胜利创造了条件。

---

[1]《管文蔚回忆录续编》第5章，人民出版社1988年版。

第 3 章
苏中七战七捷（二）

粟裕谈改进我军战术——撤军淮北还是坚持华中——抓住战机奇袭李堡——丁堰、林梓歼灭交警总队——邵伯保卫战——如黄路上的大胜仗——粟裕总结集中优势兵力歼敌经验——毛泽东高度评价苏中战役

1946 年 8 月 3 日，我军撤出海安后，国民党军 65 师、49 师 105 旅、新 7 旅争先拥进海安城。虽然他们得到的只是一座空城，也纷纷向南京方面报捷，吹嘘说，"歼灭共军主力三万人"。李默庵没有亲自去前线视察，也相信了下级的鬼话，认为苏中共军大势已去，以后就是分散清剿的问题了。

国民党军进入解放区，变成了瞎子和聋子。华野的 1 师和 6 师就驻在海安东北的村庄里，天天出操，开会唱歌，休整了半个月。本地出身的侦察员庄庄有熟人，天天上公路，国民党军却一无所知。而敌人的一举一动，我们都看得清清楚楚。

休整不是睡觉。粟裕指示各部队把大批俘房兵补充到连队，使缺编的充实到满员。伤员得到治疗护理，缴获的武器装备也进行分配，每个团都有了大炮和一定数量的机枪。休整中最重要的是进行总结，粟裕将团以上干部召到司令部，谈改进今后作战的问题。

粟裕说："我们在 7 月 13 日开始作战以来，近一个月中取得了很大胜利。这是全体同志用头颅血肉和热汗所换来的。但是胜利中还存在一些缺点。这些缺点是由于我们部队长期处于游击战争环境中，从未曾有过这样大的兵团

在一起作战。大兵团作战，是各种力量的比赛，等于一架机器一样，要全部开动，一个螺丝钉也不能有丝毫障碍，才能顺利地生产出好东西来。整个作战计划也像做一道算术题那样，一个数字错了，全盘都会错。"

前段作战存在哪些问题呢？粟裕谈了五个方面："一是遵守时间，坚决按时完成作战任务，有些兵团做得不够。还有的存在爱面子的心理，以为人家都打下来了，我打不下来吗？因而拒绝友邻的帮助配合，以至把时间延迟了。"

"二是通信联络一向是差的。在如南战斗中就很严重：如7月19日，找某部队找了一晚未找到，其实相距只几里路。第二天打的时候，也因为通信联络不好，致使动作不协调，这个团打，那个团休息；这个团打疲劳了，那个团才开始动作；因而几个团的兵力只起了一个团的作用，不能解决战斗。"

"三是协同动作还不好。在完成自己任务之后，主动地机动地照顾友邻，帮助友邻完成任务，也做得不够。同时还存在着等待观望，依赖友邻，这是不好的。"

"四是炮火的组织使用上，也存在严重缺点。我在海安营以上干部会上，提出炮火要集中使用，许多同志还不够重视。因此，在这几次战斗中，我们炮火没有发挥其应有作用，相反还遭受了敌人炮火的威胁与杀伤。据卫生部统计，伤员中被炮弹炸伤的占45%以上，这是值得大家注意的。"

"五是还有个别干部对利用地形地物，隐蔽自己，减少与避免伤亡，做得很差。只凭个人勇敢，把隐蔽自己视为怕死，致使在战斗中干部伤亡不少，这是不应该的。如个别营团干部站在屋顶上观察敌情，久站一地，毫不隐蔽，这样怎能不挨打呢？还有个别干部在敌人炮火射程内，集合部队讲话，以至受到不必要的伤亡。这样做，损伤了革命力量，削弱了战斗力，有什么好处呢？"

摆出了问题，粟裕提出了纠正和改进的办法。第一就是要加强通信联络，要不失时机地相互通报情况和意图，必要时野战军司令部可以直接对团布置任务。作战时指挥所一定要带电台，不能认为麻烦讨厌而把电台与伙食担子放在一起。要保证报务人员日夜值班，行军时可以让报务员在担架上休息，一到目的地就可以工作。作战时要尽量使用电话，指挥员不要全跑到第一线去，负责人要守在电话旁，掌握全盘情况。送信时重要的信可以写几封，派人分几路送，总有一路可以送到。

第二是加强协同动作。各兵团要想尽办法，坚决按时完成自己的任务。

不等待观望，不依赖友邻，更不打滑头仗。不仅完成自己的任务，还要主动协助友邻。在敌情发生有利于我的变化时，应不待上级命令，不等待友邻，机断专行发起冲锋，以便促成各方之进攻。

第三是火力组织与使用，要集中大部分炮火于主攻方向，正面不要太宽，集中火力突破一个缺口，即可发动冲锋。要以一个团甚至一个旅的炮火压制敌军一个营的火力，在我们炮弹不足、技术不高的情况下，更应该这样做。

第四是集中优势兵力，在战术上以多胜少。要三个到五个打敌人一个，不要存在爱面子或怕别人来分缴获品的想法，而由一个兵团包打。集中兵力是为了迅速解决战斗，变劣势为优势，变被动为主动。不失时机地进行第二个战斗。

接着，粟裕还讲了抓紧时间休整部队，恢复战士体力；随时做好战斗准备；防空和伪装；注重搜集敌军情报等问题。为了使各级指挥员都能掌握这些经验，华中野战军把粟裕的讲话印在内部刊物上，下发给各部队[1]。

这时，徐州方面的国民党军队向我淮南根据地大举进攻，很快占领了盱眙、天长等县城。遵照中央军委南下作战的计划，陈毅、宋时轮率领山东野战军主力5万余人从鲁南进至泗县附近，准备与国民党军队展开大战。陈毅考虑面前的对手是桂系部队，战斗力较强，必须集中绝对优势的兵力才有胜利保证。8月1日陈毅向中央报告："现淮南地区丧失，敌进攻重点转趋苏中和淮北。张、邓、谭、粟舍不得苏中，以主力在该地打仗，实际上淮南在全局比苏中更重要。"因此，陈毅建议"粟部迅速西调，仍以切断津浦、陇海，开展淮上新区，夺取徐州为目的"。

毛泽东对此持谨慎态度，他在8月2日电询粟裕："主力休整及补充情形如何，一个月内在苏中再歼敌两个旅有可能否？如你们能在8月内歼敌两个旅，南线情形即将改观，那时粟可率主力转至淮南作战。"

慎重地考虑了毛泽东和陈毅的电报，8月5日粟裕回电中央和山东野战军、华中分局领导人，提出如果能将皮定均的5旅调来，在8月内再歼敌两个旅是有把握的。粟裕提出自己的忧虑：现在苏中、淮南、山东都有我军主力，形成平分兵力，这样恐怕解决任何一路敌军都有困难。但他力陈苏中的有利条件，要求在苏中再打一仗，然后再转移。"否则淮南、苏中均成僵局，于整个战局亦不利。"

毛泽东看了粟裕的电报，感到华野在苏中连打两个胜仗，士气正旺，如

[1] 粟裕：《改进今后作战的几个问题》，载《粟裕文选》第2卷第87页，军事科学出版社2004年版。

果急于调他们北上，未必效果就好。8月6日，他给陈毅个人发了一封电报："似以同意粟裕意见在苏中再打一仗，然后主力西调为有利。因粟部西调过早一则苏中人心不顺；二则敌军亦将早日西调；如西面仗打不好，怨言必多；故不如让粟部在苏中再打一仗（不论胜负）然后西调，各方皆无话说。目前大战方在开始，粟部多少带地方性，此种情况不能不顾及。你手中有5万兵力，用每次歼敌一个旅之方法，可能在一个月左右时间内歼敌三至四个旅，即足以顿挫敌之攻势。那时，粟部主力亦可西调，叶（飞）赖（传珠）部亦已南下，可以大举向淮南出动。究应如何，仍请你按照具体情况考虑决定指示粟裕，此间对粟不直接指示，以上意见只是提供参考。"[1]

　　毛泽东的电报，反映了他在军事决策上的民主作风。在定下决心之前，他总是反复征求战略区指挥员的意见。当双方意见不统一时，他是从实际情况着眼，谁能打胜仗就让他放手去打，而不是横加干涉，把个人意见强加于人。苏中究竟能否再打胜仗，他认为粟裕手里兵力不多，把握不是很大。于是8月7日毛泽东再次电询粟裕："对苏中目前即取防御方针，而由你率主力与陈军长会合，集中力量打开淮北局面，或出淮南，切断蚌浦线，直接配合陈宋、刘邓之作战，这是一个方案。照你五日午电办法，8月内再在苏中打一仗，然后西移，这是又一个方案。你对以上两方案意见如何，盼告。"

　　就在毛泽东与陈毅、粟裕商量作战方针时，苏中形势发生了变化。粟裕于7日电告中央和陈毅："歼敌良机已到，战况完后再报。"毛泽东非常高兴，8日立即指示粟裕、陈毅和华中局："1.粟七日辰电悉，歼敌良机已至，甚好甚慰。2.如连续歼敌两个旅有便利条件，则可连续歼敌两个旅，否则可先歼其一个旅，休息数日再找机会歼其另一个旅。3.预备部队或钳制部队，如有可调者，望张、邓、谭尽可能满足粟之要求，集中最大兵力于主要方向。"[2]

　　粟裕所说的"歼敌良机"是什么呢？他晚年叙述说："敌人挨了宣泰和如南两次打击后，这个时候是用肩靠肩地并列前进，他5万多人的攻击正面不过20华里左右，防止被我们各个歼灭。这个时候我们确实有点不好下手。在七纵3000多人对抗敌人5万多人的进攻的情况下，居然打了4天多，本来还可以打的，因为我们的弹药不够，在这个4天多的战斗中间，杀伤敌人3000多人，我们于8月3日主动地撤出海安，敌就进占海安。在我们撤出海

---

[1]《中国人民解放军第三次国内革命战争史料选编》第2辑第1册。
[2]《毛泽东军事文集》第3卷第392页，军事科学出版社1993年版。

安之后，敌人又产生了一个错觉，因为这个时候敌人没有发现我们的王纵和陶纵这两个主力纵队，以为我们的部队已经伤亡很大，不堪再战了，造成了错觉，就轻易地向我们进犯。当时我们估计一方面敌人可能继续北进，占领东台；另一方面也可能东进，占领李堡、角斜，这样封锁我们到通如海启的通路。可是敌人这种估计错了，而且恰恰相反。敌人占领海安之后，他以为我们不能再战了，所以他就大胆地分兵东进，占领了丁家所、李堡、角斜这样几个点，这样就使敌人又背上了好几个包袱。敌人要封锁通如海启，也不得不分兵把守这几个地方；这样，他的整个进攻兵力、正面进攻兵力就越来越少了，便于我军各个击破敌人。其实，我们这两个主力纵队已经在那里休息了两个星期，也把俘虏兵争取过来了，补充了新兵。所以，敌人继续分兵东进，就造成了我们继续打击敌人的有利条件。"[1]

8月8日，粟裕得到情报：李默庵命令占领海安的65师调往泰州接替25师的防务，以新7旅到李堡接替105旅的防务。国民党军队的频繁调动，给我军创造了战机。粟裕当机立断，命令陶勇率1师攻击李堡之敌，王必成率6师攻击丁家所之敌，管文蔚率七纵隐蔽于贲家巷，准备伏击海安来援之敌。10日黄昏，陶勇的1师主力悄悄包围了李堡镇。国民党军的两个旅部各带一个团正在换防。要走的刚把电话线拆除，新来的电话线还没装好。李堡的工事也比较简单，只有一道鹿砦，一道交通沟和少量地堡。1师依靠青纱帐接近敌军，侦察好地形，夜里10时从两个方向突然发起攻击。新7旅是四川军阀的杂牌部队组建，老兵多，装备差，但是还能抵抗一阵。1师3团的突击连队与敌军交火，敌军以重机枪封锁前沿。我军迅速上前，用手榴弹炸毁敌军重机枪，占领阵地。敌军连续四次反冲锋，均被我军击退。相持到天亮，到了该吃早饭的时候，我军坚持连续战斗，以小分队迂回包抄，夺取了李堡镇内的一些房屋。敌军眼看要被包围，军心动摇，开始突围向杨家庄的105旅靠拢。1师穷追猛打，将敌军歼灭在野外。105旅守在杨家庄的一个团在旅长指挥下固守尼姑庵，1师集中炮火轰击，敌军被炸得四散逃命，除旅长等少数敌军逃生，又一个团被1师消灭。

这时，新7旅旅长黄伯光正带一个团从海安前往李堡，路上听见枪炮声，以为共军正在和他的部队激战。下令部队跑步前进，想与李堡部队夹击我军。中午到达西场，正遇见6师主力刚打败丁家所之敌，在这里埋伏等待打援。

[1] 粟裕：1978年5月16日的谈话记录稿，军事科学院图书馆藏。

地里的玉米长得很高，国民党军被包围夹击，陷入混乱。黄伯光命令突围，两头都被打回来。下午5时，王必成下令总攻，战士们杀声震天，黄伯光带少数随从狼狈逃窜。不到一昼夜时间，国民党军两个旅部、两个团约9000人被我军歼灭，5000多人被俘。而我军伤亡不到1000人，打了一个漂亮的歼灭战。粟裕原来打算乘胜追击，收复海安，听说敌65师回援海安，黄桥的99旅也向如皋增援，而我军主力作战两天，相当疲劳，决定停止行动。

李堡之战我军战术有明显提高，部队进攻时能集中兵力，以14个团打敌军3个团，迅速突破。电话联络畅通，起了很大作用。并发扬连续作战和猛追猛打的作风，在运动中消灭敌军，所以能在短时间内解决战斗。这一胜仗大大鼓舞了我军士气，粟裕向陈毅和中央报捷，13日陈毅回电："海安捷讯悉，甚慰。为贺你部继续胜利，宜就地继续开展局面，不必忙于西调。部队宜争取数日休息，再求新的机动，反较西调为更有力配合各方。"[1]

毛泽东也为苏中的捷报感到兴奋，15日指示粟裕、谭震林："望利用苏中各种有利条件继续在那里作战。如你们能在今后一个月内再打二三个胜仗，继续歼敌二三个旅，则对整个局势助益极大。"[2]

国民党军在李堡损失惨重，李默庵很受震动。他命令江北各部队采取守势，稳扎稳打，不再主动进攻。我军没有在运动中歼敌的机会，粟裕、谭震林决定主动出击，钻到敌人肚子里去打。他们致电中央，请求率主力南下，攻打南通、海门等城市。中央考虑我军目前攻打中等城市的力量不够，20日复电："同意主力南下的行动，但不必去强攻城市。"粟裕等分析了敌情，海安、如皋等地驻有国民党军主力，我军应避实就虚，设法切断如皋至南通的交通线，孤立和打击敌人。林梓和丁堰是敌人交通线上的两个重要据点，没有正规军，只有交警大队把守。粟裕决定以1师打丁堰，6师打林梓；七纵袭击海安，九分区地方武装袭扰南通，钳制国民党军主力。

林梓是南通至如皋公路上的一个镇，南通至扬州的运河流经镇中。林梓镇三面环水，镇里有不少地主大院和寺庙。这里有一个交警大队和一个保安团，交警大队是由原来的伪忠义救国军改编，装备都是轻武器，没有火炮。林梓有日军遗留的碉堡，加上壕堑和铁丝网，工事比较坚固。21日黄昏，6师到达林梓外围，王必成指示54团当夜发起攻击。敌军虽然没有大炮，但

1 华中野战军第1师1旅：《苏中七战七捷资料汇集》，军事科学院图书馆藏。
2 《毛泽东军事文集》第3卷第406页，军事科学出版社1993年版。

是火力相当猛烈。54团组织了两次进攻，只占领了镇子北边的一个大碉堡。抓了几个俘虏来审问，才了解到镇子里的敌军比估计的要多。同时还了解到，敌军的工事是外边强，里面弱，只要突破一点，敌军就会瓦解。

王必成马上调整部署，又调来一个团和两个炮兵连，集中兵力从东南方向突击。攻击前在河上架起一座浮桥，准备好梯子等攻击器材。22日14时再次发起攻击，炮兵把大炮一直推到阵地前沿，用抵近射击，一炮就摧毁一个碉堡。我军集中轻重机枪一齐开火，完全压制住敌军火力。第一梯队迅速突入镇中，连续夺取几个大院，向镇子里面展开兵力。这时，其他方向也在助攻。敌人成了瓮中之鳖，纷纷缴械投降，少数想逃跑的，都被打死在河里。仅用了两个小时，林梓战斗结束[1]。

1师前不久刚刚在丁堰痛击过王铁汉的49师，这次华野又让他们打丁堰，大家都很高兴。21日晚，3旅奉命主攻丁堰。丁堰的工事不如林梓，只有一个纱厂可以用来防御。1师两个团向丁堰发起进攻，激战一夜，敌人大多数被歼灭。少数逃往如皋，半路上被1师1旅的阻击部队截获。丁堰、林梓战斗，我军共消灭国民党五个交通警察大队3000多人，缴获大量美制轻机枪、卡宾枪，第一次缴获了7辆军用卡车。意外缴获是大堆的美制脚镣、手铐，敌人原打算用来残害解放区人民，还没派上用场就成了我军的战利品。

就在华野主力进行丁堰、林梓战斗时，扬州国民党军为了配合徐州方向进攻淮北解放区，8月23日，以25师向我苏中解放区的邵伯发起进攻。邵伯是扬州北面的一个大镇，西边是邵伯湖，南面是大运河与扬（州）（南）通运河交汇处，东面是水网地带。当时大运河从邵伯到淮阴一段处于我解放区的控制下，从地理形势说，邵伯是两淮的南大门。从经济上说，解放区的主要财政来源于运河的税收，失去邵伯就等于失去运河。可见，邵伯对苏中和两淮解放区的重要意义。1946年6月内战爆发前，这里由华野第十纵队的4个团、华中第二军分区的2个团守卫。粟裕曾与滕代远同志一起来此视察，明确指示要加强防御，坚守邵伯。十纵是地方部队新组建的，尚未经过大战的考验，武器装备也不如主力1、6师。驻守邵伯的十纵副司令员常玉清是在鄂豫皖苏区参加革命的老红军，随红25军长征到陕北。抗战时期在八路军115师，后转到苏中工作，身经百战。他在邵伯积极构筑阵地，主阵地是镇子南面的运河大堤，堤上设有暗堡，纵深配备；大堤到镇南修了堡垒群，

---

　[1] 王必成：《慎重初战，旗开得胜》，载《苏中七战七捷》，江苏人民出版社1986年版。

层层设防。副阵地是运河东侧邵伯镇入口处，扬州北来的公路经过这里。这里河流多，我军毁掉公路大桥，在岸边构筑了工事。邵伯镇北运河船闸也是敌军可能攻击的目标，船只可以在此靠岸，但有河滩地，不适于大部队行动。邵伯东面的乔墅镇是敌军可能迂回进攻邵伯的地点，十纵也放了一个团。在邵伯的背后，皮定均的5旅坐镇高邮，把守着解放区的第二道防线。

8月23日清晨起，国民党军的大炮轰鸣，震颤邵伯的土地，敌25师向邵伯正面发起进攻。108旅从扬州公路、40旅从乔墅两线冲击。前沿部队因武器较差，被迫后撤，扬通运河南岸被国民党军队占领。夜间敌军用汽艇和民船发起两次强渡，均被我军打退。第二天，敌军在炮火掩护下继续用船只强渡运河，我军依托运河大堤工事坚守，苏中军分区2团表现得十分勇敢，与冲上大堤的敌军拼刺刀，不怕伤亡，打退敌军一次次进攻。但是敌军占领了桥头阵地，形势更加紧张。

8月25日战斗进入第3天，敌军采取中央突破的战术，向邵伯发起总攻。40多门大炮向我军阵地不停轰击，弹如雨下。运河大堤我军阵地上烟雾迷漫，一个地堡内听不清人讲话，电话线被炸断数十处。我军碉堡大部被摧毁，钢筋水泥工事也未能幸免。我军伤亡多数是被炮火杀伤，但是4团表现得极为勇敢沉着，依靠军区支援的两门加农炮向敌军准确射击，打坦克、打汽艇，一炮一个目标，弹无虚发。敌军潮水般拥上大堤，我军阵地只剩下一道铁丝网。没有退路了，我军战士与国民党军展开白刃战，大堤上杀声震天。敌军到底怕死，狼狈溃退。4团坚守两天，伤亡很大，常玉清以十纵82团换下4团。天色昏暗，敌军的总攻没有成功。

25师108旅连攻3天没有进展，又调来40旅的主力团投入第4天进攻。敌人在火力组织、步炮配合等战术上显得较强，但国民党军总是正面进攻，突破点又选在我军防御最强的运河大堤上。这里正面狭窄，有河流障碍，如果他们采用侧后迂回，局势可能就不同了。我军以十纵82、87团固守阵地，到黄昏时，敌军显出疲劳和信心不足，攻势已经是强弩之末。到了27日，由于华野主力在黄桥发起进攻，李默庵急调25师东援泰州。国民党军报复性地用飞机和大炮轮番轰炸邵伯，随后趁黑夜撤军。邵伯保卫战以我军的胜利结束。国民党军伤亡2000余人，我军也付出1200人伤亡的代价[1]。

---

[1] 华中军分区4团：《邵伯保卫战初步总结》，1946年9月16日。见《华东军区、第三野战军第三次国内革命战争战史资料选编》。

邵伯保卫战，我军十纵和军分区部队以弱胜强，表现得十分英勇，超出了粟裕的估计。粟裕晚年提到邵伯保卫战，还是赞不绝口。他说："我守卫邵伯的部队是刚由地方部队升级而成的第十纵队的3个团和两个分区的地方团，虽然训练不多，但士气旺盛。当时我们指定常玉清同志指挥。同志们知道，元末明初朱洪武有个大将叫常遇春，打过采石矶。我们在邵伯指挥作战的是十纵队的副司令常玉清，名字差不多。部队与敌人进行了多次白刃肉搏战，经四昼夜的连续激战，敌人终于被我击退，敌伤亡两千多人。"

粟裕密切注视着邵伯的局势。他知道如果邵伯失守，将会给淮南的形势造成严重后果。但如果现在出动主力前往邵伯解围，不仅路程太远，赶到那里也是疲劳不堪，难以即刻投入战斗。粟裕想起战国时代"围魏救赵"之计，来个古为今用，设计出"攻黄（桥）救邵（伯）"，用攻其必救来调动敌军，变被动为主动。他命令1、6师和5旅大踏步向敌占区前进，寻求在机动中歼灭敌军。

这个行动带有一定的冒险性。粟裕回忆："这是一着奇兵，也是一着险棋。这个地区，南是长江，东、北、西三面都有敌人许多据点连成的封锁线。封锁圈东西百余里，南北仅数十里。"如果国民党军掌握了我军动向，以优势兵力合围，那是对我方很不利的。由于老区封锁严密，敌人得不到情报，反应迟钝多误。我军主力行动时，他们判断我军是要攻如皋，急忙派黄桥的99旅出动增援。没想到我军的目标是黄桥，8月24日获悉99旅出动的情报，粟裕命令部队在行进中密切注意敌情，准备在半路上打遭遇战。

8月25日，从黄桥出来的99旅到达分界，与王必成的6师遭遇。6师以少数兵力正面阻击，以主力4个团从两侧和背后出击，迅速完成对99旅的合围，展开猛烈进攻。这时敌军才发觉我军的意图，派如皋的187旅、79旅的一个团向黄桥方向增援。这部分敌军也被陶勇的1师截在加力和谢家甸一带。这天夜里，分界和加力都在激战。打到天亮，由于敌军采取依托村庄固守的战术，我军未能解决战斗，形成对峙局面。

这样的形势对我方不利。当时邵伯战斗已经到了紧急关头，乔墅阵地已被敌军突破。如果我军主力与敌人僵持，邵伯一旦失守，形势就会发生剧变。粟裕当机立断，命令1师1旅张震东旅长前来受领任务。26日上午，张震东骑马赶到野战军司令部，粟裕指着地图对他说："敌人已被我包围在加力、分界地区，如果我们两个地区同时打，兵力不足，不能迅速解决战斗。现在采取'雷公打豆腐'的办法，先集中力量打分界的99旅。因为先打加力的一个半旅，时间要延长，如皋还有两个团可能出援，这样会成为僵局。你旅立即奔赴分界，协同6师先歼灭99旅。"

张震东接受任务，马上赶回部队。1旅从加力强行军向分界前进。26日中午，1旅到达分界东北的指定地点。6师见1师前来支援，士气大振。下午1时，6师发起总攻，经过两个小时激战，99旅大部被歼。残敌1000余人向东南方向突围，又被1旅阻截。在一片开阔地上，敌军如同没头苍蝇，东边枪响向南逃，南边枪响再向东逃。我军包围圈越缩越小，敌军走投无路，只好缴枪投降。99旅旅长刘光国等1400人被1旅俘虏，这样，分界战斗结束，99旅被全歼。

1旅和6师18旅，特务团又迅速挥师东进，去解决加力的敌人，准备26日夜里发起总攻。因1旅没能赶到，3旅先发起攻击。打到27日天亮，18旅一个团和特务团赶到谢家甸以东投入战斗。上午，敌军以营为单位向如皋方向突围，被1师、6师18旅、5旅、特务团等分割围歼。一个半旅的国民党军于黄昏时被分别歼灭于加力、谢家甸之间，零星逃回如皋的不足1000人。

我军乘胜追击，扩张战果。七纵原来担任监视海安敌人任务，见兄弟部队打得热闹，也主动出击。27日晨攻占大白米镇，晚上攻占曲塘，控制了海安到泰州的公路交通线。5旅向黄桥攻击，守敌只有5个连，听说99、187旅被歼灭，极为恐慌。5旅包围黄桥，开展政治攻势，喊话要敌军投降。敌军依托碉堡、围墙负隅顽抗，我军使用迫击炮抵近平射，打掉敌军碉堡。又用炸药包连续爆破，将敌军压缩到镇西北角。眼看大势已去，突围无望，敌军于31日晚缴械投降。黄桥被我军解放。

这一仗是苏中战役中最大的一个胜仗。我军歼灭国民党军99、187旅全部，79旅一个半团，160旅五个连，63旅两个连，总计俘虏12000多人，缴获各种炮50多门，轻重机枪600挺，步枪3500支。我军伤亡3500多人。邵伯保卫战的结束和黄桥的解放，标志着经历7次战斗的苏中战役胜利结束。

一个半月的苏中战役，我军七战七捷。共消灭国民党军6个师、2个交通警察总队，共6万多人。占国民党军在苏中南线总兵力的40%。缴获大量枪支弹药和物资。这些胜利改变了苏中的形势，战争主动权完全掌握在我军手中，敌军不仅无力进攻，连维持交通线都很困难。恐慌到1个旅不敢单独出动，1个团不敢守一个据点。当初长驱直入的骄横气焰一扫而光，变成胆战心惊。我军为什么会取得这样大的胜利呢？在华中野战军干部总结会上，粟裕司令员说："首先，是由于我们没有机械的、教条主义地运用战略指导原则，我们不轻易放弃一个战略支点，但我们也不死守一地。死守一点，同敌人拼消耗，是不合算的。但也不是一枪不打，望风而逃，而是给进犯的敌人以阻击和重大的杀伤后才弃守。海安撤出前就是这样打的。"

"其次，就是战略上采取了持久战，坚决执行了中央的指示。我们每打一个仗，中央总是来电说，你们要好好休整部队准备再战。因此，不断积蓄与充实战斗力，便于连续作战，符合战略上以少胜多的原则。但在战术上则恰好相反，采取了以多胜少的打法。如李堡之战，敌人三个团，我们使用了十四个团，差不多是五个打他一个，而且是在运动中打他，所以能迅速干脆地消灭敌人。分界之战敌人两个团，我们用了十个团打他；加力之战敌人三个半团，我们第一线即使用了十三个团，连第二线的兵力共有十五六个团，加上还有无数的民兵与地武，敌人当然就很难跑掉了。"

"第三就是采取了战役战斗的速决战。许多同志对于上面要求限时限刻完成任务认为是不体谅下级，是主观主义，太蛮横。其实要求战役战斗的速决是应该的，是必须的，而且是可能的。因为我们五个打敌人一个，武器弹药也不比敌人差，运动中敌人又不能带着碉堡跑，当然是可以速决的。也只有速决才能减少伤亡和消耗，才能争取时间打第二仗。""战役战斗中不采取速决战就会变成僵局，就不能连续作战，也就不能歼灭敌人，更会变成劣势与被动，甚至失败。所以要取得更大更多的胜利，必须要在战役战斗中采取速决战。要速决，就要不怕疲劳。作战时不要顾虑部队疲劳，要用一切办法鼓励部队，克服一切疲劳去争取胜利。但在战斗结束后，就要很好地照顾部队疲劳，给部队很好的休息。"

"第四，各兵团的协同动作，是取得战斗胜利的决定条件之一。""各兵种的协同也是一个重要条件，我在以前几次干部会上屡次提出要组织炮火集中使用，大家还不大相信，直到这几次战斗中受了敌人的教训，才改进了。如李堡之战，集中炮火使用，便很快地解决了战斗。打丁堰、林梓也是如此，所以都很快地取得了胜利。"

最后，粟裕总结说："我们对进攻苏中的敌人作战，所以能取得巨大的胜利，完全改变了过去的形势，除了上述政治军事原因之外，主要是消灭了敌人的有生力量。因此，大家应记住：谁保存了有生力量，谁就会胜利；谁消耗或消灭了有生力量，谁就会失败。"[1]

苏中七战七捷，是我军在解放战争初期的成功战例，这个胜利极大地鼓舞了各解放区军民的士气。毛泽东接到苏中的捷报，非常高兴，于8月28日起草给各战略区首长的电报，推广苏中的经验："我粟谭军从午元至未感一个半月内，作战六次（当时如黄路战斗尚未结束——作者注），歼敌六个半旅及交通总队五千，造成辉煌战果。而我军主力只有十五个团，但这十五个团是很充实、很有战斗力的，没有采取平均主义的补充方法。每战集中绝对优势兵力打敌一部（例如未宥集中十个团打敌两个团，未感集中十五个团打三个团），故战无不胜，士气甚高；缴获甚多，故装备优良；凭借解放区作战，故补充便利；加上指挥正确，既灵活，又勇敢，故能取得伟大胜利。这一经验是很好的经验，希望各区仿照办理，并望转知所属一体注意。"[2] 这是对苏中战役的高度评价和褒奖。

---

[1] 粟裕：《苏中战役总结》，《粟裕文选》第2卷第148页，军事科学出版社2004年版。
[2]《毛泽东军事文集》第3卷第438页，军事科学出版社1993年版。

第 4 章
转战山东、两淮

蒋介石发动全面内战——淮南失守——山东野战军主力南下——朝阳集首战告捷——泗县苦战——陈毅承担责任——国民党军进攻两淮——山野主力举棋不定——毛泽东打算派徐向前到山东——74 师突袭泗阳——陈毅忧心如焚——华中主力北上——两淮失守——我军指挥员对战局的认识和看法

1946 年 6 月，蒋介石准备发动全面内战，意将各解放区一举消灭。他派白崇禧到徐州、开封、济南等地，部署对山东和淮南解放区进攻。国民党抓紧时间从南方调运军队北上。此时，在徐州附近集中了 7 个整编师和 2 个旅，其中 97 军已在临城。济南王耀武掌握 12、96 军，李弥的 8 军由青岛沿胶济铁路进至高密、胶县;阙汉骞的 54 军在青岛登陆。国民党正规军沿津浦、胶济线从三个方向向我山东解放区压过来。

1946 年 6 月下旬，国民党徐州绥靖公署主任薛岳集中 50 多个旅的兵力，分 3 个方向向我苏中、淮南淮北和山东鲁南解放区进攻。第 5 军、整编第 74 师、172 师主力向天长、盱眙进军，向我淮南第三军分区攻击。企图将淮南我军就地消灭或赶到淮河以北，从南面威胁淮安、淮阴。淮北方向，国民党以 5 个师 10 个旅的兵力自徐州、夹沟、固镇地区分三路东进，配合苏中北上的国民党军队占领我淮安、淮阴。国民党方面的战略意图是切断华中与山东的联系，达到把我军分割消灭的目的。

国民党军队的进攻重点是淮安、淮阴，而这个地区正是我军力量相对薄弱的地区。山东野战军主力在鲁南，华中野战军主力在苏中，两淮正好是个空缺。淮南军分区仅有 3 个旅总共 8 个团的兵力，战斗力和装备不强，形势是非常严峻的。

在国民党军行动部署尚不清楚的情况下，中共中央决定采取"敌进我进"的战略方针。6 月 26 日，毛泽东指示陈毅和华中分局，为粉碎国民党进攻，命令刘、邓主力出陇海、豫东；陈毅主力出徐州、蚌埠间；华中主力西进与陈毅配合，调动敌人而歼灭之。陈毅接到指示，即召谭震林从淮安到鲁南商议，于 28 日答复中央：准备于 7 月 15 日左右率山东主力南下，对徐州至蚌埠间的津浦沿线发起进攻。

就在山东野战军主力进行南下准备时，国民党军精锐部队 5 师在师长邱清泉指挥下，向淮南解放区进攻。邱清泉，浙江永嘉人，黄埔二期毕业生。1934 年到德国留学，对机械化部队作战和装甲兵战术有相当的研究。回国后到杜聿明的 5 军任师长，在 1938 年 12 月广西昆仑关血战中与日本人拼死战斗，表现勇敢，又参加了云南西部的对日作战，深得蒋介石的欣赏。抗战结束后，邱被任命为整编第 5 师师长，从云南调到浦口，与张灵甫的 74 师担任南京卫戍任务。蒋介石发动全面内战，邱清泉又当上急先锋。他生性狂傲，脾气暴躁，打起仗来确有一股疯狂劲。

淮南军区司令员周骏鸣、政委萧望东手头的部队只有成钧的 5 旅、陈庆先的 6 旅、罗占云的淮南独立旅等 8 个团的部队，总数不过 3 万人。作为主力的 5 旅是刚从山东军区南下来到高邮的。华中军区交代的任务是配合当地部队钳制 74 师，坚持淮南根据地。获悉国民党军将对淮南发起进攻的情报时，华中军区指示周、萧以 6 旅在盱眙西南钳制第 5 军第 96 师，以 5 旅、淮南独立旅在六合东北对第 5 军第 45 师实施反突击，迫使其后退，然后消灭 96 旅。

这个计划是不切实际的。我军淮南的人数、装备、战斗力均弱于国民党军，淮南部队首长对 5 师、74 师也没有什么具体了解。5 旅刚到淮南，在地形不熟、准备仓促的情况下，7 月 17 日对进占樊家集的 5 师发起攻击。因缺乏攻坚经验，各团动作不协调，未能得手，当即撤退到东旺庙一线。国民党军乘机推进，20 日到达东旺庙。当天下午，成钧指挥 5 旅再次向 5 师实施反突击，但是独立旅没有按时到达配合作战，5 旅苦战一夜，伤亡很大，只消灭敌军两个连。这时邱清泉发现共军主力在东旺庙，即调 96 旅从竹镇向天长的汉涧进攻，企图迂回包围我军。淮南军区首长看形势严峻，命令部队转移。一部分守天长县城，一部分在汊涧以北待机。7月25日，国民党军再次发起进攻。5师45旅自东旺庙向天长突击，96旅向盱眙县城进攻。26日，45旅在强大炮火支援下，分三路向天长县城发起总攻。5旅15团与其血战一天，连续打退多次进攻，但国民党军锐气正盛，天长位置突出，不利于防守，5旅15团只得于27日拂晓撤出战斗。5旅主力在汊涧张公铺反击，歼敌一个营，包围一个营；由于没有大量歼敌，整个战局仍未好转。5师全线逼近，华中军区政委谭震林原打算将驻高邮的皮定钧旅拉上来，与国民党军再打一仗。但淮南部队已极度疲劳，不宜再战。谭震林命令留下一个团与地方武装就地打游击，其余部队自29日先后撤退到淮阴、宝应地区，淮南解放区遂被国民党军占领[1]。

　　淮南半个月作战，我军遭受几千人的伤亡，丢失了淮南根据地。其中的原因除了国民党军力量较强、兵力集中以外，暴露出我军不善于打正规战，作战指导思想落后的弱点。正如后来三野战史研究工作者所总结的，淮南军区领导人"在作战指导上违背了运动战、歼灭战的方针，保守地方，分散兵力，不能集中机动，各个歼敌。整个半个月过程中，都是与敌人正面对抗，敌人进一步，我们退一步，完全处于被动地位，致使自己拖得非常疲惫，最后不得不退出淮南。""其次，战争动员不充分。军队中存在着骄傲自满、游击习气和山头主义，执行命令不坚决，组织战斗不严密，各部队在战斗中不能很好的协同动作。以至有些战斗本来可以打好，结果未打好。地方党政工作同志存在着严重的和平麻痹思想，盲目地依赖军队，没有积极组织群众性的游击战争，也没有组织支援前线的工作。枪声一响，群众和地方党政人员逃避一空，使军队给养补充和伤员转运都发生困难，甚至连向导也找不到，对军队士气影响极大。"[2]

　　遵照中央关于山东野战军主力南下徐州地区作战的指示，陈毅、张云逸、黎玉在鲁南与淮安的华中分局谭震林、张鼎丞、邓子恢反复商议作战方针和相互配合的问题。按照陈毅的想法，打算集中山东、华中两个野战军主力在徐州地区与国民党军进行决战。但苏中局势紧张，粟裕、谭震林来电坚决要求先在苏中内线歼敌，不主张急于调华野主力北上。虽然中央曾有指示，华中野战军在战略行动上归陈毅指挥，但实际上华野是由华中分局领导，陈毅

1 成钧：《淮南作战的教训》，1950年4月的谈话。
2 《中国人民解放军第三野战军暨华东军区第三次国内革命战争战史资料》，1958年初稿。

不便直接下命令，只能协商解决问题。为了协调好两个野战军之间的关系，陈毅总是将华野的建议转告中央，求得指示后再行动。

毛泽东考虑粟裕、谭震林坚持苏中作战的建议有道理，也可行，7月13日复电山东、华中领导人，指示鲁南主力不要急于南下，让"苏中、苏北各部先在内线打起来，最好先打几个胜仗，看出敌人弱点，然后我鲁南豫北主力加入战斗，最为有利"。毛泽东让粟裕在苏中打，是赋予他战略侦察的任务。粟裕在苏中连战连捷，华野也就不能北上了。

陈毅原打算调叶飞的一纵参加南下作战，但是山东军区此时也开始了胶济线作战。一纵是鲁中地区的主力部队，张云逸、黎玉要求陈毅把一纵留在山东，也能起到保卫临沂的作用。陈毅考虑，不能为了淮北而放弃山东，同意了张、黎的意见。这样，陈毅手里又少了一支得力部队。三个方向同时开战，兵力是集中不起来了。

当时陈毅手中的兵力还是不少的。有韦国清的二纵、谭希林的山东7师、何以祥的山东8师，以及先期到达淮北睢宁地区担任保卫淮北任务的华中野战军第九纵队，共5万余人。这比胶济、华中两个方向作战的兵力都多，应该是能打大仗的。7月17日，国民党军开始向苏中、淮南解放区大举进攻，华中分局向陈毅告急，电报中汇报敌情后表示："我苏中淮南只能与顽军纠缠及逐步歼敌，达到击溃顽军之进攻。但淮北如山东主力不南下，很难支持。如果五河、泗县、灵璧、睢宁等城失守，对将来整个战局不利。建议山东主力迅速南下，首求将进犯顽军歼灭后，乘胜西攻占领蚌徐段，以免造成华中四面楚歌之势。"

陈毅将华中电报转告中央，他考虑南下有几个敌人要打，究竟先打哪一个，要看敌军的行动和我军集中的情况而定。7月19日毛泽东回电："徐州附近之作战关系全局，如打得好，歼灭蒋军东进主力，则我军可以南打99军及58军，可以切断徐蚌路，配合刘邓大军发展新局面，杂牌军亦可能起来反内战。因此你们必须等候88师、28师出来，并进至有利于我们之地点，然后集中全力歼灭其一个师，得手后再歼第二个师。此两师解决，则全局胜利。"接到毛泽东的指示，陈毅和参谋长宋时轮下达命令，鲁南部队连夜南下。

韦国清指挥的二纵由台儿庄越过陇海铁路，到达睢宁以北的古邳镇。韦国清是广西东兰县人，壮族。1929年参加百色起义，加入红七方面军。后转入中央苏区，长征中在红一方面军中任干部团团长。抗战时期任新四军9旅旅长，彭雪枫师长牺牲后，他接任4师副师长，坚持斗争。抗战胜利后新四军主力北上，他的部队组建为山东野战军第二纵队，他任司令员兼政委。指挥了打枣庄等战斗。这次二纵是最先南下的部队，所属4、9旅隐蔽于曹八集一带，寻找战机。

张震率领的华中野战军九纵被华中军区调来阻击进犯淮北的国民党军，已在睢宁地区集结。张震是湖南平江人，1930年参加红军。经历了两次攻打长沙和中央苏区五次反"围剿"作战。长征中任团参谋长，抗战中调到新四军，任4师参谋长，协助彭雪枫指挥多次打击日伪军的作战。抗战胜利后被编入华中野战军，任九纵司令员兼政委。九纵虽然是新组建的部队，但干部战士斗志旺盛。在山东主力南下之前，他们在灵璧进行了4天的运动防御作战，给进攻的桂系部队以较大的杀伤，也取得了山地守备与运动防御作战的初步经验。

从徐州方向进攻淮北解放区的国民党军队兵分三路，平行推进。先打哪一路呢？陈毅和宋时轮原来决定打击位置最突出的左路敌军——28、57师。那几天，二纵几乎每天夜里行军，来回运动寻找战机。正当我军主力向左路敌军接近时，中路敌军69师的60、92旅于25日到达朝阳集地区。26日60旅向左路靠拢，92旅显得孤立突出。陈毅、宋时轮迅速改变决心，命令二纵、九纵和20旅共13个团的兵力集中歼灭92旅，并在运动中攻击60旅一部。任务分工是：二纵4旅担任主攻，夺取九顶山、凤凰山等制高点，然后进攻朝阳集；9旅从另一路迂回进攻，切断92旅与其他部队的联系，并助攻朝阳集。九纵和20旅负责打援。

7月27日凌晨，战斗打响。4旅以密集战斗队形猛打猛冲，进占了几个小高地。国民党92旅是薛岳的老部队，抗战中参加过台儿庄、长沙等会战，属于战斗力较强的部队。但是他们从江西出发到徐州，又参加这次行动，长途奔波加上连日下雨，部队相当疲劳。而且他们对我军很少了解，进入解放区后又大胆分兵去清剿地方，到朝阳集后只是简单修了些工事，没想到我军来得如此之快，一时被打昏了头。9旅攻占了杨桥、唐庄，切断了朝阳集与双沟的联系。九纵攻击鱼沟敌军，包围了一部分敌人。敌军依托一所大房子抵抗，我军战士用炸药将房屋炸塌，百余名敌军全被压在房下。4旅乘胜追击，28日拂晓从北门、西门攻入朝阳集内。经过激战将敌军压缩在集市南部。

天亮后敌军不支，抛弃重武器及辎重向西突围。我军 3 个团在后追赶，将 92 旅全歼于野外。经过两昼夜战斗，我军歼灭国民党军 92 旅全部，60 旅一部共 5000 余人，92 旅旅长带少数人逃跑。我军伤亡 800 人，取得了朝阳集战斗的胜利[1]。

南下首战告捷，大大鼓舞了山东野战军的士气。薛岳发现中路国民党军遭受打击，放慢了进军步伐，命令左路 15 个团的部队相互靠拢，谨慎前进。这样，我军若按原定计划攻敌左路，只能打击溃战，没有机会打歼灭战。陈毅、宋时轮看到右路敌军 172 师两个团占领泗县，显得较为突出，决定改变计划，调集主力部队 19 个团打泗县，尔后再向徐州方向攻击。7 月 31 日，陈、宋电告军委打泗县的计划。

当时正是雨季，泗县地区地势低洼，山东野战军部队行进艰难。陈毅亲眼所见"到处一片汪洋，每夜部队只能走 20 里至 30 里，手榴弹遭水湿即不能用，部队特别疲劳，病员增多。敌驻扎之村即沟深水满，不好突击"。但是陈毅告诉中央："现华中全境，苏中敌气已颓，淮南淮北敌气正旺，我决心在淮北打一二个好仗，即可改变局势。"

华中分局的张鼎丞、邓子恢根据以往的经验，感觉桂系部队由白崇禧经营训练多年，是有相当战斗力的。7 月 30 日致电陈毅，劝他改变主意去打蒋军。8 月 2 日，陈、宋复电华中分局："张邓卅日电，要我们打蒋军不打桂系。我们事前经过慎重考虑，蒋军计八个整旅，紧靠在一起，离徐州不到四十里，彼此间隔十里二十里不等，增援多而快，只能击溃战不能歼灭。此次打 92 师，我九个团打两天两夜始结束战斗，故无法下决心去打北线蒋军。但蒋军再向东进，则有打的机会。现桂系四个团分布在灵璧、五河、泗县三处，其增援均在七八十里以外，打定可能全歼。历来打桂系均用相等兵力，故奏效不大，此次改变是可能奏效的，已决定 5 日夜攻泗城不再变。"

8 月 3 日，毛泽东看到陈毅 7 月 31 日要求打泗县的电报，感到雨季作战条件不好，指示陈、宋："凡只能击溃不能歼灭之仗不要打，只要主力在手，总有机会歼敌。过于急躁之意见并不恰当。"次日再次电告陈、宋："你们手里有五万机动兵力，只要耐心不性急，总可找到各个歼敌之机会。"[2] 但是陈毅、宋时轮已在 8 月 2 日下达攻打泗县的命令：8 师与九纵 3 个团主攻，

---

[1]《中国人民解放军第21军解放战争战史》，1952年初稿。
[2]《毛泽东军事文集》第3卷第377页，军事科学出版社1993年版。

二纵、7师负责打援、切断泗县与灵璧之敌的联系。毛泽东的电报并未使他们改变决心。

8师师长何以祥，政委丁秋生和九纵负责人来到泗县城外，眼前的景象令他们担心。泗县有石梁河等五道大小河流环绕，县城周围原为湖泊沼泽地，平坦开阔，利于守而不利于攻。这些天连降暴雨，河水暴涨，城外壕沟水深两丈，宽达五丈，对我军形成天然障碍。泗县城门已经修筑了炮楼，城墙上每百米有一火力点，四角上也有碉堡，城外设有鹿砦。大家看过地形后，向宋时轮参谋长建议等大炮运到再动手，但是遍地大水，不知还要等几天，建议被拒绝了。

8师在山东曾有几次攻坚经验，这次是6个团打敌人2个团，大家认为没什么问题，产生了轻敌思想。8月7日夜里，二纵、8师和九纵同时对外围据点和县城发起攻击。二纵迅速消灭了鹿鸣山守敌，控制了泗县至灵璧公路的虞姬墓等要点，切断了泗县与邻近国民党军队的联系，另一部分攻占泗县西门。8师以部分兵力拔掉泗县城外据点，然后以5个营兵力攻击县城。面对宽阔积水的护城壕，战士们跳进水中，游向城门。原来准备的梯子无法带过去，部分炸药包、手榴弹也被水湿失去效用。但8师战士仍然勇猛向前，仅十几分钟就突破了北门。九纵进攻东门，这里积水最深，战士们在敌人火力封锁下，泗水强渡，占领了城墙东南角，控制了一座碉堡。

但是进城之后，意想不到的情况发生了。桂系军队不像山东伪军一打就垮，而是熟练地运用战术，向我连续反突击。8师先头部队进城后，连干部高喊："一班冲，二排冲！""拿手雷，打机枪！"暴露了行动意图。敌人在黑夜中专找有喊声的地方打，造成我军严重伤亡。8师习惯密集冲锋，敌军一排手榴弹扔过来，我军一个排就只剩下四五个人。而且这些广西兵打起仗来特别拼命，后来陈毅在一次讲话中这样形容："两广军队是很顽强的，是蒋军中战斗力最强的，硬不缴枪，真是蛮子蛮打，非打死不缴枪。伤兵还拿枪打你，伙夫挑起担子逃跑还骂'丢那妈'。你捉他，他放下担子就用扁担打。他们不做工事，一到村子排长就用刺刀在围墙上画几个圈圈，以重机枪架起来打，通、通、通就成了枪眼。十多分钟就把阵地摆好，射击很准确的。他们都是老兵，有的营长、连长还是大革命时代的黄埔学生。他们封建但很团结，他们说：'广西人打败仗就没饭吃，打胜了老蒋还要我们。'他们战术好，可是纪律很坏，打开每个碉堡里面都关着三四个老百姓姑娘。我们消灭他一个班，打垮一个碉堡要伤亡二三十人，消灭他一个营要伤亡四五百人，消灭他一个团要伤亡近千人，非常吃劲，要付相当代价。"这实际上就是泗县战斗的情况[1]。

8月8日天亮后，敌军在泗县城内发起反击，先以猛烈炮火切断城内我军与城外的联系，接着以连、排规模依托房屋向我军冲锋。8师的火炮因为洪水运不上来，火力上没有优势。敌军占了上风，夺回了西门，8师22团的3个营在城里苦战，伤亡很大。这时2营指挥员惊慌起来，竟掉头往西门外跑，2营战士也跟着突围，在敌军火力封锁下伤亡惨重。1营、3营顶着巨大压力，坚持战斗。1营2连连长在战斗中牺牲，3排长李以琴马上代替指挥。他不怕敌军炮火封锁，积极向前发展。占领一个院落，立即组织战士挖好枪眼。敌军冲锋上来，大家沉着应战，9班长钟宝鼎一人消灭17个敌人。李以琴带领机枪组组成机动小组，哪边紧张就到哪里增援，专打敌军的小股冲锋。8班长要求说："咱们打了一天，叫别人来换换吧。"李以琴严肃地说："别人都有任务，换什么！有我李以琴在，就不会丢掉阵地！"在他指挥下2连一天打退敌军9次冲锋，坚持了阵地，而且伤亡不大。战后总结，他被称为"泗县战斗中最出色的指挥员"[2]。

8日白天的战斗非常激烈。九纵77团在东门与敌军血战，1营全部军事干部都伤亡了，2连军政干部全部伤亡，7连打得只剩一个班长指挥。73团干部在攻城时留下文件书信，表示战死的决心。突击排冲上城墙后，与敌军争夺碉堡。因炸药包受潮不能用，机枪在泅渡时掉到水里，手榴弹很快打光了。但因城外水深，后续部队跟不上，全排几乎伤亡殆尽。他们抓了3个伤兵俘虏，结果战斗中没人看管，一个通信员经过，发现3个伤兵在咬我军的1个伤员。通信员一刺刀捅死一个，那两个才屈服，可见战斗之残酷[3]。

8日战斗最激烈时，宋时轮参谋长来到8师指挥。陈毅在睢宁葛楼山东野战军指挥部听到泗县战报，焦急不安，一再询问情况。8师在8日黄昏时再派两个营进城增援，但兵力始终不占优势。陈毅当夜指示宋时轮："今夜如已总攻，望坚决打。如今夜不能总攻应后撤。"9日上午，战斗仍然处于对峙状态，敌军向北门连续实施反突击，双方均伤亡严重。鉴于8师伤亡太大，战士们过于疲劳，九纵、二纵因大水阻隔，无法投入更多兵力增援。为避免

---

[1] 陈毅：《一年来自卫战争总结》，1947年12月30日。《陈毅军事文选》第429页，解放军出版社1996年版。

[2] 《8师22团泗城战斗总结》。

[3] 《九纵泗城战斗详报》。

继续消耗，山东野战军领导决定停止攻击，全部主力撤往睢宁地区休整。

泗县战斗是山东野战军一次失利的战斗。我军虽然消灭桂系172师3000余人，迫使其撤离泗县，但自己也受到重大伤亡。山野主力8师伤亡2700余人，元气大伤；二纵、九纵也各有数百人的伤亡。8师干部战士士气受挫，牢骚、埋怨话很多。有的说："上级老说要集中兵力，临到打起来却要敌人两个打我们一个！"有的说："打起来见不到炮！"有的说："上级成天说选择弱点，我们这次是选错了。"这些议论不是没有道理，我军此次集中了22个团，但攻城部队仅6个团。而这6个团在攻城时还分去一半打外围据点，优势变成了劣势。事先对桂系军队的战斗力估计不足，侦察和战前准备都不充分。指挥员对雨季、水网等自然条件的战斗行动影响估计不足，没有准备防水设施和渡河器材，造成洪水阻碍炮兵上不来，弹药受潮失去作用。战斗过程表明我军的战术还很粗糙，不善于协同、巷战、防炮，部队之间增援不上。这些很多是主观上造成的失误，有很多教训值得记取。

泗县战斗没打好，陈毅和各级指挥员都心情沉重。8师政委丁秋生战斗结束后来见陈毅，请求处分。陈毅先是安慰他说："泗县之战，我不认为是什么败仗，充其量也只是一次平仗。"又针对8师的消极情绪严肃指出："我要批评你们的是，8师还不够全面，你们只会打胜仗，不会打败仗。你们要经得起各种各样的磨炼，打了胜仗，骄傲了，那很危险；打了败仗，气馁了，这也很危险。那是灭自己的志气，长敌人的威风。"话虽这样说，陈毅作为首长，主动承担了失败的责任。10月4日，他在给8师领导写的信中说："三月来未打好，不是部队不好，不是师旅团不行，不是野战军参谋处不行，主要是我这个统帅犯了两个错误，一是先打强，即不应打泗县；二是不坚决守淮阴。"他肯定8师是一支很好的部队，自我批评说："在艰难困苦的日子里，我从不抱怨部属，不抱怨同事，不推拒责任，因而不丧失信心。"他鼓励部下在困难的时候，要坚定必胜的信心，勉励大家"愿山野同人在不利情况下应赞成撤退，在有利情况下善于勇进"。陈毅的胸怀和气度，是促成山野和华东各方团结，扭转不利局面的一个决定性因素[1]。

泗县之战，山东野战军没有打好，实力受损，部队的士气也受到影响。国民党军队则气焰嚣张，8月19日，参谋总长陈诚到徐州绥靖公署与薛岳召开军事会议，确定分路进军，占领我华中解放区中心城市淮安、淮阴的战

[1]《陈毅传》第342页，当代中国出版社1991年版。

略计划。国民党军的部署是兵分三路：中路以李延年集团为主攻，以 4 个师、12 个旅的兵力向睢宁、宿迁进攻；北路以冯治安集团 12 个团的兵力向台儿庄、鲁南解放区方向进攻。为了加强李延年集团，国民党军统帅部特地将最精锐的 74 师从盱眙、天长用火车运送到徐州，然后进至古邳镇一带。另一支增援部队 26 师 41 旅则进占朝阳集。原来的主力 7 军则驻守灵璧、泗县地区，钳制我山东野战军主力。

泗县战斗结束后，陈毅感到压力很大。他手中的部队经过一个月作战，相当疲劳，需要一段时间的休整。山东方面张云逸、黎玉来电报说鲁南形势严峻，兵力不足，要求山野主力回山东。粟裕、谭震林建议韦国清的二纵南下高邮，配合华中野战军防守，阻止国民党军队沿运河北上。陈毅左右为难，8 月 26 日与宋时轮致电中央军委，提出他们的建议。电报分析了敌情，认为国民党军的主攻方向是睢宁。"估计敌近日克睢宁后，可能迅速东进，进占运河西岸宿迁、洋河等地，亦可延迟一周至十日再东进。"

陈毅告诉中央：他的部队在泗县战斗后伤亡较大，需要补充整顿。有的部队战斗力不强，纪律不好，也需要进行缩编和整顿。但最困难的是"淮北、淮海两区近又大雨大水成灾，为近十年所未有。部队炸药、手榴弹水湿不能用，部队走水路不能穿鞋袜烂脚。""张、黎建议山野回山东，粟、谭建议二纵南下高邮打 25 军，均各有利，建议对山野行动宜作全盘考虑。"

陈毅的设想是："山野集结泗阳及运河东，要争取一个月整训再举行出击。"这样"可南可北，亦可相机向西反攻。"[1]

8 月 29 日毛泽东回电，拒绝陈毅的建议，要求山野寻求机会打歼灭战。电报说："现在敌人逐步向东，企图打通陇海线并威胁淮阴、临沂，我军必须寻找机会歼敌。我军休整一个月之计划，事实上不可能，将使自己陷入被动地位。你率主力应在睢宁以东地区待机，仿粟裕办法集中主力歼敌一部，休整若干天又打，打后又休整若干天，如此常保高度士气，纪律亦可改善。9 月正是作战时机，刘邓军、中原军均希望你军配合。此时不打，敌占地愈多威风愈大，我士气民气均将受损。故必须寻机作战，灭敌人威风，壮自己士气。每次歼敌一团一旅，打五六次，即可造成有利局势。"[2]

陈毅也想打个漂亮仗，扭转被动局面。然而天公不作美，连续的大雨和

---

[1] 《中国人民解放军第三次国内革命战争史料选编》第 2 辑第 1 册。

[2] 《毛泽东军事文集》第 3 卷第 445 页，军事科学出版社 1993 年版。

洪水使山野的部队无法行动。8月30日陈毅向山东军区和军委通报情况说："我二纵、7、8师日内集结泗阳、众兴、王集、里仁集之线，由泗阳现在北移。中间三条大河，泗阳城南大水成灾，计四个区。居民乘船，淹死人畜无数，故暂不能回鲁，仍在现地不变。近连日大雨，到处泛滥，居民言非到秋后水不能退。只能争取休整部队。"对山东军区要求主力回鲁南作战的请求，陈毅也无法应允。原因"主要由于1500个伤员拥挤在宿迁城内两条大路，万余民夫运了五夜，昨夜才运完。部队无法再进该地，故南移泗县"。

就在徐州国民党军准备向淮安、淮阴进攻时，山东国民党军也开始了进攻。李弥的军队沿胶济铁路向我鲁中解放区的淄博、张店、章邱等地发起攻击，由于山野主力南下，叶飞的一纵又受命保卫临沂地区，鲁中解放区兵力空虚，无法阻挡国民党军队的进攻，形势顿时严重起来。据华东局9月4日《关于敌攻胶济路情况给各区的通报》中说："敌人此次进攻胶济路济青段及淄博矿区，由于我张店、周村战役胜利后，一般干部盲目乐观太平麻痹，在形势转变之后，便惊慌失措，束手无策，使我在工作上物资上均受极大的损失。据已知者，有工商局及兵站机关的粮食损失不下三百万斤。独3团损失机枪9挺，子弹万余发；各机关在淄博的物资均全部损失。计棉花百余包，火柴百余箱，食盐五十余万斤；后方200余支枪被抢去。章邱民兵枪支除拉回的一部分外，其余大部损失。更严重的是鲁中区保卫部及淄博特委存在地方的文件都损失了。""干部表现悲观退后，博山地区当敌人来时，半数以上分区级干部回家隐蔽。25个干部坚持工作，13个钻石洞不敢回去，不愿再坚持下去等。经过思想动员，召开高干会议，布置坚持边沿的斗争后，正在转变中。"[1]

山东、两淮都等着陈毅带主力来增援，但是陈毅要在睢宁、泗阳一带等待阻击徐州方向的国民党军，哪里也去不了，形势令人十分忧虑。我军在华东的总兵力并不少，但分成山东、两淮、华中三大块，各自为战，虽然华中野战军在苏中七战七捷，也未能减轻山东和两淮的压力。过早集中兵力，就必然要放弃其中的一两个解放区；不集中兵力，在几个方向分别作战，就无法打成大歼灭战。这就是当时的局面。毛泽东也为此十分忧虑，权衡之下，他认为山东解放区是最重要的。9月6日，他电告陈毅："请你考虑调第8师回鲁南，暂时受叶飞指挥，协同一纵及两个地方旅组成鲁南前线。我们准备

[1]《中国人民解放军第三次国内革命战争史料选编》第2辑第1册。

派徐向前同志来鲁，负鲁南前线指挥之责。你率2、7师及九纵组成淮海前线，准备敌切断陇海时亦有一个时期留在淮海区域。如此则胶济、鲁南、淮海、苏中四个前线均有适当兵力与指挥人员，而你则负统筹各个前线之责，并直接指挥淮海。这样是否妥当，或有其他方案，望考虑见复。"

陈毅作为一名战区指挥员，当然明白中央这一考虑的全部含义。他一向顾全大局，不计较个人地位的升降。9月7日复电作三点表态："1.现秋天水落，部队南北机动往来，敌前敌后定有好机（会）仍可打，故仍请8师不北调。在获得一二胜仗后，即可逐渐与一纵合并，扫荡淮北、鲁南之敌。2.欢迎向前来鲁。3.在全国战局均需要淮北打几个胜仗，我们协商认为集中兵力在淮北大有开展的机会。"[1]

此时，陈毅最盼望的是粟裕能率华中野战军主力北上，增强两淮解放区的力量。但是毛泽东对苏中的形势相当乐观，希望华野能在七战七捷的基础上扩大战果。8月29日他致电张鼎丞、邓子恢，询问华野主力能否西进攻击泰州、扬州地区，以切断津浦线，策应其他解放区的作战。粟裕、谭震林感到部队连续作战，已相当疲劳。战斗中的伤亡使老战士越打越少，新兵、俘虏兵的成分越来越多。俘虏兵虽然军事技术好，但纪律很成问题。尤其是干部，自开战以来已经换过三批，连队干部中老骨干也很少了。苏中地方武装多数已编入主力部队，从地方上再动员新兵入伍也很困难。如果再打下去，前景也难以预料。他们也希望部队能得到一个短暂的休整机会，待秋收后得到粮食和冬服的补充，到10月中旬再向淮南进军。8月31日，粟、谭向军委、山东、华中领导发了一封长电报，如实汇报了上述情况。但粟、谭9月2日报告中央，他们仍然准备执行西进的计划，拟定先攻占海安、如皋，稳定华中形势后，再进攻泰州、扬州之敌。

苏中的作战动员了苏中和两淮解放区的全部人力物力，战争的消耗使解放区的形势越来越艰难。两淮失守后，陈毅在11月1日给中央的报告中如实反映了9月期间华中的情况："华中方面扩大新兵和动员民夫达到空前程度，再扩新兵也很困难，目前只能以扩大地（方）武（装）的方式准备坚持在现地，以便部队转入主动。三个月作战经验，每一万兵力至少要用一千余民夫，主要是运粮食、炮弹、伤员等。因此各地冬麦未种，豆子山芋未收，影响甚大。民夫在部队服务流泪，部分地方干部逃亡，人民躲夫和扩兵。华

[1]《陈毅传》第344页，当代中国出版社1991年版。

中粮食只要地区不再缩小可支持到明春，华野部队虽连捷，伤亡万余。"

这时，国民党军李延年集团已经完成了进攻两淮的准备，于8月底兵分三路向运河以东进攻。南路的7军渡过睢河，31日占领洋河镇；中路的69师27日占领睢宁城，29日占领宿迁；北路的58师在朝阳集、鱼沟地区与我军对峙。而担任主攻两淮任务的74师则跟在7军的后面，隐蔽自己的企图，悄悄前进。当时国民党军摆出要在泗阳与我军决战的架势，在河上架桥，派部队四处"清剿"，虚张声势。由于我军在战役侦察上存在严重的失误，受敌军的佯动迷惑，没有观察到国民党军直扑淮安、淮阴的战略企图[1]。

根据侦察的情况，陈毅、宋时轮决定将山野主力北移到沭阳方向，打击徐州东进之敌，并照顾鲁南方向。留下九纵守泗阳。9月7日，山东野战军司令部下达命令："本军为便于新的机动，打击可能由宿迁进犯沭阳之敌，或向南打击可能由洋河进犯淮阴之敌，决以主力转至泗（县）、沭（阳）、宿迁县属地带隐蔽待机。"部署是二纵在新集、九纵到泗县以南、7师到大兴集、8师仍在鱼沟。当夜部队即开始行动。

在苏中的粟、谭得知山野的部署计划，认为这个方案虽然可以保持同鲁南的联系，但将主力集结泗阳，两淮空虚，是很危险的。9月5日，粟裕看到陈毅通报的山野行动方案后，马上通过华中分局邓子恢转告陈毅和中央："敌占宿迁、洋河之线，有进犯两淮之极大可能。来直捣我华中之心脏，截断华中与山东之联系。""以山野目前之布置，似乎尚让敌过运河以东再与敌决战。如决战顺利两淮当无问题，否则华中局势将受极大影响。我运河线防务之固守三面受敌，而我苏中南线亦因后顾之虑将受影响。"

9月7日，粟、谭再次电告陈毅、华中分局和中央："我们请求山野必须在泗阳地区打几个仗以挫敌锐，否则两淮不保。如两淮失掉，不仅政治影响不佳，且直接影响南线作战甚大。"他们表示："如山野必须离开淮、泗而向北转移攻势，则请求将二纵留下，我们当于攻占海安后，暂时放弃苏中之较有利局面，而转移主力于淮、泗。"

8日，粟、谭以更强烈的语气电告陈、宋和张鼎丞、邓子恢："我们意见：军长将主力转至沭（阳）、宿（迁）间阻顽东进之方案，在实质上将使敌人迅速占领两淮及运河线，变成放弃华中而使山野主力被迫撤回山东。如此，苏中主力势必造成我军因无后方补给，在强敌三面包围下没法北撤，只有渡

[1]《中国人民解放军第三野战军暨华东军区第三次国内革命战争战史资料》，1958年初稿。

长江前进。如军长仍坚欲北开，则我们坚决要求调二纵全部留下，由韦国清统一指挥，钳制敌人。候苏中主力北转，以求阻击南下之敌。否则华中局势变化，责任难负。"

陈毅、宋时轮收到粟、谭的电报，并没有改变他们的作战计划。9日他们给粟、谭、张、邓回电，口气还是很有把握的："淮北敌情正在变化中，7军已南移灵、泗、睢、宿迁地区，由蒋军接替。现再看数日，如蒋军由宿迁东进，我军及时出击，或在宿迁、沭阳、新安之间歼敌。或西攻睢、宿地区，保证可以改变战局。如是，沭阳、两淮及鲁南均不致引起突变。"他们指示："粟、谭部队仍以打下海安，争取休整，相机转移为最好。"

山野的态度也影响了毛泽东，他看到陈毅9日的电报，复电对山野的计划表示"甚好甚慰"。同时指示粟裕部队主要任务是休整，打不打海安可按实际情况决定。

然而，问题就出在这个"再看数日"上。9月10日，国民党7军、74师共6个旅的兵力，突然南下，避开山野主力，直扑泗阳。这里是我军九纵的阵地，虽然构筑了工事，但因时间仓促，人员有限，所以不够坚固。11日拂晓，7军以猛烈炮火向我九纵75团阵地轰击，步兵随即发起冲锋。我军防炮经验不足，干部伤亡大部，部队失去指挥。在敌军连续进攻之下，阵地被突破，我军退至二线防御。12日敌军继续猛攻，九纵与敌激战竟日，杀伤数百敌军，下午阵地又被突破，九纵被迫放弃泗阳，撤退到李口运河东岸。

陈毅获悉国民党军发起进攻，13日下达命令：由谭震林统一指挥九纵、5旅、皮旅及淮南各分区部队担负保卫淮阴的战斗，命令5旅和皮旅火速从高邮、宝应一带北上增援，在南新集一线组织防御，配合山野在沭阳地区歼敌，等待华野主力北上。

9月13日，74师投入战斗，越过泗阳，占领南新集后，向淮阴以西的沭河沿岸的码头、朱家渡等渡口急速进军。15日上午，74师在飞机和炮火掩护下，向我九纵73团的码头及77团的朱家渡阵地同时发起进攻。因西岸河堤高于东岸，我军在地形上就吃亏，被74师居高临下地打。74师的攻击相当狡猾，他们先以十几只橡皮艇试探性渡河，当我军集中火力将其打退后，他们选择我军火力薄弱处，以轻重机枪一齐开火，掩护百余艘橡皮艇强渡。我军防御线过长，机动兵力太少，待我军明白敌军主攻方向，74师已经冲上朱家渡东岸。在我军反击下，形成对峙。当夜我军再次后撤，在码头以东的天地闸一带布防。

这是我军第一次与74师交锋,这个敌人确实非同寻常。据九纵战后总结说,74师的战术特点是:"多采取正面佯攻,侧后迂回,或行超越攻击。该敌系蒋军五大主力之一,部队骄傲,攻击精神较旺盛。""善于集中使用兵力,先以集中炮火打我阵地一点,掩护步兵攻击,且善于使用小部队,以锥形渗入我侧背,错乱我部署。但敌不善于近战。"

国民党军开始进攻,山野指挥部才判明敌军企图。宋时轮参谋长火速赶到二纵,命令韦国清司令员指挥二纵和8师,打算乘7军过运河立足未稳,即从来安、鱼沟拦腰打击敌人,以阻止敌军前进。但是7军对此早有准备,他们是助攻,而74师是主攻。所以7军采取稳扎稳打战术,以守为主。部队齐头并进,呈扇形攻势,中间不留空隙。泗阳、洋河一带战场狭小,南有洪泽湖背水作战,对我军不利。我军由于攻击准备不足,17日以6个团的兵力向来安反突击,结果因动作不协调,几次进攻未能奏效。山野主力被7军拖住,无法向淮阴方向增援[1]。

驻守高邮的皮定均旅于9月13日接到华中野战军参谋长刘先胜的命令,要他们尽快赶到淮阴。为了争取时间,还为皮旅调来部分卡车。皮定均接受任务,立即上路。全旅顶着敌机的袭扰,乘了一路汽车,又跑了30里路,14日赶到码头、杨庄阵地,增援苦战的九纵。根据陈毅的指示,淮阴前线由谭震林统一指挥,张震任前线指挥部参谋长,在码头南岸的一个城隍庙里建立指挥所。

9月15日,皮旅和九纵在运河东岸的码头阵地与74师展开激烈拼杀。皮旅与敌军一天战斗九次,战士的鲜血染红了运河。皮定均在这天的日记中写道:"我们没有做准备工作,到了上午,敌人不愿再等我们做工事了,开始了进攻。不断地向我们发出了猛烈的炮火。我们为了自卫,为了保卫两淮,不准他来强占我们的土地,全旅对突过运河东岸滩头之敌,进行反复地冲杀,干了九次!九次打得很英勇!敌我伤亡都是很大的,特别是我们有很多优秀的抗日战士被国民党惨无人道的屠杀了。"这一天,九纵也与敌军激战,由于九纵连续作战已达七昼夜,部队伤亡很大,弹药告罄,战士们也极度疲劳。这天夜里,74师占领杨庄码头阵地,向淮阴城又逼近一步。

谭震林决定破釜沉舟,与国民党军决一死战。16日他电告陈毅:"13旅(皮

[1]《中国人民解放军第21军解放战争战史》,1952年10月初稿。

旅）昨日攻击未奏效，敌人现攻击很猛。为确保淮阴，决定把城西、城南变为水乡，部队以水设防。城北大桥是否破（坏），要看水的程度。部队下午5时左右可以转移完毕。"发出电报后，皮旅即接受任务，将运河大堤扒开，放水形成一片沼泽，迟滞74师的进攻。

陈毅接到谭震林从淮阴发来的一封封告急电报，命令二纵火速向淮阴开进，没想到国民党军队破坏了通向淮阴的王营大桥，使二纵无法过河，看着淮阴方面着急。陈毅感到忧心如焚，9月17日，他给华中局的电报中说："此次出毛病，没有估计到敌迅速南下。原想避开桂军，控制主力于河北，不料蒋军又不来，未碰着它。山野9日过六塘河，14日又转回来；部署调整完毕，当面敌情未能分清楚，故丧南移时机。8师即可转移，二纵转移不及，15日桥又破坏，与桂系接触。总之，此次淮北作战，由于主观指导错误，贻误全局；五内俱焚，力图挽救，当尊重兄等建议。"[1]

此刻，粟裕正在赶往淮阴的路上，他的心情也与陈毅一样焦急。9月8日，他电告陈毅准备由苏中北上时，毛泽东还同意华野先打下海安后再北上。但11日发觉国民党军开始向淮阴发起进攻，毛泽东马上以军委名义指示陈、宋、张、邓、粟、谭："敌六个旅南下，两淮危急粟率苏中主力（1、6师）立即开两淮，准备配合陈、宋主力彻底歼灭该敌。但陈、宋现应独立作战，务于粟、谭到达前歼灭南下之敌一至两个旅，顿挫敌之前进，争取时间，以待苏中主力到达，协力歼敌全部。"华中野战军主力没有片刻休息，即匆忙布置由海安北上淮阴的行军。粟裕将坚持苏中的任务交给管文蔚、姬鹏飞的七纵，自己先赶往淮阴。陶勇、王必成带领1、6师陆续北上。

从海安到淮阴相距500华里，一路都是水网地带，天又不断下雨，道路泥泞，大部队只能依靠船只运送。匆忙中调集不足够的船只，给北上造成很大困难。陶勇只好先运送一个旅，然后放回船只再接一个旅。为了防空，船运只能在夜间进行，白天则无法行动。粟裕心里明白，华中主力最快也要20日左右才能到达淮阴，恐怕已经来不及了。

9月17日，淮阴保卫战更为激烈。敌74师以猛烈的炮火和十几架次飞机轰炸配合，向皮旅、华中5旅和九纵阵地连续发起五次攻击。我军顽强抗击，击落敌机2架。皮定均集中手里的炮火向敌军阵地打了300发炮弹，遏制了敌军的进攻，阵地呈相持状态。夜里皮定均还组织了3次佯攻，又打炮又吹号，

---

[1]《陈毅传》第344页，当代中国出版社1991年版。

疲劳敌人。直到弹药耗尽，才退往二线阵地[1]。

经过几天激战，敌74师也打得筋疲力尽。张灵甫依靠飞机空投补充弹药，在水网地带作战，也使他的战术很受限制。张灵甫一度信心动摇，想喘一口气，等其他部队前来增援。但是南京方面来电报说，国民党中央电台将于18日广播攻占淮阴城的消息，这就把张灵甫逼得无路可退，只有孤注一掷地进攻。18日，74师使用第二梯队57旅和28师一部参战，对淮阴城西部和南部的胡庄、高兴桥、道士庄等进攻。谭震林、张震指挥皮旅守城西、5旅守城南，九纵休息一下，担任二线防御。从早上打到晚上，敌军的几次进攻又没有进展，锐气受挫。这时，谭震林接到陈毅电报，说二纵将于今夜赶到。同时，王必成的6师一个旅也到达淮阴南郊的板闸镇。谭震林非常高兴，复电陈毅："今日敌复以第二梯队加入战斗，并以大量飞机助战，曾数度猛攻。我除失王家庄半个村子，仍保持原有阵地，可战斗仍在进行中。但淮阴危机已过，祈释念。6师一个旅今晚可到板闸，同时军长已决定派二纵来援，因此我们明晚可转入反攻。首先歼敌一个旅，而后击其全部。"[2]当夜，前线指挥部决定调整部署，一面加强正面防御，一面派出部队转至74师侧后，准备19日晚协同二纵、6师向74师发起反击。不料二纵被国民党7军拖住，没能按时到达淮阴。我军的防线出现了空档。

狡猾的74师利用我军调整部署的空隙，以2个连的兵力于19日拂晓前轻装从我九纵和5旅阵地的接合部爬过阵地，捉住一个我方人员，获得口令，于是冒充我军撤下的部队，骗过城门岗哨，潜入淮阴南门。进城后马上抢占几所房屋，建立阵地。接着正面敌军开始猛攻。前线指挥部一面命令皮旅、5旅抗击正面敌军，一面命令九纵预备队围攻突入城内之敌。但是5旅在敌军前后夹攻下，已被迫放弃阵地，由东、西门退入城中抵抗。正面敌军蜂拥入城，与城内敌军会合，与我军展开巷战。皮定均在早晨7时听说敌军进了淮阴，马上派1个团向城里增援，想把敌军赶出去。但敌军攻进城内，士气上升，而我军已极度疲劳，士气下降。皮定均虽然向上级建议马上行动，但反击效果不大，只得停止进攻。

这时，粟裕已经赶到淮阴，与谭震林会合。他见情况严重，感到再打下去只能消耗我军力量，不可能改变局面。于是，粟、谭决定放弃淮阴。他们

---

[1] 《皮定均日记》，解放军出版社1986年版。
[2] 《华东军区第三野战军第三次国内革命战争战史资料选编》。

于 9 月 19 日 16 时电告陈毅和中央："突入淮阴城之敌已达一个团以上，其后续部队继续跟进。我军经一周激战已极度疲劳，且主力尚未赶到，故决定撤离淮阴。"根据命令，九纵撤到淮阴以东的钦工镇，皮旅撤到涟水。20 日，我军主动放弃淮安。两淮保卫战至此结束。

两淮的失守对华东我军的形势产生了严重后果。邓子恢同志指出："我们的经济来源全部都被切断了，特别是运河的税务问题，我们的一切是靠运河来的，现在没有了。清江（淮阴）在政治上也是很重要的，是华中经济、政治上的中心，对国民党有很大威胁，失去了，我们在政治上受到很大损失。"各级指挥员们也感到极为痛心，皮定均在 9 月 26 日的日记中写道："我记得很清楚，敌人进攻泗县是很早就开始了的，敌人占领宿迁县也是很早的，敌人进攻两淮的计划我们一个月前就知道了，但是我们准备的时间很晚，如果我们要早点调兵，做出长期的战斗准备，是来得及的。有主要的原因：我们主观上有些过分地看到自己的力量，而看不到敌人的特点，看不到敌人的阴谋，主观上认识不够，有时过分地夸大自己的力量。"

"今天两淮丢失了，整个苏中、苏北解放区都失去了主动权，大块的地方都变成了游击区。因为在军事上没有重点的地方，把军事上的天然屏障全都丢光了。我们要是有洪泽湖、高邮湖、运河，我们就会利用这些天然地形作我们的防御，这些防御任务全部可以交给民兵来担任，而我们还可以放心地在外面作战。"

"在经济上把中心要点和来源都失去了。华中的经济收入全部依靠几条河流，如淮河、运河、盐河、黄河，还有其他的很多小河。华中的工业和商业全都在这里，这样一来，工业全部没有了，不能供前线需要了。当然这都是暂时的，但增加了战争困难。"皮定均的话，可以代表当时华东我军干部的普遍看法。

但是粟裕不这样悲观。他认为："两淮并无死守之必要，为保存有生力量，主动撤出两淮是符合我军战略方针的。若因两淮是华中首府，便以保卫这个城市为目标，同敌人进行战役决战，则是错误的。"

为什么这样看呢？粟裕指出："解放战争开始，敌强我弱的形势很明显，打歼灭战的规模必须有一个从小到大的发展过程。我一直认为，即使第 1、6 师赶到淮阴，并在淮阴同敌人作战，不仅不会讨便宜，还会吃大亏。华中主力在苏中几战打得比较顺利，没有吃过什么大亏，由小到大，逐步发展作战的规模,是一条很重要的经验。记得1946年9月25日我曾应新华社记者之约,谈了我军主动撤出两淮后之华中战局,其中说道:'我军撤出两淮,绝对不是我们军事上的失败,而是对蒋军大规模歼灭战的开始。'这个分析是符合战争发展实际的。"[1]

[1]《粟裕战争回忆录》第403页,解放军出版社1988年版。

第 5 章
艰难的转折

两淮失利后的艰难局面——陈毅写信一吐郁积——关键在于集中兵力——山野华野商议合并——鲁南形势骤然紧张——毛泽东确定在淮北作战方针——张灵甫其人——涟水保卫战挫败 74 师

1946 年 9 月，徐州国民党军李延年集团以优势兵力连续占领我华中解放区的宿迁、泗阳、淮阴、淮安、宝应等城市，将我山东野战军、华中野战军主力压缩在运河以东的沭阳、涟水、盐城、东台一条狭长地区。北线的冯治安集团则沿津浦路进犯我鲁南解放区的枣庄、峄县，企图直插山东解放区首府临沂，将我军分割在几个狭小区域内，加以消灭。暂时的得手令南京方面欣喜若狂，蒋介石特意嘉奖 74 师，授予张灵甫云麾勋章。李延年得意地说："有十个 74 师，就可以统一全国。"王耀武也为他的后任感到自豪，说："中国军队只有 74 师能打仗，是我亲手培养起来的。"张灵甫则对蒋介石夸口："委座，把新四军交给我张灵甫吧，有我们 74 师，就无新四军葬身之地。"

国民党方面总结了这个期间的作战，认为他们之所以能够取得进展，除了优势的兵力加上空军配合外，战术上也有成功之处。共军方面则有失误，比如"对海安久围不拔，战略上对苏北之攻守模棱两可，兵力过于分散"；"居内线作战未能彻底集中兵力击破任何一点"；"无炮兵、空军协助，白昼不能行军，只能利用夜间逐次增援有限兵力"；"判断运河及湖沿价值过高"等等[1]。从以

---

[1] 国民党徐州绥靖公署：《徐州绥靖概要》。

上评价看出，国民党军统帅部确实抓住了我军的一些弱点。

10月上旬，国民党军打通运河后，暂时停止了进攻。我军也得到10天的休整机会。这些天来，陈毅和华中分局的领导人都心情沉重，两淮失守后，华东我军的局面越来越被动，部队和解放区内部也出现了动荡不安的现象。

山野南下作战两个月，华野没有休整就匆忙北上。连续的行军、战斗、伤亡、疲劳、阴雨和洪水的折磨，后勤供应跟不上。很多干部战士颇有怨言，指责上级没指挥好。有的说："天天都说打胜仗，天天都在丢地方。""西边不亮东边亮。""宁可打死，也不要拖死。"有的部队之间互相抱怨，嫌对方没打好，不配合。这些都使部队的士气下降，淮南、淮北分区还出现了退却逃跑现象。

战争是对人的灵魂的考验。要想扭转这些不利局面，仅靠动员和思想工作是不够的。最要紧的是要打几个胜仗，才能杀下国民党的威风，使我军从被动转为主动。

在那些日子里，陈毅和华中分局的领导人一再反思，总结教训。新中国成立后陈毅元帅回忆："敌人对华东进攻，开始在中原进攻李先念，那里是一个战场；南京、徐州是一个战场；青岛、济南又是一个战场。当时我们分兵迎敌，华野在淮阴以南，山野在淮北，叶飞、王建安他们在胶济线。淮阴以南很顺利，指挥得也好；淮北打了一个胜仗后，泗县没有打好；胶济线也不顺利。分兵把口，三个拳头打敌人，结果打不好。以后克服了地方主义，放弃了分兵把口，合成一个拳头，就顺利了。一定要集中兵力，这条经验很重要。本来在内战中就已经有了这个教训，但到这个时候，还要重复一遍，说明接受毛主席思想不容易。"[1]

两淮保卫战一结束，陈毅即奔走于沭阳的山野总部和涟水西北的陈师庵华中分局所在地之间，与谭震林、张鼎丞、邓子恢等研究下一步的行动方针。当时华中分局领导对陈毅没有及时派主力救援淮阴，很有意见。陈毅作为一个战区负责人，并不推卸责任，但心里也很窝火。但他毕竟心胸开阔，面对险恶的形势，他的主要任务是促成领导班子的团结，鼓舞部队的士气，而不是互相埋怨指责。10月4日，当他回到山野总部，宋时轮参谋长向他汇报了8师的思想状况。因为时间紧张，陈毅来不及到8师视察，他提笔写了一封长信给8师干部。这封信真实地表达了他当时的内心思想，信中说：

[1] 陈毅：1962年2月10日的谈话。

"此次南行决定得到中央批准：即集中华野、山野两部，避开桂系，突击中央系；避开两淮，突击淮北，巩固苏、鲁。避开敌正面，突击敌后及其弱点；先掌握陇海路，巩固自己的根本，然后渡河出击，这是胜利的打算。当我军北移沭（阳）、宿（迁）之间，使战局已变成对我有利的地位。假令敌早几天占领沭阳、宿迁，则战局对我极不利（因造成了山东震动、华中被围的局面）。假令敌人不进两淮，而进新安、沭阳，同样造成我军极大困难。主要是补给线打断，山东空虚。这证明敌人兵力不足，企图打下淮阴，造成对外的声势。而实际这一招并不足以扼我。当我军仍留在来安、鱼沟之际，我十分担心这一招；现我军北移，并华野已北移，战局开始有利于我。进可以攻，退可以守，山东无虞，淮海区巩固，因而华中局面亦有保障；加上出击淮北胜利，则全局改变。"

"由于三月来的战争，山野在淮北未获连续胜利，既未完成截断津浦的任务，内线亦未歼敌，而且丧失五个城。部队撤退多，前进没有，转移多疲困痛苦。与各兄弟兵团如刘、邓、粟、陈赓等比较相形见绌，因而生长失望情绪，对领导不满，这种现象急需说明。可分两层：对悲观失望的情绪，由于没有看见全面局势，我军胜利的有利局面，两淮和承德撤退，并不足以决定战争。决定因素是有生力量的消长。蒋已被消灭二十几个师近三十余万人，实难弥补，已决定了蒋军必败。今后蒋还可占领更多的城市，但蒋军必更多被歼。一到我军全面反攻之时，蒋军必陷于丧师失地的两处俱败的局面，故战争仍可在一定时期结束。这些道理讲清楚，始能提高士气战力。另外对领导不满和不信任，这又分两层：一方面是好现象，这是自我批评的表现。三个月来未打好，不是部队不好，不是师旅团不行，不是野战军参谋处不行，主要是我这个统帅犯了两个错误：一是先打强，即不应打泗县；二是不坚决守淮阴。如不先打强，至少64师、28师已被我消灭；我8师、9旅不会损伤过重，即使损伤亦有代价。一个如坚守淮阴，74师即可能被我消灭，蒋军不会吹牛。我应以统帅身份担负一切，向指战员承认这个错误。然而三个月来，我军主力保持，敌未消灭我一个排、一个班。在长期战争中谁笑到最后，则谁笑得更好。我军将有消灭敌人的机会，有追逐兄弟兵团骥尾的机会。因而要认识到缺点和估计到胜利的基础，才能全军一道争取胜利，不至于发生怀疑不满和不信任的情绪。世界上有常胜的军队吗？有不后退的军队吗？如斯大林及其红军堪称常胜而无愧，曾一退莫斯科，二退斯大林格勒。因此常胜规律，在于善于撤退然后再进。我愿山野同人在不利情况应赞成撤退，在有利情况善于勇进。目前已到猛进的时候了，应该集中精力，恢复淮北，表现本领，这是战局的重点。不此之图，我们将再犯错误。"

陈毅信中最后说："同志们在艰难困苦的日子里，我从来不抱怨部属，不抱怨同事，不推卸责任，因而不丧失信心。对自己也仍然相信能搞好。我从来不向敌人低头，但对自己的同志，我常常自我批评，很愿意低头。胜利时如此，不利时也如此，即失败时亦如此。过去党内同志曾有公论，认为我这个人最善于打败仗，这话很对。我愿意这次从不利转到有利，再度证实这个评价。"[1]

两淮的失利给山野和华野领导人敲响了警钟，要战胜强大的国民党军队，分散迎敌是不行的。必须集中兵力，攥成一个拳头，才能扭转被动局面，去争取胜利。谭震林在新中国成立后回忆，两淮失守后，我军的战略思想才真正开始走向统一。他说："失掉淮阴后，我说好睡觉了。邓（子恢）政委说：你这个人，淮阴失了，你还说好睡觉！我说：淮阴没有失守，就各坚持各的道理。淮阴失守了，就统一了。大家都是山大王刚下山来，以前各霸一方，各有各的特点；虽然总的是一致的，但遇到具体的事就不可能一下子一致起来。要统一起来，就要有个过渡时期。"[2]

就是这个过渡，也经历了几次曲折。两淮失守后，我军向何处行动，成为当务之急。9月20日，华野领导人致电中央和陈、宋，指出淮阴失守后，"华中形势起了基本变化，沿运河线之淮安、宝应、高邮一线，因地形关系很难求得歼灭，只能取得战术上的胜利。整个运河线以东地区，成长蛇形，不利主力作战。为了改变华中局势，我们建议：以集中华中、山东两个野战军攻下宿迁，得手后再向西扩张战果。"他们设想在淮海地区打一个大仗，插到李延年集团背后攻占津浦路，迫使李延年集团回援徐州，我军可以在运动中求得打歼灭战的机会。这也是华野首先提出与山野合并的建议。

陈毅立即表示同意。9月21日致电中央："我同意华中分局廿日夜建议，山野华野集中由淮海区向西行动的办法，并主张两个野指合成一个。"9月23日毛泽东复电："山野、华野两军集中行动，两个指挥部亦应合一。提议陈毅为司令员兼政委，粟裕为副司令员，谭震林为副政委。如同意请即公布

[1]《陈毅年谱》上卷第473页，人民出版社1996年版。
[2] 谭震林：1960年2月18日的回忆。

（对内）执行。正、副参谋长以何人为宜？由你们酌定电告。"陈毅等领导人均同意毛泽东的安排，根据陈毅的建议，原山野参谋长宋时轮调渤海军区，由陈士榘同志接任参谋长的职务。10月，陈士榘由临沂来沭阳，协助陈毅进行指挥。

◎ 陈毅与粟裕

　　毛泽东非常关切山野与华野的联合作战，9月26日电令粟、谭："山野华野会合后，第一仗必须打胜。你们对于当前战役意见如何，两军何时可在何地会合，你们两人是否应当早日去陈处共同计划一切。"

　　在此期间，陈毅来到陈师庵，与华野商量作战方案。最初商定两军集中兵力打桂系部队，即宿迁方向的7军。由于74师向涟水方向推进，陈毅又建议山野打桂系，华野打74师。粟裕认为："两军会合初战必须获全胜。华野全部经两淮月余之战斗，未得休整之前，暂不宜与桂顽进行恶战。山野部队亦应以先打较弱的，以提高士气为宜。"粟、谭把这个意见报告中央，9月28日毛泽东回电指示陈毅：

　　"两军会合后第一仗必须打胜。我们意见：（一）不要打桂系，先打中央系；（二）不要分兵打两个敌人，必须集中打一个敌人。"[1]

　　得到毛泽东的指示，陈毅与大家共同商量决定：1.集中山野、华野主力于宿迁、沭阳之间和六塘河以北地区，如敌军东进即歼敌于运河东岸，敌如不进，我军就西渡运河收复淮北。2.涟水、宝应地区留下皮旅，配合坚持苏中的七纵等部队钳制敌军，掩护解放区为主力制作冬季棉衣，使部队得到补充，由谭震林主持。3.在淮海、两淮等敌占区、游击区坚持斗争，将部分兵工机器转移到山东。陈毅于10月1日向毛泽东汇报上述决定后表示："两次到分局会谈，他们战争方针很正确。但我至淮北战局顾虑太多，决心不够，未能发挥山野力量，有负党与人民的付托。今后集结张、邓、粟在一起，军

[1]《毛泽东军事文集》第3卷第500页，军事科学出版社1993年版。

事上由粟多下决心，定可改变局面。"陈毅对粟裕的尊重和信任，表现了他作为一个战略区首长的博大胸怀和一切以革命利益为重的品质。毛泽东对此非常赞许，10月3日复电："部署甚好，望坚决执行。"[1]

就在陈毅准备实施行动计划时，山东鲁南解放区的形势突然紧张起来。早在6月下旬，蒋介石为了消灭山东解放区，将韩浚的73军空运到济南，阙汉骞的54军海运到青岛。这样，王耀武手中有了4个军、12个师的兵力，按照预定计划，山东国民党军从济南、青岛同时出击，沿胶济线对进。企图打通胶济线，分割我山东解放区。当时陈毅正率山野主力准备南下津浦线作战，二纵、7师、8师作为第一梯队集结于鲁南，叶飞的一纵作为二梯队也正在南下。山东军区就没有多少主力部队了。因此国民党军乘虚而入，54军连续占领即墨、胶县，96军、73军占领章丘、益都（青州），到7月5日，国民党军东、西兵团在周村、张店会合，初步打通了胶济线。为了保卫山东解放区，陈毅命令一纵停止南下，配合鲁中军区在北线作战。

但是，一纵在鲁中转战一个多月，作战情况很不理想。叶飞回忆当时的情况说："正当我们一纵队由临沂地区南下时，发现济南、青岛之敌向胶济线进犯，山东军区要求一纵队停止南下，北上到胶济线配合鲁中部队作战。陈毅同志来电同意山东军区的意见，命令我一纵到鲁中配合作战，予进犯胶济线之敌以打击，一个星期以后仍按原定部署南下，加入淮北战场。我纵到鲁中后，受鲁中军区司令员王建安同志指挥。此时，济南之敌已进占明水、淄博，青岛之敌已进占青州，构筑工事固守，不再分兵出犯。我山东部队长于攻坚，一纵队则长于野战，在讨论作战方案时，鲁中同志主张围攻淄博，我们则主张攻城打援。由鲁中部队围攻淄博，由一纵队打援，吸引敌军来援，在运动中歼灭之。经过反复研究讨论，最后大家同意采取攻城打援的方案。我3旅于7月7日攻击文祖镇敌96军一部，切断胶济线，占领打援阵地，部署打击来援之敌。但是鲁中部队攻击淄博一夜，未能得手，天一亮，撤出了战斗。攻城部队一撤，敌人就不来增援了，我们的打援就打不成了。这一仗没打成。7月中旬，我纵越过胶济铁路，进至临淄、金鸡岭一线，配合渤海军区部队打益都（青州）。益都驻有敌第8军一个师，我仍采取攻城打援办法，由渤海军区武装第7师围攻青州，吸引东线之敌第8军荣誉1师增援，由我纵负责在运动中歼灭援敌。18日，攻城部队未得手，拂晓后即撤出战斗，

[1]《毛泽东军事文集》第3卷第511页，军事科学出版社1993年版。

敌援兵不出，我纵又打不成了！"

"两次围城打援都没有打成，无仗可打，我们便分电陈毅同志和山东军区请示，要求继续南下，执行原来的作战部署。陈老总立即回电，要我们火速南下，加入淮北战场。8月2日我纵立即挥戈南下。不料，8月3日山东军区来电，要我纵停止南下，继续在山东内线作战。我们正在为难，陈老总催我纵南下的电报又到了，我纵即继续南下。12日到达临沂附近，山东军区又来电报，据称敌人有进攻临沂的企图，要求第一纵队留在鲁南地区作战，保卫临沂。并说已通报了陈毅同志并报告了中央军委。这样，我们只好停下来了。从此以后，我纵就留在鲁南作战，担任保卫临沂的任务。鲁南军区只有一个师。我们在鲁南先后打了三仗，但都未能打歼灭战，打了消耗战、击溃战，很窝囊。"[1]

山东、两淮作战的问题是同样的。山野主力南下后，山东军区就剩下那么几个师，却兵分三路，在胶东、鲁中、鲁南分别作战。而面对的敌人是美械装备整师整军。国民党军有强大炮火支援，进可以攻，退可以守，还能依靠铁路快速增援。即使如此，国民党军也是稳扎稳打，紧靠在一起，让你没有单独歼敌的机会。而山东军区负责人又舍不得丢失地方，分兵把口，所以在敌军的进逼下，根据地越缩越小。

1946年9月底，徐州绥靖公署主任薛岳调遣整编26师北上，与驻台儿庄的冯治安部第33军配合向鲁南发起进攻。目标是占领枣庄、峄县，打通津浦线，与王耀武部会合，进一步攻击临沂。26师师长马励武指挥全师和配属的第1快速纵队，10月5日开始向峄县进攻。叶飞奉命率一纵阻击敌军，战斗在峄县以南地区展开。我方情报不准，原以为只有26师，战斗打响后，敌33军也在助攻。国民党军还将预备队整51师投入战斗。一纵与敌军激战一昼夜，敌军越来越多，马励武出动快速纵队，用坦克冲击一纵阵地。一纵第一次与敌军坦克遭遇，缺乏反坦克武器，也没有打坦克经验，在寡不敌众的情况下被迫后撤到峄县以东。10月8日，国民党军攻占枣庄、峄县，南京方面吹嘘"鲁南大捷"。

陈毅接到山东军区告急电报，十分焦虑。山东是华东我军的根本，一旦失去，后果不堪设想。9月18日，毛泽东就曾告诫他"不要只顾苏北忘记山东"，现在鲁南告急，打乱了他与华野联合作战的计划。权衡之下，陈毅决定率山

---

[1]《叶飞回忆录》第378页，解放军出版社1988年版。

野主力回援。华野领导人闻讯，也着急了。因为74师逼近涟水，粟裕、谭震林已率1、6师南下，一方面补充冬衣，并准备抗击74师。这时山野要走，华野将更加困难。10月7日张、邓、粟致电陈毅："我们始终认为，统一指挥是今后取胜的基本条件，因此建议山野、华野司政机关必须合并。""建议陈、粟会合一起。""如果山野、华野名合实离，陈、粟仍分开，不仅影响指挥统一，对财粮供应我们亦无法解决，对下面影响也不会好。"

然而陈毅在山东催促之下，仍准备北上。8日复电华野："鲁南敌7日开始向北进攻，昨已与叶飞部激战。如鲁南紧张，则应考虑山野回固根本。目前华中战局已到难于兼顾的时候，粟、谭部南下解决冬衣问题是必要的，待南下数日后看南北情况再定夺，但集中10万人马突击一面仍是急切的需要。鲁南如吃紧，我便不能南来你处，只好分任南北。"

双方各执己见，都向毛泽东汇报。10日毛泽东回电："山野以适当力量回鲁南，配合叶飞击敌，这是必要的；但山野全部回鲁南则与华野平分兵力，于目前形势下作战不利。——因此，山野必须留下适当力量于现地区，待粟、谭歼灭74师东进部队后，北上与该部会合向淮海攻击。"

为了劝说山野留下，张鼎丞、邓子恢前往山野，与陈毅面商。陈毅12日致电中央，表示愿意在淮海作战，比喻为"赢棋不要家"。但考虑一夜，又觉不妥。13日再电中央，表示要带华野主力一同回鲁南作战。"在淮北敌有准备，工事强固，敌火下渡河有困难，战场不好。在鲁南战场好，供应便利，易求运动战。可避开桂系，山野华野同去胜利有把握。现鲁南敌正部署东攻，如敌先我行动，鲁南仅一纵是难抵御的，故行动宜速决。如临沂失守，粮秣、新兵、兵工等项均陷混乱。前淮阴失守，已造成华中上述方面极大困难，此事是由于我之部署错误。如临沂再失，山野华野两大兵团供应均成难题。——故主力回鲁南歼敌为有利，并望粟率1、6两师迅速北移。"

毛泽东看了陈毅的电报，颇为不满。14日回电责问陈毅："现在因感渡运（河）向西作战困难，而主张全军入鲁。假如入鲁后仍感作战困难，打不好仗，而苏北各城尽失，那时结果将如何？且渡运（河）作战是你自己曾经同意之方案，此次你与张、邓曾会商，亦以渡运作战列为方案之一。何以13日亥电又不相同？如按13日亥电实行，你与张、邓、粟、谭诸同志间关系是否将生影响？请对各方利害分析再告。"[1]

 [1]《中国人民解放军第三次国内革命战争史料选编》第2辑第1册。

这样，陈毅决心留在沭阳不走。15日电告毛泽东"回鲁南打算已暂缓"，并要调粟裕主力来沭阳求得与国民党军决战。毛泽东当天回电："决心在淮北打仗，甚慰。南京息，蒋方计划，引我去山东，我久不去，乃决心与我在淮北决战。此种情况于我有利。望你们集中山野、华野全力（决不可分散）歼灭东进之敌，然后全军西渡收复运西，于二至三个月内务歼薛岳7至10个旅，就一定能转变局势，收复两淮，并准备将来向中原出动。为执行此神圣任务，陈、张、邓、曾、粟、谭团结协和极为必要。在陈领导下，大政方针共同决定（你们六人经常在一起以免往返电商贻误戎机），战役指挥交粟负责。"[1]在毛泽东的努力促成下，山野、华野的联合终于定型，对以后的形势发展起到举足轻重的作用。

10月19日，国民党军以整编74师和28师192旅共4个旅的兵力，由淮阴出动，向涟水县城发起进攻。企图切断我华中与苏中解放区的联系，迫使华野主力退向山东。当时守卫涟水城的是谢祥军的十纵、成钧的淮南军区5旅。

涟水城位于淮阴东北，淤黄河从城南流过，自涟水西南折向东南形成一个河套。盐河自城西南与淤黄河平行，至城西大岗绕至城北向东北流去。因历史上淤黄河连年水患，所以大堤越筑越高。自涟水城南至淤黄河岸边有三道堤防，内堤较低贴近河床，外堤为一大堤，高过涟水城。大堤与县城之间还有一道土埂，起到护城作用。城内房屋分散，空地和水塘较多。成钧等观察地形，认为守涟水关键在于大堤，失去大堤城内无法设防。涟水是老根据地，群众条件很好，积极支援我军构筑工事，在生活上给予很大帮助。

74师初战得手，占领淮阴，师长张灵甫骄横异常。张灵甫本名张钟灵，字灵甫，陕西长安县人，黄埔四期。原来在胡宗南部下，在川陕甘地区与红四方面军作战。抗战中转到王耀武的74军，先后参加过三次长沙会战，

◎ 张灵甫

与日军作战中表现顽强，能攻能守，得到蒋介石的赏识。抗战结束后，74军整编为74师，担任南京卫戍任务。蒋介石精心培育74师，配备美国新式装备，由美军顾问严格训练，作为国民党军的"模范师"。根据我军与74师的接触，认为这个部队"官兵素质在蒋军中比较起来是很好的。老兵占极大部分，军官、射手甚至马夫都经过一定标准的训练，战术指挥及技术动作均较正规熟练。装备精良，补给充足。两淮战后，该敌伤亡重大，敢大胆缩编建制，亦不顾兵员之缺额。其官兵对蒋甚为信仰，且骄横自大"[1]。

张灵甫又是一个狡猾的对手，在两淮作战中，他体会到我军的厉害。虽然表面上口气很硬，声称"打下涟水再回南京"，暗地里却处处研究我军特点。陈毅向74师俘虏了解张灵甫的情况，作报告时讲了有关他的故事："张灵甫打两淮时被我杀伤数千人，他数次挨打后打电报给11师、7师等部说：'共军无论在战略、战役战斗皆优于国军，数月来共军向东则东，向西则西；本军北调援鲁，南调援两淮，伤亡过半，决战不能；再过年余死无葬身之地，吾公以为如何？'这是说出些道理，但受到蒋介石的申斥。张灵甫是研究我们的，他打两淮得我军装一套，研究我军装的好处，把军装带到南京见蒋介石说，'共军军衣比我们做得好'。蒋介石说：'匪军还有军衣吗？赶快拿来看。'他拿给蒋介石说：'这军衣好处，一是长厚，很暖和，穿起来可节省大衣，又方便。我们的军衣短，遮不住屁股，又很薄，不穿大衣受冻，穿了又不方便。二是肩上扎线，背枪弹不容易坏；我们的不扎，烂得很快。三是军裤很长，我们的很短，还要用绑腿打起来。'蒋介石说：'你不要在这里宣传共产党好，赶快下去。'"[2]我军对74师也是高度重视，涟水之战是我军与74师的第二次交锋。

10月19日，74师在飞机掩护下从淮阴出发向涟水、菱陵一线进攻。由于华野主力尚未赶到，十纵虽节节阻击，仍未能挡住敌军进攻。22日，74师51旅强渡淤黄河，打到涟水城下。5旅奋起迎击，在大堤上与敌军反复争夺。敌军在炮火掩护下乘船强渡，先头部队过河后隐蔽不动，待后续部队上来后才发起攻击。突破河防后，迅速改造阵地，半天之内即将我方阵地改造完毕。造好浮桥，并建立强大火力的滩头阵地。粟裕得知74师向涟水进攻的消息，火速调遣华野主力1、6师、皮旅、九纵连夜南下，决心集中优势兵力，消灭

[1] 《中国人民解放军第25军解放战争战史》，1952年初稿。

[2] 陈毅：1947年12月30日在晋绥干部会议上的报告《一年来自卫战争总结》。

74 师于涟水城下。23 日，74 师在飞机和炮火配合下，向涟水城发起几次猛攻。5 旅坚决反击，战斗非常激烈。到黄昏时，74 师以 57 旅增援 51 旅，冲破 5 旅城东南、西南防线，少数敌军冲进城内，与我军展开巷战。正在危急关头，王必成的 6 师一部赶到，我军士气大振，合力反击，将敌军挤出涟水城。

24 日战斗继续进行。74 师扩大滩头阵地，向我军阵地猛攻。淤黄河大堤阵地又被敌军占领。5 旅将部队撤入城内，准备打巷战。5 旅首长认为，黄河大堤高于涟水城，敌军居高临下，我军将无法防守，关键在于夺回大堤。当夜，5 旅集中部队，组织反击，在涟水城南、黄河北岸长 5 里、宽 1 里的大堤之间展开激烈争夺。这时十纵、6 师、1 师、皮旅全部赶到指定位置，夜间从几个方向出击或迂回，当夜夺回大堤，迫使 74 师退回黄河南岸。

25 日 74 师和前来增援的 28 师一个团再次渡河，主攻的 57 旅以下级军官、老兵配备自动火器组织突击分队，在炮火支援下向涟水发起总攻。黄昏时重占大堤，攻到县城南门，约两个排爬城进入城内。5 旅坚守城墙，反击突破口。危急时刻，十纵、6 师先后赶到，向敌军两侧实施反击，局势得以稳定。突入城内的敌军被全部消灭。敌军伤亡千余人，当夜退回黄河南岸，仅留少数部队坚守北岸大堤阵地。这时，74 师已显出疲劳相，攻击力明显减弱。

26 日晚，华野主力分三路反击。6 师、5 旅于黄河北岸歼灭 57 旅一千余人，全部收复大堤阵地。1 师、皮旅向涟水以东的苏嘴镇进攻，十纵由顺河集进攻，74 师陷入三面被围的被动局面。30 日、31 日，华野部队在茭陵、钦工镇消灭 28 师 192 旅一部，11 月 1 日又歼灭 57 旅一部。张灵甫为避免被消灭，指挥部队撤回淮阴。第一次涟水保卫战以我军的胜利而结束。我军歼灭、俘虏敌军 8000 余人，使 74 师的 51、57 旅遭受沉重打击。我军也付出 6000 余人的伤亡。十纵司令员谢祥军同志在战斗中牺牲。这是继王麓水同志之后，华东牺牲的第二位高级指挥员。

涟水保卫战从形式上看是我军的被动防御，但对稳定华中战局有积极的意义。首先是华野与 74 师打了一场真正的硬仗，给不可一世的 74 师以沉重打击，迫使国民党军暂时停止了进攻。华中争取了一个多月的时间，保证苏中、两淮的机关、群众和后方物资向山东转移。在战斗中表现了我军英勇顽强的战斗作风，特别是 5 旅守城部队，以劣势装备与优势之敌在狭小正面上反复争夺大堤阵地。这次没有战胜 74 师，一是受地形限制，战场狭小，不易展开大部队；二是 74 师毕竟是战斗力很强的敌人，我军尚无绝对优势。

粟裕对涟水战斗有清醒的认识，11月2日他给中央和陈毅的报告中说："涟水之战由于部署欠妥，方针未慎，部队往返调动，不仅在战略战役上处于被动，且在战斗上也处于被动。敌兵火力均已展开，且一部已突入城内。故我伤亡较大，俘获不多。30日晚继续攻击黄河南岸之敌时，该区敌已构成据点网，逐村抵抗，节节后退，也未达大量歼灭目的。""自涟水战役迄今，共毙伤74师约6000人，28师约2000人，生俘约2000余人。指战员打红了眼，于是杀俘者颇多，特别是苏中战役中俘虏补入部队者杀俘虏更凶，正加紧教育制止中。"他认为"涟水战后，估计74师暂时不敢轻动，我已开始争取局部主动，如再能将桂顽本钱打塌，我即能完全转入主动，则今后对我更有利"[1]。

[1]《粟裕文选》第2卷第178页，军事科学出版社2004年版。

第 6 章
集中兵力宿北歼敌

毛泽东指示集中兵力打歼灭战——陈师庵会议——陈毅的誓言——回援鲁南未能获胜——陈毅、粟裕会合——确定宿北作战计划——九纵来龙庵阻击战——一纵插向敌后——全歼 69 师——陈毅向毛泽东报告胜利——华东战区局势的转折

就在山野、华野领导人酝酿在淮海区集中兵力打歼灭战，粟裕指挥涟水保卫战之际，从延安发来两份重要文件：一是毛泽东 1946 年 9 月 16 日的指示《集中优势兵力，各个歼灭敌人》；一是毛泽东 10 月 1 日写的《三个月总结》。

在 9 月 16 日的指示中，毛泽东指出："集中优势兵力，各个歼灭敌人的作战方法，不但必须应用于战役的部署方面，而且必须应用于战术的部署方面。""这种战法的效果是：一能全歼，二能速决。全歼，方能最有效地打击敌军，使敌军被歼一团少一团，被歼一旅少一旅。""集中兵力各个歼敌的原则，以歼灭敌军有生力量为主要目标，不以保守或夺取地方为主要目标。有些时机，为着集中兵力歼击敌军的目的，或使我军主力避免遭受敌军的严重打击以利休整再战的目的，可以允许放弃某些地方。只要我军能够将敌军有生力量大量地歼灭了，就有可能收复失地，并夺取新的地方。"[1]

在《三个月总结》中，毛泽东号召全党坚定战胜蒋介石的信心，总结了自 7 月全面内战爆发以来我军歼敌的成绩和经验，再次强调了集中兵力打歼

---

[1] 《毛泽东军事文集》第3卷第482页，军事科学出版社1993年版。

灭战的原则。分析了国民党内部的矛盾和危机，提出了军队今后的作战任务，对土改、民兵、解放区建设等一系列与作战有关的工作作了原则性的规定。《总结》强调："不管中外反动派如何猖獗，我们是能够战胜他们的。各地领导同志，应当向党内一部分同志，即对于国内国际有利形势认识不足，因而对斗争前途还抱悲观情绪的人们，作充分的解释。必须明白，敌人还有力量，我们自己也还有弱点，斗争的性质依然是长期的、残酷的。但是我们一定能够胜利。此项认识和信心，必须在全党巩固地建立起来。""今后数月是一个重要而困难的时期，必须实行全党紧张的动员和精心计划的作战，从根本上改变军事形势。各地必须依照上述各项方针坚决实施，力争军事形势的根本转变。"[1]

当时各解放区都处于艰难时刻，李先念部中原突围刚刚脱险，晋察冀解放区重要城市承德失守，东北国民党军大举进攻南满，加上华东菏泽、两淮、苏中等地相继失守，我方丢失了几十座中小城市。常人看来共产党处于明显的劣势。但是毛泽东表现了卓越的远见，从不利中看到了有利因素，确定了不争一城一地得失，集中兵力打歼灭战的战略方针，给党内军内指明了方向。后来的历史发展，证明了这些预见的正确性。文件传到陈毅那里，陈毅立即到华中分局所在地陈师庵，与张鼎丞、邓子恢等一起学习领会精神，研究行动方针。

从1946年10月中旬到下旬，山野与华中分局领导人多次在陈师庵开会，总结前段的经验教训，研究解决统一指挥问题。历史记载的所谓"陈师庵会议"不是一两天的一次会议，而是一个过程，包括多次大会小会。其间粟裕、谭震林指挥涟水保卫战，没有全部参加。有的人说陈师庵会议是华中分局领导批评陈毅的会议，叫"七人批陈会议"，从历史记载看是片面的。两淮失利后，在追究责任时，确实有人对陈毅未能及时救援两淮有意见，陈毅自己也很痛苦，从给8师的信中可以看到这个反映。但大敌当前，谁都明白抱怨不能解决问题。在这个时候，陈毅表现了虚心接受批评的大度和善于团结各方面的领导艺术。

管文蔚回忆："陈师庵会议之初，部分同志对陈毅有些意见，情绪很激动。陈毅当时说：'别人是毛主席的好学生，我陈毅也是毛主席的好学生；别人能打胜仗，我陈毅也能打胜仗！'经过学习中央文件，统一了思想，这场小小的误会才平息下去。陈毅指出我军经过三个月的艰苦奋战，以撤出苏皖边

[1]《毛泽东军事文集》第3卷第507页，军事科学出版社1993年版。

◎ 华东野战军指挥员

区的大部分城镇的山东边沿区的少数城镇为代价，换取了歼敌八万余人的战果，迫使敌人延长了战线，分散了兵力，减少了机动力量；而我军则缩短了战线，集中了兵力，这是符合中央指示精神的。他强调必须号召全军认真学习毛主席制定的'集中优势兵力，各个歼灭敌人'的作战原则，以统一战略思想，树立高度集中统一的思想，消除埋怨和怀疑情绪，同心协力，努力完成作战建军任务。"[1]

10月27日，陈毅在华中分局干部会议上讲话。他直言不讳："三个月自卫战还只是在我解放区的大门口打的，这是初期。双方还都缺少经验。今冬明春，敌人可能登堂入室，占领主要城市，打通铁路线，并控制某些乡村，在我们腹地残酷纠缠。而双方力量也可以就在这时期起根本变化。那时敌人兵力更分散，战线更延长；而我防线更短，兵力更集中，经验更丰富。于是力量的变化由量变到质变，这也就是我们开始反攻，收复失地，开辟大块新解放区的时候了。所以今冬明春我们是否能够继续大量消灭其有生力量，是很重要的。"

在分析了我军内部的问题，指示了当前的主要工作后，陈毅慷慨激昂地

[1]《管文蔚回忆录续编》第5章第3节，人民出版社1988年版。

说："三个月的战争，考验了我们华中的同志，替我们审查了干部，实行了精简，也真正给我们上了一课。因为我们的仗还要继续打下去，许多地方还要放弃，地区可能更紧缩，单位必须减少，机关必须合并，干部必须降级使用。和平时代照顾这个照顾那个的一切都要收起来。现在只有一个目的，一个方向，一个意志，一个行动。这就要求同志们服从组织，约束自己，牺牲个人的一切，直至牺牲生命。在此伟大战争中，牺牲是无上光荣的。古语说：'皮之不存，毛将焉附？'又说：'一夫拼命，万夫莫当。'现在正是拼命的时候了，是用斗争来考验我们干部的时候了。战争首先靠勇气，就是拼，其次才是战术。所以我们要提倡自我牺牲的革命英雄主义，敌进我进，挺进到敌人后方去，准备杀他个七进七出。我出来时就准备三条路：胜利回去开欢迎会，打败仗开斗争会，死了开追悼会！不能再有别的了。中国的和平民主是难产的，现在正是胎动的关头，胎儿是命定要出来的，这时是忍痛的时候。我们不要将困难和失败混淆，今天不是失败，而是困难。我们只要巩固团结，不怕困难，埋头苦干，困难是可以克服的。华中还可能丧失更多的地方，只要主力打胜仗，各地方坚持，党政军民密切配合，就能打开局面，恢复失地，走上胜利之路！"[1]

陈毅的讲话，使在场的干部深受感动。直到今天，他们回忆起陈老总，耳边还回响着"打胜仗开欢迎会，打败仗开斗争会，死了开追悼会"这句名言。

粟裕大将回忆："从十月底到十一月初，我们在涟水西北陈师庵等地先后召开了多次干部会议。陈毅同志针对当前战局和两个野战军统一作战的新情况，在会上讲解形势，总结初期作战经验，号召全军进一步学习军委和毛泽东同志所制定的'集中优势兵力，各个歼灭敌人'的作战原则。树立高度集中统一的思想，同心协力克服暂时的困难，积极完成作战和建军等任务。这些会议，对于提高华东全军干部特别是高级干部对当前形势的认识，正确理解保存地方与歼敌有生力量的关系，以及增强军内外的团结等，都起到了极为重要的作用。"[2]

陈师庵会议，是华东解放战争初期一次具有历史意义的会议。

这时，国民党南京统帅部调兵遣将，加强对华东解放区的进攻。10月，原驻淮南的整编26师调到山东峄县，原在开封的整编11师调到宿迁，加上相继调来的44师、46师等部，在华东的国民党军总兵力达到25个师。就在74师向涟水进攻的同时，整26师、77师根据薛岳的命令，于10月27日由

[1] 陈毅：《华东三个月自卫战争总结》，《陈毅军事文选》第357页，解放军出版社1996年版。
[2] 《粟裕战争回忆录》第407页，解放军出版社1988年版。

枣庄、峄县、台儿庄一线向鲁南解放区发起进攻。

叶飞率领一纵在兰陵、傅山口一线阻击，国民党军26师、77师靠得很紧，步步为营。我军想寻找机会消灭敌军突出的部分，叶飞请示山东军区，将敌军引到向城一带。山东军区负责人认为向城到临沂都是平原，无险可守。打电话指示叶飞："如果把敌人放到向城，临沂震动，军区和省级机关就要跑反了。必须迅速出击，阻止敌人东进。"于是叶飞只好指挥1、3旅向傅山口的77师出击。77师是冯治安的部队，战斗力不强，被我军击溃，一个团被我军包围在马家楼村子里。这时，敌26师师长马励武出动8辆坦克和部队来解救77师，国民党军坦克横冲直撞，我军不得不掉过头来阻击26师，而77师被包围的一个团乘机突围，我军又打了一个得不偿失的击溃战。

淮北方向，74师进攻涟水失败，7军等部在宿迁一带按兵不动，陈毅的山野主力找不到仗打。这时，山东军区一再向陈毅告急，迫使陈毅不得不再次分兵，回援鲁南。10月30日，陈毅率领8师返回鲁南。

11月初，峄县国民党军26师、77师继续向东进犯，占领向城，企图直接进攻山东解放区首府临沂。陈毅与指挥员们研究了敌情，决心以一纵阻击26师，8师歼灭77师。11月10日夜，8师向南罗、北罗、马兰屯地区的77师驻地发起攻击，很快包围了两个团的敌军。但是敌军凭借工事、鹿砦，以密集火力顽强抵抗，8师是一个团包围一个村，兵力不占优势，形成对峙，只好等11日夜里再打。

11日晨，马励武命令26师附属第一快速纵队的一个坦克连共8辆坦克，在一个步兵营配合下向圈沟镇出击，为77师解围。我一纵3旅顽强阻击，但因为缺乏打坦克经验，也没有相应的爆破器材，无法阻挡敌军坦克的前进。叶飞命令2旅4团出击，坚决阻止敌军前进。这时，马励武又派出20多辆坦克冲过来，想拦腰截断我军。2旅4团在一片开阔地上，与敌军坦克奋勇拼杀。战士们拿着手榴弹、炸药包，爬上行进中的坦克，以血肉之躯进攻装甲的敌人。不少人被坦克碾死轧伤，4团受到重大伤亡。战至黄昏，国民党军坦克撤回峄县。当时马励武曾到战场视察，看到"在峄县东20余里的圈沟镇沿铁道线附近，新四军叶飞将军所部死伤千余人，死者断臂残腿，尸体累累"。马励武都感到"目击心伤，惨不忍睹"。下令尽快掩埋尸体[1]。

当天夜里，叶飞到陈毅的指挥部开会。他回忆："8师领导同志提出，要

---

[1]《蒋军整26师马励武部峄枣被歼记》，载《文史资料选辑》第28辑。

求一纵派一个旅增援他们，并指名要第 1 旅，否则以该师三个团的兵力歼灭不了被围的两个团敌人。我也提出了意见，今天第 2 旅阻击敌快速纵队，伤亡很大。明天敌人肯定要拼命攻我泥沟、圈沟阵地，如果把 1 旅调出，就没有把握挡住敌整 26 师和快速纵队的冲击，1 旅确实调不出来加强 8 师。眼巴巴地可以消灭敌人两个团，但就是缺少兵力，至少缺一个旅的兵力，结果吃不掉。陈老总一支香烟接着一支香烟地抽着，紧皱着眉，一声不吭。深夜 1 点钟了，该下决心了，陈老总一甩烟蒂，说了一声：'只好不打这一仗了！'眼看到手的胜利果实白白地丢掉了。"[1]

26、77 师与我军这场恶战之后，也暂时停止了向临沂方向的进攻。这时，徐州"绥靖公署"拟订作战计划，分四路向我鲁南、华中解放区大举进攻。其部署是：以整编 11、69 师共 6 个半旅，由徐州"绥靖公署"副主任吴奇伟指挥，由宿迁向沭阳、新安镇方向进攻；以整编 74 师、28 师、7 军共 7 个旅，由李延年指挥由淮阴向涟水进攻；以 65、83、25 师共 6 个旅，由李默庵指挥，由东台向盐城进攻；以 26、51、59、77 师共 9 个旅，由峄县、枣庄、台儿庄向临沂进攻。国民党军的企图是切断山东、华中解放区的联系，聚歼我华野主力于苏北地区。各路敌军的行动时间，从 12 月 13 日开始。

毛泽东关注着华中战局的变化。当陈毅率 8 师回援鲁南时，毛泽东于 10 月 31 日电告陈毅、粟裕等，判断"敌既不打通津浦又不切断陇海而进攻临沂，其目的是欲调动我苏北主力北援（调虎离山），以便先解决苏北，然后以苏北、苏中主军（12 个旅以上）进攻山东，我们切不可上当"[2]。11 月的战事证明毛泽东的判断是正确的，国民党军的主攻方向依然是苏北。峄县战斗之后，陈毅清醒地观察敌情，也得出了正确的判断。12 月 6 日，他向毛泽东报告：国民党军 11 师将调宿迁，配合 69 师进攻沭阳。为了打击国民党军的气焰，他拟订了五个作战方案，"我们意见以集中力量确保沭阳，歼击 11 师之一路为最好。"

粟裕也看到了陈毅的作战方案，当时他正在盐城一带指挥陶勇的 1 师、七纵等部队进行防御作战。王必成的 6 师在涟水监视 74 师的行动。粟裕、谭震林的见解与陈毅完全一致，也认为应该先打沭阳一路敌人。粟裕、谭震林马上复电陈毅，要求山野主力迅速南下。12 月 9 日陈毅回电，决定亲自率

[1]《叶飞回忆录》第383页，解放军出版社1988年版。
[2]《毛泽东军事文集》第3卷第537页，军事科学出版社1993年版。

领山野8师和叶飞的一纵连夜南下到山东郯城以北的码头镇一带，兼顾鲁南，并随时准备进至沭阳。这样，集中兵力打宿北之敌的决心，基本定了下来。

从11月26日起，华中野战军部队进行了盐城保卫战，一方面保障苏中与淮北解放区的联系，一方面掩护苏中的机关和物资向山东转移。在十多天战斗中，消灭国民党军5000多人。虽然这种防御战是消耗战，但也起到了钳制国民党军力量，使其不能集中兵力进攻苏北、鲁南的作用。12月9日，粟裕向毛泽东报告盐城保卫战胜利的消息。12月11日，毛泽东以军委名义复电，首先庆祝盐城大捷，对指战员传令嘉奖，然后指示"望粟即日北返部署沭阳作战"。接到电报，粟裕立即动身，第二天赶到沭阳与陈毅会合。

毛泽东以为粟裕还在盐城，12月13日再次电告粟、谭："整11师到达宿迁后，必配合69师及预3旅等向沭阳进攻，唯有歼灭该敌方能保持沭阳在我手中。如沭阳失守，华野主力即难在苏北继续作战，有被迫转至鲁南的可能。对此点必须严重估计到。你们对此意见及部署如何，盼告。"[1]

对宿迁这一路敌人，先打哪一个？在什么地方打？陈毅、粟裕等进行了认真的研究。胡琏的整11师是陈诚的起家本钱，系国民党五大主力之一，该师在抗战中表现出较强的战斗力，装备实力不在74师之下。与11师交锋是一场恶战。而69师新任师长戴之奇急于进占新安镇，封锁陇海线；部队轻狂冒进，正利于我军围歼。宿迁以北的来龙庵、晓店一带，西边是骆马湖，东边是开阔地，公路两侧有几个小高地，村落小而密，房屋不坚固，利攻不利守。运河、六塘河、沭河横贯其间，不能徒涉，有利于我军分割包围。此时山野和华野主力已经到达机动位置，随时可以出动，造成战役优势，在运动中歼灭敌军一部。这一仗打好了，就能变被动为主动，改变苏北、鲁南战场的局面。

陈毅、粟裕很快定下决心，集中山野一纵、二纵、7师、8师、华野九纵共24个团的兵力，先打69师。12月13日，国民党军11、69师从宿迁出动向沭阳进攻，其中69师的60旅、92旅一个团及57师预备第3旅、26师的41旅共三个半旅为左翼，向新安镇进攻。11师为右翼向沭阳进攻。针对敌情，陈毅、粟裕命令九纵在来龙庵一带坚决阻击11师；以一纵、8师为左翼，从骆马湖方向直插峰山、晓店；以二纵、7师（各欠一个旅）为右翼，从沭阳方向直插敌后，由东向西发起攻击。毛泽东很快批准行动计划，15日回电说：

---

[1]《毛泽东军事文集》第3卷第575页，军事科学出版社1993年版。

"决心与部署甚好，战况望随时电告。"

12月15日拂晓，一纵、8师经过两夜隐蔽行军，到达晓店、嶂山镇西北的攻击位置。二纵到达韩集、太山集一线，为69师布下一个"口袋"。当天胡琏指挥11师118旅向沭阳方向发起进攻，在来龙庵遇到九纵75团的顽强阻击。国民党军的密集炮火支援步兵向我军阵地冲来，有的新战士沉不住气，慌乱起来。6连连长喊道："不要慌，等敌人靠近打！"有的新战士忍不住开枪，连长又大声喊："听指挥，等敌人距离60米一起打！"当敌人靠近射击有效距离时，6连战士一齐开火。有的不瞄准就乱打，老战士喊："好同志，沉住气瞄准打！"在这些口号鼓励下，战士们射击逐渐准确。敌人几次冲锋被打退后，不敢以密集队形前进，改为个人滚动跃进。6连排长喊："机枪沉住气，瞄准打点射。"大家弹无虚发，又一次打退了敌人。9连的阵地上，有的新战士被炮火吓得躲在工事里不敢抬头。2排长喊："同志们，你们看，我开枪了！"胆大的新战士抬头一看，排长打倒一个敌人。排长又喊："我打倒一个了，你们看！"大家都抬起头来，排长接着喊："我打第三个了，很好打，你们快打吧！"新战士在排长鼓励下，都端起枪开火了。敌人几次进攻失败，集中炮火猛轰6连阵地，连长和战士们被炮弹掀起的土埋住五六次，班长喊道："大家隐蔽好，炮弹来，进工事；敌人来，出工事。只要准备好，没有关系。"连长被战士从土里扒出来，高喊："没有什么，注意敌人！"在干部的带领和鼓舞下，6连战士虽然被炮火震得头晕眼花，但很快镇定下来，投入战斗。工事被摧毁，他们利用弹坑隐蔽。九纵57团就这样顽强抗击，使国民党军主力11师无法前进一步。自己也遭受严重伤亡，2营损失过半[1]。这天，九纵77团在邵店，81团在五花顶阵地，也顶住了11师的多次进攻。

11师被九纵拖住，使其与69师的间隔拉长，为我军创造了分割穿插的机会。按照山野指挥部的命令，8师于15日黄昏向嶂山镇与晓店之间的制高点峰山发起攻击。峰山高约100米，是敌军进攻与防御的重要依托。绕山脚修筑了几个独立的集团工事，在山顶修了小围寨，挖了壕沟，拉上铁丝网和鹿砦，由国民党预备3旅的一个加强营把守。8师23团1营于夜间发起攻击，第一次突至壕沟，因沟又宽又深无法通过，部队拥挤受敌地堡火力杀伤而失败。因指挥员不冷静，又连续组织两次硬攻，结果都因壕沟阻碍而伤亡很大。这时天将拂晓，如不能占领峰山，整个战役将受到影响。在这关键时刻，副

[1]《九纵75团来龙庵守备战的宣传鼓动工作》，存《华东战史资料政工类》第13卷。

教导员张明组织全营尚能参加突击的 40 余人，重新选择突击路线，在火力掩护下冒着敌人的火力封锁，冲过鹿砦、铁丝网，跳进壕沟，搭起人梯爬上沟沿，占领山顶围寨。此时从西北方向攻击的 24 团也冲上来，大家协同作战，将山顶敌人消灭，控制了峰山这个重要的制高点[1]。

叶飞指挥一纵奉命向井儿头、晓店、曹家集穿插，切断 11 师与 69 师的联系。15 日夜一纵的三个旅同时行动，上级告诉的情况是敌人已经溃退南逃，要一纵堵住敌军退路。然而一纵到达指定位置时，发现情况不对。敌军没有溃退迹象，而是在加强工事。双方很快交火，情况不明，叶飞决定不贸然进攻，命令部队撤回原集结地区。3 旅两个团穿插很快，已经深入敌军腹地，当时靠徒步通讯，等命令传达到，天已大亮，撤也撤不回来了。叶飞发现他的两个团深入到 11 师纵深内，担心被敌军包围，心里万分焦急。事情突然发生偶然性变化。3 旅的两个团在穿插中俘虏敌军的电话兵，查明曹家集是敌 11 师师部所在地，于是不等命令，主动出击，一举突入曹家集，俘虏刚刚睡醒的敌工兵营长以下 600 余人。这里距离胡琏的指挥部只有几百米，11 师不知来了多少共军，慌忙组织部队反击。我军与敌人混战一场，黄昏才撤出战斗，向新店一纵主力靠拢。国民党军不明情况，未敢追击。3 旅的两个团就这样靠主动进攻摆脱了危险[2]。

8 师占领峰山，一纵穿插到峰山以南的高家洼、蔡林一带，九纵逼近 69 师师部驻地人和圩，戴之奇发觉自己已被包围，十分惊慌，连连向胡琏求救。同时命令预 3 旅不惜代价夺回峰山，打通南逃的退路。16 日，战斗空前残酷，预 3 旅、60 旅约两个团兵力在飞机和炮火配合下，向我 8 师峰山阵地发起多次进攻。山野参谋长陈士榘坐镇 8 师师部指挥作战，8 师打得英勇顽强，一天击退敌军多次进攻，守住了峰山。嶂山镇预 3 旅见势不妙，绕道退入晓店。

17 日，胡琏指挥 11 师的两个旅向蔡林、高家洼我军一纵 3 旅阵地猛烈进攻，企图为预 3 旅、69 师解围。遭到一纵的顽强阻击，双方伤亡都很大。一纵 3 旅 7 团阵地防御打得最为艰苦，最后只剩下一座小山。阵地东西不过千米，南北不到两千米，11 师 118 旅在飞机和榴弹炮团的支援下，向 7 团阵地发起集团冲锋。叶飞下了死命令，无论如何要守住山头。3 旅参谋长谢忠良在山头亲自指挥，表示"人在阵地在"。在敌军重炮轰击下，高家洼我军

---

[1]《中国人民解放军第22军解放战争战史》，1952年初稿。
[2]《叶飞回忆录》第389页，解放军出版社1988年版。

阵地大部分被摧毁。这时，北面的敌军也拼命向南进攻，企图打通与 11 师的联系，夺路突围。一纵三面受敌，情况万分危急。叶飞在指挥部里用望远镜看到，敌军第一次攻击后，7 团一个营的阵地丢失，只撤下来五六个人；敌军第二次攻击，中间一个营把守的阵地又失守了，只跑回来六七个人。眼看小山的山头就要落入敌手，叶飞当机立断，下令 1 旅、2 旅全部投入战斗。以连队为方阵，战士们端起刺刀，向 11 师翼侧猛烈冲杀过去。11 师反而猝不及防，全线溃退。一纵穷追猛打，一直追到宿迁运河边。11 师遭此打击，丧失了士气，在宿迁运河边构筑工事，采取守势。

当一纵向南面 11 师攻击时，北面的 69 师之敌趁机逃窜。一纵只剩下一个营钳制，叶飞再也没有机动部队可以调遣。只见敌军乱糟糟地从他的指挥部前四散逃跑，叶飞把警卫、机关干部、勤杂人员甚至抬担架的民工都组织起来，追赶捉拿敌人。1 旅、2 旅把 11 师赶过运河后，立即掉回头来，围歼 69 师溃散的敌人，把将近一个旅的敌军全部兜住，歼灭在野外。

这天黄昏，8 师对晓店之敌发起攻击，在炮兵火力急袭后，仅用 25 分钟就突破敌军防御阵地，当夜全歼预备 3 旅。69 师残存的敌人纷纷向师部所在地人和圩收缩，企图固守待援。粟裕不给敌人喘息机会，命令二纵、九纵等东线部队向人和圩、罗庄等 69 师据点进攻，但因没有集中兵力，当夜进展不大。粟裕感到战役已到最后关头，再使一把劲就能全歼 69 师，如果因为疲劳而松懈，形势也可能发生变化。17 日深夜，他电令九纵，不惜一切代价，坚决拿下人和圩。野战军指挥部向二纵下达最严厉的命令："9 旅配合九纵，务限 18 日拂晓前坚决攻下人和圩，不然受处分。旅、团、营首长不执行命令，就地枪决！"韦国清立即传达了命令，进行部署。九纵由饶守坤副司令员负责从东北及西北两个方向进攻，9 旅的两个团由东南、西南方向进攻。拂晓前攻击开始，9 旅的 26 团 1 营从东南角突击时，受到人和圩和邻近高庄敌军的两面射击，地形开阔，营长当场牺牲，部队失去指挥，攻击到天亮，被迫撤退。25 团从西南进攻，攻到人和圩边上，占领一排房屋，但 69 师残敌困兽犹斗，争夺非常激烈。25 团暂时巩固阵地，没有继续深入[1]。

12 月 18 日，戴之奇在人和圩已经到了山穷水尽的境地，用报话机连连向胡琏求救。胡琏心急如焚，亲自指挥 11 师全力北援，但在我军一纵和 8 师的顽强防御下，进展甚微。只听见北面的枪炮声响成一片，就是伸不过手

[1]《第二纵队沭阳保卫战役要报》，1946年12月29日。

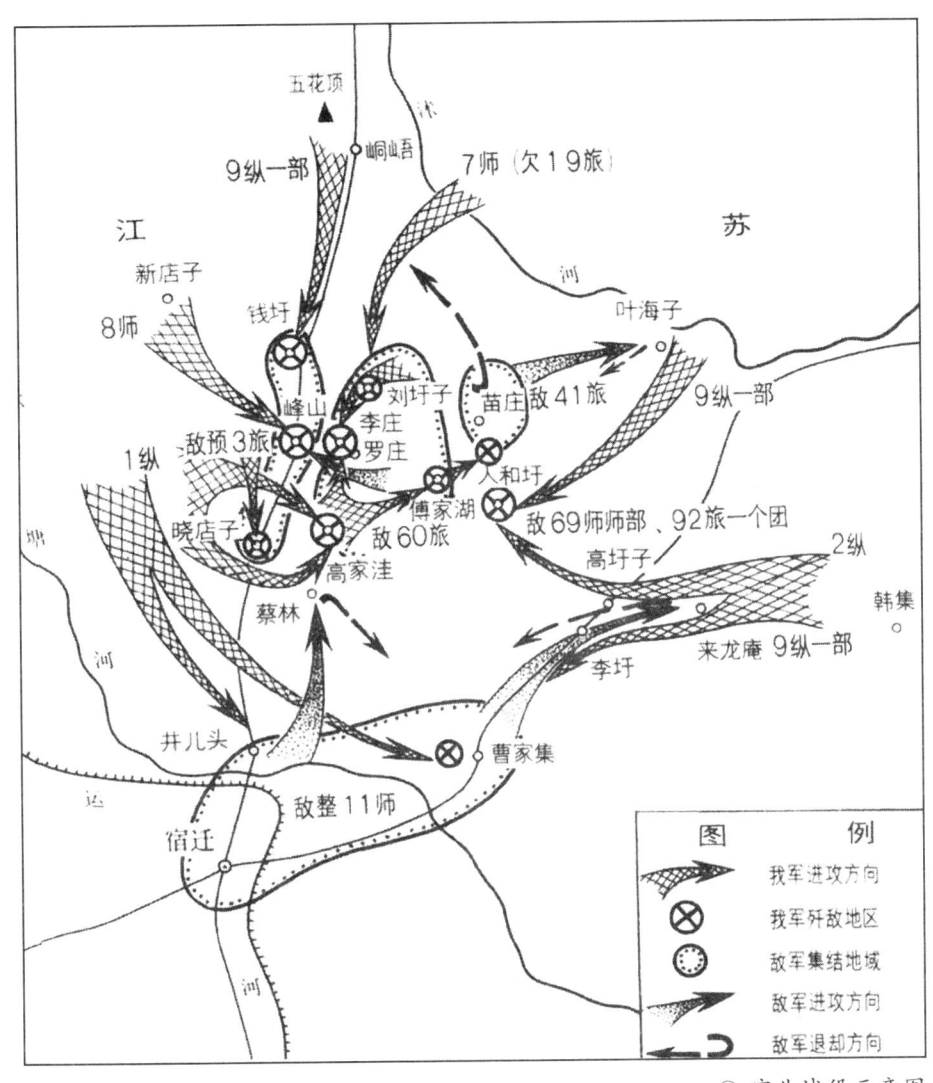

◎ 宿北战役示意图

去。我军二纵、九纵、7师等部队正在分割围歼人和圩、李圩、罗庄之敌。敌军阵地已经支离破碎，无法防守。为了摆脱全军覆没的命运，69师残敌开始分头突围。李圩、罗庄的60旅残部2000多人在旅长黄保德指挥下向南突围，在野外被一纵、8师包围，很快被全歼，黄保德被俘。人和圩的敌军下午也做试探性突围，被我军堵了回去。粟裕非常关注二纵、九纵在人和圩方向的战斗，这是最后解决问题的关键。黄昏时，粟裕指示韦国清："二纵继续突，今晚把它（69师师部）解决。要严密组织几道包围网，不要使敌人跑掉。

79

不要顾及疲劳，调 4 旅先去一个团，马上把人和圩搞下来。"过了不多时间，粟裕再次打电话给韦国清："你们要不顾一切代价把人和圩搞下来，拖下去不好，要注意联络，决心要贯彻。如果今天不能解决，明天敌人增援，情况可能发生变化。你们组织总攻，歼灭 69 师后再集中兵力歼灭 11 师。"[1] 韦国清统一指挥二纵、九纵做好攻击部署，当夜 22 时开始总攻。我军在炮火和机枪火力掩护下，很快突破，冲进去两个连。到午夜时，已经冲进去两个团。九纵也冲进去四个营，与敌军展开房屋争夺战。戴之奇与师部残敌在村东北角顽抗，用报话机向胡琏发出最后的呼叫。胡琏一再给戴打气，要他坚持到天亮。戴之奇知道大势已去，举枪自杀。副师长饶少伟等当了俘虏。天将破晓，胡琏准备全力进攻,听见人和圩方向枪声渐渐平息,69 师的通讯也已中断，知道 69 师已经完结，遂取消攻击命令，就地转入防御。

19 日上午，困守苗庄的敌 41 旅分两股突围，被一纵两个团穷追猛打，除 300 余人逃脱到皂河，其余全部被歼。陈毅、粟裕本打算以一纵、二纵、8 师等乘胜歼灭 11 师，但胡琏指挥部队固守宿迁、曹家集，凭借运河、六塘河有利地形设防。紧缩部队，不给我军以分割围歼的机会。我军经过连续战斗，也需要休息，于是陈毅、粟裕命令各部队撤出战斗，宿北战役胜利结束。我军共歼灭国民党军 21000 多人，取得了山野、华野会合以来的第一个胜利。毛泽东收到捷报，非常高兴，18 日就致电陈、粟，"庆祝宿沭前线大胜利，望对一切有功将士传令嘉奖"。同时指示他们："第二步作战似以集中主力歼灭鲁南之敌，并相机收复枣、峄、台，使鲁南获得巩固。"

就在宿北战役进行的同时，谭震林指挥华野 6 师正在涟水与 74 师苦战。这次 74 师做了充分准备，并有 172 师前来配合。12 月 14 日，国民党军开始向涟水进攻。王必成的部队与 74 师展开浴血奋战，打得十分艰苦。但是由于防御部署上出现失误，防线过长，兵力单薄，在翼侧作战的 19 旅阵地被突破，两个团被国民党军迂回包围，伤亡很大。16 日，74 师攻进涟水城，华野 6 师随即撤出。陶勇的 1 师奉命从盐城赶来增援 6 师，到达时涟水已经失守，无法再战。盐城也被国民党军乘虚而入。第二次涟水保卫战，我军与敌军各伤亡 4000 人，我军虽然失去了两座重要城市，但钳制了东线敌人，保证了宿北战役的胜利。毛泽东对此表示理解，12 月 18 日给陈、粟的电报

[1]《华野宿北战役阵中日记》。

中说："此战（宿北）胜利整个苏鲁战局好转，涟水暂失，将来可以收复，也一定要收复。"[1]

宿北战役的胜利，大大鼓舞了我军的士气。陈毅几个月来郁闷痛苦的心情一扫而光，他会见了被俘的国民党军官，询问了敌军的作战情况。组织各部队进行了战斗总结。1947年1月1日，他给中央写了一个详细报告，汇报战役的情况："宿北战斗，戴之奇（"三青团"中委）自杀，临死高呼口号'国民党万岁'。黄保德（60旅旅长）亦自杀，魏人鉴、黄继陶突围时被击毙，副师长饶少伟、副参谋长章秉伊均俘。合称此次失败：1.由于未判断我军南下出其侧背，以为马励武东进定可钳制鲁南部队。2.由于11师增援不积极（实际是我3旅第二晚挺袭11师师部，解决其工兵团一个营及骑兵队，击溃其炮兵团，复受二纵钳制，增援实难；又二次出援，均被我击溃）。3.称赞我炮兵射击准确，炮火猛烈。4.称赞我战士英勇。5.被俘后见我民夫担架众多，便说国民党多失人心，一定失败。"

谈了成绩谈教训，陈毅写道："由于要守涟水，6师不能参战，陶师从盐城开涟水亦未赶上，故造成盐城失守，涟水亦陷，而11师亦未能歼灭，为此役最大缺点。由于要尽量保持华东盐阜地区，我未能贯彻集中大兵的主张。数月来用于钳制的兵力太大，今后当可多用兵去突击（由于华中城镇沦陷，包袱放下）。"

陈毅认为，宿北战役最大的收获是山野、华野统一了思想，决定集中兵力作战。报告中说："今后问题是山东部队常不安心南下作战，华中部队亦不肯入鲁作战，数月来的矛盾由于战局演变现已解决，今后可集中，从鲁南向南打。部队番号均须统一，一面作战，一面正商讨整编办法。"为了进一步解决好华东部队的统一和集中问题，陈毅提出了"以战养战""以战教战""打一仗进一步"的思想[2]。

陈毅的捷报是给毛泽东最好的新年礼物。毛泽东看完陈毅的报告，非常高兴，完全赞同陈毅的军队建设思想。1947年1月2日复电："'以战养战''以战教战''打一仗进一步'的口号甚好。你们应以宿东战役为例，力争打大的歼灭战，即每战全部彻底歼敌三至四个旅。"[3]

[1]《毛泽东军事文集》第3卷第581页，军事科学出版社1993年版。
[2] 陈毅：《宿北战役之检讨》，《陈毅军事文选》第358页，解放军出版社1996年版。
[3]《毛泽东军事文集》第3卷第599页，军事科学出版社1993年版。

几十年后，粟裕大将谈起宿北战役，将其评价为"华东战区的一个转折"。这一战役比起华野以后的胜仗，算不得大仗，为何评价如此之高？他认为："这次作战是两支野战军会师后在战役上初次协同作战，这也是一种初战。这仗打胜了，兄弟部队之间就产生了彼此的信任，两支野战军合并后的新的领导机构和所属部队也就产生了上下之间的彼此信任。这一切，都是无价之宝。相反，如果这一仗我们被打败了，上下之间和兄弟部队之间就容易互相埋怨，就要花上一个相当长的时期和相当大的努力，才能弥补过来。'慎重初战'的道理也适合宿北战役。"他还指出，由于这次战役的胜利，我军开始由被动转为主动，是集中兵力打大歼灭战的一个开端，对于以后的战局发展具有关键性的作用[1]。

[1]《粟裕战争回忆录》第426页，解放军出版社1988年版。

第 7 章
鲁南战役：“快速纵队”的覆灭

　　确定鲁南歼敌的作战方针——国民党军的“快速纵队”——马励武回后方过年——坦克陷入沼泽地——陈毅赋诗庆胜利——总结打坦克战术——峄县攻坚生擒马励武——再克枣庄——鲁南战役胜利的意义

　　宿北之战，国民党军遭受沉重打击，但南京方面并没有改变其战略部署。1946 年 12 月下旬，陈诚飞到徐州，与薛岳等研究作战方案，仍坚持进攻鲁南的既定方针。他们认为，74 师等组成的东线兵团连续占领盐城、涟水，华中共军已经失去根据地，只能向鲁南方向撤退。山东在国共双方的战争中具有极其重要的地位。陕北虽然是中共中央所在地，但地瘠民贫，难以持久。东北“共军”虽然力量强大，但地处边远，对关内局势影响不大。“只有山东军区，地当中国心脏，山东半岛深入海中，沂蒙、崂山等山脉绵亘起伏于其间，地形错综复杂。共军自称前后经营达八年，根深蒂固。加以烟台、龙口与旅大仅一水之隔，易得外援，因此山东便成为共军最优良同时也可能守得最久的根据地。山东之得失，在国内战局中，也便有决定性作用。”所以，国民党统帅部判断：在苏北失守后，陈毅必然要坚守山东。而国民党军则以“攻其所必守”的战略，与我军决战[1]。

　　这时，国民党军分布的态势为：南线的两大主力 11 师在宿迁，74 师在陈师庵，隔运河、六塘河与华野 6 师、九纵、山野二纵、7 师对峙。国民党

7军在泗阳、28师在涟水作二线部队。西线是马励武的26师附第一快速纵队突前到峄县以东的向城、卞庄、太子堂等地，准备进攻临沂。周毓英的51师在枣庄，冯治安的77、59师在台儿庄。因宿北之战刚结束，各部都暂时停止行动，未敢轻进。

宿北战役后，陈毅、粟裕研究考虑下一步的作战方案。12月19日，陈毅、粟裕得到情报：徐州"绥靖"公署主任薛岳命令74师向沭阳进攻，企图与7军、11师夹击我军。华野在淮北与74师几次交锋，恨透了这个敌人，当时上下都有一股情绪，要与74师决一死战，报淮阴、涟水之仇。所以陈毅、粟裕当天请示中央军委，要求回师消灭74师，此后视情况回援鲁南向西进军。毛泽东20日回电："74师向沭阳前进，先打该师，甚为必要。只要有好仗打，在内线多歼灭几部分敌人再转外线作战更为有利。"

然而并非所有的领导人都同意打74师，在临沂的黎玉、张云逸马上电告中央，请求主力回援鲁南。山野参谋长陈士榘、政治部主任唐亮于12月22日联名给中央发了一封长电，要求调山野主力一纵、8师回援鲁南，待鲁南局势稳定后，再配合华野合歼苏北之敌。

等了3天，74师不见动静。而鲁南之敌又向前推进，迫近临沂、郯城，企图切断我军主力与鲁南解放区的联系。陈毅、粟裕改变决心，12月24日请示中央："我为应付今后苏鲁敌人之南北夹击，必须先击破一面，故不再等74师进，决即集中主力彻底歼灭鲁南之敌，攻占台、枣、峄之线。"同时电告山东的张云逸、黎玉："74师迟拔，我决放弃歼击，留部队钳制，大军回援鲁南。"陈毅、粟裕命令一纵当天夜里全部北上，陶勇的1师西进。陈毅、张鼎丞、邓子恢返回临沂，张云逸组织山东部队阻击敌人保卫临沂，陈士榘、唐亮到新安镇指挥一纵、8师进攻冯治安部。各部得到命令，立即开始分头行动。

毛泽东收到陈毅的电报，基本同意先打鲁南之敌，但觉得部署有些不妥，24日夜间指示陈、粟："主力似不宜分散，如放弃74师不打，似宜集中25个团（包括4师、9师、十纵、警旅在内）于鲁南地区歼灭26师，迫退冯治安部，然后相机出淮北较为有利。"第二天，毛泽东再次指示陈、粟："鲁南战役关系全局，此战胜利即使苏北各城全失亦有办法恢复。你们必须集中第一、第六、第八、第四、第九、第十各师及一纵、警旅等部，并有必要之部署准备时间，以期打一个比宿北更大的歼灭战。第一仗似以打26师三个旅为适宜，因该师系鲁南主力，该师被歼，全局好转，若先打冯部，则恐一时不能解决鲁南问题。究应如何，望根据具体情况处理。"[1]

毛泽东敏锐地抓住了战局的关键，提出先打马励武的 26 师，不仅要求陈毅集中山野、华野主力，而且要求将王建安的鲁中部队也调来参战。这样，我军集中的兵力比宿北战役还多，胜利就更有保障。粟裕仔细阅读了毛泽东的电报，明确地理解了毛泽东的意图。他回忆说："经过这样一个反复酝酿的过程，加深了我们对于在鲁南作战重要性的认识。我们认为，中央军委、毛泽东同志一再指示，要在鲁南作战，使鲁南获得巩固，实际上是指出了今后的一定时期，山东将是华东的主要战场。如果继宿北战役之后再在鲁南打一个大歼灭战，不仅能打破敌人的包围圈，使山东、华中两路野战军完全会合，而且能为今后在山东作战创造良好的战场条件。鲁南巩固了，以后南下、北上或西进，我军都会取得行动的自由。如果分兵进入淮北，远离后方，不仅需要做好充分准备才能行动，而且不一定能调动进攻鲁南和苏北之敌回援。"[2]

马励武的 26 师作为国民党军进攻临沂的主力，此刻进至峄县以东的向城、尚岩、傅山口一带。26 师的师部位于马家庄，配属的第一快速纵队、炮5 团作为总预备队随军前进。左路周毓英的 51 师在枣庄、郭里集一带；右路冯治安部的 77、59 师位于台儿庄以东的兰陵等地。两侧的部队显得滞后，使 26 师位置突出。薛岳的意图是想利用鲁南平坦的地形，以 26 师为主，发挥机械化兵团的突击能力，求得迅速侵占山东解放区首府临沂，配合淮北的李延年兵团消灭我山野、华野主力。宿北战役结束后，马励武觉得自己位置突出，距离峄县约有百里，两侧没有配合的部队，感觉有危险，于是停止进攻，就地构筑防御工事。但是薛岳仍然命令 26 师继续东进，马励武只好派出部队四下袭扰，侦察共军主力行动，实际上按兵不动。

陈毅、粟裕 12 月 23 日定下鲁南作战的决心后，即下令一纵、8 师、华野 1 师秘密兼程北上，会同由鲁中调到鲁南的 4、9 师及正在抵御国民党 26 师的 10 师、滨海警备旅等部队，准备歼灭国民党军 26 师及第一快速纵队。另以韦国清的二纵、华野 6 师、九纵等部队，由谭震林指挥，在沭阳地区防御 74、11 师，防止南线国民党军北上，以保证鲁南战役的进行。12 月 30 日，在北上行军途中，各部队接近集结地域前，陈毅主持召开了各纵队、师首长

[1]《中国人民解放军第三野战军战史》第82页，解放军出版社1996年版。
[2]《粟裕战争回忆录》第434页，解放军出版社1988年版。

参加的野战军作战会议。会上介绍了敌情，传达了中央军委关于鲁南战役的指示，进行了具体的作战部署。陈毅在会上讲话，特别强调了集中统一指挥的重要性，要求山野、华野加强团结、密切协同，主动支援，打好这一仗。

为了便于指挥，陈毅、粟裕决定将参战部队编为两个纵队：右纵队以山野8、9、10师，滨海警备旅等组成，共12个团，由鲁中军区司令员王建安、鲁南军区政委傅秋涛等指挥，首先歼灭傅山口、太子堂地区的26师44旅，切断26师向峄县、枣庄方向的退路，阻击来援之敌。尔后攻取向城，配合左纵队消灭26师师部及快速纵队。左纵队以叶飞的一纵和陶勇的1师组成，共15个团，由野战军司令部直接指挥，负责歼灭卞庄之敌，然后在右纵队

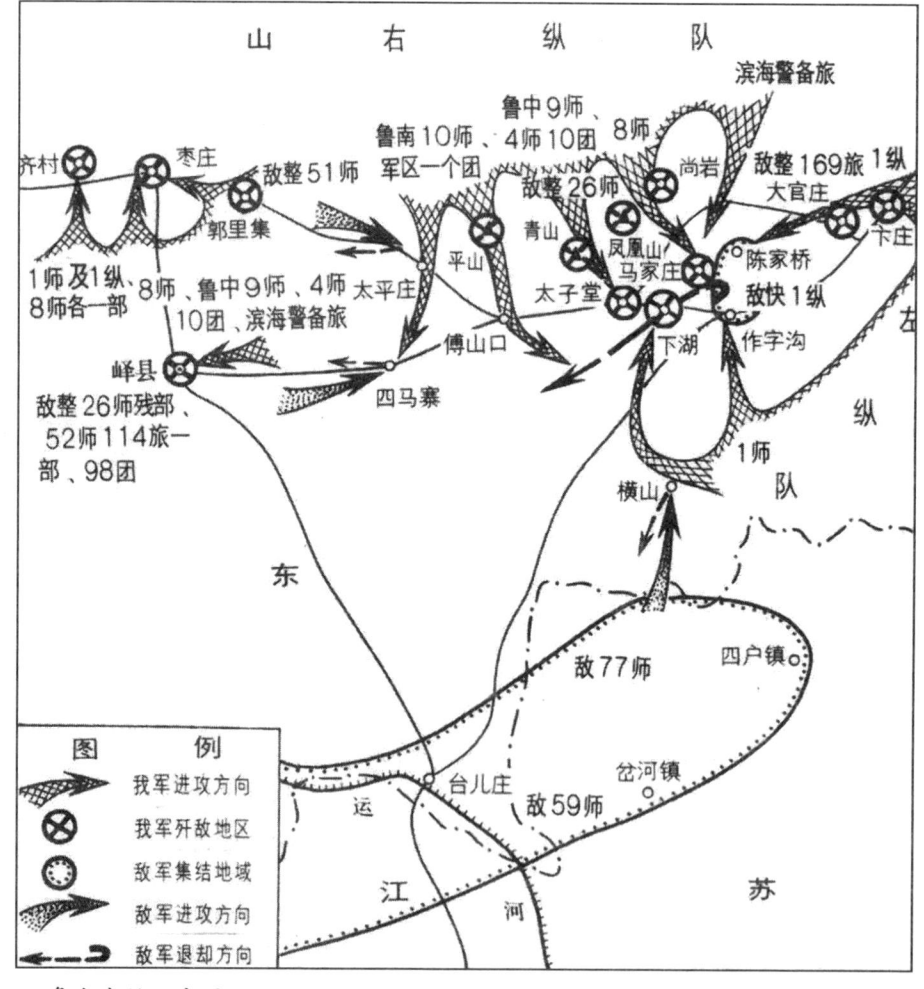

　◎ 鲁南战役示意图

配合下围歼 26 师 169 旅和快速纵队。鲁南第 3 军分区武装负责监视外围敌人，保证战役顺利进行。作战命令规定，各部队于 1947 年 1 月 1 日拂晓进入指定集结地域，1 月 2 日 24 时发起攻击。

马励武不是傻瓜，从 12 月 28 日起，他的侦察分队不断向他报告有共军主力部队向鲁南方向运动的消息，获悉的共军部队番号有 11 个师（当然不一定准确）。马励武预感大战即将来临，为摆脱孤军深入的不利局面，他向薛岳报告，请求退回峄县。薛岳不信，仍然命令 26 师继续前进。马励武无奈，只好召集部下会议，部署收缩阵地，以马家庄为中心，构成一个东西 25 公里的狭长防御阵地。以快速纵队的坦克往返巡逻，作机动增援部队。但是马励武内心依然是骄横自负，认为有快速纵队的优势装备，不怕共军的进攻。

第一快速纵队是国民党军中少有的机械化部队。1942 年抗战中期，蒋介石号召"知识青年从军"，在昆明组建国民党第一支坦克部队。一个营的官兵被送到印度的新德里，由美军顾问开办战车训练队进行正规化训练。然后配备美式坦克，成立坦克 1 营参加滇缅公路作战。三年间他们在与日本军队的作战中勇敢冲锋，从未打过败仗，受到美军顾问的称赞和尊重。抗战结束后，蒋介石用缴获的日军轻型坦克组建两个团，与坦克 1 营合并为第一快速纵队，任命其次子蒋纬国指挥。蒋纬国身份特殊，并不亲临前线，此时正在徐州。随同 26 师行动的快速纵队由步兵第 80 旅、炮兵第 5 团、坦克第 1 团 1 营、搜索营、工兵营、汽车团等部队组成。坦克 1 营有美式中型、轻型坦克 36 辆，士兵的军装、皮靴、用具都是完全美式装备，论技术、战斗力、速度都是国民党军中第一流的。因而快速纵队的官兵们都带着一股傲气，根本不把土里土气的解放军放在眼里。

马励武预料解放军会在 12 月 30 日、31 日左右发动进攻，命令各部摆好了架势，准备大打。谁知 3 天过去，到了 1947 年的元旦，一切都是静悄悄的，全无一点战争迹象。马励武松了一口气，认为几天之内可能不会有什么意外。于是元旦上午他在师部与同僚会餐，然后把部队交给副师长曹玉珩和参谋长，自己回峄县后方过年去了。1 月 2 日，他在峄县会见了 27 军军长李玉堂，同他交换了情况，晚上回到 26 师的后方司令部，照样吃喝一通，然后观看京剧《风波亭》。正看在兴头上，突然李玉堂打来紧急电话，劈头一句就是："前方打起来啦！"[1]

---

[1]《蒋军整 26 师马励武部峄枣被歼记》，《文史资料选辑》第 28 辑。

1947年1月2日22时，我军以绝对优势的兵力，从各个方向发起攻击。8师以主力22团进攻尚岩，这里是敌26师44旅一个营防守，工事比较坚固。村外有土围墙、鹿砦和突出地堡，围墙上有射击孔。村子里以独立房屋构成核心工事，可以交叉火力，节节抗击。22团3营战士从西南角连续三次爆破，炸开鹿砦，后续部队奋勇突破，占领突破口，与敌军展开巷战。敌军盘踞村东头工事顽抗，从马家庄方向开来几辆坦克增援。但是坦克在水沟边上不能前进，只能向村里打炮。我军不为所动，坚持攻击。村里的敌军终于顶不住，除少数逃跑，大部被歼。尚岩被8师占领。敌军坦克见势不妙，也掉头退回马家庄。

　　一纵从东面向卞庄进攻。在宿北战役中缴获的国民党军大炮，此时为我军发挥了作用。当时，敌军凭借一个小山丘的阵地顽强抵抗。一纵炮兵奉命射击。炮手墙龙是原69师士兵，宿北战役后刚刚被补入我军。他与观测兵配合，测得敌军阵地距离为3350米，他连放8发，发发命中敌军地堡。老战士们都为他的高超技术叫好，一纵很快拿下卞庄。其他各部队的进攻也十分猛烈，到3日清晨，鲁中10师攻占平山，9师占领石城崮，滨海警备旅占领石龙山，完全控制了北面的制高点，马家庄、傅山口之敌完全处于我军炮火控制之下。陶勇指挥1师勇猛穿插，攻克洪山、兰陵等村镇，切断了南面冯治安部与26师的联系。

　　马励武得知前方打起来后，马上用电话与马家庄师部联系。电话已被切断，于是他只好用报话机与曹副师长联络。3日早晨，马励武带领两个连乘上卡车，准备返回前线，路上遇见侦察部队说前方战事激烈，乘车极不安全。马励武只好返回峄县向薛岳报告，请求将26师、快速纵队撤回峄县。薛岳允许后，马励武用李玉堂的指挥系统同前方保持联络，命令26师残部在快速纵队掩护下向西撤退。

　　马励武原有撤退方案，万一战事不利，他让坦克在部队周围巡回作战，掩护部队乘卡车沿公路撤退。他把这种战术称为"肉泥战"，认为共军的血肉之躯总是抵挡不了钢铁的坦克，再加上天空中飞机掩护，撤退是能够成功的。

　　谁知4日天气骤变，雨雪交加，乌云密布。国民党空军的飞机无法出动，26师残部和快速纵队一早就开始夺路突围。我军从缴获的报话机中侦听到国民党军撤退的行动路线，粟裕命令各部队迅速出击，合围敌军。参谋人员看天气太坏，来问粟裕作战计划有无改变？粟裕说："不变！这是天老爷在帮我们的忙。雨雪交加，道路难行，会把重型装备陷在那里，敌人就更难逃脱了。"

鲁中军区部队接到命令，连早饭都没来得及吃，战士们抓起两块煎饼，扛着枪边吃边赶路。出了庄子，漫天大雾像伙房刚刚揭开蒸笼盖，白茫茫的什么也看不清。雨雪融化在地面上，到处是又黏又稠的泥浆。行军的队伍里只听到呼哧呼哧的喘气声，扑扑的脚步声。不时有人摔倒，滚上一身烂泥。队伍越走越快，很快来到大路上。等雾散开大家一看，真是前所未见的壮观场面啊！

此时，陶勇的 1 师已与北面右纵队鲁南 10 师的部队会合，占领了四马寨，堵住了敌军逃向峄县的道路。北面山野 8 师、9 师、滨海警备旅分别向马家庄、太子堂、陈家桥突击，南面华野 1 师主力向作字沟突击，东面一纵向马家鱼沟突击，将 26 师和快速纵队包围在作字沟到漏汁湖一块狭小的地域内。漏汁湖是南北八九里宽的一片洼地，水沟交叉，干旱时是平原，雨雪一泡，土地就像海绵一样泥泞松软，成了一片沼泽地。国民党军慌乱地向西突围，坦克、卡车、重炮拥挤在一起，谁都想抢先跑掉。他们等不及排成队伍沿公路开进，而是将坦克、卡车开进道路两侧的田野，成三路、四路平行开进。前边的卡车和坦克很快陷入泥沼，后边的被堵住，不断鸣着喇叭。步兵穿行卡车、坦克之间，拥挤不堪，国民党军完全陷入混乱。我军各部队如下山猛虎，呐喊着冲入敌阵，分割围歼 26 师和快速纵队。26 师副师长曹玉珩和参谋长带领 7 辆坦克冲在最前面，侥幸逃出重围。后面的坦克都陷入泥沼，任凭驾驶员加大马力，坦克吼叫挣扎，越陷越深。射击手们不断转动炮塔，向四周扫射，但坦克死角很大，我军战士迅速接近，与敌军短兵相接。有的用炸药包、手榴弹炸坦克，有的奋勇爬了上去，扯断通讯天线、折射镜，有的用铁镐又砸又敲，有的找到通气口将步枪伸进去射击。有的抱来高粱秆，点火烧坦克。里面的驾驶员受不了，只好爬出来投降。

一些明智的国民党军官，眼看无法逃脱，也无法抵抗，就下令部队停止抵抗，放下武器。其中有 26 师的副旅长丁子夫、团长王景星等。快速纵队 239 团团长陈维金下令吹集合号，率领全团放下武器。这些举动受到官兵的赞同，从而避免了人员的伤亡。经过 4 个小时的战斗，到 15 时，国民党军 26 师 44、169 旅全部，第一快速纵队战车营、工兵营、炮 5 团、运输团及 80 旅两个步兵团共 3 万多人被我军全歼，缴获坦克 24 辆和美式重炮数十门、卡车 200 多辆。鲁南战役第一阶段作战胜利结束。

硝烟散去，战场上一片胜利的欢乐景象。战士、民工在收缴战利品。我军记者看到"十余辆卡车牵引着野炮和榴弹炮，炮弹堆满到车篷帆布顶。吉普车装满各种子弹，也有数辆装载着大米和美国制造的罐头、饼干、糖果之类的。再向南瞭望，原野上好像布满了无数的黑点。向前走去，在广阔的7里多的路面上，都是敌人留下来的物资。在这些装运的卡车侧旁，有的写着汽车队的符号，有的用白漆写着'炮5团'的字样。一个刚解放过来的蒋军告诉我们：'卡车拉的重炮，这次战斗一炮也没打，就送到贵军手里了。'几个站在坦克前的八路军战士用幽默的语句议论着：'老蒋又把山炮、野炮、坦克送来了。'干部、战士们在分拣堆积如山的炮弹、子弹、军用物品，要把这些军火马上补充到各部队，用于下个阶段的作战。战士们看着炮弹作难，上面标的都是英文，不知道做什么用。干部中有懂一点英文的，派上了用场。他们把有"H"记号的穿甲弹和有"F"记号的燃烧弹分开放，然后根据炮的型号分配。这些刚送来的炮弹，没过几天，在攻打峄县、枣庄的战斗中又都打回到国民党军的头上。这对"运输队长"蒋介石真是绝妙的讽刺。

山野10师的战士们在泥塘边拖拉坦克。原蒋军驾驶员在坦克里面加大马力，坦克发出阵阵吼声。20多个战士在后面使劲推，但由于坦克陷得太深，怎么也开不动。战士们从村里扛来门板、高粱秆垫在底下，但沉重的坦克压碎了门板，又陷下去了。大家十分焦急，连长对团长说："拉坦克比打坦克还难。"团长灵机一动，派人找来会开汽车的俘虏，开过一辆中吉普。大家把坦克上的钢绳套在吉普车的挂钩上，吉普车、坦克同时开动，战士们在后面使劲推，终于把坦克从泥塘里拉了出来。这时，大家都欢呼起来[1]。

粟裕带着司令部的几位参谋来到战场视察，看到干部战士们在寒风中打扫战场。有的指挥俘虏兵开汽车，有的推拉大炮，有的在搜集武器弹药。不少同志站在泥泞中用冻僵的双手比画着向粟裕讲述打坦克、捉俘虏的经过，脸上显出自豪的笑容。接着，陈毅和张鼎丞、张云逸也来到战场，一些被俘的坦克兵说："我们在印度、缅甸打了3年，一直是向前冲的，美国人对我们也看得起，想不到今天会败得这样惨。"陈毅听了哈哈大笑，乘兴赋诗一首："快速纵队走如飞，印缅归来自鼓吹。鲁南泥泞行不得，坦克都成废铁堆。"他们来到一辆被缴获的坦克前，陈毅纵身登上，在炮塔顶上坐下，与同行人员合影留念[2]。

经过清理，上千名被俘的蒋军快速纵队坦克、卡车驾驶员被集合起来，

---

[1] 黄作军：《战斗在峄东前线》。
[2]《陈毅传》第353页，当代中国出版社1991年版。

排列成整齐的队伍。我军一位指挥员宣布：他们被作为"解放战士"加入我军行列。这位首长拍着几个司机的肩膀说："好好地在我军干吧！"这些"解放战士"深受感动，他们迅速跑向自己的车辆，把车发动起来。百余辆卡车拖着重炮，首尾相接地向后方缓缓开去。明亮的车灯把田野照得如同白昼，喇叭声响成一片。

深夜，当坦克开到临沂城的时候，全城的人都跑到北城门来

◎ 鲁南战役胜利后陈毅坐在缴获的坦克上

看热闹。有的人抢先爬上坦克，坐在炮筒上，有的抚摸左右两边的重机枪。想爬坦克的人争先恐后，驾驶员有点不耐烦，要大家向后退。马上有人高声喊道："过去进攻临沂的战车，现在成了保卫临沂的战车，为什么不叫我们好好看看它呢？"大家嬉笑着，围着坦克团团转，用手抚摸坦克的车轮和履带。一位拄拐杖的老人叹息道："哎，过去不相信报纸上登的消息，这次看到了事实，真是一点不错呀……"这天临沂好像在过正月十五花灯夜，到处洋溢着喜庆的气氛。我军后方兵站设宴招待加入我军的快速纵队驾驶员，领导干部亲切致辞："诸位在抗日战争的印缅战场上，曾有过光荣的功劳。可是蒋介石拉你们进行反人民反民主的内战，使你们变成牺牲品。这是一条危险与黑暗的路。但是你们今天来到人民军队中，为人民事业而奋斗，这是可喜可贺的。人民欢迎你们！"一位汽车驾驶员说："我们被俘过来，从未想到会有今天这样盛大的宴会来欢迎我们。现在知道我们过去受的毒害与欺骗太深，今后为了报答人民与长官对我们的热望，我要求长官能将快速纵队的人车组织起来，成为人民的快速纵队，让我们去服务，发挥我们的技术与能力，我们绝不推辞。"席间大家高举兰陵美酒，相互致意[1]。

鲁南战役第一阶段作战结束后，我军认真总结了歼灭国民党军快速纵队的经验。山野陈士榘参谋长在《快速纵队之歼灭》一文中写道："战斗的经过是这样的，机械摩托必须依靠步兵配合掩护，步兵又以机械摩托化为依

---

[1]《大众日报》1947年1月30日。

靠。结果愈深入解放区，步兵愈增加累赘，机械摩托化愈受限制。地形、道路、油路、供应、后方补给等均遭受我军民兵地武不断袭击破坏，甚至其处境比骑兵更糟。我们这次采取了集中优势力量，首先包围歼灭蒋军的步兵 26 师两个旅，来孤立包围快速纵队，再集中全部炮火来消灭快速纵队。蒋军所自恃的快速纵队，在我军严重的打击下，像水塘被爆炸的鱼一样，昏头乱窜，各自突围逃命，其在野外者则全部被我缴械。战斗中，该部炮兵第 5 团某营长当他自己的吉普车翻倒在沟里的时候，一辆牵引榴弹炮的十轮大卡车飞驶而来，路过道旁，车上装的弹药及人已满，他只得骑在炮筒上，把头缩在护板下逃命。结果同样被击伤，整车的人和炮一同被擒。美国的战车是不坏，蒋军以为我们没有可以抵击的武器，而不知蒋军早已送给我们美式火箭炮和战防炮、烧夷手榴弹等，以子之矛攻子之盾，非常有效。加上我战士们高度无敌的英勇精神，蒋军坦克亦同样无用武之地，经过了这次战斗之后，我们的战斗经验是更加丰富了。"[1] 另一篇题为《华东权威军事评论家评鲁南大捷》的文章说："战场事实指出，步兵乃战场皇后，步兵士气低落，战意不坚，指挥笨拙，其一切技术兵种，必转成累赘。反之，如步兵坚强，战意旺盛，技术高超，指挥巧妙，必能压倒一切，获得战场决定性之胜利。鲁南战役，更证实人民解放军与蒋家军之优劣。"

根据中央军委的指示，陈毅、粟裕决定指挥部队继续进攻峄县、枣庄、台儿庄等地，彻底歼灭 26 师和冯治安的 33 军。但是情况不如人意，敌军迅速收缩，做好了防御的准备。而我军的动作迟缓了一些，据陈毅 1 月 12 日给军委的报告中说："我们在 3 日晚即下了追击预先号令，准备于 4 日夜袭占台儿庄、峄县。但我各部在 4 日下午结束战斗后，陶（勇）师只有三个团主力，部队因情况不熟，和受 66 师掩护部队的钳制及各部队均有大批俘虏、胜利品所拖赘，迟迟不动。前后经严格督促，5 日晚才出动，至 6 日晚才开始向台儿庄、峄县攻击。敌已退缩布置就绪，又加无决心打，仅派出一个营作侦察性的攻击，故均未奏效，要求停止攻击。待后商量，我们建议占台机会已过，乃转令集结主力攻峄、枣。"[2] 为了更好地指挥作战，粟裕带领一个精干的前线指挥所，于 1 月 9 日拂晓到达峄县前线。

马励武在峄县县城里眼睁睁看着他的 26 师主力和快速纵队被我军消灭，

[1] 《大众日报》1947 年 1 月 15 日。
[2] 《中国人民解放军第三次国内革命战争史料选编》第 2 辑第 1 册。

用他自己的话说是"竟日废寝忘食，狼狈之情，实难笔述"。侥幸逃脱的副师长曹玉珩等带着少数残兵败将逃回峄县城里，伤兵们悲惨呼号，令守军官兵胆战心惊。城里一片混乱，马励武一面收容整理残部，一面向徐州的薛岳请示。马励武说明 26 师已失去战斗力，要求退往后方休整补充。但薛岳一口拒绝，命令他整理部队，坚守峄县。同时命令 51 师周毓英部固守枣庄，97 军固守临城，形成 3 个孤立据点。薛岳知道，如果他同意马励武撤退，让共军再次切断津浦线，蒋介石绝对不会饶恕。马励武没有办法，只好整理残部，增强工事，部署外围防御。在军事会议上痛哭流涕地声言要为死去的官兵报仇，要求部下战斗到最后一个人。大家面面相觑，谁也没有信心。因为当时峄县城中只有 51 师配属的一个团是完整的，加上 26 师所余人员，总共不到 1 万人，还有 7 辆坦克和 30 多门火炮，可以说大局已定，非死即俘，简直就是瓮中之鳖了。

按照陈毅、粟裕拟定的第二阶段作战部署，以山野 8 师、9 师、4 师 10 团和滨海警备旅进攻峄县；陶勇的 1 师北上进攻枣庄、齐村；叶飞的一纵摆在峄县西南的文峰山白山一线，阻击台儿庄出援之敌；山野 10 师位于临城、齐村之间，阻击临城出援之敌；另外派地方武装破坏公路、铁路，切断峄县、枣庄敌军的退路。我军布下天罗地网，决心以绝对优势兵力，全歼峄县、枣庄之敌。

8 师在何以祥师长、丁秋生政委带领下于 1 月 9 日到达峄县城外，担任主攻县城的任务。这是他们曾经战斗过的地方，地形是熟悉的。8 师首长到前线观察敌情，看到"峄城虽小，但很坚固，且地形对敌有利。城墙由大青砖砌成，顶部较宽，城外有护城河，城东有檀山要点，城南有南关屏障，城西有河流阻隔，城北地形开阔，宜守不宜攻。抗日战争时期，日伪就有设防，后又经蒋军经营，加强了工事"[1]。突击部队看得更详细，国民党军"以原有城墙壕沟和主要巷口加修地堡，城门外设有刺马，将坦克开到城门上配合守备，城周围设有鹿砦。外围有檀山、邵家楼等皆修成独立外围据点，工事较坚强"。

1 月 9 日夜里，我军首先扫荡峄县外围据点。经过一夜战斗，檀山、邵家楼等阵地先后被攻克，守敌部分被歼，其余逃入峄县城中。10 日白天，我军将前几天缴获的野炮、榴弹炮拉到城下，做好总攻前的准备。8 师的主攻方向是县城南门，黄昏时指挥部一声令下，我军的数十门重炮、山炮、迫击炮向城内猛轰。一个小时的炮火准备，将 1500 多发炮弹射向城中，浓密而沉重的爆炸声震天动地，城内国民党军的炮火被完全压制。我军的炮手有的

[1] 丁秋生：《峄县突破》，载《鲁南战役资料选》。

是刚解放过来的 26 师俘虏兵，在战斗中表现出高超的技术。王隆福参军只有 7 天，他用自己原来使用的榴弹炮向城中发射。只打了五发炮弹，就把城里的山炮打哑巴了。连长走过去问："怎么上次没见你们的炮响呢？"他说："你们运动得太快了，叫我们措手不及；你们又赶得紧，我们哪里有心开炮呢？再说我以前走错了路，是为卖国内战出力，现在是为争取和平出力啊。"他指着城里的一股火光说："那是 114 旅旅部，就是我这门炮打着的。"说完，他又俯下身，向城防工事猛烈开炮。马励武做梦也没想到，昔日的部属将炮弹准确地发射到他的头上。

炮火准备过后，18 时 8 师 22 团向峄县城南关发起突击。南门有宽阔的护城河，不能徒涉，唯一的通道是南门桥，敌军在桥上布满鹿砦和拒马等障碍物，城门两侧筑有地堡。城门紧闭，里面堵着装满泥土的麻袋。两辆轻型坦克开到城楼旁向下射击。22 团 3 连第一爆破组在火力掩护下将桥上的障碍物炸开，第二组乘着浓烟迅速冲上前去爆破城门。因炸药包只有 20 斤重，只将城门炸开一个小洞。第三组再冲上去，用 40 斤炸药将城门炸开，突击班借烟雾掩护迅速突入。敌军在我方强大火力压制下慌乱后退，突击班冲上城墙，消灭顽抗的敌人，迫使正在射击的坦克投降。这时，城里敌军的炮火向南门轰击，突击班 6 人被炸伤，但在班长鼓舞下坚持战斗，掩护突击连进城。我军后续部队涌入城内，与敌军展开巷战[1]。

此时，马励武在位于城南天主堂的 26 师师部负隅顽抗。当我军扫清外围时，马励武不断向徐州的薛岳和临城的李玉堂求救，要他们火速派部队增援，派飞机空投弹药。然而徐州方向并没有派飞机来，李玉堂的参谋长在报话机里对马励武说："请老兄忍耐点守着，上边有办法的。"马励武吼道："上边有办法，必须乘我前方有办法时，办法才能用得上。如果我这里没办法了，上边纵有办法亦无法挽救了。"那边除了说空话安慰，没有一点儿具体行动。国民党军在危急时刻只求自保，不顾他人危亡的恶劣做法，再次暴露无遗。这时，北门也被我军突破，南北夹击，峄县城内蒋军陷入混乱。天主堂的房顶被炮弹打穿几个大窟窿，马励武带着随从仓皇逃命，想从北门突围。我军战士冲进 26 师师部，缴获了马励武的作战地图、望远镜、照相机、与蒋介石的合影、信件、日记等。到 1 月 11 日凌晨 1 时，战斗已接近结束，士气低落的 26 师残敌纷纷投降，被押出城外。马励武早已脱掉中将军装，换上士兵的

[1]《中国人民解放军第22军解放战争史》，1952年初稿。

棉衣，想混杂在俘虏中出城。他悄声对身边的随从说："不要吭气，等有机会再逃出去。"天亮了，马励武再也无法隐藏，只得坦白身份，束手就擒。至此，国民党整编26师被全部歼灭，几天前逃入峄县城中的7辆坦克也被我军缴获。

毛泽东关注鲁南战役的顺利进展，又在考虑今后作战的问题。1月11日，他指示陈、粟、谭等："为了准备举行新的大歼灭战，在峄枣战役结束后，山野、华野全军须休整两三个星期，将大批俘虏兵及新兵补进部队，使主力团达到二千至二千五百人，次等团达到一千五百至二千人，共补充五十个团左右，并加训练。此事对今后作战甚关重要，你们意见如何，盼告。"

峄县战斗刚刚结束，8师的战士们正押解着缴获的坦克出城，粟裕就赶到南门，现场考察，总结经验。华野部队作战使用爆破不多，所以攻坚比较吃力。8师战士中有不少是枣庄煤矿工人，擅长爆破。粟裕很有兴趣地向他们询问爆破经验，干部、战士们向粟裕介绍：选几块炸药，插上雷管用力捆好，导火索捆在一侧。将炸药包扎在木架上，对地堡、铁丝网、鹿砦、房屋等目标进行爆破。一般的炸药包重20斤，太重不便搬运。如炸坚固工事，可先用一包炸洞，再将两包塞进洞内爆破。这样就能做到无坚不摧。粟裕听了非常高兴，立即将这些经验通报陶勇和其他华野部队。

陶勇的1师攻击枣庄的战斗，进行得并不顺利。1月6日1师完成歼灭快速纵队的战斗任务后，乘胜向台儿庄方向推进。但是冯治安的部队非常滑头，迅速收缩到运河南岸，凭借防御工事固守，与我军形成对峙状态。9日下午，粟裕来到1师师部，与陶勇等研究敌情后，决定改变计划，掉头向枣庄运动，消灭国民党第51师。

51师原系东北军，为蒋介石收编，属杂牌部队。装备不如26师，新兵多，战斗力一般。师长周毓英得知26师和快速纵队被歼灭后，知道以51师的力量是不可能守住枣庄的，几次要求撤退，都被薛岳拒绝。周毓英没有办法，只好在枣庄加强工事，等待援兵到来。他把核心工事建在中兴公司，利用钢骨水泥的建筑物构筑工事，工事周围有宽阔的壕沟、铁丝网、鹿砦等障碍物。在核心工事外围建立独立的支撑点，支撑点周围设立若干小据点，形成火力的相互联系和策应。如果我军进攻，必须先打掉外围支撑点。不打掉外围据点，就无法展开部队进攻核心工事。打外围必然要耗费很多时间和力量，不能集中优势兵力突击歼灭敌人。

1月10日夜里下起大雪，1师连夜行军到达枣庄外围。上级要求的时间很紧，来不及准备攻城和爆破的器材。侦察干部报告的情况也很简单。他们汇报的许多地名陶勇的地图上都找不到。用1师干部的话说，是"整个的情况糊涂，地形也不清楚，真是瞎子摸泥鳅，大家碰运气"。然而大家因为几天前的胜利，不把敌人放在眼里。连队开会研究攻击战术，有的干部说，要开什么会，我们拿上去打就是了。随即仓促投入战斗，三个旅打了一夜，除1旅攻占大兵营，2旅、3旅的攻击均未得手[1]。

以后的3天中，1师发起多次进攻，但51师依靠坚固工事顽抗，我军的进攻一次又一次失利，消耗了1师的力量。陶勇在苏中以善战出名，但华野部队不善于攻坚的弱点这时暴露出来了。与此同时，叶飞的一纵在14日顺利攻克枣庄附近的齐村，消灭了51师的113旅。一纵1旅在战斗中进行连续爆破，先炸开大围子的石墙，炸毁东南角的大碉堡，随后又炸毁东门楼。青年战士杨根思（抗美援朝战争中的特级战斗英雄）大显身手，每炸必成，一个人就抓了100多个俘虏。粟裕见1师进展不顺，14日下午来到陶勇的指挥部，命令暂时停止行动。

粟裕打电话征求叶飞的意见，叶飞主张坚决攻下枣庄，并表示可以调一纵部队配合1师攻坚。叶飞告诉陶勇：他们打下齐村靠的就是爆破，这是攻坚战斗的关键。粟裕见一纵和1师态度积极，很高兴，决定将善于攻坚的8师调一个团来，集中16个团的优势兵力，坚决拿下枣庄[2]。

这次我军做了充分的战前准备，观察地形，准备爆破器材，分配任务；战士们恢复了体力，士气高昂。我军两次派人送信给周毓英，敦促51师放下武器，但被置之不理。17日黄昏，我军再次发起进攻。一纵4团炸毁东南角地堡，打开缺口，占领天主堂制高点。1师攻占北大井，敌军外围工事被我军摧毁，残敌逃入中兴公司的核心工事。19日晚，我军发起最后的总攻。炮兵进行炮火准备，将中兴公司方圆十余里的蒋军阵地打得天翻地覆，一片火海。51师仅有的几门炮被完全压制，无力还击，蒋军纷纷逃进地下工事躲避。一纵部队从枣庄老市区突入，连续爆破炸开大围子，与国民党军展开巷战。8师23团爆破未成功，从一纵突破口投入战斗。1师炸开大围子西门，向中兴公司大楼冲击。51师官兵顽抗多日，已经打到筋疲力尽的地步，又不见援兵，士气低落，纷纷投降。1师的宣教股长徐一丰率先冲进大楼，挥动手枪喝令

---

[1] 《第1师第3旅枣庄战斗总结》。

[2] 《叶飞回忆录》第405页，解放军出版社1988年版。

蒋军投降。他一把抓住一个军官问："你们师长在哪里？"那个军官面色苍白，领着我军战士进至51师师部的防空洞内，51师师长周毓英、副师长韩世儒、参谋长李献忠等所有师部人员都放下武器，当了俘虏。

1947年1月20日中午，随着枣庄被我军攻克，鲁南战役胜利结束。在18天的战斗中，我军共歼灭国民党军两个整编师、一个快速纵队，共53000余人，其中俘虏17000余人。缴获坦克24辆、汽车470辆、各种火炮200余门。收复了峄县、枣庄及其以东地区，粉碎了敌人会攻临沂、消灭华东我军主力的计划。

战役结束后，陈毅在临沂的指挥部接见了被俘的马励武、周毓英。陈毅热情地对马说："我们从此开始是朋友了。"陈毅与马励武谈了两个小时，从国内局势谈到鲁南战役，最后勉励马今后多为中国人民和平民主事业努力。马励武感动地说："陈军长待人和气，见面才知道，若早给我一封信就更好了。"并表示今后愿意留在解放区参观学习。周毓英见到陈毅，对八路军、新四军不仅保障他们的生命安全，而且在生活上给予优待，表示极为感谢。陈毅诚恳地说："希望经过此次见面，诸位能明了和平民主的真谛，从蒋介石的独裁欺骗下觉悟过来。"51师参谋长请求与家庭通信报平安，陈毅当即许诺，并派车送他们到后方休息。我军优待俘虏的政策使这些国民党将领深受感动，纷纷表示今后不愿再打内战。

粟裕大将评价鲁南战役写道："这次战役，创造了解放战争以来华东我军在一次战役中歼敌5万余人的新纪录。特别是干脆、彻底、迅速歼灭了全副美械装备的敌主力师和机械化部队，对国民党反动派及其军队是个极其沉重的打击，对华东以至全国人民是个很大的鼓舞。宿北、鲁南两个战役的胜利，使我军实现了自己的战略意图，夺取了战场的主动权。""鲁南战役和宿北战役的胜利，对华东我军的建设，亦有其特殊的意义。一方面，那时随着战局的发展，华中部队由苏北转到鲁南，再由鲁南转到鲁中，指战员思想问题较多。宿北、鲁南两战役全胜，使部队顺利地实现了思想转弯，进一步坚定了战胜国民党军队的信心。另一方面，我军由分散作战到集中作战，由打小仗到打大仗，既打敌人步兵又打敌机械化部队，既擅长野战又能城市攻坚，从战争中学习战争，全面提高了部队的战斗力。特别是使山东和华中两野战军在作战思想、指挥关系和组织编制等方面实现了统一，为以后扩大胜利、进行更大规模的运动战和歼灭战奠定了基础。"[1]

---

[1]《粟裕战争回忆录》第450页，解放军出版社1988年版。

第8章
莱芜大战

陈诚部署"鲁南会战"——毛泽东指示诱敌深入——华野北线作战方针的确立——主动放弃临沂——王耀武的疑虑——华野主力北上莱芜——王耀武几次变更部署——和庄歼灭 77 师——拖住李仙洲集团——吐丝口攻坚战——全歼李仙洲集团——蒋介石大骂王耀武——运动战的胜利

宿北、鲁南战役后,国民党军虽然遭受沉重打击,但在苏中、淮北方面,由于我华中野战军主力北上,华中分局及后方机关也撤退到临沂地区。国民党军在遇到我军顽强抵抗后,占领我军主动撤离的涟水、盐城等地和比较富庶的苏皖解放区。国民党统帅部认为,虽然他们损失了几个师的部队,但占领了苏北的大片土地,并把共军主力挤到山东境内,这是战略上的胜利。参谋总长陈诚当时在一个指令中说:"国军部队虽略受损失,但就全盘战局而言,实属莫大之成功。"并判断"共军大势已去",经过宿北、鲁南连续作战,共军伤亡损失一定很大。而且部队刚刚集中到鲁南,有不少是地方武装,战斗力不强。临沂是山东解放区首府,共军必然全力死守。根据这些判断,蒋介石、陈诚制订了"鲁南会战计划"。集中重兵,迫使我军在临沂地区与其决战。

蒋介石对薛岳的指挥不放心,派陈诚亲临徐州以北的新安镇调兵遣将。国民党军的部署是:以整编 19 军军长欧震指挥第 11、25、59、64、65、74、83 七个整编师和 7 军共 20 个旅,组成南线突击集团,自台儿庄至城头一线,分三路北上临沂。中路以 74、83 两个主力师从郯城北上为主攻,由 83 师师长李天霞统一指挥。左路 11、59、64 师由 11 师师长胡琏指挥，右路 25、65 师由 25 师师长黄百韬指挥，为辅助攻击部队。北线以第二绥靖区副司令长官李仙洲指挥第 12、46、73 三个军（未整编）共 9 个师，由胶济路的明水、张店一线南下，乘虚袭击我后方莱芜、新泰、蒙阴地区，实行南北夹攻。同时从陇海线抽调王敬久集团集结于鲁西南地区，阻止刘伯承、邓小平的晋冀鲁豫解放军东援。陈诚认为这个部署是十分稳妥的，他亲自督阵，声称："党国成败，全看鲁南一役；只许成功，不许失败！"[1]

陈毅、粟裕、谭震林等获悉国民党军即将大举进攻的消息，于 1947 年 1 月 26 日赶到鲁南前线的原华中野战军司令部。他们研究了敌情，当天电告中央军委："我们可以集结 50 个团在鲁南决战，——我正商决先打敌右翼 25、65 两师，再引诱 74 师、11 师北进再行歼灭。" 27 日毛泽东复电："先打右翼较弱之敌很好。""总以多打弱敌，孤立强敌为原则。"

毛泽东又考虑了一天，觉得目前形势尚不明朗，作战行动不必操之过急。28 日指示陈、粟、谭："如果陈诚之进攻确将于二月上旬或中旬举行，我军似以待其进攻再打为有利：一可使我军获得充分休整时间；二可打敌立足未稳；三可连续作战歼灭多数之敌。但如敌进攻时间推至二月底或三月初，则我军自不宜等候太久。"[2]

到 31 日，毛泽东对鲁南决战的战略考虑基本成熟，他打电报给陈、饶、粟、谭："蒋介石企图于 3 月莫斯科三国外长会议以前击败我军。据南京消息，蒋军日内即将进攻，似此甚有利于我在野战中大量歼敌。我军方针似宜诱敌深入，不但不先打陇海路，即敌进至郯（城）马（头）地区是否就打亦值得考虑，似宜待其进至郯马以北发起全力歼击，可连续打数个大歼灭战，使自己处于完全主动地位，丝毫不陷于被动（如打得太早即有打成胶着陷于被动可能）。究应如何，望按实情决定。此外，后方机关须迁至安全地点，临沂须准备万一失去。许世友、王建安野战军须立即组成，开至胶济路南待机歼敌，以对付蒋方南北夹击之计。总之，此次蒋军孤注一掷，我军必须有全盘计划，准备以连续作战歼灭其十个旅左右，便可彻底打破其进攻，而这是完全有把握的。"[3]

毛泽东制定了诱敌深入的战略方针，甚至不惜放弃临沂，显示了极大的气魄，也给了陈毅等指挥员充分的机动空间。国民党统帅部以攻城略地为胜

---

[1]《中国人民解放军第三野战军战史》第 94 页，解放军出版社 1996 年版。
[2]《毛泽东军事文集》第 3 卷第 643 页，军事科学出版社 1993 年版。
[3]《毛泽东军事文集》第 3 卷第 649 页，军事科学出版社 1993 年版。

利标志,而我军则以消灭敌军有生力量为根本目标,这是两种完全不同的观念,也是决定战争胜负的一个基本因素。

1947年1月31日,参谋总长陈诚亲自到新安镇,指挥南线三路大军同时向北发起进攻。同时命令济南的王耀武指挥北线国民党军南下。起初,华东野战军领导人把主要作战方向放在南线,准备乘鲁南战役胜利的气势,消灭三路国民党军的一路。粟裕回忆:"2月3日,我们向各部队下达了作战预备命令,拟订了在临沂及其以南地区作战的三个方案。第一方案,如果敌右路前进较快,即首先集中兵力歼灭整编25师及整编65师于郯城以东,东海(今海州)以西地区。这一路敌人的战斗力较弱,侧翼暴露,易于歼灭。第二方案,如敌左路前进较快,则首先集中兵力歼灭整编第11师于沂河以西的苍山地区。这一路敌人侧翼虽不暴露,但比较薄弱一些,容易打。第三方案,如敌左右两路均前进迟缓,而中路突出时,即首先集中兵力歼灭整编74师于沂河、沭河之间,郯城以北地区,这一路敌人战斗力较强,两翼又有掩护,不易被歼。"为此,粟裕命令第三纵队坚决抗击中路的敌军,目的是想让南线国民党军两翼突出,使我军找到歼敌机会。

但是国民党军也很狡猾,他们坚持齐头并进,并且越来越靠拢,不给我军可乘之机。陈诚估计我军必定坚守临沂,他要等待北线的王耀武部队南下,时机成熟再行决战。

敌军步步进逼,而我军没有机会,形势使我方变得被动起来。陈毅、粟裕又在研究新的对策。2月4日,毛泽东的电报指示他们诱敌深入,"准备于必要时放弃临沂"。这就使华东我军放开了手脚,陈毅受到启发,向粟裕提出了一个重要的设想:既然南线敌人重兵密集,战机难寻,而北线敌人孤军深入,威胁我后方,我们不如改变原定作战方针,置南线敌重兵集团于不顾,而以主力北上,以绝对优势兵力,歼灭北线之敌。陈毅要粟裕认真考虑一下,拿出具体的行动计划来[1]。

粟裕对形势进行了全面的估价,他认为:"敌在沂河以东,沭河以西宽约三四十里的正面,即摆上了二十多个团的兵力,整个南线有五十多个团。我亦集中五六十个团,在此情况下与敌决战,尚无把握。固然临沂不能轻易放弃,但根据目前情况,在整个敌我力量对比及人力、物力诸条件下,还不能采取死守方针。同时在敌人兵力未消耗到一定程度前,不应过早进行决战。

[1]《粟裕战争回忆录》第461页,解放军出版社1988年版。

可是敌人却认为我非在临沂决战不可，因此敌人在战略指导上犯了'攻其必争之地'的教条。"

"在南线，敌人很谨慎，不敢大踏步前进。而北线之敌却威胁到我们的后方。我们虽无重工业，但二十多万人的部队如果没有一个后方，部队给养便无处供应，伤兵医院便无处安插，因此必须毫不犹豫地大踏步北上，首先解除敌人对我后方之威胁。"[1]

陈毅、谭震林同意粟裕的分析，他们拟订了三个作战方案，于2月5日上报军委："第一，即以韦（国清）纵队进攻白塔埠附近之郝部，威胁海州，以吸引25师之东援，或74、83及11师等部之北进，而后集中全力首先歼灭其好打的一路，再歼灭其第二路。第二，如执行第一方案仍未能吸引敌人前进，则除以一个纵队住于临沂以南监视敌人外，主力均集结至临沂以北地区休整，以待敌之北进，再选歼灭机会。第三，如南线敌仍不北进，或北进时不便歼灭，则除以一个纵队留临沂地区与敌纠缠外，其余主力急行北上，彻底解决北线敌人。"次日毛泽东回电："完全同意5日来电第三方案，这可使我完全立于主动地位，使蒋介石完全陷于被动。""一星期至十天内，全军在原地整训，对外装作打南面模样，待敌12军占领莱芜，73军及46师占领新泰、博山之线，然后秘密移动全军（缺一个纵队）首先歼灭73军、12军及46师，然后攻占胶济全线。"[2]

陈、粟、谭下定决心集中兵力先打北线之敌。他们于2月11日电告中央军委："我们决心集中叶（飞）、王（必成）、陶（勇）、成（钧）各纵队及王建安、许世友、宋时轮等部共五十三个团，拟首先集中全力解决73军及南北师庄12军之一个师，而后再转移兵力解决进占新泰之46师，及向胶济线进攻，以彻底解决北线问题。"对于南线敌军，拟"稍为阻滞敌人进占临沂之行动，决由陈士榘率指挥所留临沂附近，指挥韦（国清）纵及三纵（鲁南8师及警旅六个团）于临沂附近，必要时可再抽一部参加歼灭进占新泰之46师"。

总部一声令下，华东野战军主力四个纵队开始秘密向北运动，鲁中、渤海、胶东三个纵队也向莱芜方向集结，准备在北线打仗。第二、第三纵队在陈士榘参谋长指挥下，伪装华东野战军全军，在临沂以南实行宽正面防御。为了迷惑敌人，我军公开在沂河和临沂至卞庄的公路旁大挖工事，显出决战

---

[1] 粟裕：《莱芜战役初步总结》，《粟裕文选》第2卷第265页，军事科学出版社2004年版。
[2] 《毛泽东军事文集》第3卷第658页，军事科学出版社1993年版。

的样子。鲁南地方武装伪装成主力部队，到处找房子，征粮草，在运河上架桥，并派一部攻打兖州。这些迹象使国民党情报部门误认为我军要死守临沂，守不住就向西转移，从而作出错误的判断。

为了迟滞南线国民党军进攻，保证主力部队赶到北线投入战斗，陈士榘认真部署保卫临沂的战斗。由鲁南军区特务团在临沂以北地区担任正面抗击任务，三纵8师、二纵5师在临蒙公路两侧配合。2月13日，南线三路国民党军开始进犯临沂。中路的83、74师担任主攻。

与宿北、鲁南战役不同，国民党军这次进攻相当谨慎，力求扬长避短。他们特别注重侦察，情况不明决不轻易冒进，每天只前进十余里。第一批前进，第二批就在后面修工事。下午第一批又后退集结宿营，与后面梯队靠拢。就这样逐步增加兵力，逐步推进，免遭我军围歼。在攻击中，国民党军一般不做正面强攻，而是依靠强大炮火向我军猛轰，其部队从两侧包抄。或是拂晓前利用沟渠隐蔽地形向前方运动，黎明时展开攻击。进攻时至少展开一个营的兵力，后面有大部队跟随，避免孤军突出。这样的作战必然推进速度很慢，正适合我军迟滞敌军，消耗时间的要求。

2月12日，国民党74、83师以18辆坦克和大量炮火支援下，向我三纵8师的李家庄、八里屯一线发起进攻。我军顽强抵抗，以各团轮番作战的方式，使部队不致过于疲劳，得到适时休整，保持旺盛的斗志。原来我军只在正面修筑工事，针对敌军的迂回进攻，我军及时赶修两侧工事，并将正面工事修成有纵深的几道工事，加强了防御能力。在战斗中注意利用村前的开阔地，充分发扬火力，杀伤敌军。当敌军进行炮击时，我军就隐蔽起来，或利用交通沟退到二线，减少其炮火效用。当敌军接近时，我军用短促火力向其猛烈射击。在明显的地形上，我军做些假工事，派少数人虚张声势，吸引消耗敌军炮火，使敌人以为我军兵力众多，不敢放手进攻。12日的战斗打了整整一天，我军在给予敌军重大杀伤后，夜里主动向后转移。这样且战且退，到14日，临沂我方人员已全部转移，临沂已是一座空城。二纵、三纵完成阻击任务，撤至临沂以北的高里地区[1]。

2月15日上午10时，李天霞、张灵甫指挥83、74师进入空空荡荡的临沂城。国民党方面欣喜若狂，鼓吹"临沂大捷"，认为其"鲁南会战"取得了决定性的胜利。国民党方面发布的消息说："王耀武一手培养的五虎将之

[1]《中国人民解放军第22军解放战争战史》，1952年初稿。

二的李天霞、张灵甫两师所部劲旅，于15日上午10时已正式收复临沂城。按临沂为中共第二支强大部队新四军之根据地，亦为中共华东局、山东省政府与山东军区所在地。亦即大江以北、大河以南中共之军事政治中心。其对中共之重要性，仅次于延安而超过东北之佳木斯。亦即无异华东之延安。""陈毅率残部分三路向沂蒙山区溃逃，一路由蒙阴奔泗水，一路由梁丘投邹县，一路由费县亦趋泗水。其企图，或将在鲁南山区稍事休整，再越津浦路西窜。因沂蒙山区北麓已有王耀武兵团坚拒，北去实不可能也。陈毅所率之新四军，据官方估计，其损失总数已有16个旅，7个纵队，约当总兵力三分之二。"[1]

陈诚被"临沂大捷"的喜报冲昏了头脑，他一面命令南线部队继续北进，一面命令王耀武的部队从北线配合往南压，企图将陈毅的部队压缩包围在沂蒙山区，彻底消灭。王耀武毕竟还冷静些，他不相信共军会被如此轻易地消灭掉。早在1月份陈诚调集兵力准备进攻临沂时，就催王耀武派部队南下配合。要他迅速调集3个军的兵力，南下钳制并吸引共军，并限其2月8日以前占领新泰。王耀武很不情愿，因为他手头的部队本来不多。守济南、青岛，看住胶济线和津浦线就够困难了。他复电陈诚，表示山东军队不多，南进孤军深入，补给线长，危险性大。主力部队抽调南下，淄博和胶济线无法确保。陈诚见王耀武不肯从命，于2月1日以蒋介石的名义电告王耀武："此次鲁南战役，有关国共两党之存败。如鲁南失败，山东亦不可独存。"要他下定决心，顾全大局[2]。

王耀武还是犹豫不决，他让参谋拿着南京国防部的作战计划去找国民党山东省党部主任庞镜塘征求意见。庞是山东人，对山东地形比较熟悉。他指出："从山东地区的战争历史来看，自北向南作战有三条路：一是由临朐南出穆陵关遥控沂蒙山区；一是沿泰山、徂徕山一线南进兖州、沂南地区；一是取道吐丝口出泰山东侧直下莱芜、新泰。前两条道路是居高临下之势，可操胜算；后一条道路则兵出峡谷，处于被动。如果孤军深入，易于腹背受敌，等于自己投进对方口袋，首尾不能相顾。而国防部采用的正是最后这条路线，表面上看来最近便，实际是下策。在对共军情况不十分了解的情况下，万不可轻易采用。"王耀武对庞的意见表示重视，并转达给陈诚[3]。

刚愎自用的陈诚，听不进王耀武的意见，在占领临沂后即致电王耀武："我

[1] 《申报》1947年2月16日。
[2] 《莱芜战役前后敌情综合介绍》，见《华东军区第三野战军第三次国内革命战争史资料选编》。
[3] 庞镜塘：《关于莱芜蒋军被歼记一稿的补充材料》，《文史资料选辑》第23辑。

军在苏北和鲁南与敌作战，歼敌甚众。敌军心涣散，粮弹缺乏，已无力与我主力部队作战。陈毅已率其主力放弃临沂，向北逃窜，有过黄河避战的企图。务须增强黄河防务，勿使其窜过黄河以北，俾便在黄河以南的地区歼灭之。"陈诚求得蒋介石的同意，向王耀武下达了更明确的指令："着该司令官派一个军进驻莱芜，一个军进驻新泰诱敌来攻，勿使其继续北窜。待我守军将敌吸引住以后，再以部队迅速增援，内外夹击而歼灭之。"

王耀武根据同共军作战的体验，仍不相信陈毅的军队已被击溃。他建议不要分兵南下，而是把12军摆在博山、莱芜之间，把守既设阵地，与博山的73军相配合，等待共军来攻。但是蒋介石、陈诚都不同意王耀武这种保守的战术，2月13日，蒋介石以亲笔信催促王耀武派部队进驻莱芜、新泰，口气坚决，无商量余地。王耀武只能执行蒋的命令，派第二绥靖区副司令李仙洲为前线指挥官，到博山调遣部队南下[1]。

李仙洲，山东长清人，黄埔一期毕业。参加过北伐战争，一直打到济南。当时正值日军制造"济南惨案"，屠杀中国同胞，李仙洲激昂请战，被蒋介石阻止。蒋介石赏识其为人正直，让他去改造旧军阀的军队。李仙洲任21师师长，将这支杂牌部队改造为蒋军嫡系部队。抗战期间，他参加居庸关、忻口会战，在战斗中身负重伤，仍鼓励部下坚守阵地，受到蒋介石嘉奖，晋升为92军军长。抗战后期，李仙洲部驻军淮北、鲁南，经常与八路军、新四军摩擦，遭受我军沉重打击。抗战结束后，李仙洲的部队被整编，番号取消，他被任命为第二绥靖区副司令，位于比他资历轻的王耀武之下。李仙洲手中没有自己的老部队，实际上被架空，挂名而已。

2月12日，李仙洲到达博山指挥部，指挥12、73、46三个军向南进攻。这三个军未经整编，实力相当于南线的国民党军整编师，但从战斗力和装备说，除了韩浚的73军是王耀武的基本部队，稍强一些，其余两个军都属一般。韩浚与李仙洲同为黄埔一期生，但毕业后就再没共过事。12军军长霍守义、46军军长韩练成则根本不认识。李仙洲说："在国民党的军队中，首先讲历史的关系及个人感情，已养成一种习惯。"这些生疏的部队，他是指挥不动的，只听王耀武遥控。

按照预定计划，12军应该走在最前面。王耀武命令12军军长霍守义进占莱芜县城，掩护南下部队的集中，并侦察情况随时报告。但霍守义老

[1] 王耀武：《莱芜蒋军被歼记》，见《文史资料选辑》第8辑。

奸巨猾，不肯拿自己的部队去冒险。2月15日，12军慢吞吞地到达吐丝口镇以南、莱芜城以北的孝义集，就不敢再向前进。此时莱芜已是一座空城，连老百姓都隐蔽起来。霍守义侦察确实后，才派人进占莱芜，并向王耀武报功。李仙洲对霍守义行动迟缓十分不满，向王耀武告状。王耀武也认为霍守义不得力，16日下令驻博山的73军与12军对调，将12军的新36师留在吐丝口。新36师是王耀武刚组建起来拨给12军的，不是霍守义的基本部队，所以霍也没有意见，动作迅速地撤至博山。73军军长韩浚与李仙洲的司令部一起南下。这次是韩练成的46军走在前面，16日由博山出发，当天到达颜庄。沿途所见村庄是坚壁清野，人烟罕见，没发现解放军的部队。于是46军又前进到新泰，在县城安营扎寨，构筑工事。73军则沿着46军行进的路线，于18日到达颜庄。国民党大军五六万人，在丘陵间的狭窄公路上缓慢行动，每天的给养就要200吨，需要几百辆卡车输送。12军在后边担负保障，队伍拉得老长。

这时，华东野战军主力正在向莱芜地区行进。鲁南的第一、四、六、七纵队隐蔽北上，预定16日前在莱芜西南、蒙阴东北地区集结。北线的第八、九、十纵队分别到莱芜以西、新泰东北集结。各部队的具体任务，待进一步查明敌情后再定。广大指战员在没有充分时间准备的情况下，克服种种困难，冒着雨雪严寒，昼伏夜行，翻山越岭，在道路崎岖的鲁中山区行军。各部队边走边布置、边动员、边准备，并进行政治思想教育。为了隐蔽战略意图，对下级指战员没有明确说是到莱芜打大仗。

在大军北上过程中，山东老区人民给予大力支援，表现出高度的觉悟和革命热情。原来集中在临沂的几十万民工支前队伍，掉转头来，运送大量作战物资随军北上。他们风餐露宿，跋山涉水，肩挑担子，赶着毛驴，推着独轮小车，将粮草、弹药及时输送到前线。鲁中军区的老百姓在国民党军南下时，到处坚壁清野，不给敌人留下一粮一柴，并到处埋雷破路，使敌军陷于困境。当我军主力到达时，当地老百姓积极配合，为我军站岗放哨，反奸防特，封锁消息。日夜赶制煎饼，筹集粮食。人民群众的全力支持，不仅使我军北上部队的后勤供应得到保证，而且极大鼓舞了部队的士气。

2月15日，华野总部根据掌握的敌情，向各纵队下达作战预备命令：以第一、第六纵队为左路，进攻莱芜、吐丝口镇；以第四、第七纵队为中路，进攻颜庄；以第八、第九纵队为右路，进攻和庄的193师。命令十纵抢占口镇以北的锦阳关，切断李仙洲集团的北逃退路。

国民党军南线集团占领临沂后，陈诚命令王耀武催促北线部队迅速南下，对共军形成合围夹击。王耀武凭多年经验，认为共军主力并未消灭，有转移作战方向的可能。他派出飞机四处侦察，果然发现地面上有大部队移动的迹象。这时，46军发现颜庄两侧亦有共军活动。李仙洲电告王耀武，认为北上部队确系共军主力。他判断：鲁南始终未有决战之征候，鲁中是共军良好的根据地，共军绝不会放弃。

李仙洲的意见与王耀武一致，2月16日凌晨，王耀武电令46军撤出新泰回颜庄，李仙洲的指挥部和73军从颜庄撤至莱芜。命令下达后，46、73军官兵都不满意。他们相信蒋介石和陈诚的吹牛，认为在南北夹击的有利形势下，还没与共军接触就后撤，太没面子，有损士气。陈诚闻讯大为恼火，责问王耀武："为何不得命令，擅自后撤！"并说共军是"已围之师，无足顾虑"。命令北线部队恢复原来的部署。46、73军刚开始行动，王耀武的电报又来了，按照原定位置不动。国民党军官都很高兴，趾高气扬地说："除非新四军不来，如果敢来，非叫他吃苦头不可。"[1]

敌情的变化给我军的行动带来麻烦。粟裕回忆："在敌人突然后撤的情况下，当时很使我们许多同志担心，因为我们部队尚未到齐，有的兵团首长要求以右路军切断敌人退路，左路军向莱芜挺进，即使不能将敌人全部歼灭，也可以吃掉它的尾巴。这个意见幸亏我们没有同意，否则部队一伸出去，这五万多敌人就很难消灭。"[2]陈毅、粟裕等坚持既定决心，令部队继续隐蔽开进。在主力未集结前，暂不惊动敌人。

2月17日，46军返回新泰，73军主力返回颜庄。敌军的犹豫徘徊，重新南下，说明我军作战意图尚未暴露。粟裕根据各部队到达的位置，对作战任务做了调整。规定于19日发起进攻。因各部行军疲劳，准备未周，又决定延至20日攻击。

到2月19日，我军各部队已秘密接近莱芜两侧，即将完成战役包围。国民党方面发现我一纵1师已在莱芜以西等了3天，同时发现我右路军在鲁村集结，有几个逃跑的俘虏兵回去告密，王耀武、李仙洲才判明我军真实意图。国民党的战史陈述：华东野战军"主力作战略转移，经由临沂、蒙阴、新泰、

---

[1] 李仙洲：《莱芜战役蒋军被歼始末》，见《文史资料选辑》第28辑。

[2] 粟裕：《莱芜战役初步总结》，《粟裕文选》第2卷第268页，军事科学出版社2004年版。

莱芜道东西山区小径，昼伏夜行，秘密前进。我空军既无法搜索，地面情报也不易侦知，一时竟不知匪军主力所在。及至判明其企图与行动时，我南进兵团已被个别包围于古马陵道中。"[1]

王耀武判断共军有集中兵力先消灭73军，再消灭46军的企图，采取紧急措施，命令已经到达颜庄的46军火速撤回莱芜，与73军合力固守。同时命令73军的77师经博山南下归还建制。这样可以避免兵力分散，被各个击破。46军军长韩练成当晚就指挥部队缩回莱芜，李仙洲向两位韩军长部署防守任务。粟裕获悉敌情变化后，马上调整部署，命令一纵进攻莱芜李仙洲总部及73军，四纵进攻颜庄的46军，六纵进攻口镇的新36师，八纵主力和九纵一部在博山以南的和庄设伏消灭77师，十纵攻占锦阳关，切断国民党军的退路。战斗定于20日15时发起。

20日拂晓，八纵、九纵分别进入和庄地区隐蔽，而77师也同时由博山南下，中午到达和庄。根据这一情况，我军必须提前发起战斗，否则敌军将越出我军包围圈，接近口镇。13时，我军提前两小时发起攻击，接近敌人，九纵25师冲在前面，歼敌两个连。由于出击距离较远，山地行动不便，未能在公路上将敌分割歼灭。敌军迅速收缩到和庄、不动两个村庄内，集结固守。黄昏时，八纵、九纵25师抢占和庄、不动周围制高点，向敌人发起进攻。九纵用连续爆破突入村内，与敌军展开巷战。李仙洲接到77师的告急，命令韩浚派吐丝口镇的一个团去增援。韩浚认为黑夜不便行动，相信77师能坚持到天亮。然而在我军的猛攻下，到21日拂晓，77师大部被我军歼灭。师长田君健率领残部向博山方向突围，在青石关被九纵26师和鲁中警备5团包围，田被击毙。和庄战斗歼灭77师，为莱芜战役的胜利开了一个好头。

20日黄昏，叶飞命令一纵1师、3师分别向莱芜城西、城北国民党军外围阵地发起攻击。因四纵尚未赶到，八纵去围歼南下的77师，攻击莱芜城的战斗，由一纵独立承担。当天夜里，一纵3师7团猛攻莱芜城西的小曹村。经5次爆破，3次突击，占领部分阵地。73军193师顽强抵抗，一夜反复争夺，战斗十分激烈。用李仙洲的话说，"双方杀了个七进八出"。韩浚命令73军集中炮火轰击城西我军，并在21日晨派部队出城增援。在国民党军优势火力下，3师白天进攻没有得手，退出小曹村阵地。与此同时，1师2团向莱芜城北的矿山阵地进攻，苦战一夜，占领矿山制高点三个碉堡。73军在21

[1]《中国人民解放军第三野战军战史》第100页，解放军出版社1996年版。

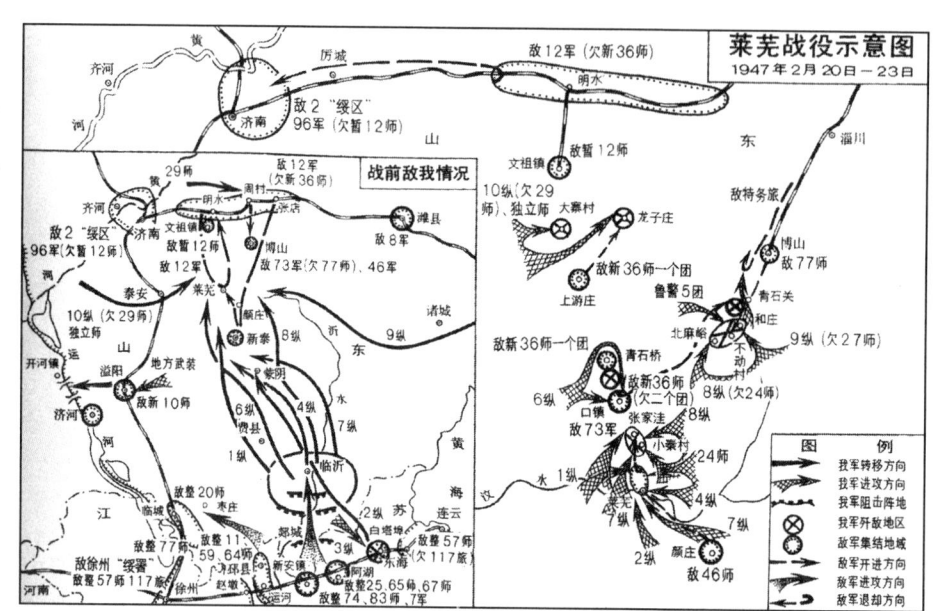

◎ 莱芜战役示意图

日上午以密集炮火配合步兵进行反击，我军展开困难，暂时撤离矿山制高点。在城北的马家庄和小洼村，我军进攻顺利，占领了这两个阵地。

王耀武得到共军猛攻莱芜外围的报告，颜庄附近也发现有共军大部队运动。王耀武判断共军可能先消灭突出的46军，再解决73军。为避免被各个歼灭，王耀武急令收缩兵力，要46军放弃颜庄，退入莱芜城与73军会合。当时莱芜城南是四纵的作战区域，因四纵行军受阻，未及时赶到，46军由颜庄撤入莱芜城。21日上午，一纵8团和46军先头部队遭遇，双方误会为自己人，8团抓了俘虏，叶飞亲自审问，才知道46军已经进了莱芜。叶飞心头一沉，国民党两个军聚集莱芜，原来由5个纵队担负包围莱芜的任务，现在要由一纵独立承担了。

21日早晨，李仙洲命令韩浚指挥73军向城北的小洼和矿山进攻，一定要保持莱芜北面公路的畅通，为国民党大军保留退路。韩浚派出一个团，向小洼我军阵地发起进攻。莱芜城北通向吐丝口镇有两条平行的道路，东边经过北铺镇，西边经过矿山。小洼正处在两条道路之间，是个只有几户人家的小村庄。两边是高地，后面是矿山。矿山在国民党军手里，机枪可以打到小洼。北铺镇在我军手里，1师1团在小洼放了一个连，由副营长孙洪春指挥。

这天早晨，矿山方向的敌军向小洼进攻，被我军战士打了回去。团首长察觉敌军有向北突围迹象，命令小洼的1连坚决顶住，不能放跑敌人。拉上几挺重机枪和掷弹筒加强1连的火力。过了不久，国民党飞机开始轰炸扫射，把房子都烧着了。敌军开始分几路纵队出城，向小洼扑来。1连沉着应战，待敌军靠近再打。敌军受到杀伤后迅速散开，利用起伏地形与我军交火。战斗激烈进行，1连长前往村旁高地指挥时不幸牺牲，2排、3排与冲上高地的敌军混战，拼起刺刀，3排长也牺牲了，2排长负伤。高地被敌军占领。

　　1排长王国栋和战士们守在小洼村正面的一个小围子里，看到2排长和几个战士向这里跑来。王国栋问2排长："你是干部，为什么下来了？"2排长说："我带花了，连长、3排长牺牲了，指导员也负了重伤。"王国栋果断地说："好，你下去，我来负责。"他迅速把从山上跑下来的战士收拢，临时编成一个班，配上一挺重机枪，让他们封锁山上，不让敌人下来。王国栋仍然负责抗击正面敌人。这时，敌人从正面、侧后三个方向进攻小洼，王国栋指挥机枪猛烈开火，并高声鼓励战士："我们坚决守住小洼，决不后退。我们1连从来没打过败仗，我们不背历史包袱！"战士们边打边响应："哪个向后退，哪个是孬种！"通信员跑来喊王国栋："副营长让你指挥1连！"王说："我已经在指挥了。"在这危急时刻，北铺镇那边的1团部队用重机枪封锁小洼村旁高地，使敌军无法居高临下冲进小洼村。王国栋想起廖政国师长的话："打仗要打敌人，不要等敌人来打我们。"他带领一个班主动出击，两个班掩护，几次将公路上的敌人压回去。在战斗中，王国栋的手心被子弹打穿，仍然坚持战斗。1连坚守小洼村5个小时，挡住了国民党军10倍以上兵力的轮番进攻，到下午撤出阵地。国民党军也没敢再进攻，黄昏时撤回莱芜城内[1]。

　　22日，73军的一个团又向莱芜城西北的安乐山阵地进攻。莱芜城西北有两个山头，中间呈马鞍形，安乐山是西边的山头。一纵1师的8连坚守阵地，扼住国民党军突围的通道。李仙洲怕共军居高临下，城内受到威胁，命令夺回安乐山。国民党炮兵向山头打了500多发炮弹，飞机扔下燃烧弹，将整个山头笼罩在烟雾之中。8连战士组成战斗小组，组织火力，轮番到前沿战斗，打退国民党军七次冲锋。国民党军虽然有强大火力支援，无奈步兵就是占领不了山头，留下一大片尸体。8连在多数伤亡的情况下，主动撤出阵

---

[1] 王国栋：《在华东野战军模范竞选会议上的报告》，见《莱芜战役》。

地，将莱芜国民党大军又拖住一天。一纵的三天战斗，打得极为艰苦。他们拖住了莱芜城内的四万蒋军，保证华野的各主力纵队赶到预定位置，对国民党军进行围歼。粟裕在3月8日的战役总结报告中说："在各纵队配合上说，一纵最吃力，虽然缴获不大，但在整个战役中起了决定性作用，应算第一功。"

就在一纵进攻莱芜，钳制李仙洲集团时，王必成指挥六纵进攻吐丝口镇的战斗也在激烈进行。口镇处于明水、博山通向莱芜公路的交叉点，镇子长3里，宽2里，面积比莱芜城还大些。李仙洲集团的后方基地设在这里，储存了上百吨弹药和数十万斤粮食。拿下口镇，就切断了李仙洲集团的退路和济南方向的增援。陈毅、粟裕首长把这个任务交给六纵，王必成命令16、18师担任口镇攻坚，17师阻击青石桥方向之敌。战斗开始前，王必成等到前沿观察地形，发现口镇四周是石块砌成的围墙，有一人多高。西门外的铁厂是敌军突出阵地，外围设了鹿砦。镇东北角是敌军防守重心，碉堡密集。驻守此地的国民党军新36师是伪军改编，战斗力虽不很强，但善于死守，因为他们当年曾替日本人守过许多据点，对付八路军是有些经验的。

2月20日夜里，六纵18师派48团一个突击连隐蔽接近口镇，以偷袭动作向里插。靠近口镇围墙外的一个小房子时，敌人尚未察觉。当敌军哨兵发现喊起来时，我军已爬过围墙，10分钟后突进一个营的兵力。敌人也转入阵地向我军射击，我军向南门方向运动，并沿小巷向镇子纵深发展。敌人在南门楼上用迫击炮轰击我后续部队，并用机枪火力阻止我军前进。我军用炮火进行压制，再派47团进入突破口，与48团突进部队汇合，消灭南门敌军，巩固阵地。47团一个营在进攻西门外铁厂战斗中，遇到敌军顽强抵抗。我军用迫击炮轰击，消灭一个排敌人，但仍有部分敌人死守不退。这时天亮日出，国民党军飞机前来袭扰。六纵暂时停止战斗，进行防空和巩固阵地。

21日白天，驻青石桥的敌军出动，一方面增援口镇，也企图吸引我军分散兵力。六纵17师在阻击的同时，坚决反击，激战一天，迫使敌军缩回青石桥。王必成命令夜里解决口镇，做好战斗准备后，16、18师于夜里由西向东对口镇之敌发起攻击。敌军依靠房屋进行抵抗，在每一条巷口组织火力封锁我军前进路线。我军在墙上挖洞，与敌人争夺房屋，敌军守不住，就纵火或投掷燃烧弹把房屋点燃。熊熊大火给我军进攻造成困难，进展缓慢。在城东北角关帝庙，敌军师长曹振铎据守核心阵地，有地道与碉堡连接。依仗充足的弹药，他一面指挥用密集火力阻止我军，一面向莱芜的李仙洲求救。因口镇内地形狭窄，我军无法展开大部队，打了一夜，占领口镇大部街道房屋，只有东北角敌师部阵地攻不下来，形成对峙。[1]

王耀武接到李仙洲的告急电报，亲自乘飞机到莱芜上空观察。看到共军有大部队运动，莱芜、口镇的情况都很危险。到 21 日，陈诚的南线兵团仍然没有北上解围的行动。王耀武判断，莱芜城小，粮弹缺乏，靠空投支援不能解决问题，李仙洲集团是守不下去的。济南兵力空虚，无法增援口镇，拖延下去只能眼看新 36 师被消灭。王耀武认为固守莱芜极为不利，只能经口镇北撤。来不及请示蒋介石、陈诚，他向李仙洲下达撤退命令。同时派副参谋长带上他的信飞往南京向蒋介石报告。蒋介石认为在这种情况下撤退是不利的，但王耀武命令已下，不便更改，只得同意，要求李仙洲注意部队后面和两侧的安全。

李仙洲接到王耀武的命令，马上召集 73 军军长韩浚、46 军军长韩练成、高参王为霖、作战处长陶富业等开会商议。李仙洲是不愿意撤退的，他知道行军途中可能会遭到共军合围。如果坚守莱芜，等待南线兵团来解围，还有保全的希望。当时有一个旅长提议："共军情况不明，可以派两个旅出击，试探一下。如果碰上共军主力，其余五个旅可以突围。"李仙洲当即反驳："老弟，你这是拿肉包子打狗哩！"陶富业是王耀武的亲信，是个骄横自负的少壮派。会议上有人指出从吐丝口镇方向突围有危险，他说："怕什么，我们有这么多兵力，还怕共军包围？"王为霖则竭力主张撤退，他说这是责任问题，打胜了没有功，打败了谁也担当不起。多数人认为困守莱芜，粮食弹药都成问题，也同意撤退。李仙洲说：大家都主张撤退我也没意见，既然决心撤退，就宜快不宜迟，立即开始行动。韩浚主张 22 日早晨行动，而韩练成则坚持要有一天准备时间，23 日再撤退。大家同意了韩练成的意见，研究部署撤退方案。李仙洲下令：73 军为左路，46 军为右路，他的指挥部随 46 军行动，向吐丝口方向撤退[2]。

22 日下午，粟裕得知因四纵、七纵未能及时到达指定位置，致使 46 军进入莱芜城的消息，感到情况不顺利。国民党两个军的兵力聚集在一起，显然给我军增加了困难。他下令一纵暂停攻击，重新研究部署。当时他做了两种估计：一是敌人可能固守莱芜，这样我军就于 23 日晚集中一、二、四、七、

---

[1]《第六纵队鲁中战役口镇攻坚战初步总结》，1947年3月29日。
[2] 李仙洲：《莱芜战役蒋军被歼始末》，见《文史资料选辑》第28辑。

八共 5 个纵队的兵力对莱芜实行总攻。莱芜城小，敌军密集，可以用炮火大量杀伤后予以歼灭。二是敌军可能向吐丝口镇方向突围，若如此，我军就在行动中歼敌。粟裕决心已定，向各部队下达命令：以一、二、七纵队组成左集团，由叶飞统一指挥；以四、八纵队组成右集团，由王建安统一指挥；从两面强攻莱芜城。如敌军先突围，则两集团即歼敌于莱芜与吐丝口镇之间。战斗定于 22 日夜晚开始。因二、七纵队尚未赶到，粟裕命令推迟一天行动。

战争中一些偶然因素的巧合，可能是决定胜负的重要因素。六纵未能攻克吐丝口镇，反而促成了李仙洲向北突围的决心。韩练成在我地下工作者说服下，拖延一天时间，寻找机会起义，恰恰给我军提供了宝贵时间，使各纵队能赶到集结地域，张好口袋等待李仙洲集团。

◎ 韩练成

23 日早晨，莱芜城中国民党军开始准备撤退，到处乱糟糟的场面。6 时，李仙洲准备出发，与 46 军军长韩练成一起从指挥部来到东门外集合场。这时，韩练成借口说某团长没得到通知，他要亲自去一下。李仙洲说派传令兵去就行，他执意要自己去，说完就转身回城里去了。谁知这一去就不见踪影，李仙洲等得着急，派人到处找，都说没看见。李仙洲本来就对 46 军不信任，当初让 46 军前进到颜庄，他就说这个部队太狡猾，让他们孤军深入解放区，不是送狼入虎口，就是放虎出囚笼，总之不可靠。这时韩练成突然失踪，更使他怀疑。韩练成不来，46 军无人指挥。李仙洲当即焦躁地大骂："他妈的，46 军胡闹，这是搞的什么鬼！"他怎么也不会想到，韩练成已在我地下工作者协助下，脱离国民党军队，投向解放区了。

到了 8 时，韩浚见部队还不出发，跑来催促李仙洲。李仙洲决定不再等待，下达出发命令。73 军在左路，46 军在右路，平行前进。李仙洲为保自己安全，让 73 军派一个团掩护指挥部随 46 军行动。国民党军的撤退行动非常糟糕，事先他们遣散城内老百姓，各部队联络又多用明语喊话，其行动企图早被我军掌握。

粟裕得知李仙洲要跑，立即下达在行动中歼敌的命令。除已到达的五个纵队外，他命令王必成的六纵抽出 18 师参战。这样，我军的兵力与敌军几乎相等。当国民党军缓慢出城时，有同志建议将其截断。粟裕断然拒绝，指示一定要等国民党军完全离开莱芜城，才能发起总攻。

从莱芜到吐丝口镇距离 15 公里，有两条间隔约 3 公里的平行公路相连接。两条公路之间地形低洼，泥土松软。公路以东多为断绝地，以西地形平坦，村庄较多。一条小河从公路间穿过。李仙洲集团的 5 万多国民党军，带着全部火炮、卡车、辎重缓慢地在公路上行进。国民党空军司令王叔铭亲自坐镇，指挥 20 多架飞机为地面部队保驾。中午 13 时，当国民党军后卫部队完全离开莱芜城，四纵一个师迅速冲进城内，断敌归路。埋伏在沿途公路两侧芹村、张家洼、高洼、矿山的我军主力以排山倒海之势，发起围歼国民党军的进攻。

国民党军虽然陷入重围，仍做拼死争斗，想冲开一条生路。73 军左侧护卫萧重光师、46 军右侧护卫海竞强旅战斗力是比较强的，开始还组织部队向我军反冲击。萧重光师向高洼一纵阵地冲击，我军坚守不动，叶飞命令炮火向密集的国民党军轰击，造成萧重光师重大伤亡。敌军丧失斗志，陷入混乱。李仙洲命令少数部队保护辎重，其余均投入战斗。他呼叫王叔铭指挥飞机轰炸扫射，为地面部队开路。王叔铭用无线电话告诉李仙洲：地面上共军部队甚多，突围不易；建议李仙洲退回莱芜，占据有利地点固守待援，他愿负责空投接济。李仙洲回答部队已经出来，回去更无希望；不如一鼓作气冲出重围，到吐丝口镇就有希望。王叔铭答应李仙洲的要求，对吐丝口镇前方通道进行轰炸。粟裕命令四纵、六纵不要顾忌敌机轰炸，坚决冲上去，靠近敌人。我军从四面八方冲上前去，将 5 万国民党军包围在南北 20 里、东西五六里的狭长地带，与敌军展开近战肉搏。国民党军在我军强大突击下，行军纵队陷入混乱。辎重、车辆、人员挤成一团。46 军在四纵、八纵的冲击下，2 万多官兵纷纷向西边逃跑，把 73 军的队伍也冲乱了。韩浚找不到师长，师长找不到团长。大家在混乱中争相逃命，李仙洲与韩浚一会儿会面，一会儿被冲散。他们无话可说，相对唏嘘。许多士兵疲劳不堪地躺在地上说："老子不走了，被共军打死倒好了！"有的愤怒喊道："从来没打过这么窝囊的仗，不打了，交枪！"李仙洲、韩浚还想做最后挣扎，他们大喊着收拾起几千人的队伍，向吐丝口镇方向突围。途中李仙洲腿部负伤，走到距离吐丝口镇只有几里的地方，因失血过多头昏，从马上摔到沟里，被我军俘虏。韩浚与部分残兵冲到吐丝口镇，被我六纵阻击。他们转向青石关前进，天黑时被我九纵包围，被迫放下武器。

　　这时，王耀武也乘坐飞机在空中观战，只见地面上炮火连天，杀声一片。解放军占据所有制高点，居高临下扫射国民党军，并冲入国民党军队伍中，双方扭杀在一起。王耀武见情况万分危急，呼叫王叔铭增派飞机不停顿地轰炸。王叔铭回答："我指挥着飞机轰炸，一直没有中断。可是共军不怕死，阻止不住他们前进，我有什么办法！"眼看自己的精锐主力被消灭，王耀武的痛苦可想而知。新36师师长曹振铎见共军主力都向南面作战，放松了对吐丝口镇的包围，于是根本不执行坚守口镇，接应李仙洲集团的任务，掉头逃向济南。

　　到下午17时，战斗基本结束。我军战士忙着捉俘虏，打扫战场。在博山到莱芜的公路上，九纵的一位战士邓江海老远看见一个骑马的国民党军官落荒而逃。他持枪隐蔽在路旁，待那骑马的靠近，邓江海冲上公路拦住去路。骑马者误将邓看成蒋军，问他前面的情况。邓持枪大喝："缴枪优待你！"没等骑马的军官掏枪，邓一刺刀擦过军官的胳膊，又刺倒跟随的卫兵。骑马的军官想逃，邓江海一枪打伤了军官的右脚，把他打下马来。军官从口袋里掏出两支钢笔，乞求道："同志，这点东西就送给你吧。"邓江海严肃地说："新四军、八路军是不搜俘虏腰包的，请你收起来吧。"当邓江海问那军官的身份时，军官只得老实说："我是175师师长甘成城。"邓江海说："你负了伤，我马上送你到医院去。"于是找来一副担架，把甘成城抬往后方[1]。

　　莱芜战役全歼李仙洲集团，极大地震动了国民党当局。王耀武为了避免更大损失，保全济南，下令霍守义的12军一夜撤退百余里，放弃周村、博山等重要城市，退入济南，使我九纵、十纵追赶不及，未能进一步扩大战果。

　　蒋介石得到王叔铭的报告，极为震惊，于24日秘密飞到济南，不敢进城，叫王耀武去见他。见到王耀武，蒋介石狠狠骂道："你们只是在莱芜这个战役里就损失了两个军、一个师，损失了这样多的轻重武器，增加了敌人的力量，这仗以后就更不好打了。这样的失败真是耻辱。莱芜既已被围，你为什么又要撤退？遇到这样大的损失，你是不能辞其咎的。这次你选派的将领也不适当，李仙洲的指挥能力差，你不知道吗？撤退时他连后卫也不派，这是什么部署！如果派个能力好的指挥，还不致失败。李仙洲已被敌人捉去，你们要知道，高级人员被捉去，早晚会被共产党杀掉的。济南无论在军事、政治、

[1]《大众日报》1947年3月9日。

地理上都是很重要的，如出意外，你要负责！"蒋介石推卸责任，委过于部下的习惯，再次暴露无遗。王耀武一肚子委屈无处诉，默然不语。蒋介石担心安全受威胁，在济南机场度过一夜，第二天一早便匆匆飞回南京[1]。

莱芜战役的三昼夜，我军歼灭李仙洲集团两个军、七个师（旅），毙伤10000人，俘虏46805人，其中中将2人，少将7人。缴获各种口径炮414门，轻重机枪1869挺，长短枪15700支，炮弹、子弹30多万发，汽车56辆及大批军用物资。我军牺牲1459人，负伤7007人。战后我军收复周村、博山等县城13座，控制了胶济铁路中段。这是华东解放战争中一次空前的胜利。2月23日陈、粟、谭向中央军委报告莱芜大捷的消息，次日毛泽东回电："极为欣慰。"

被俘的国民党军将领，受到我军的友好待遇。李仙洲受伤后，换上士兵服装混在队伍中，被我军认出。他被押到华东野战军司令部，炮兵司令员陈锐霆曾在他部下当过团长，因政见不合，脱离李仙洲，遭到国民党特务暗杀，身负重伤。陈锐霆听说李仙洲被俘，不计前嫌，前来探望。对李仙洲态度温和，表示关怀。李仙洲负伤后身体虚弱，问陈锐霆："能不能添点衣服？"当时战斗刚刚结束，哪里去找现成的棉衣？陈锐霆当即脱下自己穿的毛衣，双手递给李仙洲。李仙洲深受感动，眼中含泪。3月15日，陈毅司令员前来看望李仙洲。他亲切询问李仙洲的伤势，嘱咐李好好休养。谈及莱芜战役，李仙洲承认："我们此次失败，主要是国防部战略指导错误。王耀武先生干涉下面太严，他直接给军、师甚至团下命令，我在前方有时也不知道。"李仙洲感慨地说："我想打了八年抗战，打日本鬼子是应该的，现在打内战是不对的。"陈毅与李仙洲虽是初次见面，但一谈就是两个小时。李仙洲对陈毅评价很高，大有相见恨晚的感觉。陈毅还接见了与李仙洲住在一起的各位国民党将领，鼓励他们对解放区多做观察研究，待和平实现后，对国家有所贡献[2]。

莱芜战役是华东野战军继宿北、鲁南战役后，转入内线腹地进行的一次大规模运动战。敌我双方的统帅部和前线指挥员对战役都做了精心筹划，双方都投入了所能够集中的最大兵力。战役以国民党军的惨败而告终，最根本的原因是国民党方面的战略指导思想的错误。他们过分重视城市的得失，拘泥于"攻其必争之地"，以为占领了临沂就是取得了胜利。而我军则以消灭国民党军有生力量为目的，不计较一城一地之得失，毅然放弃临沂，挥师北上，

[1] 王耀武：《莱芜蒋军被歼记》，见《文史资料选辑》第8辑。
[2]《大众日报》1947年3月26日。

取得了战役的主动权。这是毛泽东、中央军委决策的正确，也是陈毅、粟裕在战役指挥中机动灵活的表现。陈毅战后高度评价粟裕的指挥艺术，他说："这证明了我军副司令员粟裕将军的战役指导一贯保持其常胜纪录，愈出愈奇，愈打愈妙。"[1]在围歼李仙洲集团过程中，敌情曾发生四次重大变化。粟裕指挥若定，敌变我变，及时捕捉战机，达到全歼的目的。这是华东野战军整编后各纵队第一次协同作战，大家克服困难，坚决执行总部命令，是战役胜利的基本条件。粟裕在战役总结中对各纵队的作用给予充分肯定，他说："各兵团首长在山地作战，通信联络困难及超越敌第一线作战等条件下，能按照总的意图，机动灵活，果敢坚决地完成了任务，也是决定这次胜利的重要原因。在各纵队的配合上，第一纵队最吃力，虽然缴获不多，但在整个战役中起了决定作用，应算第一功。第八、第九纵队迅速解决敌第77师，打开战场，使我能腾出兵力，功也不小。其他各纵队都有功劳，如第十纵队及独立师在西北钳制敌之援兵，使我能安然解决莱芜之敌；第六纵队虽未全歼口镇之敌，但在口镇以南的一个师，堵击向北突围之敌，起了相当作用；第二纵队虽未打到仗，却切断了敌向西南之退路；第四、第七纵队初期虽未完成切断敌第46军退路的任务，但战役后期坚决地完成了任务；第三纵队的功劳也不能抹煞，如果没有他们在南线钳制敌人，我们也就不可能集中全力来解决北线之敌。"[2]

莱芜战役的胜利是在山东解放区群众的大力支持下取得的。为了支援战争，各级政府组织了几十万人的民工队伍，为部队运送粮食、弹药，抢救伤员。当部队飞速北上，粮草一时赶运不及，鲁中人民提出"破家支前"的口号，在寒冷的冬天扒掉自己的草房，供给部队草料，使干部战士们深受感动。在战役过程中，地方武装和民兵密切配合作战，他们坚壁清野，袭击敌军运输队，破坏公路，侦察敌军活动，给敌军造成极大困难。部分国民党军官被俘后说："我们的补给线太长，交通不时受到袭击，为了每天运送200吨军用品，不得不用一个军来维护交通线。"可见民兵的作用之大。

从1946年6月蒋介石发动全面内战到莱芜战役结束的8个月中，形势发生着巨大的变化。战争初期，国民党军处于主动进攻，他们凭借优势兵力和装备，占领了苏中、淮北、鲁南等部分解放区的城镇，迫使华东野战军转

---

[1]《大众日报》1947年3月10日。
[2]粟裕：《莱芜战役初步总结》，《粟裕文选》第2卷第275页，军事科学出版社2004年版。

入山东。从表面上看是国民党军不断攻城略地，我军不断向北转移。但是我军集中兵力，艰苦奋战，在宿北、鲁南、莱芜战役中越打越好，歼灭战的规模越打越大。国民党军则损失惨重，兵力不足，士气低落，战略上逐渐失去主动地位。莱芜战役后，国民党统帅部被迫修改战略方针，将对解放区的全面进攻改为对陕北、山东解放区的重点进攻。

第 9 章
"耍龙灯"寻战机

大矿地会议——蒋介石对陕北、山东的重点进攻——陈毅坦埠遇险——攻克泰安——在运动中寻求战机——毛泽东嘱咐不要分兵，不要性急——74师中央突进——陈毅、粟裕定下打 74 师的决心——"百万军中取上将首级"

莱芜战役结束后，我军迅速打扫完战场，主力转移到淄博地区休整。陈毅与华东军区、华东野战军指挥部成员来到淄川以东的大矿地，安顿下来。国民党军由于北线集团被歼，南线集团失去配合，不敢贸然北上。山东战场出现了一个月的平静，我军抓住这段宝贵时间，进行休整和部队建设工作。

莱芜战役前举行的鲁南会议，陈毅同志提出"一面打仗，一面建设"的号召，山东野战军和华中野战军在短时期内进行了合并整编。整编后的华东野战军虽然初具规模，但由于时间太仓促，很多工作没来得及做细，就投入了莱芜战役。为了更好地完成中央军委赋予的任务，粉碎国民党军对山东的进攻，华东野战军需要进一步加强内部团结，加强思想上、组织上的统一集中。从 1947 年 3 月 8 日开始，中共中央华东局、华东野战军在大矿地召开师以上高干会议，历史上称为"大矿地会议"。

3 月 13 日，华东局、军区、野战军领导人联名向中央和毛泽东报告："我们在前指集议，传达和讨论中央时局和任务的指示，开了师及纵队干部会议，商定部队休整至 3 月底。项目是：深入中央指示的讨论，如何去完成今年作战新任务，并整顿纪律和军事操习，并续开参谋会议、政工会议。陈、粟、谭抽时间到各纵队去研究和帮助工作，饶、张、黎、舒抽时间到渤海、胶东布置工作。同时利用此时把八、九、十3个纵队的编制成立。另外如能休整至3月底，可从渤海补入1万新兵，4月初胶东亦有1万新兵陆续补充，从渤海运粮1亿至2亿斤到路南供应，同时从渤海、胶东、鲁中抽5个地方团把各纵队均补足9个团。以上各事办妥后，4月份即寻敌作战，执行新的作战任务。"[1]

大矿地高干会议结束后，陈毅、粟裕等即分头下部队，检查各纵队的训练和整编工作。从胶东、渤海等老区抽调的地方部队和新兵共两个旅、11个团的兵力上升为野战军，莱芜战役中俘虏的国民党军士兵经过教育，以"解放战士"的名义被分别补入各纵队。原来建制不全的八、九、十3个纵队得到很大的充实。用缴获的装备为各纵队建起炮兵营、工兵营。各连队在训练中认真搞好爆破、攻坚、小部队攻击的战术动作。一个月的休整时间紧紧张张地过去了。

莱芜战役是国民党军队在发动全面内战后最大的一次失败，对蒋介石震动极大。他回顾了8个月的作战，虽然占领了解放区105座城市，但被我军歼灭了66个正规旅（师），连同非正规军共损失71万人。为了进攻各解放区，蒋介石已经抽调了所有的战略预备队，使进攻解放区的总兵力增加到219个旅。但能用于一线作战的部队，由内战开始时的117个旅下降到85个旅。蒋介石深感到战线过长和兵力不足的矛盾，他回顾说："我们在后方和交通要点上，不但要处处设防，而且每一处设防必须布置一团以上的兵力。我们的兵力就都被分散，我们的军队都成呆兵；而匪军却时时可以集中主力，采取主动，在我广大正面积极活动，将我们各个破击。"结果是"占地愈多，则兵力愈分，反而处处被匪军钳制，成为被动"。在这种形势下，蒋介石必然要改变战略方针。从1947年3月起，国民党统帅部对晋冀鲁豫、晋察冀、东北等战场转取守势，集中兵力对山东、陕北解放区实施重点进攻。蒋介石的战略意图是："我们在全国各剿匪区域中，应先划定匪军主力所在的区域为主战场，集中我们部队的力量，首先加以清剿，然后再及其余战场。""凡是匪军的老巢及其发号施令的首脑部所在地，必须犁庭扫穴，切实攻占。""在主战场决战的时期，其他支战场唯有忍痛一时，缩小防区，集中兵力，以期

---

[1] 《陈毅传》第365页，当代中国出版社1991年版。

固守。"蒋介石特别重视山东战场，强调指出："匪军的主力集中在山东，同时山东地当冲要，交通便利，有海口运输，我们如能消灭山东境内匪的主力，则其他战场的匪部就容易肃清了。"[1]

为了实施对山东的重点进攻，蒋介石采取断然措施，撤消徐州、郑州两个绥靖公署，换掉原来指挥山东作战的主将薛岳。以陆军总司令顾祝同坐镇徐州，组成"陆军总司令部徐州司令部"，统一指挥原徐州、郑州两个绥靖公署所辖部队共 24 个整编师、60 个旅，共 45 万人。国民党军统帅部汲取以往分路进攻易被我军分割歼灭的教训，采取密集靠拢、稳扎稳打、逐步推进的战法，组织进攻。具体部署是：第 1 兵团司令官汤恩伯指挥第 74、25、28、57、65、83 师集结于临沂、郯城、海州一线，打通临沂至兖州公路后向蒙阴进攻；第 2 兵团司令官王敬久指挥第 5 军及整编第 72、75、85 师集结于汶上、宁阳地区，打通津浦铁路后向莱芜、新泰方向进攻；第 3 兵团司令官欧震指挥第 7 军及整编第 11、48、64、20、84 师集结于兖州、邹县、滕县地区，打通兖州至临沂公路，然后与第 1 兵团合作向新泰、蒙阴进攻。王耀武、冯治安的两个绥靖区部队在防御各主要城市的同时，配合 3 个兵团的行动。为了配合军事进攻，蒋介石下令实施"黄河战略"，于 3 月 15 日堵住花园口黄河大堤，迫使黄河回归山东故道。这样不仅淹没了解放区大片土地村庄，而且切断了晋冀鲁豫和山东解放区的联系。蒋介石的战略目的是或将华东我军压迫到胶东狭窄地区加以歼灭，或将华东我军赶过黄河以北，全面占领山东解放区。

3 月下旬，国民党军的 3 个兵团开始行动。陈毅、张鼎丞、邓子恢感到形势严重，27 日致电后方指挥部的粟裕、陈士榘，要求结束部队休整，准备作战。关于作战方向，陈毅提出四点设想，最倾向于主力南下向临沂、东海、新安之间突击。粟裕、陈士榘研究了陈毅的意见，很快拟订了南下作战计划，28 日报中央和陈毅、饶漱石。电报中说：为粉碎顽之企图，使顽防线延长，逼顽分散兵力和支援华中斗争，我们拟以三个纵队（二、七、八纵队共 82000 人）伸入郯城、马头、新安镇。再向西扩张，占领运河线，以威胁津浦铁路之势，吸引 74、83 师回援。以主力第一、三、四、六、九纵队集结于蒙阴东南、临沂西北地区，待机歼灭敌 74、83 师。或歼灭泗水方向之 11 师、大汶口方向之 5 军。以上部署从 4 月 1 日开始行动，14 日左右打响。

[1] 台湾"国防研究院"编：《蒋总统集》第2册，1597－1599页。

陈毅批准了这个方案，于是粟裕、陈士榘等率野战军指挥所迅速南下，与陈毅在蒙阴县坦埠镇会合。

出乎意料的事情突然发生。华野主力南下是昼伏夜行，自带干粮，不惊扰百姓，按说是相当隐秘的。但是我军刚刚行动3天，国民党军就发现了我军的行动和意图。4月3日，国民党飞机轰炸了坦埠地区，陈毅、粟裕和华东野战军指挥所的同志经历了一次死亡的威胁。当年在司令部工作的王德同志回忆："就在我野指机关南移到坦埠附近一个村庄里，第三天就遭到敌人飞机的轰炸扫射。幸亏那时我们还注意防空，进村那天，我就嘱咐管理科长方如玉，要他给首长们准备个防空洞，要稍大一些，因为那时粟副司令的爱人楚青同志、谭副政委的爱人郭惠民同志，都跟随野指行动。张茜同志还担任了警卫排的指导员。炸弹都丢在庄子的中心点，那里住的是机关工作人员，大家早就分散到村外去了。首长和家属原先分散住在村边的零散小屋里，又有挖好的防空洞，所以没有伤亡。"[1]

坦埠遇险，使陈毅、粟裕感到惊讶。敌人何以这样快就掌握了我军的行动，情报又是如此准确。他们以为是保密工作出了问题，4月15日向中央报告说："我们主力南移后，原拟于12日前后开始执行28日电作战方案。但我军行动与企图，三日即为敌人发觉，敌人对我军部署均很清楚。我军指挥所移至蒙阴东之坦埠附近，仅三日，即遭轰炸（中作战室、机要科、政治部、警卫队，除警卫队伤数人外余无损失），敌方完全知道我指挥所驻地。如依电台测向器谅不致如此准靠。恐密本电台有误，故在南移中，除北线仍留有伪装电台外，我们根本未与各纵通报，恐系内奸告密，现正追查中，并尽力减少通报。凡作战命令均用口头或书面传达，但部队南移，于晨昏时被敌机发觉，亦为原因之一。"[2]后经追查才知道，有个补充到指挥所直属队的俘虏兵，原系国民党军排长。他得知我军的行动计划后，便开小差投奔国民党军告了密。这是一个深刻的教训。

国民党方面掌握我军行动方向，一纵等主力南下作战已不可能，原作战计划需要改变。陈毅等研究了敌军的行动，感到鲁西南地区敌军力量相对薄弱一些。为了分散敌军兵力，求得在运动中歼敌主力，野战军指挥部决定以一、三、十纵组成西线兵团，由陈士榘参谋长、唐亮主任统一指挥攻击泰安。

[1] 王德：《华东战场参谋笔记》第4章第2节，上海文艺出版社1996年版。
[2] 《中国人民解放军第三次国内革命战争史料选编》第2辑第1册。

其余各纵队待机行动。

陈士榘带领一个精干的前方指挥所来到泰安郊外，部署十纵主攻泰安城。泰安是一座古城，位于雄伟的泰山脚下。城墙高8尺，护城河较宽，驻守泰安的国民党军第72师是川军部队，3个旅编制，28000人。该师日式装备，老兵多，善于守备和山地作战，但战斗力不如嫡系部队。泰安的工事是日本人修筑的，城墙和城门突出部都有地堡群，外围蒿里山、娘娘庙设有独立据点，修筑了地堡、鹿砦、壕沟，火力可以交叉支援。地堡修筑得相当隐蔽，低平荫伏，状如坟丘，不仅炮火无法摧毁，在夜间近距离都很难发现。可见泰安攻坚，绝不是一件很容易的事。

陈士榘将泰安攻坚的任务交给十纵。十纵是渤海军区地方部队新组建为主力的，当时只有28、29两个师，其兵力相当于旅。一般说来，攻坚兵力应当超过或数倍于守敌，才有胜利保证。十纵与72师相比，确实敌众我寡。当时十纵指战员有些议论，宋时轮司令员说：泰安守敌虽占优势，但兵力分散，我们可以集中力量攻其一点，用山东人"吃大饼"的办法，把敌人一口一口吃掉。他们决定走一步，啃一块，每次消灭几个营，最后发动总攻。

4月22日黄昏，十纵向泰安外围据点发起攻击。经一夜战斗，拿下外围四个村庄，逼近西关。敌军怕我军"吃大饼"，23日将西关外部队全部收缩入城，城外只有蒿里山、摩天岭两处制高点。十纵29师奉命夺取这两座山头，摩天岭山势陡峭，83团战士在石壁悬崖上攀登，用绳子拖着机枪上山袭击敌军，歼灭守敌3个营，占领摩天岭。85团进攻蒿里山，战至拂晓，突破鹿砦，敌军发动反冲锋，我军被迫后撤。

陈士榘见十纵两天没有攻下泰安，发起火来，责怪十纵动作迟缓。其实他也知道，凭十纵这点兵力，又缺少炮火支援，想打下泰安确实困难。这时，泰安附近的75、85师并没有按我们的预料前来增援。5军到了大汶口也不动了。这样，我军布置的打援部队就不必再等候。华野特种兵纵队在陈锐霆司令员带领下来到泰安城外，陈士榘、唐亮与陈锐霆商量，决定将主力三纵调来参战。

三纵是以鲁南8师为骨干组建的，擅长攻坚。他们接到命令后，一夜急行军赶到泰安城外。陈士榘部署8师主攻蒿里山、西关，7师对济南、肥城方向警戒打援，9师作预备队。十纵配合从东南方向攻城。24日夜里，8师23团开始攻击蒿里山。20分钟就突破了鹿砦、壕沟和铁丝网。由于时间仓促，观察地形不细，没有发现和控制几个主要地堡，部队往上冲时遭受敌军火力杀伤，突击队伤亡百余人。敌军乘势拼命反扑，我军被迫撤回山下。有3个战士占领半山腰一座地堡，在部队后撤、失去联络的情况下独立作战，与敌军苦战一天，战后被嘉奖为"三勇士"。22团对西关外围攻击进展顺利，夺取娘娘庙据点，基本控制了西关。

25日，陈士榘重新部署，将特纵的榴弹炮团拉上来，配合8师再次进攻蒿里山。陈锐霆司令员到前方详细观察地形，配置火力，于黄昏时对敌军阵地发起炮击。陈锐霆是炮兵出身，原在商震的部队中当过炮兵团长，精通炮兵技术和指挥。我军的105毫米榴弹炮开火后，精确命中目标，摧毁敌军前沿阵地和地堡。然后延伸射击，将山顶上一个营的敌军打得四处逃窜。城内的敌72师师长杨文泉用无线电话拼命向南京呼叫，请求增援。南京回话让他"顶住，坚持！"杨文泉说："顶不住，共军有大家伙（指105毫米榴弹炮）！"南京问："共军都是土八路，哪里来的大家伙？"杨气急败坏地说："共军的大家伙，还不是你们在鲁南送给人家的！"8师战士看到我军大炮如此厉害，士气大振，炮火一停立即冲锋，仅用30分钟就冲上山顶，占领了蒿里山。歼敌一个营，我军仅伤亡2人。

夺取蒿里山后，8师和十纵乘势攻城。泰安是座古城，古建筑多，我军决定不用炮火，采取爆破战术步步推进，与敌军展开巷战。25日21时，十纵首先突破东门、南门，8师随即发起攻击。突击连以连续4次爆破，炸毁鹿砦、城门，5分钟突入城内。敌军在我军两面夹击下节节败退，杨文泉的师部盘踞在岱庙内，依靠古建筑的高墙顽抗。到26日拂晓，8师和十纵部队会合后集中攻击岱庙，8师22团以连续7次爆破炸开高墙，突入庙内。杨文泉混在乱兵之中向西门跑，被三纵打回来。又掉头向东门逃，被我十纵28师俘获[1]。

经过4天激烈战斗，我军攻克泰安城，全歼国民党第72师2万余人，俘虏中将师长杨文泉以下11400人，缴获105毫米榴弹炮4门，汽车40多辆。这次战斗是华东野战军步炮协同作战的成功范例，也使我军指战员深刻体会到炮兵在攻坚战斗中的巨大作用。杨文泉被俘后感叹地说："你们有这么多大炮，完全出乎我们的意料之外！你们炮兵火力组织得这样好，步炮协同这样密切，更是我们没有想到的。"

---

[1]《中国人民解放军第22军解放战争史》，1952年初稿。

在泰安战役期间，国民党军在附近的部队一直没有前来增援。这里面的原因，一是72师非蒋军嫡系，即使被消灭也没什么了不起。二是顾祝同的战略有所改变，他不注重城镇的得失，而是一心要寻找我军主力决战。虽然泰安战事激烈，他却不为所动，命令11师、5军、64、83、74师等部队向新泰、蒙阴方向前进，命令7军和48师向莒县、沂水方向前进，企图乘我主力分散，夺取蒙阴、新泰，引诱我军出击，与我主力决战。

陈毅、粟裕识破国民党军的企图，决定以九纵固守蒙阴外围的观山、白马关一线，以八纵固守桃墟、紫荆关一线，四纵、六纵位于机动地区。自4月20日起，开始了临（沂）蒙（阴）路阻击战。

胡琏指挥的整编11师这一路，4月中旬由曲阜出发，经泗水向沂蒙山区进犯。杨伯涛指挥第11旅作为先头部队，到达平邑县东北的白马关。他举起望远镜眺望，只见突起的沂蒙山脉，由北向南逶迤绵延，白马关是进入山区通向蒙阴的隘口。杨伯涛派侦察部队向前搜索，发现解放军占领了山顶阵地，不断向山下射击。杨伯涛决定集中兵力攻下白马关，天近黄昏，国民党军不善夜战，就在山下宿营。杨伯涛见宿营地四面开阔，无险可守，利用白马关西面一座南北千余米，10米高的土丘，上面配置一个加强营，修筑工事防守，土丘后面配上炮兵。半夜，解放军果然前来袭击。两军猛烈交火，天亮前解放军主动撤离。拂晓后，杨伯涛集中炮火猛轰白马关山头阵地，并组织步兵冲锋。激战一天，占领了白马关[1]。

守卫白马关的是九纵25师77团。他们在兵力不足的情况下，顽强防御。虽然一个山头只有一个排或一个连的兵力，但敢于同五大主力之一的11师硬拼。白天国民党军用强大炮火掩护步兵占领山头，半夜我军再进行反击夺回来。白马关、黑山、天台山、九女关一线，从4月20日到27日，多次易手，反复争夺。我军的长处是守备沉着顽强，待敌军进入我火力有效射程内才一齐开火，给密集队形的敌军以大量杀伤。短处是麻痹轻敌导致不应有的损失。77团2营第一天守白马关，因为没修工事，遭到敌军炮火杀伤。在反击时缺乏严密的战术，队形混乱，所以几次反击均未完成预期任务[2]。

临蒙路阻击战持续一周，八纵抗击国民党军第25师于紫荆关一线，也打得十分顽强。为了分散敌军注意力，陈士榘命令一纵于28日奔袭攻克宁阳，

---

[1]《杨伯涛回忆录》第12章第5节，中国文史出版社1996年版。
[2]《中国人民解放军第27军第三次国内革命战争战史》，1956年初稿。

是要打击在坦埠的华野指挥中枢,使我军陷于混乱和包围之中,便于其聚而歼之。粟裕认为,敌军的行动恰恰给我军带来了有利的战机。在前一个月的作战中,顾祝同的战略是密集靠拢,行动谨慎,一打就缩,让我军很难捕捉。现在74师大胆突前,我军应以反突破来对付敌人的中央突破,就近迅速调集几个纵队的兵力,切断74师与其友邻部队的联系,彻底消灭74师。

74师能不能打?有没有把握将其全歼?这是需要周密考虑的。粟裕又作了一番分析:74师是蒋介石手中的王牌,它全部美械装备,经过美国军官训练,具有相当的指挥、战术、技术水平。是蒋介石嫡系中的精锐之师。把它歼灭了,将给敌人实力上、精神上以最沉重的打击。74师是我军的死敌,解放战争以来,敌军对我华东的数次进攻,常常以74师打头阵,曾先后抢占我淮阴、涟水,我军亦多次寻歼该敌,均因未遇有利战机而未能得手。此次如能将该师歼灭,对我军指战员必是一个极大的鼓舞。

从兵力对比看,进攻鲁中山区的一线敌军在120公里的距离内,一字长蛇阵摆了8个整编师,多数部队距离74师只有一两天路程,25、83师靠得更近。我军有9个纵队,兵力不占优势,但是74师中央突破,进入我军主力集结的正面。我军不需要大的调整,即可在局部形成5:1的绝对优势。74师虽然是强敌,但也有弱点。他们的重装备在山区受地形限制,不能发挥威力,原来强大的一面就相对削弱了。而且74师十分骄横,与其他部队矛盾很深,在我们围歼74师时只要坚决阻援,其他敌军不会奋力救援。

考虑成熟,粟裕立即将这些想法向陈毅司令员汇报。陈毅高兴地说:"好!我们就是要有从百万军中取上将首级的气概!"并立即定下战役决心[1]。陈士榘参谋长和司令部人员拟订作战方案,粟裕特别交代说:"这一次别忘了六纵,我向王必成许过愿,打74师不能少了六纵的份。"陈士榘完全理解,答道:"王必成在两次涟水战役中都和74师交过手,六纵的干部战士最恨张灵甫和74师。六纵要从鲁南强行军,突然插入敌人背后,打击敌人。"陈毅说:"这是奇兵!"战争年代的机关工作效率非常高,野战军首长议定的事情,参谋处很快就制出草图,拟好向中央军委报告和向各部下达命令。陈、粟首长一签字就可以上报、下发。战役的准备工作就是这样高速运行的。

当时胡宗南的部队进攻陕北,毛泽东决定主动放弃延安,在黄土高原上与敌军周旋。他与周恩来、任弼时等同志仅带一个精干的小分队,昼夜转移。

---

[1]《粟裕战争回忆录》第493页,解放军出版社1988年版。

在那种艰难时刻，他仍然十分关注山东战局。5月12日，他指示陈、粟："敌5军、11师、74师均已前进，你们须聚精会神选择比较好打之一路，不失时机发起歼击。究竟打何路最好，由你们当机决策，立付施行，我们不遥制。"[1] 毛泽东的指示，表现了对华东前线指挥员的信任，使陈毅、粟裕极为鼓舞。他们立即回电，报告了打74师的决心和计划。

5月12日，在坦埠东北西王庄华野前线指挥部，陈毅、粟裕、谭震林召集各纵队首长开作战会议。粟裕宣布了打74师的决心，具体部署是：以一、四、六、八、九纵和特种兵纵队担任主攻，以二、三、七、十纵队担任阻援。以地方武装钳制各路敌人，破坏敌后方公路，进行袭扰。陈毅对各纵队负责人说：集中优势兵力，先打分散、孤立之敌，这是毛主席一贯的军事思想。在敌人强大兵力展开进攻时，通常是打击敌人的侧翼有利。但是当敌人连续遭到这种打击而防范严密，要特别谨慎，同时中央之敌却比较冒尖，而我军又在其附近隐蔽了相当兵力的情况下，采取一面抗住援敌，一面集中兵力猛攻中央之敌的战术，同样可以达到战役目的。这次围攻74师，就是这种打法。

然而，74师这个敌人不会自己送上门来。要取这颗"上将首级"，就要把这个"上将"从"百万军中"剜割出来。而剜割的关键，就看我们的穿插部队能否坚决插向74师后方，把74师同附近的国民党军分割开，与正面攻击部队将74师团团包围，彻底歼灭。野战军首长原来打算让八纵打穿插，切断74师与25师的联系，后来考虑八纵路程太远，难以按时赶到，谭震林提出要一纵来承担这个任务。当时一纵刚从鲁西南赶回来，战士相当疲劳，粟裕打算让一纵当预备队。一纵司令员叶飞听说有仗打，马上赶到华野指挥部受领任务。粟裕向叶飞交代了穿插任务和路线，叶飞表示愿意承担任务，但部队确实太疲劳，思想准备不足。陈毅说："你们的任务很艰苦，责任重大，如果你们任务完不成，整个战役部署就完了。我们把独立师调来加强一纵，你就有四个师的兵力了。一纵战斗作风是好的，是可以信赖的。"叶飞再没二话，受领任务就返回部队[2]。

王必成的六纵当时隐蔽在百里之外的费县铜石镇，接到野战军指挥部的命令，六纵干部战士顿时兴奋起来。六纵政治部进行战斗动员时说："74师是我们的死对头，我们为了歼灭他，不知跑了多少冤枉路。去年一次已经布置好了打他，因为情况变了便宜了他。我们来到山东，他也赶来了。今天是

[1]《毛泽东军事文集》第4卷第70页，军事科学出版社1993年版。
[2]《叶飞回忆录》第429页，解放军出版社1988年版。

'仇人见面，分外眼红'，他自己送上门来了，再不好好收拾他，等待何时？今天是我们报仇雪恨的时候了！" 全纵连夜出发，以急行军的速度向 74 师的后方基地垛庄赶去。

第 10 章
激战孟良崮

我军向 74 师背后穿插——独立师抢占天马山——李天霞打滑头仗——汤恩伯要张灵甫"中心开花"——六纵飞兵占垛庄——廖政国顽强阻敌——陈毅命令不惜代价消灭 74 师——孟良崮大血战——张灵甫之死——战后双方的总结

1947 年 5 月 12 日，华东野战军部署组织孟良崮战役，歼灭国民党军第 74 师。此时，74 师师长张灵甫正按照兵团司令汤恩伯的命令，继续向坦埠方向进攻。13 日，74 师经过一天猛烈进攻，占领大箭、马山等地，距离坦埠不到 10 公里。我九纵部队坚决抗击，迟滞 74 师的前进。就在张灵甫全力向前进攻的时候，13 日夜里，我华野一、六、八纵队开始行动，向 74 师背后插去。

一纵 1 师的任务是占领曹庄附近的黄牛顶山、尧山等地，切断蒙阴的敌 65 师与 74 师的联系。廖政国师长带领队伍出发时，尚不清楚敌军究竟占领着哪些山头。他命令 1 团拿下尧山。1 营、2 营乘夜向尧山挺进。1 营分路后即与团部失去联系，14 日拂晓时到达尧山下的小村庄，遭到敌军射击。1 营前进受阻，只好就地投入战斗。2 营开始攻击后，摸黑走了 6 里地没发现敌人。营长感觉不对，怕孤军深入不利，派副营长带 5 连搜索前进。天色微明，他们摸到尧山脚下一个村庄，立即猛扑上去，活捉一名国民党军勤务兵。供称山上有敌军一个连，天明后还有一个营增援。营长立即命令 5 连抢占尧山，并组织重迫击炮朝山上轰。敌军措手不及，慌乱起来。5连抢占山头。但是连长有些大意，只留一个班守卫，其余下山去休息。结果敌军组织反击，尧山失守。团首长认为尧山得失关系重大，命令4连、5连坚决夺回山头，并组织炮火支援。4连1班长朱金林很有头脑，他观察地形后，与全班制订攻击计划。第一步冲过沙河，第二步占领庄子，第三步到达山下小高地，第四步攻占山间小庙，第五步迂回到山顶，第六步打掉山顶敌军地堡。在我军炮火连续轰击下，朱班长带领战士按计划行动，仅用半个小时就冲上山顶。敌军溃散，尧山再次被我军占领。[1]

叶飞率领一纵2师和独立师向孟良崮开进。叶飞在老鼠峪等候两个师前来会合，但从下午等到黄昏，独立师才赶到。原来他们没有向导，完全是凭着指北针从山里摸索到指定地点的。叶飞一看表，已经比规定的出发时间晚了几个小时，行动的迟缓可能会产生严重的后果。独立师没有辩解，立即跑步前进，强行军40华里，在14日拂晓赶到天马山。叶飞随2师开进时，正逢74师也在向孟良崮收缩。两军靠得很近，74师走在山岗上，我军走在山脚下。74师以为山下的部队是25师，既不问口令，也不打枪。当时暮霭浓重，视线不清。叶飞命令部队坚决前进，不能停下。如果被敌军发觉，火力向下一压，一纵的处境就十分危险。就这样，两军平行前进，我军的行动没有暴露。[2]

独立师急行军整整一夜，14日拂晓抢占了天马山、蛤蟆崮、黄家峪等制高点，切断了25师与74师的联系。在行军中有两个连队因疲劳过度，休息时睡在路边，干部没听到集合命令而掉了队。占领天马山后，独立师1团又向垛庄飞速前进。在半路上发现了74师赶修的军用公路。团首长认为这是敌军的必经之路，命令抢占附近的285高地，切断敌人的后路。2连、9连战士以勇猛果敢的动作，迅速冲上山顶，迫使敌军向孟良崮方向溃退。

然而，74师毕竟是国民党军队中战斗力很强的部队。14日中午，74师对285高地组织反冲锋，战斗进行的非常激烈。据独立师战后总结中说，74师战术运用的相当熟练："在进攻中，善于小群之迂回动作。正面以少数兵力佯动呐喊，另使用小集团兵力，从我两侧钻隙前进。如其迂回部队得手，正面佯攻部队立即向我前沿攻击。""其班排干部指挥熟练，善于掌握部队，撒得开也收得拢。并能机动掌握情况，如发现我之弱点，立即乘隙突击。部

---

[1]《一纵孟良崮战役基本总结》。
[2]《叶飞回忆录》第431页，解放军出版社1988年版。

队进出，均极迅速。不恋战，不穷追，占我一地，即行火力追击。其进攻队形疏散，善于采取分段分梯次交互前进。进攻道路之选择亦极隐蔽。""轻重机枪均能行交叉火力，善于寻找我防御前沿与纵深之轻重机枪火力点，行压制射击，往往打坏我之机枪及射手。""步兵每占一地，立即迅速改造工事，并插满小旗，标示其到达位置。其攻击部队狡猾多端，常以钢盔放于棱坎，伪装停止，部队由两翼隐蔽运动。或以少数短兵火器隐蔽于山脚设伏，主力故意暴露退却，俟我反击，即突然以短促火力杀伤我反冲锋部队。"但是74师最大的弱点是缺乏近战的勇气，不敢拼刺刀。14日下午他们对285高地连续组织13次冲锋，均被独立师1团2连、9连战士用手榴弹和刺刀击退。黄昏时乘我军换防空隙，敌军发起第14次攻击，占领285高地。这时天色渐黑，后续部队没有到达，1团改向285高地以南公路两侧突击，截获敌军辎重车百余辆。从13日下午开始行军到这时，独立师已经连续战斗了30个小时。叶飞在战后总结中对独立师的顽强作风给予高度评价。[1]

第八纵队在王建安司令员指挥下，越过沂河，绕过孟良崮向万泉山、老猫窝发起攻击，准备在垛庄与一、六纵会师，完成对74师的包围。垛庄以南至青驼寺一线是83师防区，他们的任务是配合74师进攻沂水，并保护74师右侧的安全。83师师长李天霞与张灵甫矛盾较深，李天霞是王耀武的黄埔同学，曾是张灵甫的上级。张灵甫作战强于李天霞，得到蒋介石信任，李对此很是嫉妒。因而在配合74师作战时，惯打滑头仗，以保存实力为原则。不仅李天霞如此，国民党军其他部队也是如此，在战场上互相观望扯皮，谁也不愿为别人付出代价。战后据74师俘虏谈起，他们向坦埠进攻时，张灵甫曾与11师师长胡琏通话：

张："请你们一齐动！"

胡："上级叫我们等你们动才动。"

张："我们现在已经动啦。"

胡："上级要我们等到你们打了才动。"

张："那么你们将动到哪里呢？"

胡："坦埠以北约80华里的地方。"[2]

其实，胡琏的11师在蒙阴根本没有动。张灵甫请李天霞的83师一起行动，

<hr/>

[1]《第一纵队独立师孟良崮战役总结》。

[2]《74师战俘对孟良崮战役的检讨》，1947年6月15日。

◎ 张灵甫（前左二）与同僚

汤恩伯也命令83师派一个旅到沂水西边。李天霞阳奉阴违，派出战斗力最弱的57团，仅用一个连的兵携带报话机一部，冒充旅的番号，同友邻部队联络，弄虚作假。57团团长罗文浪驻守在垛庄以南的老猫窝，掩护74师右后方。

5月14日拂晓，情报部门向张灵甫报告：当面共军连夜调动向74师前进，有积极反击之企图。张灵甫不相信，维持原来的决心，命令74师向指定目标进攻。清晨，74师58旅在马牧池、王山庄的高地受到解放军攻击，被消灭一个连。58旅报告：解放军的兵力有一个师以上。张灵甫犹豫起来，下令暂停对坦埠方向的进攻。10时，各下属部队纷纷报告：74师两侧的天马山、覆伏山、万泉山都受到共军进攻，共军有向垛庄进攻迹象。张灵甫这才确信解放军要包围74师，下令74师迅速撤退到孟良崮、垛庄一带。他向汤恩伯报告了情况，并要求友邻的李天霞等给予支援。

谁知李天霞的83师不仅没有动作，在沂水西岸的阵地也很快被我军突破，致使74师的57旅被隔开。张灵甫打电话问83师57团团长罗文浪，沂水西岸是多少部队。罗不敢直说，支吾其词。张灵甫大怒道："你们搞的什么名堂？现在右翼出了毛病，我们有一个旅没有下来。共军大部过了河，形成包围。我已向国防部告了状，出了事，你们要负责。"他要罗转告李天霞，马上采取措施补救。罗文浪心里十分不满。57团在1946年苏中战役中曾两度被歼，现在是由伪军改编的，装备最差，士气低落。而李天霞却总是让57团打头阵，其用意是即使57团被消灭了，于83师实力无损，他还可以向上司交代，可见李天霞的狡猾。

不一会儿，罗文浪又接到汤恩伯的电话，询问垛庄情况。罗回答垛庄还在74师手中，没有发现共军。汤嘱咐要派兵确实占领垛庄，不能让74师的后方出问题。晚上，李天霞打电话询问情况，指示罗说："夜间作战要多准备向导，特别注意来往的路，要多控制几条。"这分明是暗示如果发生战斗，就可以后撤。可是很快又接到旅长电话，说是奉师部命令，要57团坚守阵地，行动归张灵甫指挥。罗心中暗想："李天霞一面公开下令叫57团归张灵甫指挥，又暗示我后撤。很明显，这是他的花招。一旦出了问题，上边追究责任，我就是牺牲品。"国民党军内部的勾心斗角，在战斗中充分暴露出来。[1]

14日上午，74师的正面遭到我军四纵、九纵的猛烈进攻，侧后又发现一纵、六纵、八纵的穿插，张灵甫感到事态严重，遂组织74师向后撤退。他本想撤回垛庄，但撤退中得知垛庄已被我军占领，只得被迫退向孟良崮、芦山等地，企图凭借山险固守待援。他向汤恩伯报告了情况，汤恩伯虽然感到震惊，但考虑到74师战斗力强，又占据孟良崮，可以进行防御作战。附近有众多增援部队，正是与我军决战的好时机。他电告张灵甫："匪来犯我，实难得之歼匪良机。贵师为全局之枢纽，务希激励全体将士坚强沉毅，固守孟良崮，并以一部占领垛庄，协同友军予匪痛击，以收预期之伟大战绩。"汤恩伯令74师吸引我军主力，又命令新泰之11师、蒙阴之65师、桃墟之25师、青驼寺之83师迅速向74师靠拢，并招呼较远的5军、7军、9师、20师、48师、64师向蒙阴、垛庄前进。国民党统帅部企图以74师为"磨心"，来个"中心开花"，以10个师（军）的强大兵力对我华东野战军的5个纵队进行反包围，求得决战的胜利。张灵甫自恃建制完整，外有援兵，表示能够坚守孟良崮，要求空投弹药，依托山头高地固守。但是74师的美式榴弹炮等重装备无法拖上山，只得抛弃于山下。

孟良崮位于蒙阴东南60公里的芦山山区。芦山山区东西宽40到50公里，南北纵深30到40公里。万泉山、雕窝、芦山、孟良崮等山峰起伏相连，主峰孟良崮高500余米。这一带的山峰全是清一色的石头山，山峰陡峭，怪石耸立，草木稀疏。这里本来人口就少，国民党军到来之前，当地群众早已坚

[1] 罗文浪：《孟良崮战役回忆》，载《文史资料选辑》第18辑。

壁清野,十室九空。74 师到达孟良崮后,张灵甫部署 58 旅防守中心区域雕窝、芦山、孟良崮,51 旅防守西北方向的 540、520、285 等高地,57 旅防守北面的石旺崖、大碾等地。孟良崮山上石质坚硬,无法构筑工事。74 师士兵用石头堆起围墙,在山路上设了鹿砦和障碍物,以山沟和石缝为隐蔽处。

14 日夜里,解放军向 57 团发起猛攻,这是王建安指挥的八纵在向 74 师后方穿插。罗文浪指挥部队抵抗了一阵,便瓦解逃窜。八纵占领老猫窝,切断了 74 师与 83 师的联系。罗文浪带领 57 团残兵逃到通往临沂的公路上。他考虑了一下,自己的任务是保障 74 师后方的安全,现在 74 师还在孟良崮,57 团如果跑回去,必受军法制裁。如果向 74 师靠拢,还有一线生机。于是他命令部队掉头,冲向垛庄以东的高地,与 74 师 58 旅会合,防守西南阵地。

王必成的六纵是粟裕安排的一支奇兵。12 日六纵接到夺取垛庄的命令,王必成喜出望外,立即收拢部队,由百里之外飞速前进。这一路多是山区,六纵发扬吃苦耐劳的精神,翻山越岭,徒涉河流。14 日拂晓到达距离垛庄 20 多里的观上、白埠,稍事休息,下午继续前进。先头部队击溃 25 师阻击部队后,到达垛庄外围,黄昏时发起攻击。垛庄是 74 师后方基地,只留下运输营和辎重营,在六纵猛烈攻击下,很快就被解决。大量弹药和军用物资及上百辆卡车被六纵缴获。当夜,六纵与西北的一纵、东南的八纵取得联系。

14 日夜里,我军发扬夜战特长,从几个方向向 74 师盘踞的山头发起连续攻击。四纵、九纵经彻夜激战,推进到唐家峪、赵家城子一线,并一度占领当阳、雕窝。八纵 23 师经过 8 小时连续战斗,终于占领万泉山。这样,我军进攻孟良崮的 5 个纵队打通了联系,将 74 师合围在孟良崮的狭小山区,并构成了阻击 25、83 师的坚强防线。当夜 23 时粟裕下达命令:"一纵已占覆浮山、天马山及孟良崮两山地,四纵部队已过汶河南下,八纵部队已抵万泉山,敌已为我包围,退路基本上已截断。明日拂晓前 3 时发动总攻,以期尽可能于明日上午解决战斗。"[1]

战役到了关键时刻。对我军来说,一是能否迅速围歼 74 师,二是阻援的 4 个纵队能否挡住敌人援兵。陈毅当即发出"歼灭 74 师,活捉张灵甫"的战斗号召。粟裕带领指挥所由坦埠向前推移,来到前线艾山脚下张林村的一个山洞里,密切观察和指挥战斗。各级指挥员的位置也前进到第一线,准备 15 日发起总攻。

---

[1]《华东野战军孟良崮战役阵中日记》。

在汤恩伯和南京方面的督催下，15日晨国民党军25师、83师等向我军阻援部队发起攻击，企图向孟良崮靠拢，为74师解围。25师在这次行动中与74师编在同一纵队，由师长黄百韬负指挥之责。这天上午10时，黄百韬以两个团的兵力，在飞机大炮掩护下，向覆浮山、界牌、天马山发动攻击。黄百韬没有打滑头仗，25师在不间断的炮火下，以"人海战术"向我一纵1师阵地密集进攻。山坡上双方展开肉搏，杀声震天，尸横遍野。在1师阻击部队伤亡殆尽的情况下，25师以重大伤亡占领了覆浮山和界牌，虽然只前进了不到5公里，但与74师只隔一座天马山，几乎就要突破我军防线了。

此时，一纵已将主力投入总攻孟良崮的战斗，抽不出机动部队来增援1师了。15日拂晓陈毅司令员打电话给叶飞："党中央和毛主席又来了指示，说不要贪多，首先歼灭74师，然后再寻战机。现在敌人的10个整编师已经围在我军周围，先后响应。当前你们的主要任务是协同兄弟纵队把74师这个轴心敲掉，这样，敌人就没有指望了，我们也就免得两边作战了。如果拖延下去，情况的逆转是可以预料的。"叶飞已经感到两面作战的压力，仍下定决心将多数兵力投入孟良崮方向，把防御25师、65师的任务交给1师师长廖政国。廖政国从来没有承担过如此困难的任务：他带领1师的两个团和刚由地方部队升为主力的3团、9团，要守住60公里长的阵地，挡住国民党军两个整编师。但是他没说二话，接受任务就出发了。当25师攻占界牌后，黄百韬命令全力进攻天马山。下午4时，天马山阵地告急，国民党军已经攻到半山腰。廖政国已经用上所有的预备队，叶飞正在指挥攻击孟良崮的战斗，赶调部队也来不及了。正在危急时刻，忽然看到一支部队正沿山沟向孟良崮方向前进。廖政国拦住询问，原来是四纵28团的一个营。廖对营长说："我是1师师长，命令你们立即赶援天马山。"营长说："我营奉命跑步赶去攻击孟良崮，任务紧急。"廖政国指着硝烟弥漫的天马山说："天马山阵地得失，关系重大。如果敌人打通联系，全局皆输。我手里只剩几个警卫员，只有使用所有到达这个地区的部队。"那营长考虑了一下说："好，我执行你的命令。"这一营生力军赶到天马山，和1师同志一起将25师击退。黄百韬的努力在最后一步遭到挫败。[1]

与此同时，国民党军83师、7军在坦克和炮火支援下，连续向我二纵、八纵桃花山、留田一线发起攻击，一度接近我军包围圈，距离74师只有5公里。

[1]《叶飞回忆录》第434页，解放军出版社1988年版。

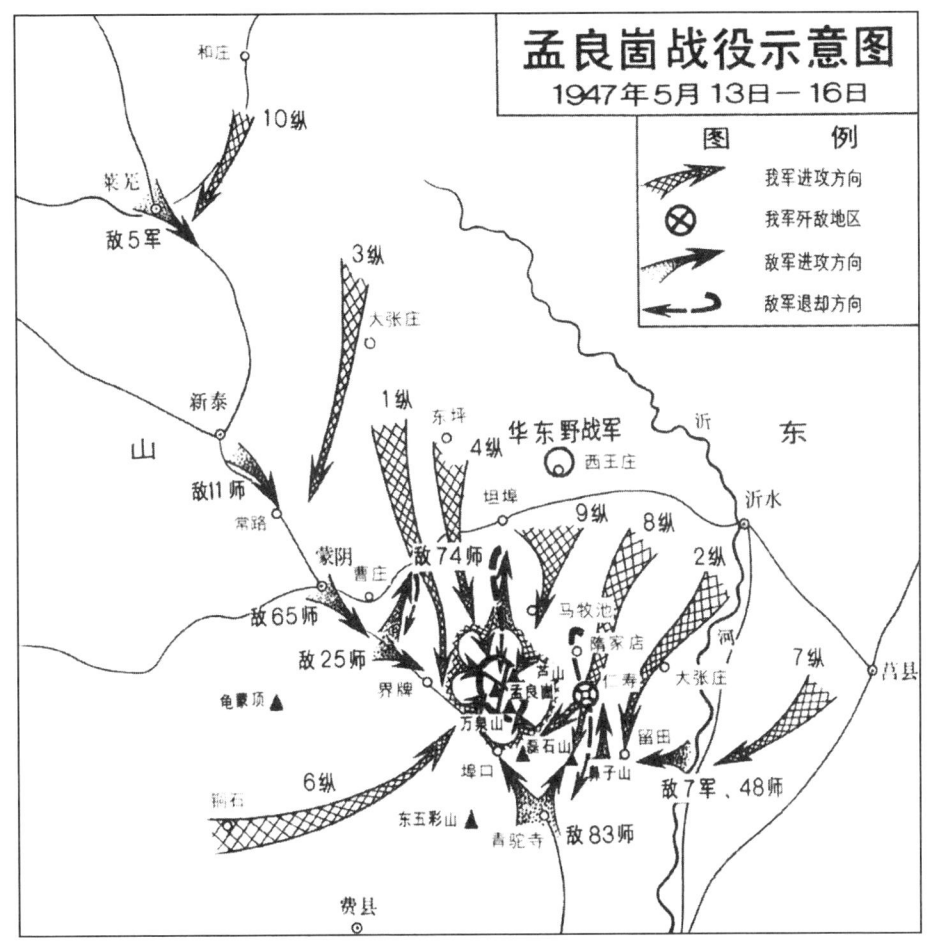

孟良崮战役示意图
1947年5月13日—16日

图　例
我军进攻方向
我军歼敌地区
敌军进攻方向
敌军退却方向

◎ 孟良崮战役示意图

李天霞用上了预备队，也未能突破我军的顽强阻击。11师从新泰南下，受到我三纵的阻击。胡琏白天虽有进展，夜里又遭到三纵袭击，被阻挡在蒙阴以北。七纵在7军、48师背后积极佯动，牵制敌军不敢大胆前进。华野阻击部队3天的顽强防御，给主攻部队最后歼灭74师提供了宝贵的时间。

　　15日的孟良崮，战斗达到空前激烈的程度。陶勇指挥四纵向孟良崮西北麓的540高地攻击。从山脚下望去，山麓上排列着7个逐渐上升的小山头，很像阶梯。四纵先头部队一个营从黎明开始发起攻击。74师守备部队在错落的山坡上构筑工事，围上鹿砦，布置交叉火力封锁大小道路和凹地。我军先上去一个连，沿着山沟和凹地隐蔽前进。左右山坡上敌军突然开火，我军战士倒下几个。其余战士向旁边隐蔽，又遭到交叉火力地袭击。在进退两难的情况下，第一次攻击失败。营长吴可如观察地形后，认为应该集中兵力，一个山头一个山头地占领。我军集中六零炮、八二无后座力炮向第一个山头开火，摧毁敌军工事。敌军在岩石山上无处隐蔽，只得向高处的山头逃命。我军战士乘势占领第一个山头，炮火又向第二个山头延伸射击。就这样，我军一个一个地占领山头，向540高地山顶前进。敌军在无路可退的情况下，跳出工事进行反突击。我军迎上去与之肉搏，到下午3时，终于将7个小山头占领。后续部队和友邻的一、六纵队沿着这个"阶梯"，直扑孟良崮。[1]

许世友指挥九纵攻击孟良崮东南的制高点雕窝。雕窝地势险要，易守难攻，控制它就可以直接打击孟良崮阵地。九纵与74师在这里展开反复争夺。15日拂晓，九纵26师76团在炮火支援下向雕窝发起攻击。在敌军火力密集封锁下，进展十分艰难。到11时，76团才占领雕窝。立足未稳，74师一个营就来反冲锋，雕窝又被敌人夺去。到16日黎明，我军集中强大炮火猛轰雕窝，76团再次攻击，仅用两小时就再次占领雕窝。

在我军5个纵队的猛攻下，74师伤亡惨重，国民党军被困在孟良崮山上，断水断粮，饥渴难熬，战斗力和士气大大下降。张灵甫的信心动摇了，他拼命向汤恩伯和南京方面呼叫，要求附近各师前来解围，并要求空投弹药粮食。汤恩伯在15日中午致电张灵甫，还在给74师打气："目前战局，贵师处境最苦，而关系最重。黄（百韬）李（天霞）两师并王凌云师即向东出击，只要贵师站稳，则可收极大之战果，亦即贵师极大之功绩。务希转告全体将士一致坚毅奋斗，以达成此伟大任务。"[2]

但是张灵甫坚持不下去了，他命令74师各部全力突围，争取杀开一条路，和增援部队会合。15日下午，74师在飞机轮番轰炸掩护下，先向垛庄方向突围，被六纵阻击堵回来。又改向西北方向突围，被一纵打回。后又转向东突围，一度重占雕窝，但也被九纵打回。74师官兵居高临下，依托巨石和山头阵地，不断发起反冲击。我军与敌军展开肉搏，每一处阵地都经过数次乃至十几次冲锋和反冲锋。短兵相接，刺刀见红，战斗激烈程度，为解放战争以来所罕见。孟良崮上缺少水源，74师士兵在太阳暴晒下饥渴难忍。九纵控制的野猫圩山沟中有一眼山泉，74师发起集团冲锋，与我军争夺水源。九纵25师73团一个连固守阵地，打退敌军20多次进攻，连队干部几乎全部伤亡，

---

[1] 四纵政治部编：《战斗》第15期。
[2] 国民党第1兵团：《蒙阴东南地区战役战斗详报》。

仍坚持不退。敌军死尸遍地，却没有得到一滴水。战斗到黄昏，74师伤亡惨重，被我军压缩到孟良崮、芦山东西3公里，南北2公里的几个山头上，人员、马匹、辎重等密集地挤在山头上、山谷中，完全暴露在我军的炮火之下。张灵甫等转移到孟良崮600高地的一个山洞里，74师参谋长魏振钺用无线电话呼叫：全师终日战斗，伤亡极为惨重，请求空投弹药，并望援军速进解围。张灵甫亲自与25师黄百韬师长通话，要他们占领天马山，解救74师。汤恩伯则命令74师、83师共同向万泉山方向突击，求得会合。但74师回答：目前已无力攻击万泉山。

15日这天夜里，华野指挥部也无人入睡。陈毅考虑：在决定性的战斗中，要舍得拼。在关键时刻，要舍得本钱，才能保住本钱。在残酷的战争中，部队不可避免要有消耗，只有勇于承担牺牲，才能夺取胜利。现在孟良崮战役好比骑虎，不能下背，下来就会被咬死。夜里22时，陈毅打电话给叶飞说："敌11师已靠近蒙阴，5军已到新泰，64师已到青驼寺。如果明天（16日）拂晓前不能全歼74师，我军将陷入敌人包围。"陈毅沉默半晌，口气坚决地说："无论如何要在16日拂晓前拿下孟良崮，消灭74师，我们就全盘皆活了。不论付出多大代价，哪怕拼掉两个纵队，也要完成任务。"他授权叶飞统一指挥一、四、六、九纵队，总攻孟良崮。粟裕下达总攻部署：九纵以两个师攻击520高地，然后向孟良崮发展；四纵以6个团猛扑540高地，会同九纵攻击孟良崮；八纵以4个团攻芦山；六纵自宫山向北攻击；一纵以7个团向东攻击。总攻时间定在16日凌晨1时。

16日凌晨，各纵队开始向74师发起全力猛攻。我军集中全部炮火向孟良崮山上猛轰，把山上打得浓烟滚滚，血肉横飞。炮弹打到岩石上，迸溅的碎石给密集的敌军造成重大杀伤，一炮就打倒一片。74师的骡马、辎重、伤员、非战斗人员拥挤在山岗上，伤亡惨重，部队已呈混乱状态，失去控制。炮火准备后，我军几路大军杀声震天，奋勇登山。敌军困兽犹斗，与我军白刃格斗。我军攻势如潮，越战越勇。陈毅、粟裕在指挥部里，不断收到各纵报告：

3时：九纵爬上东540高地。

3时30分：一纵占领西540高地，独立师攻占600高地两侧。

4时30分：八纵登上芦山主峰。

8时：四纵攻上540高地，将敌军一个旅压向东南谷地。

10时：一纵向600高地攻击。

◎ 陈毅（左一）、粟裕（左二）在孟良崮前线

10 时 15 分：九纵在孟良崮与雕窝之间山凹发现 2000 敌人，正在消灭中。[1]

就在我军主力总攻孟良崮顺利进展时，从西北方向传来隆隆炮声。这是国民党 25、65、83 等师正在向我阻援部队发起攻击。蒋介石于 16 日 8 时下达命令："山东共匪主力今晚向我军倾巢出犯，此为我军歼灭共军，完成革命之唯一良机。如有委靡犹豫，逡巡不前或赴援不力、中途停顿，定以畏匪避战，纵匪害国，贻误战局，严究论罪不贷。"黄百韬、李天霞犹如刀架在脖子上，不能不拼命了。惯于保存实力的李天霞也用上了他的预备队，但是我一、六纵部分担任阻击任务的部队和二、三、七纵都表现了顽强的战斗精神，与敌军死缠烂打，反复争夺，坚决不后退。迟滞了国民党援军的前进，为孟良崮战役的胜利赢得了时间。陈毅、粟裕急于解决 74 师，每隔 5 分钟就向各纵询问一次。上午，陈毅打电话问九纵司令员许世友："聚歼 74 师，成败在此一举！我们能争得的时间已经不多了，你们情况怎么样？能不能把孟良崮拿下来？"

许世友回答："现在已经打成这个样子，还能让敌人跑了？我手头还有一个师没用上，74 师不要想从我这里跑掉一个人，通通打完，把它消灭！"

陈毅大声说："好！现在要不惜一切代价，把孟良崮拿下来。你们打掉

---

[1] 《华东野战军孟良崮战役阵中日记》。

一千，我给你们补一千；打掉两千，我给你们补两千。谁打下孟良崮，谁就是英雄！"

许世友立即将陈老总的指示向各级传达，同时命令把预备队全部用上去，抽调机关人员补充到战斗部队中。他命令25师萧镜海师长："你们师长当团长，团长当营长，营长当连长，带头冲！"九纵打乱建制，干部战士不待命令，哪里有敌人就往哪里冲。到下午15时，我军5个纵队会师于孟良崮、芦山山顶，74师官兵纷纷就擒。战斗基本结束。[1]

这时山雨欲来，满山浓雾，能见度很低。各纵队忙着打扫战场，清点俘虏，收缴枪支弹药。有的战士高兴地举枪向天空射击，表达胜利的喜悦心情。但是华野指挥部监听到孟良崮地区仍有敌军电台活动，陈毅、粟裕命令各纵队立即清查上报毙伤俘虏敌军的准确数字。首长们亲自汇总核实，发现各纵队所报歼敌数字与74师编制数相差甚大。即令各部不顾疲劳，组织部队进行战场搜索。陈毅嘱咐："不要放走张灵甫一兵一卒。"经过3个小时的协力搜剿，终于发现约有7000残敌隐藏在孟良崮、雕窝之间的山谷中。这里是我军攻击孟良崮的接合部，攻击部队见他们没有开枪，以为是我军的友邻部队，没有攻击他们。当这股敌人被发现后，四、八、九纵马上组织最后的攻击，将其包围全歼。到17时战斗全部结束，粟裕向陈毅报告了全歼74师的消息，陈毅兴奋地说："我在电话里向全体将士祝酒致敬。"说完，他如释重负般地坐下来，长叹一声："嗨呀，这三昼夜总算是熬过来了！"这时，电闪雷鸣，一场暴雨倾盆而下，像是在冲洗孟良崮的战火硝烟，恢复它的平静故态。

华野首长曾计划歼灭74师后，乘胜扩张战果，再歼灭25师或83师。但因南北两个方向敌军全力向垛庄、孟良崮方向前进，已经密集靠拢，不易分割。我军经三昼夜战斗，已经极度疲劳。陈毅、粟裕于16日深夜决定不再恋战，各纵队脱离战场，后撤到坦埠、马牧池、莒县以北地区休整。国民党军占领垛庄、孟良崮后，已不见我军踪影。74师的灭亡令他们胆战心惊，遂全部转入防御态势。

战役结束后，陈毅最关心的是追查张灵甫的下落。5月16日18时30分四纵曾向野战军指挥部报告：张灵甫为30团所俘，后又失踪，核正清查中。第二天，得知张灵甫的尸体被抬下山来。有的说自杀，有的说在战斗中被击毙。陈毅进行多方调查，才知道战斗结束前，张灵甫和副师长蔡仁杰、参谋长魏

---

[1] 《许世友回忆录》第16章第3节，解放军出版社2005年版。

振铖等给蒋介石发出最后一封电报，将团以上军官姓名报告蒋介石，表示要"集体自杀，以报校长培育之恩。"实际上他们都不想死，正犹豫间，四纵战士冲进74师师部所在山洞，张灵甫等均被生俘。在押解途中，六纵特务团的干部见到张灵甫，旧恨新仇涌上心头，头脑一热，开枪击毙张灵甫。然后让俘虏兵抬着尸首随部队转移，掩埋在沂水县野猪旺村后的山冈上。坟前竖一木牌，上写"张灵甫之墓"。[1]

陈毅得知此事，非常生气。杀俘是严重违反我军政策的行为，特别是活捉张灵甫，政治上的影响多大，但是人已经死了，给胜利打了折扣。5月29日，陈毅在山东坡庄华东野战军团以上干部会议上对此进行了严厉批评。他说："此次对俘虏政策的破坏达到相当严重的程度，放下武器的自由杀害，不多责备，不追究责任。要推动全国革命高潮，主张不多杀俘虏，有些同志不相信俘虏策反成绩，甚至害怕。""重伤兵杀俘虏，不老实，公开对党进行欺骗，违反政策。张灵甫是我们杀的，报告说是自杀的，我们便欺骗了党中央、毛主席、朱总司令。"[2] 为了向党中央如实报告事实，5月30日华东野战军陈、粟、谭、陈联名致电中央军委：

"（一）据最后调查证实：74师师长张灵甫、副师长蔡仁杰、58旅旅长卢醒，确于16日下午2时解决战斗时，被我六纵特务团副团长何凤山当场所击毙。当特团何副团长走近张灵甫等藏身之石洞，据师部副官出面介绍为张灵甫等人。现尚在俘官处可证。

（二）另查出51旅旅长陈传钧、副旅长皮宣猷、57旅旅长陈嘘云、参谋长魏振铖、副参谋长李运良、58旅副旅长贺诩章、师新闻处副处长赵建功均被俘，现在野战俘官处生活。"[3]

孟良崮战役，华东野战军全歼整编74师及83师一个团。其中毙伤13000人，俘虏19676人，合计歼灭32676人。缴获山野炮28门、轻重迫击炮235门、轻重机枪987挺、长短枪9828支和大量弹药、物资。我军阵亡2043人，负伤9300人，加上其他减员，共计伤亡12189人。在这次战役中，我军的伤亡几乎与74师相等，远远超过鲁南、莱芜战役的伤亡数字，可见这次战役的激烈和残酷程度，也说明胜利的来之不易。中央军委高度评价孟

[1]《民国高级将领传》第5册，解放军出版社1989年版。
[2]《中国人民解放军第三次国内革命战争史料选编》第2辑第2册。
[3]《陈毅传》第349页，当代中国出版社1991年版。

良崮战役的胜利，毛泽东 5 月 22 日致电华野领导人："歼灭 74 师，付出代价较多，但意义极大，证明在现地区作战，只要不性急，不分兵，是能够用各个歼击方法打破敌人进攻，取得决

◎ 国民党74师俘虏

定胜利。而在现地区作战，是于我最有利，于敌最为不利。"[1]

粟裕副司令员在战后总结报告中指出："这次战斗确实是个硬仗，参战的各个纵队都下了最大的决心，高度地发扬了我华东部队英勇顽强，连续战斗、不怕伤亡、不怕消耗和能攻能守，攻防结合、积极主动协同配合作战，坚决歼灭敌人的光荣传统作风。全战役共毙伤俘敌三万二千余人，我军伤亡一万二千余人，敌我伤亡对比 3:1。这个伤亡代价是值得的，我们换取了在敌人重点进攻的高峰、在敌人密集的进攻队形中歼灭其一个主力师的巨大胜利，砍掉了敌人一支最强的骨干力量。"

"这次战役过程中，我们几次定下决心和变更决心，而最后决心集中全部兵力捕歼位于敌军密集队形中央的王牌第 74 师于孟良崮地区，是很不容易的。充分体现了歼敌决心的坚定性和战术的灵活性，这要归功于中央军委、毛主席的正确领导，也是陈总创造性地运用毛泽东军事思想和积极贯彻诱敌深入、在运动中速决歼敌方针的又一杰作。从整个战役过程中，也充分体现了我华东野战军全体指战员通过解放战争以来历次战役胜利，对陈毅司令员的正确指挥无比信任，从而真正做到了上下一致、万众一心、东挡西杀、南征北战，不怕走路、不怕疲劳、服从命令听指挥、要到哪里就到哪里，几十万大军如同一个人一样，捏成一个铁拳，捶到预定歼击敌人的头上。没有这个条件，任何作战计划也是不可能实现的。"[2]

国民党统帅部那边，是一片沮丧和哀鸣。16 日下午 3 时，汤恩伯还在向各部队绝望地叫喊："我张灵甫师连日固守孟良崮，孤军苦战，处境艰危。

---

[1] 《毛泽东军事文集》第4卷第81页，军事科学出版社1993年版。
[2] 王德：《华东战场参谋笔记》，上海文艺出版社1996年版。

我奉令应援各部队，务须以果敢之行动，不顾一切，星夜进击，破匪军之包围，救袍泽于危困。其有徘徊不前，见危不救者，决非我同胞所忍为，亦恩伯所不忍言也。"[1] 但此时孟良崮方向的枪声渐稀，增援部队知道 74 师大势已去，也就不再拼命进攻了。两天后，一个侥幸突围出来的 74 师副团长带伤逃到临沂，向汤恩伯报告 74 师灭亡的消息。为了掩盖失败真相，他编造了张灵甫等自杀成仁的谎话。

蒋介石获悉 74 师被消灭，极为震惊。他哀叹这是自发动内战以来"最可痛心，最可惋惜的一件事"，是"无可补偿的损失"。蒋介石在南京为张灵甫举行了隆重的追悼会，在玄武湖边立碑纪念（1949 年第三野战军解放南京后，拆除了张灵甫的纪念碑）。蒋介石召集军事会议，追究孟良崮战役失败的责任。汤恩伯被免去兵团司令官之职，黄百韬、李天霞更是主要责任者。黄百韬自知难逃惩处，索性大胆承担。他在开会之前见到汤恩伯，表示战败的责任由他完全承担，与汤无关。汤恩伯正苦于无法交代，见黄百韬如此仗义，深为感动。在会议上汤恩伯力陈张灵甫骄傲自大，不听黄百韬指挥，才导致全军覆没。顾祝同也指示黄百韬大胆报告张灵甫轻敌冒进，擅自行动的情况。黄百韬在会上侃侃而谈，汇报了孟良崮战役的经过和 25 师为救援 74 师，自己伤亡一万多人的事实。在场的人都认为黄百韬是尽了自己的努力，蒋介石只给他撤职留任的处分，黄百韬是置之死地而后生，化险为夷。李天霞则受到应有的处罚，被撤去职务，送军事法庭审判。他上下疏通，送了很多金条，才逃脱判决，一年后复出。

为总结孟良崮战役的教训，国民党军官训练团曾进行专门研究。他们承认自己有多种失误。如 74 师是重装备部队，在山地作战中不能发挥优势，反而被重装备所累。指挥官只看地图，不像共军亲自侦察地形，犯了主观主义的错误。74 师修建垛庄公路，暴露攻击方向，是失败的主要原因。国民党方面总结的教训是："重装备部队不能离开公路，轻装备部队应在公路两侧道路行进，始不会遭敌袭击。对共军之攻防，应使 360 度均无弱点，始可操取胜算。""与敌作战，并进不如重叠，分进不如合进。"蒋介石认识到这次失败不仅是战略战术问题，主要是部队作风败坏，互相拆台，协同不力。不解决内部矛盾，战争是打不赢的。他在军官训练团第三期研究班上说："我自张师长殉职以后，立刻命令前方（沂蒙山区）部队停止进攻，同时召集各

1 国民党第 1 兵团：《蒙阴东南地区战役战斗详报》。

将领来彻底检讨，彻底研究，彻底改正我们部队的作风和习惯，重新决定我们的战略战术。必须等到我们全军一番起死回生的改造之后，乃能作进一步的打算。"[1] 因而，国民党军对山东解放区的重点进攻，暂时停顿下来。

---

[1] 国民党军官训练团：《一年来剿匪重要战役之检讨》。

第 11 章
七月分兵

坡庄会议——蒋介石调整重点进攻战略——陕北甚为困难——毛泽东指示外线出击——华野兵分三路——南麻、临朐战斗失利——粟裕承担责任——陈毅对粟裕的信任和支持——西进兵团艰苦奋战——总结经验教训

孟良崮战役结束后，蒋介石撤换了陈诚、汤恩伯，对原来的部署作了相应的调整。1947 年 5 月和 6 月期间，山东战场出现暂时的平静，华东野战军又获得了一段休整的机会。

1947 年 5 月 28 日到 6 月 2 日，华野在沂水西北的坡庄召开团以上干部会议，总结孟良崮战役的经验，传达贯彻中央军委对山东战场下一步行动的指示。坡庄会议是一次统一思想，坚持山东根据地，集中兵力打歼灭战，粉碎蒋介石重点进攻的会议。经过莱芜、孟良崮两次战役的胜利，大家越来越清醒地认识到集中兵力的重要性。如果说以前对统一指挥和运动作战还有怀疑，通过这些胜利大家统一了认识。根据华野领导的设想，以后几个月的行动应该是继续坚持内线歼敌。但是形势又发生了重大变化，导致了华野的"七月分兵"。

蒋介石在孟良崮战役失败后，仍未放弃对山东的重点进攻。他起用日本战犯冈村宁次为顾问，在南京、徐州等地召开多次军事会议，检讨战局，研究对策。国民党军统帅部制定"并进不如重叠，分进不如合进，以三四个师重叠交互前进"的作战方针，调陆军副总司令范汉杰到鲁中前线统一指挥。

国民党军集中 9 个整编师、22 个旅，在莱芜至蒙阴不到 50 公里的正面摆成方阵，配备了山地作战器材和炮兵，囤积物资，准备发动新的攻势。

华东野战军主力当时集结在莱芜、蒙阴以东，坦埠、沂水以北地区。针对敌军"密集平推，步步为营"的战法，准备在 6 月中旬对莱芜的国民党 5 军和 85 师发起进攻，求得在运动中歼敌一部，调动敌军，收复新泰、莱芜产粮区，打通与鲁南的联系。但我军刚开始调动，敌军即向后收缩，严密防御。我军没有机会，只好放弃原计划，等待机会。6 月 22 日，毛泽东指示华东野战军："山东战事仍为全局关键，你们作战方针，仍以确有胜利把握然后出击为宜。只要有胜利把握，则不论打主要敌人，或打次要敌人均可。否则宁可暂时忍耐，不要打无把握之仗。"[1]

此时，毛泽东在陕北的处境，比华东要困难得多。为了挫败国民党军对陕北的重点进攻，拖住胡宗南兵团，毛泽东坚持留在陕北，一面指挥全国各战场的作战，一面与胡宗南周旋。虽然彭德怀指挥西北野战军取得了青化砭、羊马河、蟠龙三次战役的胜利，给胡宗南以沉重打击，但胡宗南仍不放弃对陕北的进攻。他盘踞延安，指示手下部队对安塞、保安地区进行"清剿"，一方面寻找西北野战军决战，更重要的是企图寻找党中央的所在。毛泽东、周恩来、任弼时带领中央机关，连夜冒雨行军，在靖边、葭县（今佳县）、米脂一带黄土高原转移，与敌人周旋。这一带地区荒凉贫穷，毛泽东等经常以野菜、黑豆充饥，的确是非常艰苦。毛泽东感到这样下去毕竟不是办法，需要在战略上采取主动，从根本上扭转被动局面。就在那些日子里，他构思了让刘伯承、邓小平指挥中原野战军千里跃进大别山，陈毅、粟裕指挥华东野战军南下江淮地区作战的设想。邓小平对毛泽东的战略思想心领神会，他在一次报告中这样陈述："蒋介石的反革命战略方针是要把战争扭在解放区打，这是他从长期反人民战争中得到的经验……这次蒋介石又想用这个办法对付我们，扭在解放区打，来削弱我们的人力、物力、财力，使我们不能持久，封锁我们不能出来，好使他保持三万万人口的后方完整而不受损失，来供应他作战。这个如意算盘是高明的，但是还有更高明的毛主席，他从确定自卫战争的方针时起早就看清了这一点。他告诉我们，开始必须在内线打，打到一定时候，也就是削弱敌人到相当程度之后，就要打到外线，到蒋管区去打。这样就可以击破蒋介石反革命的毒辣的战略方针。因为在战争初期，我们的

[1]《毛泽东军事文集》第4卷第81页，军事科学出版社1993年版。

装备还不够优良，作战经验还不丰富，内线便于消灭敌人，便于组织和发展我们的力量，便于积累经验，所以先在内线打是完全必要的，也是取得了胜利的。从一九四六年七月到一九四七年六月，我们全国各个战场在第一年的自卫战争中，消灭了一百一十二万敌人。我们把分散的游击部队组成了野战军，积累了丰富的作战经验。这时时机成熟了，就应该转到外线，否则就要吃亏。拿冀鲁豫来说，经过一年的内线作战，农民的鸡、猪、牲口看见的不多了，村里的树也少了，试问，扭在解放区打，我们受得了吗？如果我们只想在内线作战要舒服一些，就中了敌人的毒计。"[1]

根据毛泽东 1947 年 5 月 4 日给刘邓、陈粟的指示，刘邓大军应在 6 月份南下，向长江或大别山进军。陈粟配合刘邓行动，受刘邓指挥。大约在 6 月 20 日左右，刘邓接到毛泽东从陕北发来的一封极秘密的电报，写的是陕北"甚为困难"。这样的话，毛泽东从未向其他战区的负责人说过。刘邓懂得这封电报的分量，马上复电半个月后行动。实际上不到 10 天，6 月 30 日，刘邓大军就强渡黄河，开始了千里跃进大别山的行动。[2]

当时，华野仍按原定计划，准备在内线歼敌。由于国民党军靠得很紧，找不到歼敌一部的机会，陈毅、粟裕即改变意图，以六纵向临沂、蒙阴公路出击；以四纵奔袭费县，破坏敌军后方补给线；以七纵佯攻汤头，迫敌分兵回援，主力集结在沂水一线待机。

刚刚部署完毕，突然接到毛泽东 6 月 29 日电报。电报指示："蒋军毫无出路，被迫采取胡宗南在陕北之战术，集中六个师于不及百里之正面向我前进。此种战术除避免歼灭及骚扰居民外，毫无作用，而其缺点则是两翼及后路异常空虚，给我以放手歼击之机会。你们应以两至三个纵队出鲁南，先攻费县，再攻邹、临、枣，纵横进击，完全机动，每次以歼敌一个旅为目的。以歼敌为主，不以断其接济为主，临蒙段无须控制，空费兵力。此外，你们还要准备于适当时机，以两个纵队经吐丝口攻占泰安，扫荡泰安以西、以南各地，亦以往来机动歼敌有生力量为目的，正面留四个纵队监视该敌，使外出两路易于得手。以上方针是因敌正面既然绝对集中兵力，我军便不应再继续采取集中兵力方针，而应改取分路出击其远后方之方针。其外出两路之兵力，或以两个纵队出鲁南，以三个纵队出鲁西亦可。"[3]

---

[1] 《跃进中原的胜利形势与今后的政策策略》，载《邓小平文选》第1卷第97-98页，人民出版社1994年版。
[2] 《对二野历史的回顾》，载《邓小平文选》第3卷第339页，人民出版社1993年版。
[3] 《毛泽东军事文集》第4卷第113页，军事科学出版社1993年版。

　　这个指示完全改变了军委过去要求华野不分兵，坚持内线歼敌的方针，使华野领导人感到突然。但是他们坚决执行了中央的指示，经过紧急磋商，决定立即兵分三路：以一纵、四纵（称西进兵团）越过临蒙公路向鲁南挺进；以陈士榘、唐亮指挥三纵、八纵、十纵（称陈唐兵团）向泰安、大汶口方向挺进；陈毅、粟裕指挥二纵、六纵、七纵、九纵在沂水方向迎击正面敌人。命令下达一天之后，7月1日，各部队就开始行动。这就是华野的"七月分兵"。

　　"七月分兵"是在很仓促的情况下进行的，很多问题没来得及周密计划。当时正逢雨季，华野部队又经历了一个艰难曲折的过程。

　　华野的西进兵团和陈唐兵团向鲁南和鲁西南挺进后，国民党统帅部察觉我军意图，7月12日，蒋介石下令从鲁中地区抽回7个整编师，围追堵截我军，阻止华野部队向中原挺进。这样，国民党军在鲁中的兵力被调动、扯散，企图在鲁中决战的计划就破产了。当时留在鲁中的有4个师，其分布是：胡琏的整11师驻南麻，黄百韬的整25师在东里店，王凌云的整9师在沂水，黄国梁的整64师在东里店以西的大张庄等地。此外，王耀武属下的李弥的整8师驻临朐，配合行动。

　　陈毅、粟裕带领华野指挥部来到南麻、临朐之间的三岔店，他们手里有4个纵队，单独对付当面国民党军任何一个整编师都有优势。7月10日，陈粟命令各纵队向东里店前进，消灭黄百韬的整编第25师。当部队开始行动后，天降暴雨，山洪暴发，我军无法行动。而整编第25师与整编第64师迅速靠拢，东里店这一仗就打不成了。陈粟看到南麻的整编第11师相对孤立，就命令各纵队掉头，以二、六、九纵包围南麻，七纵南边负责阻援。17日，各纵队开始行动。

　　南麻地处鲁中山区，是一个小盆地。三面是山，东面是小丘陵，北面高地有一个隘口通向博山，沂河从南麻以南流过。这个地方利于防守而不利于大部队行动。国民党整编第11师是"五大主力"

◎ 胡琏

之一，师长胡琏是个工于心计的指挥官。74师的被歼给他很大震动，虽然11师战斗力也很强，但胡琏仍然处处小心，谨慎从事。6月国民党军开始行动时，11师从莱芜到达鲁村。胡琏感觉鲁村地形不利，四面是山，中间一块小盆地。只有占领四面高山，才能保住鲁村；否则四面受敌，数万军队压在村庄里无法施展。而要占领四面高山，兵力又不足。胡琏考虑再三，请示上司移驻南麻。到达南麻后，他更不急于向前推进，而是用20多天时间，大力构筑工事，力求先保全自己。

胡琏带领11师4个团驻守南麻，以另外两个旅分别驻守北麻、高庄、北刘家庄、吴家官庄等地，范围很小，各部队靠得很紧。在外围制高点历山、马头崮等设置部分兵力警戒。在村庄周围，修筑了许多以子母堡为核心的一线或集团梅花形工事。这些工事依各种地形作不规则的组成，有的依靠山坡、坟头，沿边垂直下挖成穴，然后开射击孔。堡与堡之间可以用交叉火力相互支援，并有交通沟往来。子母堡修得非常隐蔽，就是接近瞪大眼看，也不容易发觉。子母堡外有鹿砦、铁丝网，埋了地雷，还有单人掩体，弥补地堡的射击死角，防止我军突袭。国民党军在防御上确实做到完整严密，给我军的进攻增加很大困难。[1]

为什么要打11师？粟裕回忆当时的指导思想是："刘邓大军在六月底前将南渡黄河，军委已经告知我们，我们必须以战斗行动来策应刘邓大军的战略行动。当然，策应刘邓大军南渡可以有另一种方式，如果我们在七月初能集中兵力打一个像孟良崮战役那样的大仗，将敌人牵制在鲁中，对刘邓大军的配合将是有力的。"我军自孟良崮战役胜利后，华野上下士气高昂，都想找国民党军精锐主力打大仗。当时有个说法，将国民党军主力比喻为"硬核桃"，把非主力部队比喻为"烂葡萄"，吃掉一个"硬核桃"等于三个"烂葡萄"。这种愿望当然好，但在当时也存在着骄傲轻敌的情绪。

7月17日我军按照部署向南麻开进，途中遇到暴雨，行动受阻。18日晨各纵队到达指定位置后，未做充分准备便分头发起攻击。二纵进攻南麻、吴家官庄正面阵地，遭到11师的顽强抵御。子母堡防御体系给我军造成巨大困难，二纵的战史是这样记载的："敌工事构筑上，均以子母堡为阵地之核心，外围敷设鹿砦木桩、铁丝网等副防御及照明设备，且多设置有地雷、集束手榴弹等。子堡（小的普通地堡）较简单，母堡（大的核心堡）很坚固，

[1] 《中国人民解放军第21军解放战争战史》，1952年初稿。

母堡之后大都修有坚固的隐蔽部（控制反击兵力之用）。各堡之间疏通交通，前边以少数有生兵力配以坚强的自动火器进行战斗，大部分兵力控制于后边二线隐蔽部内，如遇前沿伤亡过大，则很快派遣兵力增补。同时在各地堡两侧多有单人掩体和交通沟，以利其两侧出来投弹或进行小的反击。——敌人守备特点：一般当我发起攻击时，先以外围预先构成的隐蔽阵地，用少数三五成群的小股兵力向我袭击，迫我攻击部队过早展开，待我攻击部队占领前沿子堡后，以其纵深控制之优势反击兵力向我突入之某一点，施行强烈的反击。当其反击之前，首先以猛烈的炮火（六零炮、迫击炮、枪榴弹等）反复延伸射击，以其密集火网，求得杀伤我突击部队之有生力量，结合正面反击，达成其坚守之目的。同时敌在战役中，表现了极端狡猾和诡诈，当我正在猛烈展开攻击之际，则以假投降引诱松懈我，以此结合阵地内之守备火力，突然杀伤我突击部队，致使我攻击部队遭受很大伤亡。"我军以前攻坚中，很少遇到子母堡，一时拿不出有效的办法。炮火配合也跟不上，还误伤自己人。战斗期间因连续下雨，炮弹、手榴弹、炸药因受潮失效。道路泥泞，部队冲锋运动受到阻碍。而敌军在地堡里以逸待劳，天时地利都占了便宜。二纵在进攻吴家官庄、石钱山的战斗中，与敌军逐堡争夺，战斗异常激烈。每打下一个地堡，仅能歼敌一个班，而付出的伤亡比敌人还多。在与敌军战斗过程中，我军战士也表现出轻敌的缺点："老战士不在乎，新战士爱靠近老战士，致形成猬集，遭炮击伤亡不少。干部因看地形不注意隐蔽，遭冷枪射击伤亡亦较多。筑工事各级干部抓得不紧，因天雨工事多水，战士不愿进入工事。"二纵连续攻坚几天，进展不大。[1]

　　九纵从南麻西北山区进攻 11 师外围制高点，18 日 26 师开始攻击高庄西南的 145 高地。这个孤立高地四周开阔，不易接近。11 师 18 旅旅长覃道善以为有险可恃，派工兵营去防守。工兵营战斗武器较少，也没什么战斗力，营长勉强接受任务，其实心无斗志。我军九纵开始攻击后，他们支撑了一天，第二天夜里我军趁夜登山，占领了一侧山头。工兵营长失魂落魄，连预备队也没有用，拔腿逃跑下山。工兵们看营长跑了，自然跟随其后。145 高地被我军占领，敌军 18 旅阵地处于我军三面俯瞰之下，形势极为严峻。胡琏听到覃道善报告，气急败坏，亲自跑到高庄督战。他杀一儆百，命令将工兵营长枪毙。覃道善胆战心惊，命令部下拼死防守，不敢再有半点疏忽。九纵连

---

[1]《中国人民解放军第21军解放战争战史》，1952年初稿。

续两天猛攻高庄，都因敌军密集火力阻挡，进展缓慢。[1]

就在我军猛攻南麻的时候，胡琏向徐州方面求援。国民党统帅部急召25、64师出动4个旅，向南麻增援。19日，25师、46师到达南麻以南的于家崮、牛心崮一线，遭到我七纵的阻击。黄百韬在孟良崮战役后遭受处罚，这次也鼓足力气拼命进攻。在攻击之前，命令炮火轰击我山头阵地，步兵开始攻击后，炮火即打向我军纵深。敌军采用轮番冲锋，对一个山头使用3个营的兵力，头一批垮了，第二批马上出动。不但白天进攻，夜里也派小部队袭击，使我军得不到休息。七纵在敌军的强大攻势下，打得勇敢顽强，在孟良崮补充的弹药，全部倾泻到敌军头上。但是有的部队表现出轻敌骄傲情绪，致使在战斗中出现失误。如七纵60团奉命坚守于家崮750高地，部队上山后没有马上修工事，而是堆了一些石块了事。结果在敌军炮火下遭受重大伤亡，敌军一个炮弹就打倒9人，预备队在山后来回跑，更增加了伤亡。在战斗中缺乏统一指挥，各自为战，乱打一气。有的连队指挥员看到敌人就喊"打！打！打！"究竟打哪里也不交代。有的指挥员自己抱着机枪打，也不指挥部队射击。有的战士不听命令抢着打，只图打得快活。刚缴获的加拿大轻机枪，又好打子弹又多。60团2营阵地上5挺机枪，一天打了4000多发子弹，也没打死几个敌人。一个排长晚上在阵地睡觉，有新战士报告山下有火光（其实是萤火虫），他不观察就命令全排开火，机枪、冲锋枪朝山下乱打一气。60团炮兵嫌炮弹太重，要牲口驮，干脆在战斗中全部打光，浪费几百发炮弹，也没打到敌人。这样的乱打必然不能持久，21日上午，黄百韬的25师突破七纵60团的750高地，七纵转入二线阵地防御。[2]

七纵于家崮阵地被突破，东面李弥的国民党整8师也向临朐进犯。我军在南麻与11师打成对峙，一时难以解决战斗。为避免两面受敌的被动局面，21日夜里粟裕下令各纵队退出战斗，转移到临朐西南地区整顿。南麻战斗结束。

南麻战斗是场恶战，华野4个纵队伤亡较大，本应休整一个时期。但8师占领临朐，阻断我军向胶济线以北的后方通路，对解放区造成威胁。粟裕得知8师刚到临朐，只有一般性防御工事，主力尚未全部到达，可以趁其立足未闻将其歼灭，以鼓舞我军士气。于是命令二、六、九纵围攻临朐城，七纵阻援，各部定于24日发起战斗。

[1]《杨伯涛回忆录》第12章第6节。中国文史出版社1996年版。
[2]《七纵南麻战役阻击战斗简报》，1947年9月25日。

临朐是座古城，三面环山，沂河、弥河等河流从城旁流过，平时水浅，到处可以徒涉。但遇到暴雨，山洪暴发，交通就被阻断。24日我军向临朐运动中，又遇倾盆大雨，河水暴涨，部队行动困难。25日拂晓，3个纵队才到达临朐城外，而8师主力两个旅已在此前进入临朐城。粟裕没有改变决心，仍以二纵、九纵攻城，六纵扫清外围。26日，九纵占领城外制高点粟山，守敌营长逃回城内，被李弥枪毙。二纵5师当天突入南关，对城墙多处实施爆破。因雨天潮湿，炸药包失效。一个突击连5次爆破，炸药包都没有响。在华野指挥部催促下，5师夜里再组织突击，将城墙炸开大口，14团迅速冲进去7个连。但是由于两侧火力点没有肃清，很快被敌军火力封锁。二纵突入城内部队被敌军包围，陷入困境。李弥以两个团国民党军进行反突击，我军7个连奋战3小时，因弹药用尽，大部伤亡。六纵与九纵27师配合，攻占临朐东北的龙山、寨虎山等据点。此时，国民党军增援部队9师、64师开始向临朐增援，与七纵展开激战。粟裕为尽快解决战斗，命令七纵加强阻击力量，调六纵前来参加攻城。六纵渡弥河时，河水暴涨，六纵冒险徒涉，人员装备被激流冲走淹没甚多，28日夜才到达临朐城外。29日晚，二、六、九纵全力发起总攻，与8师展开激烈战斗。因弹药受潮，攻城器材不足，协同不够密切，仍未能突破城垣。三岔店一线阻援阵地也被国民党增援部队突破，粟裕眼看战事又打成胶着，部队已极度疲劳，伤亡又大，物资粮食供应和运送伤员都十分困难，于30日下令撤出战斗。各纵队向诸城地区转移，争取休整补充。临朐战斗也没达到预期目的。[1]

南麻、临朐战斗，我军虽然消灭国民党军整编第11师、第8军14000余人，但自己付出伤亡21586人的代价，打了两个消耗战。4个纵队受到程度不同的损失，尤其是二纵大伤元气。当时华野政治部到二纵6师18团7连调查，战前全连131人，战后只剩39人。由于伤亡严重，环境艰苦，部队思想相当混乱。疲劳、义愤、悲观失望的情绪都来了。有的说："运动战运动战，南麻吃亏还不算，临朐又来搞一套，一下打成烂葡萄。"有的说："子母堡子母堡，老虎想把刺猬咬，不但没有吃得成，反而扎破满嘴皮，老革命碰到新问题。"[2]

为了总结经验教训，澄清部队的混乱思想，9月3日粟裕召开野战军直

[1]《中国人民解放军第三野战军战史》第152页，解放军出版社1996年版。
[2]《七连如何恢复战斗力的》，载《华东前线》第1期。

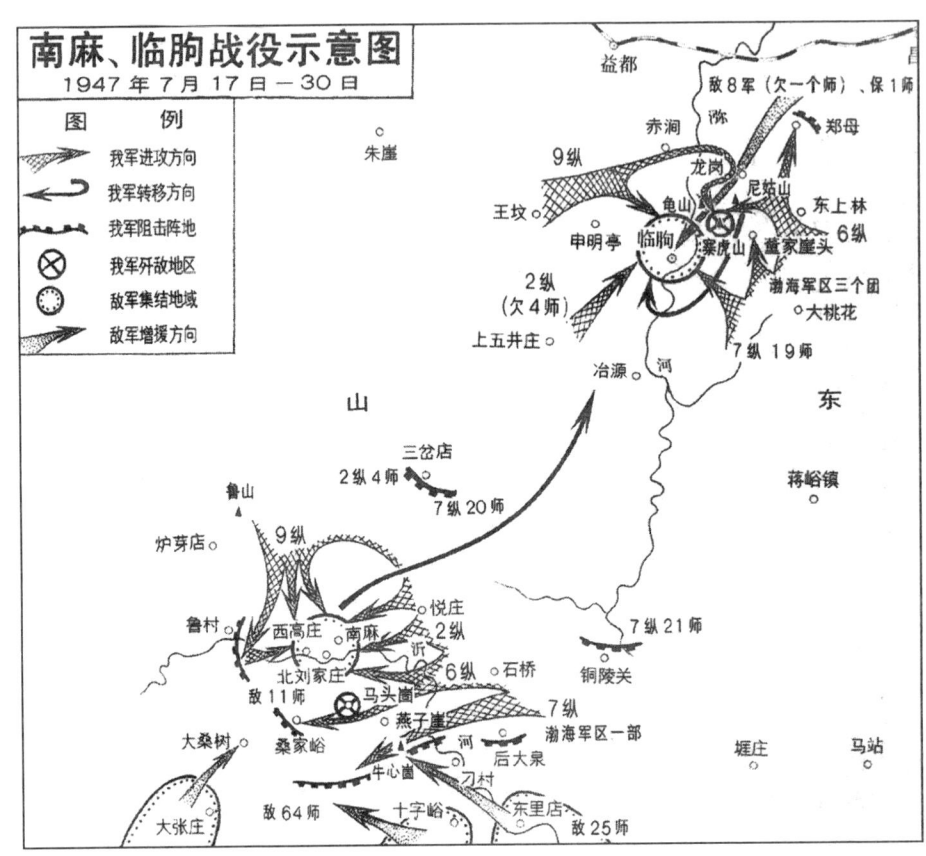

◎ 南麻、临朐战役示意图

属机关干部大会，他在会上讲话说："七月份的作战，特别是南麻、临朐两个战役，有人认为是打了败仗，有人认为反攻会因此推迟，也有人反映：'反攻反攻，丢掉山东。'但事实是不是如此呢？不是的，七月份作战不是败仗，也不能算胜仗，只是打了个平手仗、消耗仗。"

"我们应该认识到，七月份山东战场也起了一个重要变化，敌人一贯吹嘘的重点进攻开始被打破了。我们几路分兵，迷惑了敌人，破坏了他的计划，打乱了他的部署，尤其是我西路南路兵团，能阻住敌人向西向东的增援，使刘邓大军得以迅速地渡过黄河，达到全歼敌人九个半旅的目的，这是我们协同作战的结果，也是我们的胜利。"

接着，粟裕总结了南麻、临朐战斗的三条教训："第一，是把整个局势的可以乐观和当面的情况仍然严重混淆起来了。由于当面情况估计不足，过分乐观，就产生了轻敌骄傲情绪，总想来个'空前的空前'。因为我们的胃口吃大了歼敌几千人的捷报已无人要看，正像吸惯雪茄再吸黄烟那样无味，所以就放松了主观的努力，过低地估计了敌人，造成了某些错误。"

"第二，有人反映11师比74师强，其实不然，主要是敌人构筑工事多。在一个小村子上就有三四百个地堡，南麻周围就有一两千个地堡，那他当然可以守一下。加上我们对攻坚战术、打地堡尚缺乏足够的经验，因而拖长了时间。如我们再有3天时间也还可以打下的。但是我们打援的部队不大得力，甚至在敌我相等的兵力下还堵不住他。一面是我们对运动防御尚不够熟练，对阻击任务未能有更大的信心；另一面也说明我们的部队一贯的纪律不严，游击习气，散漫惯了。尽管你指定了他的任务，但情况一紧，敌人从两面一插，就虚放一枪，回马就走，不顾一切了。这自然增加我们的一些困难。"

"第三，不可否认，这次天时气候对我们作战是有些妨碍的。连日大雨滂沱，部队被山水所阻，不能及时渡河作战，耽误了相当长的时间，也就耽误了作战任务。再加上炎热酷暑，部队连续夜晚行军，白天露宿，过分疲劳。有的部队20天没有干过衣服和被子，连弹药也弄潮了，这自然增加我们的一些困难。"

粟裕最后强调指出："所以我们不能因为南麻、临朐战役未打好，就忽视我们在七月份所获得的胜利，更不能得出悲观失望的结论。只要我们虚心接受实战中的经验，努力提高自己，就能为今后的胜利打下更好的基础。"[1]

粟裕的讲话为大家消除了误解，总结了经验教训，提高了部队继续作战的决心，对稳定部队起到了应有的作用。但是作为一个野战军指挥员，粟裕内心也很难过，他勇敢地承担责任，8月4日，粟裕起草了关于南麻、临朐战役的初步总结的电报，报告军委，引咎自责。陈毅对此甚感不安，他与粟裕彻夜长谈，并与谭震林交换了意见。8月6日，陈毅起草了一份"指人译"（最高密级）的电报稿，发往中央军委和华东局：

"一、最近粟、我共谈，粟态度可佩，昨夜长谈，对今后共同工作很有好处。

二、我认为我党廿多年来创造杰出军事家并不多，最近粟裕、陈赓等先后脱颖而出，前程远大，将与彭（德怀）、刘（伯承）、林（彪）并肩迈进，这是我党与人民的伟大收获。两仗未全胜，彼此共同有责，不足为病。谭、我本此观点，互相研究教训，粟亦同意。

三、我本挽三人共谈，谭因东行，故谭未参加。谭临行遗书，此书临别

---

[1] 《华东军区：第三野战军第三次国内革命战争战争史资料选编》。

我看了一遍，对粟有帮助。——我们对战役指导部署历来由粟负责，过去常胜者以此。最近几仗，事前我亦无预见，事中亦无匡救，事后应共同负责，故力取教训以便再战。军事上一二次失利实难避免，虚心接受必为更大胜利之基础。"[1]

这份电报显示了陈毅作为华东野战军最高指挥员的气度，他信任粟裕，支持粟裕，在失利时勇于承担责任，对华东野战军领导班子的团结起了重要作用。

胜败乃兵家常事，中央军委并没有指责华野领导人。接到粟裕8月4日的电报，中央军委6日复电："粟裕同志4日午电悉，几仗未打好并不要紧，整个形势是好的，望安心工作，鼓励士气，以利再战。"同时指示：陈毅、粟裕带领华野机关、六纵、特种兵纵队速去鲁西南，统一指挥一、三、四、六、八、十纵及特纵，统称西兵团。华东局和二、七、九纵留在胶东，由饶漱石、谭震林、许世友指挥，统称东兵团，在内线坚持斗争。于是，陈毅、粟裕北渡黄河，经惠民、禹城、聊城转赴鲁西南。

华野"七月分兵"后，叶飞、陶勇的西进兵团和陈唐兵团分头作战，都经历了一段极为艰苦的过程。部队开始行动时，根据中央军委指示和刘邓的建议，由陈唐兵团攻泰安、济宁，然后越过微山湖与刘邓大军会合南下。西进兵团则是起策应作用，收复鲁南根据地。7月8日，陈唐兵团先克泰安，又连克大汶口、平阴、肥城等地。进展顺利。

叶飞、陶勇指挥西进兵团经500里行军插入鲁南敌后，只见原来的老区已经被国民党军队祸害得残破不堪，人烟稀少，一片凄凉景象。大家满怀义愤，决心痛击国民党军，为老区人民报仇。7月7日，一、四纵攻克费县，消灭守敌一个旅。接着收复峄县、枣庄。华野两个兵团在津浦线打开局面，迫使蒋介石调兵回援。12日，国民党统帅部从鲁中调回5军、7军和57、65、48、83、85五个整编师，加上驻守鲁南的冯治安部，围堵华野两个兵团。这样，国民党军也被分散了。但是国民党军在数量上处于优势，我军则是分头作战，局势开始转变。

根据华野指示，陈唐兵团准备进攻济宁、汶上，与刘邓大军会合。由于泰安、大汶口一路顺利，部队滋长了轻敌骄傲情绪。当时没有做详细侦察，以为济宁守敌不多，也会像泰安之敌一样望风溃逃。善于攻击的三纵承担了

[1]《陈毅传》第382页，当代中国出版社1991年版。

攻打济宁城的任务。

济宁是鲁西南的一座历史古城。有坚固的城墙，分为外廓城与内城。高8米，宽5米，城墙上还有日本人修建的大小碉堡。城外有两道壕沟，南门外为运河，水流湍急。战后才知道，城内守敌有72师全部、66师及70师各一个团，总数近20000人。三纵没有掌握确切的情报，以为城内敌人是留守部队和被我歼灭后重新组建的部队,战斗力不强。7月16日三纵包围济宁城，确定7师攻北关，9师攻东关和南关，8师当预备队，当夜发起攻击。经一夜战斗，占领外廓城的东、南、北关，但是发觉敌军比估计的要多。三纵首长把最强的8师拿上来，17日夜里开始攻击内城。

不料，三纵遭到城里敌军顽强的抵抗和反击。17日夜里，城内敌军向占领外廓城的我军猛烈炮击，由于城中街道狭窄，战士缺防炮经验，在街道中不会做工事，遭受很大伤亡。18日黄昏，8师主攻内城东门。经连续爆破，先扫清东门外的鹿砦、铁丝网、地堡，然后爆破城门。因城门堵塞坚固，城墙上火力封锁甚严，炸药包送不到城门前，多次失败，只得停止进攻。三纵首长见城门坚固难破，决定搭梯子登上城墙。部队准备一天，临时绑扎长梯。20日夜晚继续攻城，8师有的梯子太短，有的被敌军掀翻、打断，有的上人太多被压断，又没有成功。9师在城东南角架梯登城成功，连续突进去7个连。敌军猛烈反击，我军被压在城东南角城墙下，前面是一大片水泊，无回旋余地。敌军集中炮火轰击东南角，我军后续部队受到封锁不能跟进，指挥突进部队的景团长在战斗中牺牲，部队失去指挥，孤军奋战一夜，至21日上午几乎全部战死。济宁攻击失利，三纵伤亡3200多人。陈、唐决定停止对济宁、汶上的攻击，主力转移到运河以西的巨野、嘉祥地区休整。[1]

中央军委和华野给西进兵团的指示是占领邹县、滕县，切断津浦路和国民党军的补给线，迫使进攻鲁中的国民党军回援。邹县、滕县是国民党军重要后方基地，工事坚固，粮弹充足。我军原来的估计过于乐观，7月14日，一纵攻滕县，四纵攻邹县，结果因兵力分散，弹药受潮，几经强攻不见效果。18日四纵停止对邹县的进攻，南下与一纵会合攻滕县。这时国民党军察觉我方意图，三个整编师迅速赶来。为避免陷入合围，一、四纵撤出战斗，东返鲁中。国民党军穷追不舍，企图以五个师的兵力将一、四纵歼灭于峄县、枣庄以东，沂河以西地区。24日，一、四纵在枣庄以东遭到国民党7军、48

[1]《中国人民解放军第22军解放战争战史》，1952年初稿。

师的拦截，又遇上连日暴雨，沂河水位猛涨，难以徒涉。我军的处境顿时变得十分险恶。

陈、粟首长对西进兵团的处境极为关注，几次打电报要他们东返，为他们设计了几种方案。要求叶飞、陶勇"或两个纵队集结行动，或分两路行动，一切机断处理，争取胜利转移为要。"叶飞、陶勇分析了敌情，认为向南、向北都有敌军重兵，西面津浦线上敌军正在调动，准备拦截我军。向东面回沂蒙山区，沂河水猛涨，一时难以渡过去。但是如果在现地坐等，必然会被敌军包围。他们考虑再三，只有向鲁西南突围，与陈唐兵团会合。

向鲁西南突围，需要越过津浦线，跨过独山湖，也有很大的冒险性。叶飞掌握着两部电台，一部收延安和华野提供的情报，一部监听敌军的电台。一纵电台主任秦基起了重要作用，他准确地破译了敌军的电报，使我军掌握了准确的情况。当时敌军估计我军要返回鲁中，集中兵力在东面堵。叶飞、陶勇准备用部分兵力向东佯攻，吸引敌军主力；一、四纵主力突然向西，跳出包围圈。要达到这个战略意图，向东佯动的部队必须是战斗力强，有牺牲精神的，在敌军重围中可能要付出重大伤亡甚至全部牺牲。在这个时刻，陶勇主动提出由四纵10师担任佯攻掩护任务。四纵顾全大局，主动挑重担的精神，令叶飞极为感动。他派一纵1师3团配合四纵10师彭德清师长的行动。

7月26日，四纵10师开始行动，向沂河前进。敌军得到情报，赶紧向东追击。叶飞、陶勇率领一、四纵主力趁夜西行，28日在滕县以南冒着倾盆大雨，越过津浦线，向独山湖方向前进，把敌人甩开了一天的路程。敌军发觉上当，扔下10师，再回头来追赶一、四纵，彭德清也率领10师安全渡过沂河，返回沂蒙山根据地。

一、四纵要想摆脱敌军的追击和围困，唯一的办法就是走。当时正逢雨季，鲁西南遍地汪洋，行军非常艰苦。叶飞回忆："那是独山湖水网地带，七八十里路汪洋一片。部队全部暴露，任由敌机疯狂扫射。连绵阴雨，被服装具全部湿透，鞋袜全无，赤脚在水荡或泥泞里行进。村庄已被国民党军队和还乡团抢掠一空，粮秣无着。到处散布着还乡团的地主反动武装，不时响起冷枪，突然飞来流弹。确是吃尽了苦头，受到了考验，部队遭到很大损失，非战斗减员不少。部队极为狼狈，空着肚子行军作战，疲劳程度是无法形容的，倒在路边的泥坑就睡着了，炮弹和炸弹的交替爆炸也唤不醒他们。女同志就更加艰苦，政治部的，后勤部的，加上野政文工团的，为数不少。徒涉滕县以西的沙河和独山湖边水荡时，矮小的女同志就遭没顶之灾了。幸得随军的胶东民工担架团的大汉们把她们夹着背着，虽然免不了喝几口水，终于到达彼岸。一个个憔悴不堪，面黄肌瘦，披头散发，令人不忍目睹。"[1]

就这样，一、四纵以顽强的意志，7月28日越过津浦路，强渡滕河；30日强渡战家河；31日越过水阔4公里的白马河洼地。他们战胜了国民党飞机的扫射，地上的堵截，战胜了山洪暴发，河水泛滥的艰难险阻，终于在8月1日到达济宁附近，与前来接应的陈唐兵团会师。这时，经历连续行军作战的一、四纵已是疲劳不堪，大伤元气。非战斗减员多达20000人，每个师实际上只剩下一两个团。陈士榘参谋长见到一、四纵干部战士时，只见他们"身上除了短裤、背心和枪支弹袋以外，什么都没有了。他们浑身泥水，脚板都泡烂了，许多人还流着血。在这种情况下，一、四纵队的战士们仅仅提出了这样的要求：'发一双鞋子，睡一个好觉，吃一顿猪肉。'"陈士榘满足了大家的要求。3日，华野西进的5个纵队越过运河到达郓城附近，与刘邓大军会合。6日，毛泽东致电刘邓、陈粟并转告陈唐、叶陶："目前整个形势对我有利，敌已分散，我已集中。——在此情况下，你们全军可以安全休整十天内外，鼓励士气，整顿队势，以利争取新胜利。此次华东各部虽有几仗未打好，但完成了集中兵力，分散敌人之巨大任务。——中央特向你们致慰问之意，并问全军将士安好。"[2]

"七月分兵"，华东野战军兵分三路，分别进行了南麻、临朐、济宁、滕县、邹县等战斗，结果都没有达到预期目的。在战斗和行军中，华野各纵队战斗及非战斗减员总数高达50000多人，是华野组建以来前所未有的损失。事后华野领导人对此进行了深刻的反思，也有过很多争论。陈毅认为："仓促分兵反映了领导上的急躁情绪。对雨季作战没有接受泗县的教训，结果一、四纵队搞得很苦，南麻、临朐淹死很多人，在鲁西南搞得疲惫不堪。这主要是我和粟、谭决定的，当时本以为这样可以支援刘邓，结果适得其反，敌人对刘邓反而增加了压力。"[3]陈士榘谈鲁西南作战的教训说："首先是对敌情缺乏系统的了解，攻城作战中带有盲目性。津浦路中段虽然都是州县城市，但

---

[1]《叶飞回忆录》第462页，解放军出版社1988年版。
[2]《毛泽东军事文集》第4卷145页，军事科学出版社1993年版。
[3] 陈毅：1960年2月3日的谈话。

由于地处南北交通大动脉，是敌人最敏感的地方，一般都是城防坚固，有重兵把守。敌人在这里早有防备，一旦遭到攻击，既可顽强固守，又能互相支援。对于这些情况，我们了解不够，估计不足，仓促上阵，再加上对鲁南在雨季中严重而恶劣的自然环境也未曾料到，因而就难以集中兵力，各个歼灭敌人。"[1] 大家比较一致的认识是：在山东解放区一再遭受国民党军进攻的情况下，打到外线去是必要的。但孟良崮战役后，华野指挥员中确实存在骄傲轻敌情绪，造成仓促分兵；分头作战中对敌情和困难估计不够，因而几次作战都打成消耗战，没有解决问题。另外，对雨季作战准备不足，战时遇到许多预料之外的问题。一仗没打好，就容易影响士气，造成非战斗减员，也是影响部队战斗力的重要原因。

但是，华野的指战员们并未因暂时的失利而丧失斗志，在陈毅、粟裕的领导下，华野主力经过休整，重整旗鼓，实行外线出击，向鲁西南和中原进军，开始了新的战斗。

---

[1] 陈士榘：《天地翻覆三年间》，第3章第1节。中共中央党校出版社1995年版。

第 12 章
将战争引向蒋管区

陈毅、粟裕去鲁西南指挥——毛泽东制订解放战争第二年战略方针——西进兵团没有打开局面——叶飞报告战斗失利原因——粟裕认为只有打胜仗才能改变局面——沙土集全歼 57 师——土山集战斗失利——我军扭转被动局面继续南下

1947 年华东野战军的"七月分兵",连续几仗都没有打好。陈毅、粟裕感到心情沉重,致电中央表示自责。

毛泽东并没有责怪陈、粟,此时他正在酝酿一个宏伟的战略规划。从 1946 年全面内战爆发以来,经过一年的艰苦作战,我军粉碎了国民党军的全面进攻,基本上挫败了对陕北、山东的重点进攻。国民党军的总兵力由战争之初的 430 万人下降为 373 万人,正规军人数由 200 万下降为 150 万。部队的质量和战斗力更是严重削弱。这些兵力大部分被用来守备交通线和重要城市,可用于战略机动的部队只有 40 个旅。我军经过一年的战争,通过歼灭敌人来补充自己,总兵力由 127 万人增加到 195 万人,其中野战部队由 61 万人发展到 100 万人。在机动兵力的对比上,我军已处于优势。由于战争已深入解放区中心地区,严酷的战争加上敌人的破坏,使解放区受到很大摧残。村庄破败,土地抛荒,人民迁移流浪,生活十分困苦。有限的后方经济已不适应前方日益增长的对人力、物资的需求。在这种形势下,必须寻求一条出路,变被动防御为主动进攻。毛泽东经过深思熟虑,决定实行战略出击,将战争引向蒋管区。

1947 年 8 月 4 日，中央军委致电陈、粟、谭和华东局："山东主力（陈唐、叶陶五个纵队）现在西边，——请考虑粟裕同志带炮兵主力迅去鲁西南统一指挥该五个纵队，积极策应刘邓作战。刘邓南下作战能否胜利，一半取决于陈唐、叶陶五个纵队是否能起大作用。陈唐、叶陶休整地点是否在郓（城）巨（野）地区？且宜从速休整，8 月 15 日以后刘邓出动，陈唐、叶陶亦须积极动作，勿误时机。"[1]

粟裕接到电报后，深感责任重大。他请求中央让陈毅司令员与他一同西去指挥，中央迅速批准粟裕的建议，8 月 6 日复电：陈毅、粟裕率华野机关及六纵、特种兵纵队去鲁西南，统一指挥陈唐、叶陶五个纵队及配合华野作战的晋冀鲁豫第十一纵队，统称西兵团。留在鲁中的二、七、九纵由谭震林、许世友等指挥，称东兵团，华东局机关随东兵团行动。9 日，陈、粟带领华野机关、六纵、特纵由胶济路北的桓台、广饶地区出发，经惠民、禹城、聊城赴鲁西南，与陈唐、叶陶兵团会合。

8 月 11 日，毛泽东致电陈、粟："七月几仗虽减员较大，并未妨碍战略任务，目前整个形势是有利的。""刘邓南下，全局必有变动，鲁西南诸敌势必大部南去，陈、粟率六纵及野直进至聊城待机与宋（时轮）王（秉璋）会合，可能开展鲁西南局面，并利于直接策应陈唐、叶陶。"毛泽东强调："总的意图是将战争引向国民党区域，使我内线获得喘息机会，以利持久。"[2]

就在这一天，刘邓大军越过陇海铁路，开始了向大别山进军的行动。陈赓、谢富治兵团也向豫西挺进，掀开了战略反攻的序幕。毛泽东把作战矛头指向中原，他的设想是：刘邓、陈谢、陈粟三支大军挺进中原，在中原地区以"品"字形阵势协同作战，机动歼敌，创建新的中原解放区，以策应内线兵团作战。中原地区是历代兵家必争之地，控制中原，就可以直接威胁国民党统治的中心。毛泽东判断：我军只要能在中原地区站住脚，威慑南京、武汉和长江沿岸，必能迫使蒋介石抽调主力至山东、陕北回援，从根本上改变战局。

为了使党内和全军更明确了解中央的战略意图，9 月 1 日，毛泽东起草了《解放战争第二年的战略方针》这个重要指示。在分析了解放战争第一年作战的形势和敌我力量对比的变化之后，毛泽东指出："我军第二年作战的基本任务是：举行全国性的反攻，即以主力打到外线去，将战争引向国民党

[1]《中国人民解放军第三次国内革命战争史料选编》第 3 辑第 1 册。
[2]《毛泽东军事文集》第 4 卷 189 页，军事科学出版社 1993 年版。

区域，在外线大量歼敌，彻底破坏国民党将战争继续引向解放区、进一步破坏和消耗解放区的人力物力，使我不能持久的反革命战略方针。我军第二年作战的部分任务是：以一部分主力和广大地方部队继续在内线作战，歼灭内线敌人，收复失地。"到国民党区域作战争取胜利的关键：第一是在善于捕捉战机，勇敢坚决，多打胜仗；第二是在坚决执行争取群众的政策，使广大群众获得利益，站在我军方面。只要这两点做到了，我们就胜利了。"[1]

毛泽东的一系列指示，显示出他作为一个伟大的军事家和战略指导者的高瞻远瞩和雄伟气魄。但是具体执行这个战略意图，华东野战军需要克服许多困难，道路是曲折的。

当刘邓大军越过陇海路、黄泛区向大别山挺进时，蒋介石错误判断刘邓所部是北渡黄河不成而南窜，仅以一部分部队在后尾随。当刘邓大军越过黄泛区，抢渡淮河，蒋介石才如梦初醒，判明刘邓的意图是向华中进军。他急忙调遣罗广文、欧震、王敬久、张淦兵团的几十个旅火速南下，前堵后追，企图将刘邓大军包围消灭在淮河平原上。刘邓大军以"狭路相逢勇者胜"的气概，突破一道道封锁线，扔掉了大炮和辎重，终于在8月底进入大别山，完成了千里跃进的战略任务。

刘邓大军的跃进，打乱了国民党军的全盘部署，相当一部分国民党军主力被迫掉头，停止了对中原、山东解放区的进攻。按照中央的意图，华野陈唐兵团应当迅速南下，在陇海路两侧出击，积极牵制、打击敌人，减轻刘邓的压力，配合战略进攻。但陈唐兵团在8月间并未南下，而是在鲁西南打转，与国民党军周旋。为了拖住国民党军五大主力之一的邱清泉的5军，陈士榘命令宋时轮的十纵北移，在梁山地区活动。邱清泉以为华东共军"溃不成军"，不堪再战，要北渡黄河退回解放区，于是伙同吴化文部南北夹击，企图将十纵消灭在黄河、运河交叉的三角地带梁山。十纵且战且走，在梁山以北的黄河沿岸构筑工事，准备迎击来犯之敌。不料邱清泉十分狡猾，8月10日5军占领梁山县城后，摆出南下打郓城，攻击陈唐兵团的姿态，仅派84师继续追击十纵。十纵认为可以歼灭84师，就停留在梁山以北的戴庙，准备迎战。没想到5军突然掉头，会同84师将十纵压迫到黄河与东平湖之间的狭窄地带，十纵形势危急。陈唐来不及救援，命令十纵抢渡黄河，撤到北岸。8月12日十纵组织渡河时突然遭到5军袭击，十纵伤亡1500多人，损失骡马500多匹，

[1]《毛泽东军事文集》第4卷226页，军事科学出版社1993年版。

还有 4000 多随军民工被截在黄河南岸。十纵吸引 5 军苦战 10 天，自己付出很大代价。陈唐兵团在鲁西南与敌人周旋，因部队长时间行军作战，十分疲劳，无力打大的歼灭战，也没有什么战果。[1]

陈毅、粟裕得悉十纵受损失的消息，从陈唐来电中看出他们有北上返回解放区休整的要求，于 8 月 17 日电示陈唐："你们虽已分别北返至金乡西北及曹县西北，但是否继续北返，尚应慎重考虑，免遭敌人尾击。十纵自动移至黄河边，致敌尾击损失较大（该纵只报损失骡马 500 余匹，人员损失迄未报，内部问题颇多）。因此，你们应克服急于转回内线的情绪，准备在陇海路南北与敌人回旋。只有在无敌人夹击危险且有十分把握时，才能转回内线。"

毛泽东接到陈粟转来电报，于 8 月 19 日致电陈粟、刘邓，指示陈唐兵团应吸引鲁西南敌人向南。电报说："我们认为陈粟 15 日晨、17 日午两电极为正确。陈唐、叶陶必须克服部队中转回内线之情绪，学习刘邓向外线英勇奋斗精神，克服一切困难，坚决在淮河以北、黄河以南广大地域行动，绝对不可有渡黄河北返或渡运河东返老根据地长期休整之思想。宋纵自动北渡，致受损失，是一极大错误。目前刘邓已过颍河，陈唐、叶陶如不准备在现地打大仗而有受优势敌人围攻之危险，则应于适当时间越过陇海线，吸引鲁西南诸敌向南。"

8 月 22 日，刘邓亦严厉批评陈唐："你们以部队疲劳、炮弹缺、伤员无法安插为理由，在此战略紧张关头，采取打圈子的避战方针，既已放过王敬久、吴绍周南下，又要放过邱清泉南下，是绝对错误的。王张所提采取留 5 军并破击陇海路的意见是完全正确的。务望照前令，主要抑留并歼击 5 军并攻占薄弱城市。可以王张及分区部队破铁路为要。"

面对中央和陈粟、刘邓首长的批评，陈唐感到十分委屈。当时因忙于作战，他们没有申辩。10 月 3 日他们写了详细报告给中央军委和刘邓首长，对 8 月作战的情况作了说明。报告中说："一、四纵由鲁南经月余转战跋涉突围，与西兵团会合时，行动已疲惫不堪，思想动荡，组织混乱，减员 2 万余人。武器、弹药、西药因过河、雨淋大部损失失效。多数人员赤足，已完全失去战斗力。非经短时间休整，无法马上组织战斗。敌人抓去该两纵逃亡人员，完全了解此种情况，即不顾一切跟踪追击，不让我们有停脚休息的机会，企图消灭该两纵队。"

---

[1] 陈士榘：《天地翻覆三年间》，第3章第1节。中共中央党校出版社1995年版。

"三、八纵虽元气无大损伤，但因初入平原一切都很生疏，又逢雨季，到处水网泥泞，又必须掩护一、四纵，减去战斗、勤务，利用转移间隙恢复疲劳，迅速恢复战斗力。如当时仅以三、八纵单独组织战斗，不仅无歼灭敌人的把握，并使主力零星消耗（无后方补给），以后虽有歼敌良机，亦将无法下手。本身愿望，是想迅速将一、四纵休整好，能一齐打个好仗，并提高士气。当时未积极给南下之王、吴顽以打击，配合掩护刘邓之南下，是为缺点，但绝非有意放过，危害刘邓。"[1]

当时陈唐的愿望是与敌人周旋于鲁西南，拖住 5 军，让一、四纵得到休整，等陈、粟带六纵和特纵来会合后，再集中兵力打大仗。但是国民党军不让我军喘息，追在后边打。原来见到我军就龟缩不出的吴化文部 57 师，在师长段霖茂指挥下追赶一、四纵到曹县以西。陈唐也想打个歼灭战，摆脱被动局面，这时正是机会。8 月 29 日，陈士榘命令一、三、八纵向曹县东北冉固集运动，围歼 57 师。

但是这一仗又没打好，叶飞部负责正面堵截，憋了一肚子气。8 月 31 日他向中央和陈粟报告战斗经过说："我们在城武东北冉固集地区围歼吴顽之战，并非小攻坚，完全是运动战转入平原地区村落战性质。当时情况是我们主动由曹县东南向冉固集地区转移，与三、八纵靠拢，以求寻机歼击 57 师。29 日上午，吴顽由城武出城，此时 57 师在曹县西，5 军在单县及其东南地区。我八纵在我西北，三纵在八纵西北、西南。我三个纵队已靠拢，实为我军歼敌良机。故我们一面诱吴顽深入至冉固集附近后，即行两翼迂回，正面出击，遂将敌包围于王店、田鹿桥、秦家铺、冉固集四点。当时因包围之敌有 3 个团之多，故建议由三纵暂时牵制 57 师，集中一、八纵全力追击吴顽。得手后，然后由东向西配合三纵再击 57 师，我们认为这是完全可能与必要的。"

包围敌军时，叶飞认为是有把握取胜的。因为敌军盘踞的 3 个村子"原非敌据点，仅为平原地区之村落。因居民防黄水泛滥，筑有土围，并有外壕一道。除此而外，既无鹿砦，又无碉堡、地堡。此种村落，鲁西地区到处皆是，如果此种村落仗不能打，在鲁西地区即无仗可打。"

但是战斗过程出乎叶飞意料之外："29 日晚之总攻，我们因无迫击炮及六零炮弹火力之掩护，地形开阔，吴顽又善守，战斗逐渐激烈。激战至拂晓，我 1 师四个连突入王店，2 师一个营突入秦家铺。由以往战例，本即可解决战斗。然该部手榴弹因水潮，全部打不响，致不能向纵深发展，与敌陷于混战及反复冲杀，全部牺牲（1师四个连仅四人生还，2师一个营仅八人生还）。24师由鹿桥未突入，伤亡四十余。至此，我于30日白天仍与敌坚持，以待生力军之加入以解决战斗。我再三向王（建安）、向（明）建议，以三纵牵制57师，八纵以全力加入歼灭吴顽后，再以全力西向攻57师。不要分兵，不要打两面。但至30日午后6时，奉命停攻，退出战斗。我们全体将士遂不得不忍气收兵。"

叶飞在报告中说："此役榘、唐本决歼敌57师之大部或全部，我纵担任正面堵击，三、四、八纵担任分割包围歼敌任务。我纵虽兵员未补，弹药未补发，而在冉固、黄岗集之线，以一个破烂纵队，对敌三个旅打了一天一晚，结果又不打。此后我们接奉总部转中央27日电示，我们知道目前为战局严重关头，故一面向三、八纵靠拢，一面提议再度歼击57师。29日吴顽出犯，有此战机，故我纵再度鼓励全军，勉励奋战，以重对战局有所贡献。结果又归失败，实堪痛心。我们对党对革命已尽最大努力，但因部队自鲁南突围后，兵员弹药未补，力量有限，大不如前，心有余力不足，无可奈何。""我纵于攻吴顽前，实力为1师（仅有四个营兵力）、2师（六个营兵力）、3师（一个团兵力）。战后我们已实行战场整编，1师编一个团（两个营），2师两个团（内一个地方团），3师一个团。弹药已消耗殆尽，现全军上下仍团结一致，整理部队，检讨经验，绝不悲观。"[1]

◎ 叶飞

陈唐兵团在鲁西南没有打开局面，不仅陈毅、粟裕着急，毛泽东也焦急万分。8月30日他电告陈粟："你们在惠民留驻时间太久，最近几天又将注意力放在胶东，其实目前中心环节是在陇海南北积极行动，歼击及抓住5军、57师，攻占一切薄弱据点，直接援助刘邓。我们对于陈唐、叶陶20多天毫无积极行动，你们亦未严令督促，十分感觉焦急。为此问题军委多次指示，未见具体答复。现在欧震、张淦、罗广文、张轸、王敬久、夏威各部均向刘邓压迫甚紧，刘邓有不能在大别山立脚

[1]《中国人民解放军第三次国内革命战争史料选编》第3辑第1册。

之势。务望严令陈唐积极歼敌，你们立即渡河，并以全力贯注配合刘邓。"[1]

这时，陈毅、粟裕正指挥部队在山东寿张县境内渡过黄河。他们在惠民渡黄河时，因为船只太少，又赶上连日阴雨，道路泥泞，行军十分吃力。令人恼火的是特种兵纵队因为汽车没有汽油，榴弹炮团炮弹太少，无法到鲁西南参战。陈毅只好让特纵留在渤海军区休整补充物资弹药，以后再南下参战。9月2日，陈粟指挥六纵在寿张渡河，一夜渡过三个师，待机关和民工相继过后，他们即向郓城方向急进，与一、三纵队会合。粟裕命令陈唐率部从曹县过来，主力会师在一起，再商定作战计划。

在渡河前，陈毅惦记着十纵。十纵北渡黄河时受到国民党军袭击，损失较大，此时正在张秋镇休整。陈毅8月29日夜里到了十纵，先后与景晓村、刘培善等领导干部谈话，对他们安慰鼓励一番。30日下午，陈毅召集十纵营以上干部开会，他讲述了当前的形势任务，说明目前正处于由内线作战转向外线作战的过渡阶段，任重道远，但前途是光明的。他批评了十纵在关键时刻不冷静、不沉着而造成的损失，要求大家吸取教训，打好以后的仗。陈毅的到来，对十纵的士气是很大的鼓舞。因野战军指挥部等待渡河，陈毅又匆匆赶了回去。[2]

9月5日，陈毅、粟裕率六纵、十纵渡过黄河到达郓城以西地区，与一、三纵队会合。陈唐率四、八纵赶到菏泽以东的沙土集地区。华野主力部队实现了会合，攥成一个拳头。陈毅、粟裕在郓城西南的王家楼设立指挥部，与西进兵团的指挥员们会见，忙着了解情况，研究作战计划。在调查了解西进兵团的情况时，粟裕感到大家憋了一肚子气。西进兵团进入鲁西南以来，一直被国民党军追逐，未能摆脱被动局面。有的干部发牢骚说："运动战，运动战，只运不战。我走弧形，敌走直线，敌人走一，我们走三（指西兵团围绕单县、曹县打圈子，走的是圆圈，敌人穿城而过，走的是捷径），昼夜不停，疲劳不堪。"有的说："这样下去，只有拖死；与其拖死，不如打死。"还有的同志说："鲁西南水多，泥鳅成了龙。吴化文过去是我们的手下败将，现在居然敢跟着我们的屁股追。"西进兵团的主要负责人顾虑太多，他们认为敌人密集靠拢，战机难寻；时值雨季，我军行动困难，没有后方，部队减员多，伤员无处安置。主张部队休整一下，进行补充后再打。

[1]《中国人民解放军第三次国内革命战争史料选编》第3辑第1册。
[2]《陈毅传》第385页，当代中国出版社1991年版。

纵队指挥员多数求战心切。他们说："我们和敌人所处的天气、地形条件是一样的，敌人能打，我们为什么不能打？"有的说："我们在雨雪交加的鲁南消灭了 26 师和快速纵队，活捉马励武。在沂蒙山区消灭了 74 师，打死了张灵甫。现在反被我们的手下败将追得东奔西跑，真是窝囊。"

陈毅主持会议，让大家把心里话全说出来。粟裕感到部队是要求打的，应该支持干部战士的求战心情。西进兵团在鲁西南是受到很多损失，确实有困难，休整一下当然很好。但刘邓大军更困难，毛泽东一再催促华野行动，局部必须服从全局。粟裕在会上指出：我们再困难，也要自己克服，尽量争取早打。我们的困难只有在打了胜仗之后才能得到解决。我们打好一个歼灭战，就能从敌人那里得到武器、弹药、粮食和人员的补充。关于后方问题，毛主席 9 月 2 日来电指示："从你们自己起，到全军一切将士，都应迅速建立无后方作战的思想。人员、粮食、被服、弹药，一切从敌军、敌区取给。"只有打了胜仗，当地老百姓才会有信心帮助我们，建立起新的根据地来。我军在鲁西南被国民党军追了一个月，他们以为我军是"溃不成军"，骄狂失慎，很可能分兵冒进。这就给了我军打歼灭战的机会。我军各纵队虽然实力下降，但现在集中兵力，完全可以对敌军形成以多打少的战役优势。粟裕的分析得到陈毅和各纵队指挥员的赞同，一些有顾虑的同志也鼓起了信心，大家决定同心协力，打一个漂亮仗。[1]

这时，骄横的国民党军还跟在我军后面追赶。8 月 31 日一、三纵退出郓固集战斗后，敌军以为我军"损失巨大，向北逃窜"。根据 5 军军长邱清泉的报告，共军四个纵队已向郓城方向运动，估计有两个可能：一是北渡黄河休整，一是退回山东补充。9 月 1 日，国民党飞机发现万余人的队伍在渡过黄河南下，他们根本没想到是陈毅、粟裕亲率主力南下，估计是为南岸共军送弹药的，也没当回事。9 月 4 日，徐州绥靖公署下达命令：68 师守备菏泽，控制东阿一带黄河渡口；5 军占领郓城以东至巨野一带，阻止共军渡河；57 师由曹县北上，与 84 师齐头并进，由南向北将共军压缩在黄河南岸，予以消灭。

国民党整编第 57 师是一支精锐部队，原系 98 军，1945 年 6 月在浙东天目山被粟裕指挥的新四军打得大败。以后调到苏北海州地区，在宿北战役中又被我军消灭一个旅。现在只有两个旅编制，一万余人，武器是日式装备，

[1]《粟裕战争回忆录》第522页，解放军出版社1988年版。

比较陈旧。57师没打过什么硬仗，却骄横得很。9月5日，57师奉命由新兴集出发向北进犯，当日到贾敬屯、王姑庵一带宿营。夜里接到徐州命令，说共军三、八纵仍在曹县，要57师回曹县待命。57师本应取道菏泽回曹县，因连日行军过于疲劳，师长段霖茂与参谋长商量，想偷个懒，取道沙土集，走捷径回曹县，而且还准备在沙土集休息一天。这样，57师与邻近的5军拉开了40里的距离，处于相对孤立状态。

这是一个很好的战机，粟裕及时地抓住了。6日野战军指挥部定下决心：不休息，不开会，各纵立即于7日发起攻击，求得歼灭57师于沙土集地区。部署是：以三、六（欠17师）、八纵担任攻击57师的任务，以四、十纵和六纵17师在郓城方向阻击5军及68师，以一纵为预备队。各部立即开始行动。

沙土集是菏泽至巨野公路上的一个村庄，呈椭圆形，南北宽1里，东西长2里多，周围有道土墙，围墙之外有道壕沟，三面有水。北面是一片沙滩地，地势较高，壕沟无水。敌军认为这是开阔地，不易接近，在北门外放了一个班担任警戒。57师以一个团分散守备外围的马庄、精良寺等据点，其余大部都收缩于沙土集村中。6日黄昏，57师在沙土集宿营，发现放出去采购粮食的人员纷纷逃回，说是遇到了共军。段霖茂派出的谍报队报告说：共军的三、八纵正在向沙土集运动。段霖茂想保存实力，命令部队连夜修工事，只要守住一夜，第二天一走了之。因此他没有向南京方面报告。

7日晚，三纵先头部队占领马庄，8日白天又将精良寺守敌一个连歼灭，扫清了沙土集北面外围。守外围的57师10团团长负重伤，仅带残敌200人逃回沙土集。57师的预4旅曾向我军进行反扑，遭到沉重打击，丢弃了大炮逃回沙土集。段霖茂向上司呼叫求援。徐州回答已经派5军增援，但一个师正在王老虎庄与共军激战，一个师去夺郓城抽不过来，要段坚守两天。段霖茂叫喊没有弹药了，徐州方面答应8日给他空投。这时八纵由南面，六纵由西北接近沙土集，完成了对57师的包围。总攻定于8日黄昏开始，这天下午，担任主攻的三纵8师向沙土集隐蔽开进。前面的22团在北门外200米处捕捉了敌军一个警戒班。经过审讯，摸清了北门守敌和工事情况。部队迅速进入攻击阵地，在沙地上做了简单的工事，挖了交通壕。57师的士兵在沙土集围墙里面修工事、筑地堡，忙忙碌碌，高声喊叫，根本没发现我军的行动。20时30分，总攻时间到，各纵队的炮火向沙土集村内射击，将村子打得浓烟滚滚。三纵8师突击队勇猛地向北门发起突击，敌军惊魂未定，北门已被我军占领。后续部队两个团紧跟着冲进村内，与敌军展开巷战。[1]

与此同时，六纵、八纵也从两个方向突破，三个纵队在沙土集村内对 57 师进行围歼。段霖茂惊慌失措，丢弃部队，换上士兵服装，带了 100 多人乘着黑夜向村外逃跑，没跑多远，就被我军在一片黄豆地里生擒。57 师残敌无斗志，在村子里乱跑，在我军喝令下纷纷投降。战斗只进行了 5 个小时，天还没亮就结束了。

段霖茂被俘后不住地抱怨：打了两天，5 军也不来增援。其实邱清泉接到徐州命令后就向西增援了，但是被我十纵和六纵 17 师阻挡在郓城以南的王老虎、八里河一线。我军以简单的野战工事抵抗着精锐国民党军的一次次进攻，打得英勇顽强。邱清泉气急败坏，一次出动 3 个团的兵力，在大炮和装甲车的掩护下向十纵八里河阵地冲击，我军杀伤 300 多敌军，坚守阵地，保证了沙土集战斗的顺利进行。听到 57 师被歼的消息，5 军和在巨野的 84 师立即收缩，转入阵地防御。

沙土集战役打得干脆利落，我军歼灭 57 师师部及两个旅，生俘师长段霖茂以下 7500 人，毙伤 2000 余人。缴获榴弹炮、野炮、山炮 20 多门，轻重机枪数百挺和大量军用物资。我军伤亡 2300 人。这是华东野战军自外线作战以来，在不利的气候、地理条件下，调动敌人，抓住战机打的一个歼灭战。这一仗的胜利，改变了我军前一段的被动局面，鼓舞了我军的士气，打掉了敌人的威风。为什么能取得这样的胜利呢？粟裕分析说："沙土集战役前变被动为主动的关键是处理好打和走的关系。'打得赢就打，打不赢就走'，这是对我军灵活机动的战略战术的高度概括，同时又是避免被动，保持主动的一条重要原则。这个原则，运用起来颇不容易。打得赢就打，这还比较好办一些；打不赢就走，却不那么容易，因为有个走得了走不了的问题。在中国革命战争史中，敌强我弱，我军被逼到被动地位，常常有个走得了走不了的问题，在走的过程中吃了大亏，也不罕见。走，一支小游击队还好办，一个大兵团却不好办。好几个纵队，敌人天天咬住尾巴，被迫打掩护战、撤退战、遭遇战，部队得不到休息，粮食得不到供应，弹药得不到补充，伤病员得不到安置，士气也受影响。我五个纵队进入鲁西南的处境就是这样。当时我们抓住了走和打互相关联着的这一对矛盾，认为要扭转被动，关键是要打好一仗。"集中兵力坚决打掉敌人一路，一路打掉了，敌人就不敢那样轻进，

[1]《中国人民解放军第22军解放战争战史》，1952年初稿。

我们的自由就多了，就由被动转为主动了。[1]

毛泽东获悉沙土集战役的捷报，非常高兴，11日致电陈粟："郓城、沙土集歼灭57师全部之大胜利，对于整个南线战局之发展有极大意义，特向西兵团全军将士致庆贺与慰问之忱。"他指出：华野下一步的任务是全军南下，"完成在黄河、淮河、运河、平汉之间创造巩固根据地，协助刘邓、陈谢创造鄂豫皖与鄂豫陕两大根据地，协助饶黎谭保卫山东根据地，协助苏中、苏北恢复根据地之伟大任务。"[2]

毛泽东的贺电给华野将士极大鼓励，粟裕本打算乘胜扩大战果，打击郓城的5军或济宁的75师。但邱清泉是个狡猾的对手，他救援57师无效，马上命令部队转入防御，以郓城南郊的几个村庄为据点，挖掘深沟，加固工事与我军对垒。那里地形开阔，到处是水洼，不利于我军进攻。济宁地区的战场情况也差不多，粟裕考虑胜算不大，决定停止进攻，以十纵守卫郓城一线阵地，牵制5军，其他纵队进入休整，将伤员运送到黄河北岸安全地区。几天后，主力稍向南移，占领曹县。

华东野战军在鲁西南的胜利，震动了南京国防部。他们害怕华野从陇海路南下威胁华东，急忙调动在鲁中周村一带休整的整编11师南下，填补防御的漏洞。胡琏经南麻战役后尝到华野的厉害，也谨慎小心，不敢轻举妄动。接到南下命令后，马上集合部队乘火车经济南、兖州、徐州到达商丘。在那里补充了弹药，配备了8辆轻型战车，于9月20日向曹县前进。21日，11师先头部队进至曹县以南的大义集、土山集地区。

鉴于11师远道而来，又是单独北进，粟裕认为是歼敌良机，21日下达命令，以十纵和中原野战军十一纵负责牵制5军、75师，集中5个纵队的兵力分别围歼11师于土山集、大义集地区。三纵和八纵担任进攻土山集的任务。

胡琏的11师是蒋军五大主力之一，在鲁中曾与我军交手，有一定的经验。11师的特点是善打防御战，进攻时比较谨慎，常常是进50里，退30里，选择地势有利的村庄宿营，并迅速构筑工事。这次也是如此，胡琏的主力在大义集，覃道善旅在土山集，靠得很紧，有情况可以随时救援。土山集是曹县到商丘公路上的一个村庄，周围有道不高的土墙，墙外有道无水的壕沟。11师到土山集后，马上修筑工事。围墙上每隔几米筑一地堡，以壕堑相连；墙

[1]《粟裕战争回忆录》第530页，解放军出版社1988年版。
[2]《毛泽东军事文集》第4卷第240页，军事科学出版社1993年版。

外 20 米修筑一道鹿砦，必须用炸药才能炸开。在村外利用树林、庙宇部署少量部队构成外围火力点，形成交叉火力网，从侧面封锁我军的进攻。在村里堵塞全部街道，凿通院落间的墙壁开辟通道，便于防御时调动部队，在大房顶上配备机枪。在村庄中心保留预备队，准备随时应付紧急情况。我军在发起进攻前，对村庄内的情况不了解，仍以为敌军是"立足未稳"，仓促发起攻击。

9 月 23 日夜里，三纵 8 师从东面，八纵 22 师、23 师的 3 个团从其他三个方向同时向土山集发起攻击。8 师 22 团 3 营冲在前面，用连续爆破炸开鹿砦和围墙，打开一个突破口。敌军早有准备，用反冲锋将我突击班顶回来。我军再次冲上去与敌军反复争夺，重新占领突破口，一个连仅剩下 10 余人。跟进部队越过鹿砦到达突破口前，受到敌军密集火力的封锁，只能在突破口附近隐蔽，无法向村内发展。团长见进展不顺利，命令 1 营上去。1 营跑步向突破口前进时，受到敌军外围据点的侧面袭击和炮火杀伤，到突破口时已伤亡近半。1 营战士表现出顽强的战斗精神，不顾伤亡往里冲，他们超越 3 营，进入村内。李元斗排长带领两个班听到哪个院子里有人说话，就往里面扔手榴弹，打得敌军步步后退，他们占领了 3 座院子，即停止发展，等待后续部队上来。

这时，敌军预备队沿突破口两侧围墙和村内院落，从三个方向实行反击。敌军发射照明弹，并用猛烈的火力向我军扫射。我军欲架起机枪还击，被敌军的交叉火力封锁，抬不起头来。因干部伤亡，部队失去指挥，被迫从突破口退出。在院落内的战士孤军奋战，寡不敌众，也退出阵地。[1]

八纵的三个团从 3 个方向向土山集进攻，有 6 门山炮、24 门迫击炮作火力支援。但是协同动作不好，我军向前运动时，炮兵不停地射击，压制了敌军火力。当我军到达围墙外准备突击时，炮弹却打完了，不能掩护我军向村内突击。敌军缓过劲来，组织机枪、冲锋枪等短兵火力从房顶上、围墙上、地堡里一齐猛烈射击，形成立体交叉火力，给我突击部队以很大杀伤。我军在未扫清外围障碍时就使用密集队形冲锋，结果第一排上去倒下一片，第二排、第三排上去也相继遭受杀伤。这样，刚到村子围墙边上，一个连就已经伤亡得失去冲击力量。八纵打了一夜，进展不大。天将破晓，有消息说国民党军罗广文部从兰封、邱清泉部从郓城方向前来增援胡琏，为避免陷入被动，

[1] 《三纵22团土山集战斗介绍》，1948年1月3日。

粟裕果断下令退出战斗。[1]

土山集战斗的形式与沙土集战斗相同，但结果不同。整编第 57 师虽然是一支精锐部队，但一触即溃。11 师战斗力较强，又有南麻战斗的经验。所以胡琏与我军作战特别谨慎，每到一地，必先构筑好工事，配备层次交叉火力，防备我军的进攻。而我军在战斗中表现出战术粗糙，不善于合理分配兵力和火力，喜欢硬冲，所以伤亡大而战绩不佳。这两次战斗虽然是一胜一负，但我军主动出击的力量，震动了国民党军将领。胡琏在土山集战斗之后受到蒋介石嘉奖，被授予勋章。但他更为谨慎小心，不轻举妄动。其他国民党部队也收敛攻势，改与我军对峙。我军得到了休整的时间，根据中央军委的指示，开始南下豫皖苏的行动。

---

[1] 《八纵22师土山集战斗总结》，1947年10月28日。

第 13 章
挺进豫皖苏

毛泽东鼓励华野进行无后方作战——华野主力越过陇海路南下——新区的生存问题——陇海路破击战——平汉路破击战——战略形势的转折点

土山集战斗我军进攻胡琏的 11 师没有成功，附近的国民党各部队积极向 11 师靠拢，企图在曹县、城武地区与我华野西线兵团决战。为了争取主动，避免在不利条件下与敌军过早决战，陈毅、粟裕决定放弃对 11 师的进攻，按照中央军委的既定方针，兵分两路越过陇海线南下，开始了向豫皖苏地区的进军。

豫皖苏地区，当时指陇海线以南、淮河以北、运河以西、平汉路（北京至汉口）以东地区。这片地区面积约 6 万平方公里，人口 2000 多万。虽然大部分城镇乡村处于国民党当局统治之下，当刘邓大军跃进大别山后，国民党中原地区的兵力完全被调动打乱。蒋介石、白崇禧将中原主要兵力调去围困大别山，堵截挺进豫西的陈赓、谢富治兵团，徐州方面的敌军除了进攻山东解放区外，机动部队只能沿着津浦、陇海线运动。在豫皖苏广大地区，除了保安团队和少量守城部队，几乎没有国民党正规军，成为辽阔的空间地带。这给华野西进兵团远程挺进，开辟新区创造了有利条件。

毛泽东制定将战争引向蒋管区的战略时，一再要求华野克服困难，大胆南下。1947 年 9 月 3 日他指示陈粟："从你们自己到全军一切将士，都应迅速建立无后方作战的思想，人员、粮食、弹药、被服，一切从敌军、敌区取给，准备在连续作战之后缩编部队，准备打得只剩下三千人、四千人一个旅，而战斗意志愈打愈强，俘虏兵即俘即补，重炮不要带去，不要怕后方被敌切断，勇敢地向淮河以北、平汉以东进军。你们各纵过去依赖后方补给心理太重，你们自己亦反映了此种心理，望你们迅速转变，适应新形势。军中要禁绝怕牺牲，怕吃苦，要带大部队，要求大休息，每日叫苦连天等思想。"[1]

实事求是地说，华野西兵团南下之前的状况确实是很差的，是在连续行军作战之后，部队大量减员、弹药物资极度缺乏的状况下开始大行动的。作为华野指挥员的陈毅、粟裕不能不为此感到担心。9月17日他们发出一封长电给中央和邯郸分局，反映了部队的实际情况。电报中说："一、四两纵鲁南行动迄今，各次战斗减员共计9000余，另非战斗减员达13000余。主要是雨季经过滕东濒湖水洼地区，部队拉手牵绳通过，人马淹没冲走不少。而敌方前堵后追，我则且战且走，俘虏成分大批逃跑和掉队落伍。而解放区新战士和民夫担架女同志等，多未落伍，近日还有回来找部队的。另外鲁南地区土改不深入，地方党数次自由撤出，使部队缺乏人民援助，无粮食，吃以西瓜生菜度日。故减员最大，已伤元气。""三、八、十各纵每纵减员约在4000到6000人左右，不算大，战力一般保持。六纵减员亦在4000左右。故目前我们初步作战只能以三、六、八、十4个纵队作骨干，给一、四纵队以整补时间。"总计全军人数为13万2千人，连民夫在内是16万人。

电报又说："部队因7月初西靠，本拟分进敌后，掉头东西合击，故未做长期转移准备。弹药仅随身携带，卫士材料仅带一月，故已用罄。单衣被服未发齐，沿途又破坏很多，故目前部队缺乏被子，病员很多，每纵千人至二千人以上不等，均是疟疾、痢疾。又无药吃，秋凉夜冻，病员更增加。河南地区无法开医院休养，随队拖得更苦，这是我军最严重的威胁。""经费仅领冀南票8万，现在为止，只有两日菜金了。不得已拿携带的北海票支用，亦不能支持很久。此地河北交通不能确实保持，故难保持经常接济……部队因西进，脱离土生土长的根据地，到此转移频繁，诸感不便，故普遍有回山东的要求。"[2]

沙土集一仗的胜利，使华野西兵团的士气大为高涨。部队得到一些补充，改善了困难的局面。陈毅、粟裕不失时机地鼓励部队向南挺进，开辟新的解

---

[1]《毛泽东军事文集》第4卷第236页，军事科学出版社1993年版。
[2]《中国人民解放军第三次国内革命战争史料选编》第3辑第1册。

放区。在土山集战斗结束后他们给各纵队发出指示："我军第一步，在路北全歼 57 师，给 5 军、75 师、11 师以沉重打击，起了配合全国反攻的巨大作用……现在我军第二步，越路南下。其任务是彻底消灭各县区保安团队，攻占能攻占的县城，初步发动群众，打开路南广大地区的局面，开辟豫皖苏鲁大解放区的初基……第二步作战任务完成，必更使蒋匪阵线混乱，更有力配合和推进全国反攻形势。为此我军路南路北的全体指战员，应人人奋勇肩负起此一光荣的巨大任务，人人负责研究当地情形，做到学会打仗，学会做群众工作，学会筹粮筹款，我们的胜利就会更大、更多。" 9 月 27 日，华野西兵团兵分两路，越过陇海铁路南下。

陈毅、粟裕率领第三、四、六纵队经砀山、马牧集越过陇海路后，三纵向睢溪口、宿县、灵璧方向进军；四纵向夏邑、永城、蒙城方向进军；六纵向亳县、太和、阜阳方向进军。陈士榘、唐亮率领第一、八纵队和晋冀鲁豫第十二纵队经民权越过陇海路后，一纵、十二纵向内黄、杞县、尉氏、鄢陵方向进军；八纵向睢县、淮阳、西华、商水方向进军。宋时轮指挥十纵、晋冀鲁豫十一纵在城武、定陶地区牵制国民党 5 军、75 师，掩护主力南下，而后在鲁西南与敌军周旋。

华野各纵队在陇海路以南、淮河以北地区分散行动，划定地域，以歼灭和扫荡小股国民党地方军队和反动武装为目标，长途奔袭，往返作战，机动歼敌。各纵队展开后，迅速占领了十几座县城，开辟了大片新区。

毛泽东获悉华野主力南下，非常高兴，9 月 30 日指示陈粟："你们分两路前进方针很好。至少一个月内专打分散薄弱之敌，发动群众，了解情况，然后看情形再集中相当兵力，打有把握有准备的较大规模的仗……你们与士榘所部暂时分开建立根据地，将来看情形，各留一个纵队在当地发展根据地，集中三个纵队打较大规模的仗，如此方可迫使敌人分得很散，造成好打之条件。"[1]

华野主力南下豫皖苏，军事上积极行动，扫荡国民党在当地的统治，开辟了新区。但在群众工作和新区政策上产生了一些问题和偏向，主要表现是"左"。对于这些教训，1948 年 12 月华东局、华东野战军的曲阜会议上曾专门进行总结，并由政治部起草了《关于我军进入中原新区初期执行新区政策和进行新区工作的总结》。谈到 1947 年 9 月下旬越过陇海路到 11 月平汉路破击战这一阶段的情况时说："各级领导对新区政策及新区的情况，缺乏有

---

176   [1]《毛泽东军事文集》第 4 卷第 277 页，军事科学出版社 1993 年版。

系统的研究，对前委开展新区工作的号召与指示，没有认真的研究与领导所属部队全面展开。对某些机械搬用老区群众斗争经验，因而产生过'左'和急性病的偏向，不仅未予指示纠正，相反地加以表扬，成为以后群众工作中产生普遍过'左'偏向的原因之一。对城市政策和城市工作更加忽视，采取'过一路，抓一把'的办法，存在只要农村不要城市的观点，缺乏建设人民城市的思想……许多领导干部，一般地认为出击外线只是军事上的任务，只是为了打破敌人对山东的重点进攻及掩护刘邓大军南下大别山，缺乏建设新区的明确思想。"

《总结》还指出："初进中原中有两件普遍严重的现象：一种是浪费民力，拉毛驴，拖牛车，使用民夫。当然为了战争使用民力是正确的，而且是必须的。不过有些单位在可能节省不用的条件下，还任意乱用。尤其在新政权尚未建立时，制度亦未规定。个别单位在爱兵不爱民的观点下，把一个连的单位几乎全部坐上了牛车。有些战士到一地，进一村，随便拉了毛驴就走，老百姓毫无准备。有些村中男子汉又躲了，于是一些妇女儿童跟在后面追赶毛驴。这样结果是在一个纵队一个师到达驻地时，增加了4条无主的毛驴。这类情况在长期作战行军中相当普遍、严重，对我军影响破坏很大。另一种是对蒋管区认识错误观点而产生了随意破坏的现象：拆毁庙宇房屋，撕毁蒋区学校图书，破坏公共建筑物，破坏工厂机件……在违犯这种纪律的同志的观点，认为这是蒋匪财产，破坏了免得留给敌人再用。这种游击思想，缺乏对胜利建设的信念，因此产生这些错误现象。"[1]

对刘邓大军和华野主力南下进行无后方作战可能遇到的困难和问题，毛泽东是作了充分的估计。在8月12日给刘邓、陈粟的指示电中，他指出："在目前几个星期内，必须避免打大仗，专打分散薄弱之敌，不打集中强大之敌，待我军习惯于无后方外线行动，养精蓄锐，又在有利于我之敌情的地形条件下，方可考虑打大仗。""不要希望短期内就能在大别山、豫西、皖西等地建立巩固的根据地，这是不可能的，这些都只能是临时立足点。必须估计到我军要有很长时间（至少半年）在江河之间东西南北地区往来机动，宣传群众，发动群众并在歼灭敌人几十个旅之后，方能建立巩固的根据地。"[2]

遵照毛泽东的指示，华野西线兵团经过一个多月的作战，到1947年11月初歼灭国民党地方武装一万多人，攻克杞县、亳县、永城、鄢陵、蒙城等

[1]《华东军区第三野战军第三次国内革命战争战史资料选编》。
[2]《毛泽东军事文集》第4卷第193页，军事科学出版社1993年版。

24座县城，重要集镇数十处。建起25个民主县政府，在沙河以南、淮河以北地区建立了三个军分区。豫皖苏解放区东西千余里，南北百余里，成为我军实行战略进攻的主要战场之一。

刘邓、陈粟、陈谢三支大军的进攻确实打乱了国民党军的中原防御。开始国民党军实行处处设防，层层堵截的策略，被我军到处突破，防不胜防。我军进入中原后，国民党统帅部为了调整部署，转为利用平汉、陇海、津浦三条铁路机动运转兵力，争取主动。企图隔绝我三支大军的联系，防止我军会师。

为了彻底破坏敌军利用铁路的优越条件，迫使敌军守护铁路沿线要点，以便华野开展豫皖苏边区的工作，配合陈谢兵团在平汉路的行动，粟裕决定以主力纵队对陇海铁路进行破击战。从11月8日开始，在兰封至郝寨的铁路上，我军在地方民兵协助下，掀翻路轨，烧毁枕木，挖断路基，炸毁桥梁，完全破坏了商丘至郝寨、兰封至柳河段的铁路。一纵攻克砀山、萧县，三纵破坏了徐州至宿县的一段津浦路。15日华野一纵、十一纵逼近徐州九里山，国民党徐州"绥靖公署"大为恐慌，调集部队空运徐州，加强防御。粟裕见国民党军15个旅汇集徐州，我军与其硬拼不占优势，于17日结束破击战，华野主力一部分回鲁西南，一部分南下豫皖苏，进行短期休整。

刘邓大军在大别山建立根据地，使国民党统帅部极为不安。1947年11月底，南京国防部部长白崇禧到九江任指挥部主任，调集33个旅的兵力，对大别山实行全面围攻，企图将刘邓大军挤出大别山，并迫使华东野战军和陈谢兵团退出中原。刘邓大军面临巨大压力，但毫不畏惧。刘邓向军委建议，他们吸引国民党军主力，"在大别山背重些，在三个月内，陈粟、陈谢能大量歼敌，江汉桐柏及鄂陕豫区，淮河以北地区，能深入工作，对全局则极有利"。

中央军委指示中原三军，密切配合，统一行动，粉碎国民党军对大别山的进攻。华野西线兵团应协同陈谢兵团大破平汉铁路，并以主力沿平汉路南下，造成直逼武汉之势，调动国民党军，减轻刘邓的压力。从12月13日起，华野西线兵团分头出击，开始了平汉路破击战役。

当时国民党军主力云集大别山，陇海线上只有5军、整编第75师等守卫郑州、开封等大城市，在平汉路郑州以南至信阳段守备兵力薄弱。粟裕迅速作出部署，以陈士榘参谋长指挥华野一、三、四纵对许昌地区发起进攻。六纵、八纵由王建安司令员指挥，在睢县、太康地区阻挡5军、75师西援；

十纵和中原野战军十一纵由宋时轮指挥破击柳河至开封段陇海路，并向民权、兰考等地进攻。

各纵队开始行动后，叶飞的一纵于 13 日攻占中牟，陶勇指挥四纵于 14 日奔袭新郑以南的官亭寨，歼灭国民党骑 1 旅旅部及一个团，又回头歼灭新郑守敌 1200 人。三纵攻击长葛，敌军望风而逃。三纵顺势南下进攻许昌。许昌是平汉路上的一个重镇，国民党军在这里屯积大量物资，但守敌不到万人，而且多数是杂牌军。三纵首长侦察地形后，决定以 8 师两个团、7 师一个团从三个方向同时向城里发起攻击。战斗从 14 日夜里开始，南门、北门守敌依靠高大城墙以密集火力顽抗，使我军攻击和爆破受阻。进攻西门的 8 师 23 团以山炮轰击敌军工事和火力点，并集中轻重机枪压制敌军火力。当敌军被打得抬不起头时，我军爆破手冲向西门，连续爆破，炸开城门，23 团战士一拥而入，在城内展开巷战。敌军节节后退，重炮阵地被我军占领。这时，攻击南门、北门的部队也从西门跟进，战至 15 日晨，攻克许昌。歼敌 5000余人，缴获各种火炮 20 多门，汽车 100 余辆和大量军用物资。十纵于 15 日攻克兰封，歼敌 2000 多人。

六纵在太康东南阻击 5 军西援，打得非常艰苦。5 军作为国民党军五大主力之一，与 74 师作风相似，善于进攻。战斗开始后，5 军以密集炮火集中轰击我军的重点防御村庄，并以小部队迂回进攻，显示出训练有素的战术配合。六纵因防御正面过宽，兵力不足，只能在节节抗击下逐步后撤。5 军连续占领柘城、鹿邑，越过杞县至太康公路。粟裕见我军战场越来越小，背靠黄泛区作战不利，命令六纵主动后撤，与 5 军脱离接触。这时陈士榘来电说许昌缴获物资很多，需要 5 天才能运完，要求粟裕支援人力。粟裕遂率六纵去许昌协助三纵、一纵搬运物资。八纵、十纵破坏了商丘段陇海路后，即在当地休整。邱清泉指挥 5 军进至通许后，也暂时停止了前进。[1]

我军攻克许昌，国民党军统帅部极为震惊。白崇禧感到平汉路被切断将严重影响中原局势，于是命令第 5 兵团司令李铁军率整编第 3 师由南阳、唐河东进，整编第 20 师由信阳北上，第 47 军从郑州南下，企图南北对进，打通平汉路。12 月 24 日，李铁军率整 3 师到达遂平以北的金刚寺、祝王寨地区，20 师则向确山前进。鉴于李铁军部孤立突出，陈赓与陈士榘商议，由陈谢兵团和华野共同歼灭整 3 师。当天陈士榘向粟裕报告，决心以三纵攻击金刚寺，

---

[1] 华野司令部：《平汉、陇海路破击战经过概述》。

陈谢兵团攻击祝王寨，得到粟裕的批准。

整 3 师原是国民党军嫡系，1946 年 8 月在定陶战役中被刘邓大军全歼。这是后来重新组建的，多数是新兵，装备中等，战斗力已非昔日可比。24 日到达遂平以北时，天降大雪，道路泥泞。李铁军带领兵团部和 3 师主力驻祝王寨，20 旅驻金刚寺，他们长途行军，也是疲劳不堪，作了简单工事就宿营，认为共军离他们还远，不会有什么情况。

12 月 25 日夜里，大雾浓重，后半夜又开始下雪。华野三纵急行军数十里，完成对金刚寺的包围。察看地形后，纵队首长决定以主力 8 师主攻。金刚寺是平汉铁路东一个较大的村庄，有围墙和外壕，国民党军堵塞四门，布下鹿砦等障碍物。但村外有许多深沟，便于我军运动接近。26 日凌晨 2 时，8 师开始炮火准备，一阵轰击后，22 团突击队冲向金刚寺东门。爆破队员炸开第一道鹿砦，身后一个战士迅速爬到第二道鹿砦前，他发现鹿砦与敌军地堡靠得很紧，机智地将炸药包放在鹿砦与地堡之间，一声巨响，鹿砦炸开，地堡坍塌。第三名爆破手冲到围墙下，将东门炸开一个洞口。突击排长带头从这个仅容一人的洞中钻过，3 分钟内一个排即全部进入村内。敌军在村里躲炮，8 师 22 团已占领了东门和几个地堡，他们才发觉，组织部队进行反扑。22 团突击队坚守突破口，后续部队源源进村，与敌军展开肉搏拼杀。这时24 团也从北门突破，敌军慌乱，向西南突围，在野外被三纵 7 师、9 师包围。到天亮时，整 3 师 20 旅在金刚寺被全歼，敌旅长被击毙。祝王寨之敌被陈谢部队包围，在我军的炮击和进攻下溃不成军。李铁军带少数卫兵突围逃跑，其余均被我军消灭。这一仗我军全歼国民党军第 5 兵团兵团部及整编第 3 师共 9000 余人，打了一个漂亮的歼灭战。[1]

行进中国民党整编第 20 师获悉整编第 3 师被歼，迅速收缩到确山城内，依托城墙和外围制高点固守。20 师是川军，下辖两个旅 19000 人。装备不强，老兵多，内部帮会团结较好，善于防守。1947 年 7 月华野西线兵团进攻滕县，20 师在那里顽强抵抗，免遭被歼。陈士榘碰到这个老对手，决心以三纵、四纵配合陈谢兵团乘胜南下，将其消灭。12 月 28 日，我军包围确山。战斗由陈赓统一指挥，陈谢部队负责攻占城西南各制高点，华野四纵攻打东南 670 高地，三纵从北门攻城。各部发起战斗后，陈谢部队因地形狭窄，部队无法展开，在城西南高地与敌军反复争夺，进展不顺利。陶勇的四纵攻击

[1]《中国人民解放军第 22 军解放战争战史》，1952 年初稿。

城东 670 高地，29 日夜里几次攻击，遭受守敌密集火力封锁，未能得手。30日再组织部队冲击，终于占领了高地的两个山头。但敌军相当顽强，组织反扑，与四纵进行争夺。四纵两天战斗伤亡 1500 余人，可见战斗之激烈。三纵负责进攻北门，因主力 8 师金刚寺战斗过于疲劳，纵队首长命令 7 师、9 师进攻。因部署仓促，没有看好地形，7 师、9 师突击部队在敌军密集火力封锁下几次进攻没有成功。陈士榘见此情况，31 日命令 8 师投入战斗。这时，情况发生变化，白崇禧命令进攻大别山的部队北上增援，胡琏的 11 师已到达正阳西北的宋店，与刘邓部队交火。为避免与敌军长时间对峙，陷入被动，陈赓、陈士榘命令部队停止攻击，主动撤离确山。平汉路破击战至此结束。

华野和陈谢兵团进行平汉路破击战，有力支援了大别山刘邓大军的行动。刘伯承率中原野战军机关及一纵等部跳出国民党军包围圈，转移到淮河以北、沙河以南地区；邓小平率三个纵队坚持大别山区，分散部队与敌军机动周旋。陈谢兵团与中原野战军一部在确山会合，转至舞阳地区休整。陈士榘、唐亮率华野三、八、十纵留在郾城地区，配合陈谢兵团在中原歼敌。粟裕接到中央军委指示，要他带领华野一、四、六纵撤到黄河以北，休整一段时间后准备向江南进军。1948 年 2 月，粟裕率部北渡黄河到达濮阳。

华野西线兵团从 9 月底越过陇海路南下，到 1948 年 1 月结束平汉路破击战，3 个多月中转战千里，共歼灭国民党军 7 万人（其中正规军 5 万多人）。华野协同刘邓大军、陈谢兵团开辟和扩大中原解放区，华野与陈谢兵团在确山会师，标志着以大别山为中心的刘邓大军鄂豫皖根据地、华野的豫皖苏根据地和陈谢兵团的鄂豫陕根据地已连成一片，胜利完成了挺进中原的战略任务。我军在中原站稳了脚跟，开展新区工作，取得初步经验。到处主动出击，造成国民党统治区两条大动脉平汉、陇海铁路的经常中断，使国民党军忙于应付，失去了战争的主动权。以后的战争已经主要不是在解放区内进行，而是转到国民党统治区内进行了。国民党军被迫由战略进攻转入战略防御，这是一个根本性的转折。1947 年 12 月底，毛泽东在陕北杨家沟召开的中共中央会议上作《目前形势和我们的任务》的报告。他评价我军进军中原的行动时指出："这是一个历史的转折点。这是蒋介石的二十年反革命统治由发展到消灭的转折点。这是一百多年以来帝国主义在中国的统治由发展到消灭的转折点。这是一个伟大的事变。"[1]

---

[1]《毛泽东军事文集》第4卷第350页，军事科学出版社1993年版。

第 14 章
战略的抉择

陈毅到陕北——毛泽东构思跃进江南——蒋介石调整中原部署——大别山局势日见艰难——毛泽东指示华野一兵团准备渡江——粟裕长电提出战略新建议——毛泽东与陈粟商议大计——决定华野在中原作战

1947 年 11 月 8 日，华野主力 7 个纵队开始破击陇海路作战。为了解决部队南下豫皖苏作战的后勤供给问题，陈毅与粟裕告别，乘吉普车离开九女集前线指挥部，前往晋冀鲁豫中央局。沿途他受到华野后方机关和地方党政干部的热烈欢迎，听取山东同志汇报情况，并为后方同志作形势报告。他出山东，入河北，11 月 24 日到达晋冀鲁豫中央局驻地武安县冶陶村，受到滕代远、薄一波等负责同志的欢迎。陈毅与他们具体商谈了华野部队的后勤供给问题，得到晋冀鲁豫同志的全力支持，所需物资得到了解决和落实。在平山西柏坡主持中共中央工作委员会的刘少奇、朱德听说陈毅到了邯郸，打电话要陈毅来汇报华野情况。于是陈毅又北上到了平山。听取了陈毅的汇报后，刘少奇、朱德告诉陈毅，中共中央正在陕北米脂县的杨家沟召开十二月会议，毛泽东来电报邀请他去参加。自延安一别，陈毅还没有见过毛泽东，他高高兴兴地上路，翻山越岭，过五台、代县、神池，从兴县渡过黄河，经陕西葭县到达杨家沟。由于风雪冬季和路途艰难，他见到毛泽东时已是 1948 年 1 月 7 日，中共中央十二月会议已经结束了。

陈毅一到杨家沟，毛泽东就让他看十二月会议的文件。在这次会议上，

182

毛泽东作了《目前形势和我们的任务》的报告。在这个报告中，毛泽东指出："中国人民的革命战争，现在已经达到了一个转折点。""这是一个历史的转折点。这是蒋介石的二十年反革命统治由发展到消灭的转折点。这是一百多年以来帝国主义在中国的统治由发展到消灭的转折点。这是一个伟大的事变。"他总结了人民解放军的作战经验，提出了著名的"十大军事原则"，提出了土地改革的方针政策，并提出了建立新中国人民民主政权的政治纲领。这是一个历史性的文献，显示出毛泽东无产阶级革命家、军事家的宏伟气魄和高瞻远瞩。陈毅读得心情激动，受到极大的鼓舞。

毛泽东让陈毅跋山涉水来到陕北，一方面是为了听取华东野战军情况的详细汇报，另一方面是为了和陈毅商谈 1949 年作战的战略问题。陈毅用了 3 天时间，向毛泽东、周恩来、任弼时汇报了自他到山东以来华东野战军作战、山东根据地建设各个方面的情况和问题。毛泽东对华东的情况表示满意。

1948 年 1 月 27 日，毛泽东、周恩来、任弼时和陈毅秘密商讨华野下一步作战的战略问题。会上，毛泽东提出要华野主力于 1949 年上半年向江南跃进。

华野主力挺进江南，是毛泽东考虑已久的一个设想。早在 1947 年 7 月 10 日，他给东北民主联军负责人的电报《一年作战总结及今后计划》中，最早提出了进军江南的设想："在第二年计划顺利完成的条件下，第三年，山东、太行两主力即可向长江以南发展。"7 月 23 日他给刘邓和陈粟谭的电报中明确指示刘邓大军挺进大别山，作为战略出击的另一组成部分，是华野的一纵、四纵向江南进军。电报说："叶、陶两纵出闽浙赣，创立闽浙赣根据地。其步骤：第一步，于现地休整数日，迅速歼击泰安、大汶口、肥城、平阴、东阿、东平地区之敌，占领该区，以一个半月至两个月时间，在该区内完成休息、补充、配备干部及政治动员；第二步，出至皖西，建立临时根据地；第三步，相机渡江至皖南，建立第二临时根据地；第四步，至闽浙赣目的地。广东纵队受叶、陶指挥随同南下，并请考虑组织东南分局，子恢、鼎丞、曾山前往主持。"[1]

毛泽东的指示，相当具体。他把华野一、四纵的南下，作为整个战略反攻计划的一部分。他设想：刘邓大军挺进大别山，华野主力深入江南，必将打乱蒋介石的进攻部署，迫使国民党军大量回援，我军可以转守为攻，在各个战区集中兵力歼灭敌人。

[1]《毛泽东军事文集》第4卷第133页，军事科学出版社1993年版。

陈毅、粟裕对毛泽东的指示是认真对待的，但存在很多困难。华野"七月分兵"后，一、四纵前往鲁西南外线作战，就是为南下做准备。但是一、四纵遭到国民党军围追堵截，又赶上雨季，部队减员很多，战斗力急剧下降。陈毅、粟裕8月初带六纵前往鲁西南整理部队，在沙土集打了一个胜仗，才使部队重新振作起来。9月17日，陈粟向中央军委作详细报告，如实反映了华野西兵团的减员状况和急需解决的伤员安置、后勤供应、经费保障等问题。电报最后说："如中央最近期内，准备以一、四、六纵向长江以南出动时，则拟将一、四纵开（黄）河北整补一个月，待机南下，执行新任务。如无此必要，则拟将两纵分到西南方面，执行游击任务，自行整补。"

中央军委研究了陈粟的报告，9月22日周恩来副主席以军委名义复电："半年内不拟派一、四纵去江南。同意你们提议将一、四纵调往河北休整一个月至一个半月，再行南渡作战。"[1]

局势发展得很快。1947年8月下旬，刘邓大军开始挺进大别山。9月下旬，陈粟指挥华野五个纵队进军豫皖苏。人民解放军由战略防御转入战略反攻，国民党军中原防御空虚，忙于应付，乱成一团。毛泽东对形势的转变感到非常高兴，在10月15日给陈粟的电报中再提南下之事。他说："战局可能发展很快，六个月内（10月至明年3月），你们各纵在河、淮之间作战，另准备以淮南独立旅恢复淮南。六个月后（约在明年4月），你们须准备以一个或两个纵队出皖浙赣（不是闽浙赣）边区。那时拟由刘邓方面派一个或两个纵队出湘鄂赣边区。"电报还说："我们发给你们电报中，由于许多未接到你们复电，不知你们是否收到及是否同意。嗣后，你们收到我们电报，请复电说明收到某日某时电，同时对该电内容哪些可以实行，哪些与情况不符不能实行，表示你们具体意见。"[2]

11月20日，粟裕向中央军委报告：部队南下豫皖苏后，脱离后方，连续作战十分疲劳。部队纪律不好，缺乏干部，在开展新区工作上遇到很多困难。电报中说："有些纵队知道不久将去江南，另有些纵队及部队则以为野战军不会久留一地，迟早是要走的，故对地方工作不愿下大力进行。"如果不能巩固豫皖苏新区，进军江南就是一句空话。几天后毛泽东复电粟裕："在明年8月以前，不准备派主力部队渡江，各部均要在现地安心工作与作战，

[1]《中国人民解放军第三次国内革命战争史料选编》第3辑第1册。
[2]《毛泽东军事文集》第4卷第307页，军事科学出版社1993年版。

仅准备在明年 8 月以后，派一部分部队渡江南进，究派何部，临时决定。"

就这样，华野渡江的计划拿起来又放下。陈毅在思想上是拥护毛泽东的计划的，毛泽东提出的战略主张，他几乎没有提出过异议。在去陕北的路上，他沿途讲话，几次提到过江。12 月 30 日他给晋冀鲁豫干部介绍华野作战经验的报告中说："今年秋天能组织 100 万兵力渡过长江，今年就能结束战争。"因而，毛泽东与他商讨华野主力过江的行动，他表示完全赞成。[1]

1948 年初，蒋介石鉴于对陕北和山东"重点进攻"的失败，为了改变被动局面，制订了以固守东北、力争华北、集中兵力进剿中原为目的的"分区防御"战略部署。将徐州顾祝同、九江白崇禧、西安胡宗南三个集团在中原战场的 37 个整编师约 66 万人，除以一部分配属 8 个绥靖区担任防御外，其余主力部队组成 6 个机动兵团和 4 个快速纵队，集中兵力对付我军的进攻。这 6 个机动兵团是：邱清泉兵团（整编第 5 军）驻商丘，胡琏兵团（整编第 18 军）驻驻马店，孙元良兵团（整编第 47 军）驻郑州，张轸兵团驻南阳，张淦兵团驻安庆，裴昌会兵团驻潼关。从这个布局上可以看出蒋介石的用心：以陇海、平汉铁路为依托，集中兵力对付刘邓大军和华野进军中原的部队，并加强长江防线，确保南京和江南地区的安全。[2]

完成上述部署后，蒋介石指示胡琏兵团向大别山区进攻，寻找刘邓主力决战。刘邓大军进至大别山区已有四个多月，长期无后方作战，部队的弹药、服装和粮食越来越困难。寒冬腊月，部队没有棉衣穿。刘邓首长带头，全军上下人人动手缝棉衣。1948 年 1 月下旬，国民党军 5 个师向大别山区压来，刘邓大军又面临险恶的局面。1 月 25 日，刘邓向军委报告："我们原拟乘粟、陈谢 2 月初行动，敌军略有调动，即向敌弱点进攻，打开局面，故部队已集结休整。敌发现我集结后，又部署以 5 个师主力寻我作战。而粟、陈谢又已改变部署，先向郑（州）潼（关）段作战，暂时不能减轻我之负担。而我在几个强师压迫下，又无法作战，故只能再行分散活动。——但这样下去，部队将继续削弱，士气将大受影响。地方工作将继续受到很大摧残。此种情况，甚为不利。请军委考虑指示。"

1948 年 1 月 26 日，刘邓继续向军委报告："我们目前情况是部队极不充实，弹药亦渐感困难。如无友邻协助，至少将 11 师（胡琏）全部调走，部队集

1 《陈毅传》第402页，当代中国出版社1991年版。
2 《中国人民解放军第三野战军战史》第197页，解放军出版社1996年版。

结均发生困难。近日按原战役计划，先以纵队为单位集结。敌即部署全力寻我作战，致又被迫分散。而在分散时，敌则以师为单位，寻我分散之旅作战，使我无法休息。两个月来减员不少，长此下去，士气将受很大影响，战力更加削弱，极端被动。而

◎ 刘伯承和邓小平

我不能集结作战，使三大野战军陷入跛足状态，尤属不利。改变此不利局面，则有赖于友邻协助和新兵早日到来。"[1]

当时刘邓大军的情况确实非常困难。多年以后邓小平同志回忆这段历史，感慨地说："大别山的斗争不决定于消灭好多敌人，而决定于能不能站住脚。这是毛主席的战略决策。""大别山战略机动范围不大，容不下更多的部队，特别是我们习惯于在平原地区搞大开大合的作战，到这里感到很拘束。所以，把部队分开建立军区、军分区以后，主力就逐步向北面转移。中间还有些插曲，就是部队的同志着急，总想打个把歼灭战。我们开了个会，我讲的话，提出要避战。因为那时打不得败仗，一败就不可收拾。后来刘邓分开了。伯承率领一纵和野战军的司令部、直属队到淮河以北，指挥全局。南下大别山的两个后续部队王宏坤、张才千的十纵和十二纵，也不在大别山，向桐柏、江汉地区展开。就是我一个，先念一个，李达一个，带着几百人不到一千人的前方指挥所留在大别山，指挥其他几个纵队，方针就是避战，一切为了站稳脚。那时六纵担负的任务最多，在大别山那个丘陵地带来回穿梭，一会儿由西向东，一会儿由东向西，今天跑一趟，明天跑一趟，不知来回跑了多少趟，调动敌人，迷惑敌人。别的部队基本上不大动，适当分散，避免同敌人碰面。这样搞了两个月，我们向中央军委、毛主席报告，大别山站稳了，实现了战略任务。"[2]

---

[1]《中国人民解放军第三次国内革命战争史料选编》第3辑第1册。
[2]《对二野历史的回顾》，载《邓小平文选》第3卷第340—341页，人民出版社1993年版。

　　从上述电报和回忆中，我们可以体会到刘邓当时的艰难和他们迫切需要友军支援的愿望。毛泽东认为，扭转局面的最好办法，就是派一支精锐的主力兵团向长江以南作战略跃进，迫使国民党军回援，使中原战局出现重大改变。华野过江的问题，再次提上了议事日程。而且这次毛泽东是下定了决心，并得到陈毅的同意。1948 年 1 月 27 日，中央军委向粟裕发出指示："关于由你统率叶、王、陶三纵渡江南进，执行宽大机动任务问题。我们与陈毅同志研究有三个方案。"在具体叙述了三个方案的渡江时间、地点之后，电报说："以上三案各有优劣，请你熟筹见复。至于你率三纵渡江以后，势将迫使敌人改变部署，可能吸引敌 20 至 30 个旅回防江南。你们以七八万人之兵力去江南，先在湖南、江西两省周旋半年至一年之久，沿途兜圈子，应使休息时间多于行军作战时间，以跃进方式分几个阶段到达闽浙赣，使敌人完全处于被动应付地位，防不胜防，疲于奔命。"电报最后说："此事只先由前委几个同志及叶、王、陶作极机密讨论，不让他人知道。"

　　粟裕接到电报后，马上与陈士榘、唐亮等同志进行了认真研究。1 月 31 日，他向中央军委发了一封长长的复电。电报中将叶、王、陶三个纵队的现状作了如实汇报，说这三个纵队经过一年多的作战，减员很多，干部配备、物资装备也很不足。部队思想方面还存在许多问题，需要进行整顿和教育，所以马上出动确实有困难。粟裕提出两个方案：一是将三个纵队调到陇海路附近休整一段时间，3 月下旬出动；二是三个纵队仍按目前部署南下参加一两个战役，然后休整，到 5 月中旬出动。粟裕告诉中央，他已派出干部前往皖南探查南下路线，另一批干部前往江北含山、和县、巢湖等地组织船只。

　　在电报中，粟裕谈起过江后可能出现的问题和当年他随北上抗日先遣队北上红 7 军团北上失利的教训："我军渡汉水后，敌亦可能加强该段的江防；且渡江后须经较长时间，才能转至闽浙赣地区，如是恐将有半数之减员。此种减员，沿途无游击区安插，只能任其置于民家则几全部抛弃，甚为可惜。忆 1934 年 7 军团北上之失败，其主要原因是领导干部之不团结，但沿途无处安插伤员，故好仗亦不敢打。每战必须转移，士气日低，同时不打算在沿途有基础之地区停脚生根，使减员更大，元气大损，加以当时整个战局不利等原因，故此失败。"他提出自己的建议："于最近时期，将三个野战军由刘邓统一指挥，采取忽集忽分（要有突然性）的战法，于三个地区辗转寻机歼敌，是可能于短期内取得较大胜利的。如是则使敌人机动兵力大为减少，而我军在机动兵力的数量上则将逐渐走向优势。同时也可因战役的胜利，取得较多的休整与提高技术的时间。如果我军在数量上及技术上取得优势，则战局的发展可能急转直下，也将推进政治局势的迅速变化。"在这封电报中，粟裕已经委婉地表达了他在战略问题上的独立思考。[1]

毛泽东、陈毅研究了粟裕的电报，2月1日答复粟裕，并转告刘邓、饶漱石、邓子恢：同意粟裕的第一方案，叶、王、陶三个纵队组成华野第一兵团，到陇海线附近休整，补充新兵，准备渡江；华野其他纵队由刘邓指挥，采取忽集忽分战法机动歼敌。陈毅日内动身返回部队。为了调动敌军，减轻大别山的负担，毛泽东、陈毅联名致电华东局："现在南线最紧，战场仍在大别山。"指示韦国清率二纵南下苏北，与管文蔚的部队合并组建苏北兵团，配合刘邓作战。许世友的部队组建山东兵团，由华东局指挥向鲁西行动。渡江的战略方针和实施方案基本上定了下来。

遵照中央军委的指示，粟裕率华野一、四、六纵于1948年3月上旬转移到黄河以北的濮阳进行整训，做渡江南进的准备。华野十纵和晋冀鲁豫野战军十一纵越陇海路南下，护送补充刘邓野战军的新兵。陈士榘、唐亮率华野三、八纵与陈谢兵团会合，进行洛阳战役。

4月1日，正当华野一兵团整训热烈开展时，陈毅回到濮阳的华野指挥部。他在向华野干部传达中央12月会议精神和毛主席对华野工作的指示时，4日中央军委又来了指示，要求一兵团整训到5月15日结束，然后开始南下渡江的行动。

这一段时间，粟裕每天都在思考渡江的问题。反复权衡利弊，他认为"从全局来看，为了改变中原战局，进而协同全国其他各战场彻底打败蒋介石，中原和华东我军势必还要同国民党军进行几次大的较量，打几个大歼灭战，尽可能多地把敌军主力消灭在长江以北。从当时情况看，要打大歼灭战，三个纵队渡江南进是做不到的。在山东战场，由于敌人坚固设防地域较多，我作战地区比较狭窄，暂时也难以打大的歼灭战。而在中原黄淮地区，我军打大歼灭战的条件却正在成熟。"中原地域广阔，便于我军机动作战和集中兵力；背靠山东、晋冀鲁豫老区，伤员和补给也好解决。

如果三个纵队渡江南进，当然会给敌人以相当大的威胁和牵制。但是行程几千里无后方作战，必然遇到很多困难。如果大量减员，剩下的部队也难

[1]《粟裕文选》第2卷第443页，军事科学出版社2004年版。

以对敌人形成大的威胁。即使我军南下，蒋介石也不会把他在中原的主力部队调回南方，这样我军也就达不到预期目的。

从战略角度来看兵力运用，粟裕认为："要在广阔的中原战场打大规模的歼灭战，我必须组成强大的野战兵团。在一个战役中，既要有足够数量的兵力担负突击任务，又要有相当数量的兵力担负阻援和牵制敌人的任务。当时在中原战场上，中原野战军有四个主力纵队，华东野战军有六个主力纵队，共十个主力纵队。再加上两广纵队及地方武装，是有力量打大规模歼灭战的。如果我三个纵队渡江南进，而又调不走敌人在中原的四个主力军（师），则势将分散我军兵力，增加我军在中原战场打大歼灭战的困难。这样，就难以在短期内改变敌我兵力对比，打掉敌人的优势，进一步改善中原战局；而我进入江南的部队，由于作战环境的关系，也发挥不了他们善打野战的长处。"这样想来想去，粟裕认为华野三个纵队不过江，留在中原作战更为有利。

能不能把这些意见向中央反映，粟裕是有顾虑的："主要是担心自己看问题有局限性，对中央如此重大的战略决策提出不同看法，会不会干扰统帅部的决心。但又想，作为一个战役指挥员，在即将执行上级赋予的作战任务时，应当结合战争的全局进行思考，从全局上考虑得失利弊，把局部和全局很好地联系起来。全局是由许多局部组成的，从局部看到的问题，也许会对中央观察全局、做出决策有参考价值。"想到这里，粟裕决定把自己的看法和意见逐级报告，为了革命事业的胜利，没有什么可顾虑的。[1]

陈毅回到华野后，立即召开前委扩大会议传达中央指示精神。在对一兵团干部进行渡江南进动员时，他特别强调毛泽东的跃进战略方针，并引用毛泽东的话："转入外线又有两个方式，一为北伐军方式，背靠后方，逐步前进；一为跃进方式的前进，超越敌人。有阵地的前进是很合理想的，但依据我军性格，应采取跃进式的。这是由于我军依靠农村，装备不如敌，攻坚条件不好，与有帝国主义援助的敌人作战等条件决定的。应承认跃进是主要办法，要避开自己短处，发挥自己长处。"陈毅兴致勃勃地说：中央的意图是"变江南为中原，变中原为华北，胜利就来了。"然而在会议间隙，粟裕却把自己的设想完整地向陈毅作了汇报。

陈毅大感意外。毛泽东制定的战略决策，陈毅是亲自参与的，也是完全赞成的。一个战略区负责人要求中央改变战略方针，在我军历史上是没有先

---

[1]《粟裕战争回忆录》第541页，解放军出版社1988年版。

例的。陈毅不可能出尔反尔，但是在与粟裕共同作战的日子里，他欣赏粟裕的军事才能，也很尊重粟裕的意见。他没有公开表态支持粟裕的建议，而是表示粟裕可以向中央军委和毛泽东报告。[1]

粟裕也是考虑问题很周密的人。在向中央报告之前，他于4月16日向刘邓发出一封长电，陈述自己的建议，征询刘邓的意见，"请钧座予以指正"。

4月18日，粟裕以个人名义向"中工委并请转中央军委"发出电报，全面陈述他对战略的意见。电报全文如下：

"职对目前战局，虽经月余之考虑，但不成熟，恐有不周，致未敢轻率呈述。兹特呈报如下：

一、自去年7、8两月，先后转入外线以来，粉碎了敌人的全面进攻，使我军转入了反攻，将战争拖向蒋管区，保卫了基本解放区，减少了解放区受战争的直接摧残。当时我军不依靠后方，大胆转入敌后，是完全正确的，是必要的，因此取得了极大的胜利，使敌我形势完全改变，而且前进了一大步，造成今后向前发展更有利的条件。但自去冬迄今，中原地区战局已形成疲惫而频繁的拉锯形势，我军固然予敌人以极大困难，给敌人的人力物力以极大缩减与损耗，但由于敌人尚拥有相当机动兵力，占有某些交通线和所有交通中心、战略要地及运输工具、技术条件等，在兵力转运军需补给上较我军便利，亦增加我们歼敌困难。

二、我大兵团进入新区，远离后方作战，不仅在群众与地方工作上得不到较好的配合，行动上不易保守秘密，往往丧失战机。而且由于补给困难与不及时，以及伤病员之安插，亦大大影响各级指挥员决心的贯彻和下级指战员战斗勇气的发挥。但敌人则因控有要点而可收容其伤病员，我之伤病员则大部被敌残杀或落入敌手。

三、华野现有装备在无正常补给情况下，不仅不能发挥其作战能力，且在某种情况下重装备却变成了拖累。如不要这些重武器，则在敌人筑城能力较强的现状下（敌人四小时即可完成地堡群），不仅难以速决，甚至不可能攻克。在今后战局发展趋势下，攻坚将成为今后作战的中心问题，则又不能不装备与学习使用重武器。近数月来本有许多战机，但以补给不正常，战斗不能速决与持续，在敌各路增援情况下被迫退出战斗，如是既增人员弹药之消耗，亦复影响部队之情绪，且在某种情况下予敌某种程度的鼓励。虽然

[1]《陈毅传》第413页，当代中国出版社1991年版。

我军能于运动中疲劳消耗敌人，但自己已减员不少（伤病人员无较安定后方多遭损失或不能归队），长此以往似不合算。如以兜圈子中付出的巨大减员，作为有后方依托打歼灭战的伤亡，则每一万人的减员，至少可歼灭敌人一个主力师，如是对战局较有利。

四、大兵团在新区运动，最严重的事为粮食问题。敌我往返拉锯，双方均需寻求大量粮食，形成与民争食（新区地方工作很难供给大军粮草）。如是每个连队每天都向群众要粮（因情况等关系，很难完全做到统筹），侵犯了群众利益，更影响到群众之发动。回忆我军 1945 年在天目山时不足两万人，控制纵横近五百里地区，仅三个月之久，已弄得民穷财尽。在战斗最紧张时（孝丰战斗）连贫雇农之粮食也取之殆尽，至今在该地区人民中尚留下极深刻之不良影响。今后以十万之众进入江南山区，渡江固为一极大困难（只要能渡江，军事上其他困难尚易克服），但粮食补给则是长期的严重问题。此番南去，固可调动敌较多部队，打乱敌人之深远后方与推进战局，但双方大军往返拉锯，直接与民争食，也同样将自己弄乱（那些新区不久将是解放区，因与民争食而障碍群众之发动），这对发动新区群众又是极大的障碍，这问题可说是我军南渡后能否完成中央所给任务之关键。

五、我们南渡后估计能调动的敌人为 25、28、83、63、20 师等部及留华南各地之后调旅。至于桂顽之 7 师、48 师等部，蒋不至纵虎归山，仍可能留于大别山；5 军及 11 师则因系美械重装备，亦可能留中原，以发挥其作用。此四个整编师战力最强，为中原敌人骨干，如我军南进仍未能调动，或未能予该四个师中之一、二个师以歼灭，则中原局势势将成为较长期僵持局面。果如是，既难减轻老解放区之负担，亦难于中原地区得到新的人力物资的补充（因不能较安定的发展新的力量），甚至会使这一地区遭到残酷的摧残而难于恢复（敌人在此区大抓壮丁，仅鲁西南一个分区即捕走数千人，拉走大批妇女，普遍抢粮，破坏生产），如是则将造成今后更大的困难。

六、根据上述理由，对今后作战特作如下建议：

1. 以刘邓、陈谢及华野主力，依托后方（陇海路北）作战，以便得到足够的炮弹、炸药、手榴弹之补给（新区因情况不能生产），发挥现有装备之作用而大量歼灭敌人（现在的敌人处于交通便利的中原，如无相当炮火，难于歼灭），并求得雨季与夏收前在中原地区（主要战场应在豫皖苏及淮北路东、路西）打几个较大歼灭仗，使这一地区人民能较安定地得以夏收，才能使我军而后有粮食等供应与得到人民积极的支援。如中原三大野战军不能于最近有效地打几个歼灭仗，则将增加其他野战军的负担，待敌后调旅及新训师完成后，则又将增加我们的困难。

2.对敌近后方（淮河以南包括淮南和苏中南线直到江边），则派出数路强有力的游击兵团（每路多则一旅，少则一个团）辗转广泛游击，配合正面主力作战，协助该区地武装游击坚持。只要正面打得好，则敌有如下两个可能，即或者放弃淮河以北而退守淮河以南直至江边，或者将淮河以南之兵北调而减轻淮河南及大别山之兵力。不论敌采取何者，对我均有利，至少敌人要让出多数中小城市给我们。

3.对敌深远后方（长江南苏浙皖赣闽及湘黔），则派出多路坚强的远征游击队（每路多至三千人，少则一千人即可），配成犄角之势，采取广大范围辗转游击。军事上以歼灭敌人地方武装，摧毁其反动政权，破坏敌人兵源、粮弹及其他战争资源为任务；政治上则宣传党的政策，发动与团结广大人民并支持人民的民变运动。这样，派出的远征游击队因人数不多，不致与民争食，且可与当地人民武装融合而更大地发挥人民武装的力量（因人民武装战斗力较差，必须由主力派远征游击队加强；而主力派出之部队则因与当地人民无联系又易孤立，因此必须与当地人民结合，才能发挥威力），二者如能结合得好，是能大量地调动敌人的。现我们已派出七个加强营分路出发，侦察布置渡江，如能先行，则他们先渡，以便两岸策应。

4.以上三线武装部队（野战军主力、游击兵团及远征游击队），依战局之进展向前推移，如能密切配合，则可能使战局得到较快与较大之发展。至于炮弹的供应，依我们所知，华东军工生产足够供给华野全军。如能有阵地作战，则缴获之物资弹药亦可有秩序地搬运，达到以战养战之目的（据报前在许昌、漯河所缴获汽油三千余桶及其他物资交给军区后，因情况紧张，几已全部被敌抢回，洛阳物资亦多未搬出）。

七、如中央认为上述意见可行，则建议集中华野之大部佯攻（或真攻）济南，以吸引5军北援而歼灭之。而后除以一部相机攻占济南外，主力则可进逼徐州，与刘邓会师，寻求第二个歼灭战。对苏浙皖赣闽地区，则由华野派两旅兵力分路前往即可。同时建议刘邓、陈谢能各抽出一个旅进入湘鄂赣和湘鄂西地区。

八、以上是职个人不成熟的意见，加以对政局方面情况了解太少，斗胆直呈，是否正确尚祈指示。我们对南渡准备仍积极进行，决不松懈。"[1]

就在粟裕发出这封长电的同一天，刘邓致电中央军委并转陈粟，对粟裕4月13日的电报表示支持。电报说："照现在的情况来看，我们担心的是过江很少把握。""如果过江与自身准备尚不充分，则以迟出几个月为好（先派多支小部队去）。……如果粟部迟出，加入中原作战，争取在半后方作战情况下多歼灭些敌人，而后再出，亦属稳妥，亦可打开中原战局。"刘邓的电报，对粟裕是一个强有力的支持。

4月13日，毛泽东、周恩来、任弼时一行长途跋涉，从陕北到达河北阜平县境内的城南庄。这里是晋察冀军区驻地，聂荣臻司令员热情地招待大家。毛泽东让周恩来、任弼时去西柏坡与刘少奇、朱德联系，自己则留在城南庄阅读各战区来电。当他仔细阅读了粟裕18日的电报，即陷入深深的沉思中。21日，他以军委名义发出致陈粟的电报："为商量行动问题，请陈毅、粟裕两同志于卯有（25日）至卯世（31日）数日内来平山中工委开会为盼。"[2]

接到电报时，陈毅正在主持华野一兵团的濮阳整训。这次整训意义重大，华野不能没有首长主持。陈毅、粟裕于22日急电中央，表示粟裕24日作完报告后即北上，陈毅不北上。但是毛泽东同日的回电催得更急，要陈粟提前于27日赶到中工委会晤。陈毅、粟裕也感到事关重大，向部队作完了报告就匆忙动身，于4月30日到达阜平城南庄，参加由毛泽东主持的中共中央书记处扩大会议。

这是粟裕自1934年离开江西中央苏区后，首次与毛泽东的重逢。1928年，粟裕随朱德、陈毅上井冈山与毛泽东会师。在毛泽东的领导下度过了一段难忘的岁月。毛泽东的建军思想与战略战术，给粟裕留下深刻的印象。后来粟裕被分配到红7军团，参与北上抗日先遣队，离开了中央红军。在长期独立坚持斗争的生活中，粟裕饱尝了艰辛苦难。今天他又回到中央，心情格外激动。毛泽东见到粟裕，大步迎出门外，同他长时间热烈握手，口中喃喃地说："十七年，十七年了。"

城南庄会议开了7天，毛泽东、刘少奇、周恩来、朱德、任弼时五大书记详细听取了粟裕关于华东野战军和中原战场情况的汇报，粟裕着重汇报了三个纵队暂不渡江，集中兵力在中原地区大量歼敌的方案，并说明了提出这

[1]《粟裕文选》第2卷第458—462页，军事科学出版社2004年版。
[2]《陈毅年谱》上卷第514页，人民出版社1996年版。

个方案的根据。中央领导人听完汇报后，当即进行了热烈的讨论，最后一致同意了粟裕的方案。看到中央领导这种实事求是、尊重前线指挥员意见的作风，粟裕深受感动。5月5日，毛泽东致电刘邓和华东局，通报了中央领导与陈毅、粟裕商讨的结果：

"将战争引向长江以南，使江淮河汉地区之敌容易被我军逐一解决，正如去年秋季以后将战争引向江淮河汉，使山东、苏北、豫北、晋南、陕北地区之敌容易被我军解决一样，这是正确的坚定不移的方针。惟目前渡江尚有困难。目前粟裕兵团（一、四、六纵）的任务，尚不是立即渡江，而是开辟渡江的道路，即在少则四个月、多则八个月内，该兵团，加上其他三个纵队，在汴徐线南北地区，以歼灭5军等部五六个至十一二个正规旅为目标，完成准备渡江之任务。在此期内，由该兵团派出十个营，附以地方干部，陆续先遣渡江，分布广大地区，发展游击战争。以上计划，是我们与陈粟及一波、先念所商定的。粟裕兵团，待陈粟由中央回去，结束政策学习及军事训练，约于本月底渡河作战。"[1]

城南庄会议结束时，毛泽东对粟裕说：陈毅同志不回华野去了，今后华野就由你来搞。粟裕听了非常着急，一再表示华野离不开陈军长，要求主席让陈毅回华野指挥。毛泽东说：中央已经决定了，陈毅、邓子恢同志到中原局、中原军区工作。原来，根据刘邓的要求，中央决定陈毅担任中原局第二书记、中原野战军第一副司令员，协助刘邓工作。粟裕又提出：陈毅同志在华野的司令员兼政委的职务要继续保留。这与刘邓的建议不谋而合。毛泽东沉思了一下，同意了粟裕的请求。这样，粟裕以华东野战军代司令员兼代政委的身份，与朱德、陈毅一起离开城南庄返回濮阳。

[1]《毛泽东军事文集》第4卷第459页，军事科学出版社1993年版。

第 15 章
豫东之战

朱总司令指示"钓大鱼"——邱清泉不上钩——开封攻坚战——我军执行城市政策——回击区寿年兵团——总攻龙王店——西线阻击邱清泉——十纵坚守桃林岗——中原野战军配合作战——帝丘店包围黄百韬——邱清泉绕道东进——华野主动撤离——豫东战役的辉煌战绩

1948 年 5 月 12 日，陈毅、粟裕陪同朱德总司令从河北平山西柏坡来到濮阳城东孙王庄的华东野战军司令部。这时，华野一兵团正在轰轰烈烈地开展整训。根据中央军委 1948 年 1 月关于开展新式整军运动的指示，华野部队在休整时期普遍开始了以诉苦、三查（查阶级、查工作、查斗志）、三整（整顿思想、整顿作风、整顿组织）为中心的新式整军运动。一兵团是华野主力，又担负着向江南进军的战略使命，中央军委对其尤为重视，朱德总司令亲自来濮阳视察。

5 月 14 日，朱德、陈毅、粟裕主持召开华野前委扩大会议。陈毅传达毛泽东

◎ 朱德（中）到濮阳视察

195

关于时局与方针的指示，并通报了华野领导调整的决定。下午，朱德在陈毅陪同下亲切会见了一兵团战斗英雄和战士的代表，给大家带来党中央的问候。当天晚上，一兵团召开团以上干部会议，朱德作了重要讲话。他充分肯定了华野在解放战争中做出的巨大贡献，关于华野下一步的作战任务，他说：主要是争取消灭国民党的两大主力——邱清泉的5军和胡琏的11师。如何消灭这两大主力呢？朱德说："我替你们想了一个办法，就是用'钓大鱼'的办法。钓了一条大鱼你不要性急，不要一下就扯上来，因为你性急往上扯，大鱼初上钩，尚未疲困，拼命扯往往会把钓索弄断。可以慢慢同它摆，在水里摆来摆去，把它弄疲劳了再扯上来，这样就把这条大鱼钓到手了。对5军就要用这个办法，要用'引'的办法。他来攻，我就退，有条件就阻击一下，没有条件就不阻击，把它拖得很疲劳，弹药也消耗得差不多时，再用大部队去奔袭歼灭它。你们一定要下决心钓到一两条这样的大鱼。"朱老总形象生动的比喻，也成为豫东之战的指导思想。[1]

5月21日，中央军委向陈粟、刘邓下达歼灭5军的作战指示。要点是："我一、四、六纵可于25日左右由临濮集、郓城地区南渡，先在鲁西南及陇海线上歼灭几部敌人，造成集中一、三、四、六、八及十一等六个纵队全力歼灭5军之条件，而以歼灭5军为夏季作战之中心目标。""陈毅不参加此次作战，尽可能迅速地偕同邓子恢及大批干部去豫西和刘邓会面，建立中原军区及中原局经常工作。""粟裕全权指挥一、三、四、六、八及十一纵之作战，并指挥许谭在津浦线上之配合作战。"接到指示后，陈毅于30日结束濮阳整训工作，与邓子恢率领4700名干部绕道太行前往河南宝丰，与刘邓会合。粟裕则调遣部队准备渡黄河南下，会合洛阳战役后东返的陈唐兵团与5军作战。[2]

消灭5军，是华野全体指战员的强烈愿望。但是作为指挥员的粟裕却不轻松。陈毅走后，华野部队由他指挥，担子更重了。他向中央提出不过江，在中原地区歼敌，等于是向中央立下"军令状"。对5军的作战能否打好，将对今后华野作战乃至中原战局产生重大影响。因此，濮阳整训后的第一仗是只能打好，不能打坏。5军是个强敌，必须认真对付，不能盲目应战。那些日子，粟裕的心理压力有多大，只有自己知道。

5月23日，粟裕指示陈唐兵团的三、八纵由许昌向淮阳方向转移，吸引

[1]《朱德年谱》中卷第1304页，中央文献出版社2006年版。
[2]《陈毅年谱》上卷第517页，人民出版社1996年版。

◎ 粟裕指挥豫东战役

驻商丘的5军南下；粟裕率一、四、六纵队和特纵、两广纵队由濮阳南下渡河，进至定陶、城武，力求歼灭5军的75师一部，调动5军北返，然后华野集中兵力，南北夹击，将5军歼灭于鲁西南地区。命令下达后，各部于24日开始行动。

国民党陆军总司令顾祝同原打算让5军进至淮阳地区，堵截陈唐兵团东进，并寻机与我军决战。5军刚刚出动，顾祝同看到粟裕部南下，惟恐中原有失，便命令邱清泉马上率5军返回商丘集结，并从苏北地区调来4个师的兵力，企图在鲁西南与我军决战。粟裕原来设计的战场是在鲁西南的城武、曹县一带，我军先期到达，等待敌军上钩。但没想到5军动作比我军快，迅速收缩，并与鲁西南国民党军会合，抱成一团。粟裕算了一下时间，一兵团要连续行军8天才能抵达城武，陈唐兵团就需要更多时间。邱清泉比我军先到，我军长途行军之后仓促投入战斗，胜算不大。

粟裕反复考虑："寻歼敌整编第5军虽具有一定的条件，但不利因素较多，主要是我军主力尚未集中，打援兵力不足，地形对我不利。整编第5军是蒋介石在关内剩下的两大主力之一，辖两个整编师四个旅，并指挥一个快速纵队和一个骑兵旅，其战斗素质虽不如整编74师和整编11师，但装备并不差，人数也比该两师多，炮兵火力的运用和步炮协同动作较好，又经常猬集一团，不贸然行动。我如打它，蒋介石必极力救援。那时，华野在外线作战的六个纵队，三个远在河南的许昌、南阳、确山之间，短时间难以集中，即使把其中的第三和第八纵队调过来，再加上中野第十一纵队和华野的两广纵队，我们手中掌握的全部兵力也不足六个纵队（因当时有些部队不满员）。而要歼灭整编第5军，突击集团至少需要四至五个纵队。这样，就只剩下一两个纵队担任阻援。在平原地区无险可守的情况下，用一两个纵队是难以阻止敌人大量增援的。如果我突击集团三五天内解决不了战斗，敌人援兵赶到，我军就可能陷于被动。同时，鲁西南地区的主要点线在敌人控制下，我作战地域比较狭窄，不便于大兵团机动作战，而且战场距离黄河较近，我军处于背水作战的不利态势。基于上述考虑，我觉得在当时情况下寻歼整编第5军，并不是很有把握的。搞得不好，还会给我们自己造成不利局面。"[1]

想到这里，粟裕决定改变原来的部署，把主力集结在定陶一带，休息3天，观察一下再决定下一步行动。6月2日，他和副参谋长张震给中央军委发出请示电，说明情况。毛泽东3日复电："在整个中原形势下，打运动战的机会是很多的。但要有耐心，要多方调动敌人，方能创造机会。最近时间内，陈唐需要协助刘邓作战，只要刘邓能打一两个好仗，局势就会开始起变化。因此你们到达适当地区后，不是休息3天，而是休息半月左右，全军精心研究技术战术，养精蓄锐，即使有打小仗的机会，主力也不要去打。……在打5军、75师等部时，不要企图一次打得太多，而要准备一次只打一两个旅，各个歼灭该敌，因为该敌是比较强的。要说服干部不要急于求赫赫之名，急于解决大问题，而要坚忍沉着，随时保持主动。"[2]

6月初，陈唐兵团配合刘邓主力结束了宛西战役，遵照粟裕的命令由郾城向睢县长途行军，准备打5军。在此期间，粟裕的部队在鲁西南与国民党军进行了试探性接触，双方都在摸底。粟裕的主力在定陶、曹县一带运动，想打5军的75师。12日75师一部进入我军预定战场，与一纵接触。粟裕想打，结果发现敌军只是搜索部队，这个仗没打成。邱清泉也非常狡猾，立即命令75师向定陶靠拢，赶筑工事。5军挤在一起，令我军无从下手。敌军还选择我军战斗力较强的一纵和较弱的中野十一纵发动进攻，试探我军实力。我军也摸到5军一些特点，他们依赖炮火，进攻前往往猛轰一顿；步兵行动谨慎，我军一反击他们就跑，快得让你追不上，抓俘虏很难。敌军善于夜间袭击，曾以一连兵力摸掉一纵的前沿突出阵地；善于抓住我军接合部进攻，迫使我军层层堵击，陷于被动。这些情况表明：要想歼灭5军，不是那么容易的事。

敌我双方在定陶、城武一线对峙，可能形成僵局。6月15日，陈唐兵团已经到达睢县西北的圉镇，粟裕当机立断，改变作战部署。决定以陈唐的三、八纵队进攻开封，自己率领一、四、六纵迅速楔入定陶、曹县、民权地区，实行运动防御，阻止邱清泉西援开封。这样，我军就由被动变为主动，先打弱小之敌，引诱敌军主力来援，再抓住敌军一路予以歼灭。这叫"先打开封，

[1]《粟裕战争回忆录》第540页，解放军出版社1988年版。
[2]《毛泽东军事文集》第4卷第474页，军事科学出版社1993年版。

后歼援敌。"16 日粟裕向军委和刘邓报告，17 日晨即得到毛泽东答复："完全同意 16 日午电部署，这是目前情况下的正确方针。""情况紧张时独立处置，不要请示。"刘邓也表示同意，并负责牵制平汉路敌军，配合开封战役。

　　开封当时是河南省省会，人口约 40 万。这座古城有高大坚固的城墙，周长 20 里，高 2 丈。有六门四关，驻守城内的是国民党军 66 师的 13 旅和地方部队两个保安旅，连同炮兵和后勤机关共 30000 余人。全城防卫名义上由国民党河南省主席刘茂恩负责，但正规军由 66 师师长李仲辛指挥。两人互相扯皮，刘茂恩指挥不了正规军，李仲辛指挥不动保安部队。66 师 5 月间才由商丘调来守开封，李仲辛把师部和炮兵阵地设在城内制高点龙亭，下属 3 个团分别守卫东面的曹关和西关。保安部队守卫省府核心阵地和较大的南关、宋关。国民党统帅部将精锐部队集中于几个机动兵团，开封守备相当薄弱。城内只有几天存粮，弹药也不够。李仲辛找郑州要，郑州方面不理会。当时各方面都认为共军不会进攻开封，刘茂恩、李仲辛也不着急。直到 6 月 15 日，城防工事障碍物还没完成。只是拆除了城外房屋，形成百米宽的开阔地。各城关外挖了壕沟，修筑了一些地堡。6 月 17 日陈唐兵团到达指定位置，将开封城团团包围，敌人才着了急，强征大量民夫在城墙上赶修工事。国民党陆军总司令部郑州指挥所匆忙将开封机场的飞机调往郑州，并从郑州开出一列铁甲列车增援开封。同时命令胡琏的 11 师和孙元良的 47 军向开封方向前进。

　　陈士榘、唐亮率三、八纵于 6 月 17 日晨到达开封城外，部队没有休息即投入战斗。他们有洛阳攻坚的经验，大城市攻坚动作一定要快，稍迟疑一天敌军的工事就可能大大增强，造成我军的困难。陈唐迅速布置任务：三纵主攻东面，8 师攻曹

◎ 攻占开封

门，9师攻宋门；八纵主攻南门、西门。各部队马上行动，17日夜里发起攻击，三纵8师23团攻入东边的曹关，由于动作不迅速，未将守敌全歼。曹关地方狭窄，房子稀疏，敌军在城墙上居高临下猛烈扫射，并出动一个营兵力进行反击。我军无法隐蔽，被挤了出来。八纵23师进攻飞机场，停留的几架敌机仓皇逃去。八纵控制机场后，即向车站挺进。

18日早晨八纵69团占领开封车站，敌军保安团狼狈向城里逃跑。69团正在追击，突然发现西边有一列装甲列车向车站冲来。敌军用六零炮、轻重机枪向我军扫射。69团战士立即散开，将两头铁轨破坏，装甲列车进退不得，在我军集中火力打击下，只得投降。我军缴获列车上满载的炮弹，转手倾泻到开封城内敌军头上。三纵攻击曹关、宋关，敌保安部队支持不住，纵火焚烧城关向后溃退。李仲辛原来布置66师守内城，保安部队守城关，并堵塞城门，不让保安部队退后。保安部队求生心切，打开城门逃入城内。李仲辛完全不知道，城关发生混乱。三纵见大批老百姓从城关逃出，乘势突入，9师占领宋关。8师动作慢了一些，曹关被大火吞没，完全烧毁。这样，开封城外的阵地完全被我军控制。陈士榘考虑曹关不宜作为攻城阵地，城北是开阔的沙滩地不利攻击，决定由宋关、南关实施主要突击，曹关、西关作辅助进攻。

9师25团占领宋关后，立即组织火力和爆破队，准备进攻宋门。敌军在宋门前有三角地堡群、壕沟和铁丝网。指挥员观察地形后，决定先用炮火摧毁地堡群，再用爆破炸开城门。19日凌晨1时，25团发起攻击。经半小时射击，我军的炮火摧毁了宋门前的四个地堡和城门楼，乘着烟雾弥漫，爆破队冲向宋门。连续4声巨响，把宋门炸开宽阔的大洞。埋伏在后面的突击队一拥而上，冲入城中。

城内大街上也有敌军的地堡和工事，我军突击队情况不明，摸索着往前走。黑暗中不辨敌我，看到前面有人就喊一声，回答不对开枪就打。混战中我突击队伤亡较多，宋门城楼没有及时控制，敌军从上往下打，把我军部队隔断。先头部队两面受到敌军火力封锁，坚守不退。后续部队迅速消灭城楼敌人，巩固突破口。到19日拂晓，9师25、27团全部投入城内，向纵深发展。[1]

这天夜里，八纵也突破了南门，冲进两个团向纵深发展。19日李仲辛指挥部队拼命向南门反冲锋，企图夺回阵地。八纵与敌军进行巷战，争夺十分

[1]《中国人民解放军第22军解放战争战史》，1952年初稿。

激烈。这时，我军的炮火明显占了上风。李仲辛原以为北门外沙丘高于城墙，我军会把主攻方向定在城北，他把炮兵主阵地设在城北的龙亭。除两门榴弹炮外，其余皆为野炮。没想到我军主攻方向在城南和城东，敌军炮阵地位置太远，野炮隔着城墙朝外打，弹道低，死角大，对我军构不成多大威胁。敌军在城内制高点设置的炮兵观察哨也被我军打掉，他们的火炮变成瞎子，盲目乱放。而我军炮兵指挥所和三纵指挥部就设在城外禹王台高地上，把城里观察得很清楚，我军的大炮指哪打哪，摧毁敌军的一个个据点，完全压制住敌人。在我军炮火和攻城部队的双重打击下，敌军只得收缩到省府、龙亭、教养院、铁塔等核心阵地顽抗。国民党军郑州指挥部电令李仲辛：必要时可使用"特种手榴弹"，即含毒的黄磷手榴弹。[1]

在开封守敌的不断呼救下，20日国民党空军从徐州、郑州方向出动大批飞机，对开封城进行残酷轰炸。成吨的炸弹、燃烧弹倾泻在开封的街道和人口稠密的居民区，著名的相国寺、河南大学和许多建筑物、古迹、商店都在大火中燃烧，成为一片废墟。老百姓死伤遍地，开封女子师范学校700学生中有400人被炸死炸伤。冲入城内的我军战士不顾飞机轰炸，在烈火浓烟中抢救幸存的群众。有的战士从工事掩体里跳出来，让给老百姓藏身。许多群众为了逃生，前呼后拥冲向城门。各城门楼下挤满了人，秩序大乱。陈士榘、唐亮下令打开城门放群众出城隐蔽。有的干部着急地说："这城门好比华容道，开了门，敌人就要乘机逃跑了。"首长解释说："为了使人民少受残害，只有这样做了。逃掉几个敌人，以后再找他们算账。"我军干部战士在城门维持秩序，扶老携幼，引导群众朝城外比较安全的地方隐蔽疏散。老百姓感动地说："你们是救命恩人，真正的仁义之师！"国民党河南省省长刘茂恩化装成老百姓，与家人一起混出城外，侥幸逃脱了被俘的命运。[2]

国民党空军的轰炸一度迟滞了我军的进攻，但不能挽救开封守敌灭亡的命运。21日晨，三纵8师攻克城北重要据点教养院，城内只剩下66师师部所在的龙亭这个最后的核心阵地。龙亭坐落在宋代故宫遗址上，雄伟的台基高13米，四周围墙环绕，潘家湖、杨家湖和西北湖从三面包围龙亭，正北是开阔的运动场，集结着国民党军的炮阵地。进攻龙亭的路线只有南边潘家湖、杨家湖之间的一条道路。敌军在龙亭台基、围墙上都部署了火力点，

---

[1] 国民党陆军总司令郑州指挥部：《开封战役作战经过概要》。
[2] 丁秋生：《光荣的进去，干净的出来》，选自《中共河南党史资料丛书：豫东战役》。

围墙外有地堡，形成交叉火力，易守难攻。20日夜和21日凌晨三纵8师和八纵一部从两个方向进攻龙亭，因敌军火力阻击和协同配合不够，没有成功。

陈士榘和三纵首长登上城内制高点——教堂钟楼，观察龙亭敌情。研究既能解决敌人，又能保护古迹的攻击方案。炮兵指挥员提出：将火炮推进到前沿，进行近距离抵近射击，虽然炮兵有生命危险，但可保证准确命中敌军堡垒工事。陈士榘批准这个方案，21日黄昏，我军的炮火集中轰击龙亭和运动场，完全压制了敌军炮火。担任突击任务的三纵8师24团3连在战斗英雄郭继胜营长指挥下，奋勇炸掉敌军的桥头堡，从围墙的缺口冲进去，直奔龙亭。残存的国民党军被我军炮火轰得晕头转向，丧失斗志，在66师参谋长游凌云带领下从地堡和山洞中爬出来投降。师长李仲辛带着少数人想从城北逃跑，被击毙在城墙上。22日白天国民党飞机在开封上空盘旋侦察，报告说，"龙亭附近遗尸甚多，并有汽车向南门开。城西北汽车纵横，似已破坏。体育场附近汽车向北门开，全城已无我军符号，东、南两门开放，城内沉静"。这分明是我军已在打扫战场了。

当我军进攻开封时，蒋介石曾乘飞机亲临上空视察，并督促郑州、徐州方向派部队救援。驻汝南的18军奉命北上，到达上蔡。正在舞阳休整的华野十纵会同中野的一、三纵队不顾疲劳，一昼夜急行军180里，17日晨到达上蔡近郊，与18军展开激烈战斗。胡琏无法北上，被我军整整拖了3天，远水不解近渴。邱清泉的5军从金乡、城武掉头西援，被华野主力一纵等部阻击于兰封（今兰考）、民权、睢县以西地区，进展迟缓。中野、华野部队的阻援，有力支持了开封战役的顺利进行。

开封是中原地区我军解放的第一个省会城市，为了保护好这座历史古城，党中央特别强调城市政策和纪律。6月19日，毛泽东以中央军委名义起草了给华野的指示对攻克开封后的政策作了七条规定：对公私企业、银行、商店和市政机关、医院、学校、教堂等由部队加以保护，不要没收；除敌方武装和持枪抵抗人员外，其他一切敌方党政人员、警察及地主等均不要加以逮捕和俘虏，而应令他们维持城市秩序；城内公用物资除武器、弹药、公粮及其他军用品可由军队采用以外，一律保护，不要破坏等。毛泽东强调指出："估计到开封此次不能巩固地占领，而在占领后不久我军即将退出，故应采取上述政策以示宽大，而使城市不遭破坏，以便将来巩固地占领时于我有利，且使此种宽大政策传播出去有利于我将来占领全国大城市。"[1]

三纵、八纵在开封城内严格执行纪律。17日晚，我军攻入河南大学农学院，溃逃的敌军纵火焚烧房屋，我军战士冒着生命危险抢救图书、仪器。我军攻克城内一区，立即布置纠察队维持秩序。在敌机狂轰滥炸之下仍然坚守岗位。构筑工事借了老百姓的门板，都把主人的名字写在上面，战斗结束后物归原主。自由路一家盐店被贫苦市民哄抢，部队纠察立即上前阻止，商店老板极为感激，自动廉价售出部分存盐。华野前委组成以钟期光为主任，张震、骆耕漠为副主任的缴获物资处理委员会，统一指导此项工作。陈士榘、唐亮于21日发布安民告示，寻找开封社会人士成立临时筹委会，组织救济工作，恢复城内秩序。

开封战役我军毙伤敌军12122人，俘虏26113人，共计歼敌38235人。我军牺牲1546人，负伤9229人，加上其他减员共11623人。开封战役的胜利不仅在于攻占了一座大城市，更重要的是打乱了国民党军中原作战的部署，使我军掌握了战场的主动权。

粟裕密切注视开封战役的进展。战役一开始，他就督促陈唐尽快突破敌人防线，以取得主动。到20日夜里，开封城区之敌大部被消灭，只剩下龙亭阵地尚未攻下，但胜利已经在握。这时，粟裕马上考虑下面的战斗如何进行。作为一个优秀指挥员，在打第一仗时就要想着第二仗、第三仗的问题。他与张震副参谋长、钟期光主任赶到开封南郊陈唐兵团指挥部，督促三、八纵除留下足够的兵力攻击龙亭外，迅速撤出其他部队，把兵力集中起来，准备下面的作战行动。6月26日，华野三、八纵完全撤离开封，向通许方向移动。

开封之战，南京、上海舆论哗然，纷纷指责国民党军统帅部的无能。蒋介石决心收复开封，寻找华野主力决战。6月26日解放军撤离后，邱清泉率5军先头部队进入开封。国民党统帅部分析：共军经过大战，必定疲劳不堪，可以乘机寻求决战。遂命令：以邱清泉5军主力南下通许追击；以第六绥靖区副司令区寿年指挥第72、75师组成第7兵团，由民权经睢县、杞县迂回；命令上蔡的胡琏第18军迅速北上。企图从三个方向包围华野。

粟裕预料到了国民党军这步棋，这时战机又出现了。南京国防部令邱、区两兵团全力追堵华野。邱清泉急于立功，将开封守备交给刘汝明，率主力尾追陈唐兵团。多疑的区寿年认为解放军"有向平汉路进攻模样"，在睢杞

[1]《毛泽东军事文集》第4卷第487页，军事科学出版社1993年版。

地区举棋不定。这样，两个兵团一路急进，一路踌躇不前，一下拉开了 40 公里的距离。粟裕抓住这一有利战机，不待查明区寿年兵团的具体部署情况，即于 27 日下达围歼区寿年兵团的命令，豫东战役第二阶段的作战开始了。

区寿年是广东罗定人，原属蔡廷锴将军部下，曾参加过八一南昌起义。他知道解放军的厉害，行动比较谨慎。6 月 27 日，他指挥 72、75 师进至睢县西北的龙王店、陈小楼、杨拐一带，得到情报说西面发现共军，于是命令各部就地构筑工事，准备固守，等待邱清泉前来会合。当日黄昏，华野一、四、六纵组成的突击集团就发起对区寿年兵团的围攻。28 日完成了对区寿年兵团的包围，一场"瓮中捉鳖"的围歼战开始了。

一纵 1 师在廖政国师长指挥下，向 75 师与 72 师的接合部猛插。一夜占领了 16 个村子，拉开了一条十几里长、四里宽的豁口，将敌人分割开来。1 师两个团背靠背修筑工事，准备应付两面敌军的冲击。敌军发现我军的行动，以猛烈炮火向我军阵地轰击，打得到处硝烟弥漫。我军阵地太窄，东面 72 师的炮弹从我军阵地上呼啸而过，打到对面 75 师阵地前沿。75 师也不甘示弱，集中炮火还击，又打到 72 师阵地上。就这样乱打了一夜，也不知浪费了多少炮弹。到 29 日拂晓，敌军看清我军阵地后，修正射程，向 1 师阵地开火。1 师工事被炸塌，电话线被炸断。战士们坚守阵地，直到黄昏。

29 日一天，我突击兵团肃清了外围，将区寿年兵团进一步压缩。夜晚，开始分头进攻常朗屯、杨拐、陈小楼之敌。激战一夜，杨拐、陈小楼打成僵局，能否拿下常朗屯就成为战役举足轻重的关键。常朗屯是睢县城西北、龙王店以南的一个几十户人家的小村庄，此时驻守着 75 师近 5000 人。村外有土围子、小河，村里还有一个内围子。四面地形开阔，敌军布置了立体火力防御，还有强大的炮火。为了歼灭这股敌人，打开歼灭区寿年兵团的突破口，叶飞调 1 师前来主攻。

战斗进展非常迅速，廖政国来不及侦察地形，就命令 2 团投入战斗。这是一场敌众我寡的进攻战，2 团一个营突进村中，在敌人火力反击下被困在村内，与敌军混战，伤亡很大。廖政国手中已经没有机动部队，非常焦急。这时，叶飞打来电话，派遣纵队警卫营跑步前来助战。1 师增添生力军，攻得更猛。廖政国把后勤人员和机关中一切能拿枪的人都集中起来，投入战斗。1 师拼尽全力，终于在 7 月 1 日拂晓将常朗屯之敌全部歼灭。

六纵杨拐战斗打得非常艰苦。28 日早晨，16 师 48 团 1 营进至杨拐，与

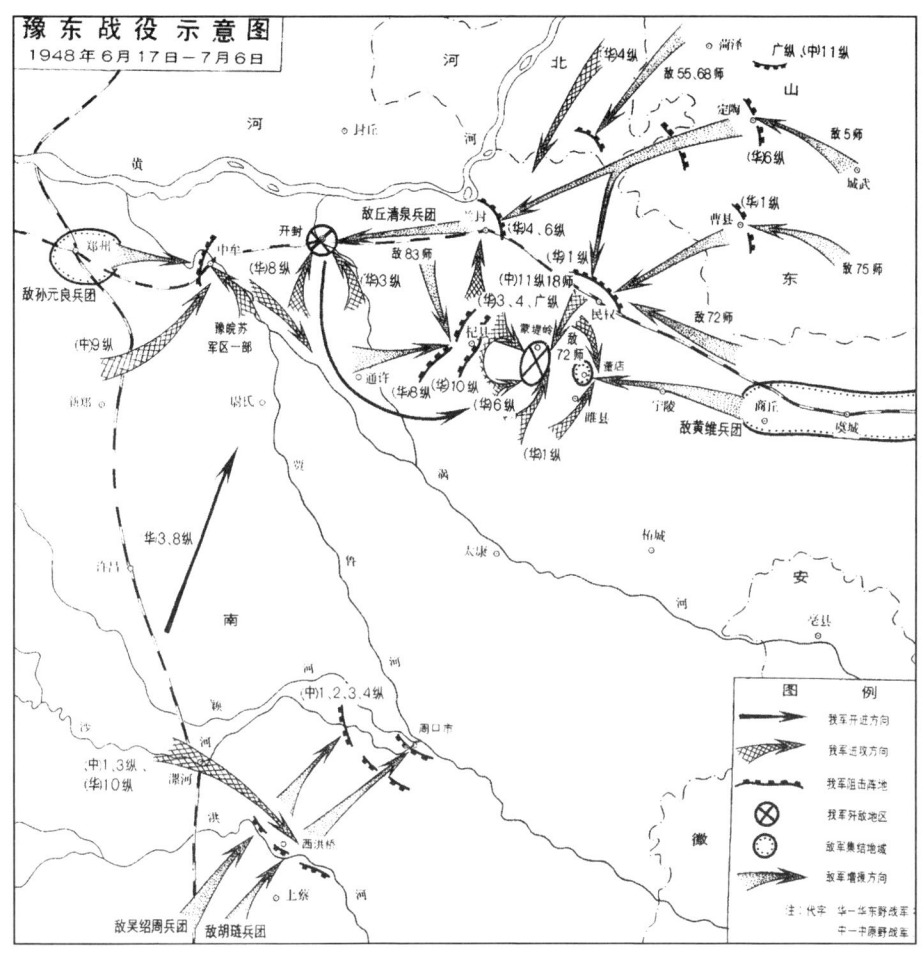

◎ 豫东战役示意图

敌军交火。当时营长以为敌军不过一个连，又是野外无工事，当即指挥部队
分三路向敌军猛扑。敌军迅速退入鹿砦，以密集火力封锁开阔地，使我军遭
受重大伤亡，1营营长牺牲，被迫停止进攻。下午18师首长来到前线，决定
将3个团全部投入战斗。29日再次攻击，48团2营在没有侦察地形和进行
战斗准备的情况下，听到号令一拥而上。冲到鹿砦前忘了带炸药，结果在敌
军火力下伤亡很大，被迫撤出。47团3营从东南角进攻，也犯同样的错误，
营长连长冲在前面，相继伤亡。部队失去指挥，攻击失利。抓住敌军俘虏询问，
才知道杨拐驻有敌军一个团。纵队首长得知这些情况后，皮定均副司令员亲
自来到杨拐前线，察看地形，重新组织各团的爆破队、突击队；调来两门山
炮置于杨拐正西150米处抵近射击，并将所有迫击炮、轻重机枪集中在一线

205

阵地。30日傍晚开始炮击，46团爆破组炸开鹿砦，突击队迅速冲上。但第二道鹿砦还没炸开，二梯队又跟上来。4个连的人挤在狭小地带，进退不得，在敌军火力封锁下伤亡很大。48团连破三道鹿砦，冲入杨拐村内，连续攻占十几个地堡。再向纵深发展，因突击队伤亡较多，其他方向部队没跟上，形成孤军奋战。敌军拼死进行反冲锋，48团突击队寡不敌众，被挤了出来，阵地得而复失。

杨拐战斗连续3天进攻未能解决敌军，48团已失去突击力，47团消耗也很大，18师处于很艰苦的境地。但皮定均和师首长不动摇决心，7月1日，他们将师侦察连调上来作第一梯队，46团3营为二梯队，抓紧时间白天发起攻击。战争就是这样残酷，我们伤亡疲劳，敌军也同样如此。在这种时刻，就看谁能咬紧牙关，坚持到底。杨拐守敌在弹尽粮绝，援兵不到的情况下，终于崩溃，夺路突围。我军见敌军溃散，士气大振，各部队冲上前去，将残敌分割歼灭。战斗结束后，六纵对杨拐战斗中表现的轻敌莽撞，深刻地总结了教训。

经过夜以继日的激烈战斗，到7月1日，解放军相继攻占陈小楼、杨拐等村庄，对区寿年兵团部驻地龙王店形成包围。龙王店地处睢县西北，是豫东平原上一个比较大的镇子。镇子周围有厚实的围墙。当6月28日区寿年兵团刚刚被华野包围时，75师师长沈澄年曾建议：乘共军立足未稳，赶快组织突围，以免坐以待毙。区寿年想固守待援，夹击共军，反败为胜。他不听沈澄年的劝告，命令挖壕沟，设鹿砦，构筑起纵横交错的防御工事。区寿年自信地说："龙王店不是陈小楼，这里有一丈高的围墙，有上万人的兵力，还有上百门大炮，加上坦克，共军想吃掉我们，没那么容易。"

华野虽然包围了区寿年兵团，但形势相当严峻。在蒋介石的督促命令下，西线的邱清泉5军从开封方向压过来，虽然遭到华野三、八、十纵的顽强阻击，仍在7月1日推进到过庄、官庄、张阁一线，距离区寿年约10公里。在东边，整编第25师与第三快速纵队组成一个兵团，以黄百韬为司令，到达距整编72师所在地铁佛寺以东10公里的帝丘店。华野一方面包围区寿年兵团，同时又受到强大援敌的两面夹击，面临严峻考验。是坚持还是改变原来的战役决心，需要刻不容缓地决断。粟裕和指挥员们对敌我形势作了全面分析，认为阻援部队能够顶住国民党援军的攻击，为歼灭区寿年兵团争取时间。粟裕决定：原战役决心不变，1日晚间发起对龙王店总攻，一举歼灭区寿年兵团。

1日晚8时,华野开始总攻龙王店。炮火猛轰一小时后,突击部队沿着近迫作业挖成的战壕迅速接近国民党军阵地,爆破队连续炸毁三层鹿砦,并将围墙炸开大口子。很快攻破第一道防线,向村子纵深发展。区寿年眼看大势已去,与兵团参谋长林曦祥爬上坦克突围逃跑。华野六纵的战士正在进行巷战,突然看到4辆坦克向东门冲去。印永鑫排长从围墙上飞身一跃,跳到一辆坦克的甲板上。他用手榴弹敲着坦克的上盖,高声喊道:"快停下来,缴枪不杀,不停我就炸死你们!"坦克缓缓停下,只听里面叫喊:"别炸,我们缴枪。"第一个爬出来的是个瘦高个中年人,肩章是中将军衔,他就是区寿年。7月2日拂晓,龙王店战斗结束。75师师长沈澄年在突围时也被俘虏。至此,区寿年的兵团部和75师被全歼。

区寿年兵团被包围后,蒋介石万分焦急。7月2日,他在空军司令周至柔陪同下,乘飞机亲临战场视察。并给邱清泉写下手令,要他全力救援区寿年,并与黄百韬会合。手令中说:"龙王店失陷,区寿年、沈澄年二同志若非阵亡,必已被俘。中原战局,严重万分。两日来连电令弟全力东进增援,而弟违令迟滞,视友军危急不援,以致遭此最大之损失。得报,五中惨烈,不知所止!故今午特飞杞县,甚望与弟空中通话,以救榆厢铺与铁佛寺友军之危。此时,惟有弟军急进,一面救援75师在榆厢铺之一旅与铁佛寺之72师,一面与西进之25师会合,方能挽坠势,亦所以保全弟军不致孤危被歼也。"[1]焦急之情,跃然纸上。

如果说邱清泉对区寿年见死不救,确实冤枉。从6月27日到7月6日,华野三、八、十纵在杞县以东地区顽强阻击,使国民党军五大主力之一的5军付出沉重代价。

6月28日,5军200旅在优势炮火支援下,首先向八纵阵地发起攻击。八纵65团坚决阻击,经两个小时战斗,敌军占领高许庄、姚庄、于庄一线,我军转至周店与敌军对峙,黄昏撤出阵地。5军83师则向杞县县城进攻,防御在城东的四纵教导团阵地被突破,我军放弃杞县,在杞县以东的村庄组织防御。邱清泉进了杞县县城,督促各部继续进攻。三纵和八纵坚守不退,从侧面牵制5军行动。

6月29日清晨,5军96旅以猛烈炮火轰击我八纵64团马砦、孙砦阵地,然后以坦克和装甲车迂回攻击,八纵猛烈反击,打退敌军多次冲锋。同时5军139旅向八纵高阳集阵地发起攻击,八纵64、67团和特务团与敌军苦战4

个小时，部分阵地被敌军占领。下午，敌军分数路再次进攻，企图分割三纵和八纵的联系。八纵一面积极防御，一面向北出击。到黄昏时，高阳集一线阵地仍在我军掌握之下，敌军倾其全力，只前进了八到十里。

7月1日战斗达到空前激烈的程度。邱清泉已判明我军将对龙王店、榆厢铺的区寿年兵团发动总攻，他急于向区寿年兵团靠拢，指挥5军和83师沿睢杞公路进攻，企图从正面突破我军阵地。当时防守许岗的四纵12师被华野调走执行任务，由三纵9师接替阵地。狡猾的83师63旅发觉我军调动，马上发起攻击。9师25团接防时正赶上敌军进攻，仓促应战。与敌军混战40分钟，敌军突入村内，25团被迫撤出阵地。陈士榘得知后，认为该阵地被突破将对全局产生严重影响，命令25团乘敌人立足未稳全力反击，并派出27团一个营做预备队。25团下午进行反击，到黄昏时收复阵地。这时，5军45旅向许岗的三纵24团发起进攻。24团激战几个小时，杀伤400多人，将敌击溃。我军干部轻敌麻痹，认为敌军不会马上再来，阵地没有问题，也没有迅速整理部队，调整火力部署。谁知敌军前面的部队正往后撤，后面第二次攻击的部队就上来了。24团措手不及，战斗一小时，许岗阵地失守。当晚纵队首长命令22团组织反击许岗，由于部队连续战斗，伤亡很大，部队组织已不健全，突破后无力发展，反击没有成功。2日三纵撤出战斗，退到滕店一带继续阻击。[1]

最激烈的阻击战是十纵在桃林岗的战斗。桃林岗位于杞县以东7里，地处杞县至太康、睢县两条公路的要冲，是邱清泉兵团东援的必经之路。这是一个较大的圩子，村周围有土围墙，墙外有两米深的壕沟，便于我军防守。宋时轮以主力28师防守土楼至桃林岗一线，以桃林岗为重点防御阵地。从6月29日起，5军200旅分别向桃林岗两侧的程寨、张阁、权寨发起攻击，我军前沿阵地一度被突破，敌军逼近桃林岗十纵主阵地。

第二天的战斗更为激烈。坚守桃林岗的83团3营，在防御正面不断扩大的情况下，临危不惧，顽强阻击，上午打退敌军两次进攻。下午，敌军对桃林岗进行了半小时的炮火急袭，并以飞机配合轰炸，桃林岗被打得硝烟弥漫，房倒墙塌。敌军一个团的兵力在七辆坦克掩护下气势汹汹冲过来，3营营长朱福修一面命令仅有的两门战防炮打坦克，一面组织部队集中火力打步兵。敌军在长官严厉督促下，使用"肉弹战术"。一批被打倒，后一批又拥

[1]《中国人民解放军第22军解放战争战史》，1952年初稿。

上来，已经接近我军阵地。在这紧急关头，我军的战防炮准确命中一辆坦克，其余坦克掉头后转。看到敌人乱了阵脚，我军跃出战壕，进行反冲锋。到黄昏时，桃林岗已经没有一座完整的房子，许多树木被拦腰炸断，阵地前布满了敌军的尸体。十纵战士已经两天没有休息，仍然忍耐着疲劳和饥饿，抢修工事，准备下一次战斗。鉴于十纵打得很艰苦，伤亡也很大，当天粟裕指示十纵：张阁之敌反击不了，就不要再搞了。明天可放弃屈砦、张阁、桃林岗一线阵地，只要小河铺明天保住，就无问题，但尽量多控制一些时候。[1]

7月2日，区寿年兵团在我军总攻下土崩瓦解。邱清泉被蒋介石催命，坐卧不安，命令各部不惜一切代价，突破我军防线，坚决东援。这天上午，5军200旅以两个团的兵力，对桃林岗发动最猛烈的进攻。敌军显示了比较先进的战术，他们先派小部队到我前沿阵地观察，然后指挥炮兵射击。5军善于集中炮火，猛烈轰击一处，务必将我军前沿阵地完全摧毁，然后以小部队正面进攻，而以主力部队进攻我军侧翼。敌军炮火加上飞机轰炸，再次将桃林岗打成一片火海。在敌军炮火猛烈进攻下，十纵83团伤亡很大，上午西北角阵地一度被突破。这时，粟裕亲自打电话给83团团长、政委，关切慰问，并命令部队坚决阻击敌人，不后退一步。消息传遍阵地，全团深受鼓舞。3营9连组织反击，从侧面袭击冲进村内的敌军，野外，敌军支持不住，狼狈溃退，桃林岗阵地完全收复。从7月1日到5日，十纵阻击五昼夜，堵住了5军东援的道路，有力保障了东线突击集团的歼敌，表现出极顽强的斗志。有的团几乎打光了，仍然坚守阵地。在最危急时刻，他们不仅坚守自己的阵地，还抽出兵力增援许岗。与十纵交过手的国民党军，不得不佩服十纵的战斗力。据被俘的75师师长沈澄年说：5军、11师都有这样的评论，十纵防御能力强，防御精神好，作战时白天必能坚持到黑夜，且有坚持到适当时间才撤离战场的决心。他们一致认为："十纵应列入华野之头等部队。"[2]

邱清泉虽然距离龙王店不过20余里，也只能眼睁睁看着区寿年兵团全军覆灭。另一支国民党军主力18军在胡琏指挥下到达太康，受到中原野战军的有力阻击。刘邓向阻击部队下了严厉的命令：粟裕部队为了歼灭敌人，已经使用了所有的力量，再也没有预备队。我们一定要配合粟裕部队作战，绝不让胡琏增援。中原野战军一、二、三纵队在编制不满员（三个纵队总数

---

[1] 华野司令部：《睢杞战役阵中日记》。
[2]《敌75师战俘对睢杞战役的检讨》，见《华东军区第三野战军第三次国内革命战争史资料选编》。

42000人），弹药缺乏的困难条件下，紧紧咬住胡琏，使其无力北上。陈唐兵团和十纵的西线阻击，中原野战军的配合，有力保障了粟裕指挥东线兵团的歼灭战。国民党统帅部尽管调兵遣将，无奈该增援的来不了，该突围的出不去。在咒骂感叹之余，他们不得不承认这个事实：豫东之战是一个转折，华东野战军的作战能力已经达到了一个新阶段。南京国防部在战后的一份报告中说："此次豫东会战，匪军所表现特异三点：1. 敢集中主力作大规模之会战决战；2. 敢攻袭大据点，如开封、兖州、襄樊等；3. 对战场要点敢作顽强固守，反复争夺。如桃林岗、许岗、董店等。以上诸端，在足征匪军之战力逐渐强大，吾人应作加深一层之认识与努力者也。"[1]

7月2日清晨，华野全歼区寿年兵团后，粟裕认为预期的战役目的已经达到，部队连续作战，减员较大，十分疲劳。下一步任务是如何组织部队顺利撤出战斗，转入休整。到下午，东面形势突然发生变化，黄百韬的25师突破防线，推进到距离龙王店20多里的帝丘店。粟裕听到报告，心头为之一震。黄百韬的到来对华野威胁较大，如果不给予有力打击，华野携带大批伤员，难以顺利撤离战场。想到这里，粟裕下定决心，趁黄百韬长途跋涉，部队尚未全部展开，即先声夺人，给25师以歼灭性打击。当天，华东野战军首长发出给全体同志的一封信。信中说："战役进行到现阶段，是全战役的重要关键。因为我们能够坚持下去，就可以全歼守敌。""部队伤亡、消耗、疲劳是事实，但敌人伤亡更大，消耗更多，疲劳更甚，处在四面包围，随时准备就歼的恐怖中。我们必须咬紧牙关，坚持下去，不要让吃到口边的东西给溜掉了。我们对敌人要狠，要有全歼敌人的雄心，要善于打落水狗，要把一次可以消灭的敌人，不留给以后再麻烦。"[2]

豫东战役最后阶段的作战于7月3日中午打响。4日，华野一、四、六纵分别攻占各村庄，完成了对黄百韬的包围。黄百韬为挽回局面，亲自登上坦克，指挥三个营部队从帝丘店北门反攻。双方激烈战斗，黄百韬身边的卫士和一个团长也都打成重伤。但黄百韬困兽犹斗，终于将田花园、刘楼阵地夺回。这一仗打得天昏地暗，双方都付出沉重代价，疲劳不堪。[3]

经过3天激战，黄百韬的部队在解放军强大攻势下，收缩在帝丘店周围十里的几个村庄里。帝丘店是个方圆三里的土圩子，村内只有一眼水井，一

[1] 南京国防部三厅：《中原会战战斗经过及检讨》。
[2]《华东军区、第三野战军第三次国内革命战争战史资料选编》。
[3]《第七兵团豫东战斗要报》。

个小水塘。时值盛夏，天气酷热。数万国民党军只能喝带泥浆的水解渴，粮食告罄,空投的食品药品还不够近万名伤兵使用。7月6日中午,徐州"剿总"副司令杜聿明乘飞机到上空视察，找黄百韬通话。黄对杜说："民国22年庐山训练时，我们是上下铺，当时我叫黄新。我从未叫过苦，但是今天我不能不告急，免误全局。"他请求杜聿明转告邱清泉火速增援，并令空军加强支援。杜聿明飞走后，黄即下令焚烧文件，枪杀俘虏。他在电话中对前沿阵地的一个团长说："到现在为止，你不要希望我有一兵一弹之增援。黄昏后空军更是爱莫能助。共军由何处突入，你就在该处死拼到底。"他已经完全绝望，不抱生还的希望了。[1]

到这天太阳落山，共军并没有像预料的那样对帝丘店发起总攻，枪炮声反而稀疏下来。黄百韬惊魂甫定，庆幸自己又熬过了一天。原来外线的形势发生了变化。在蒋介石、杜聿明的一再督促下，邱清泉决定孤注一掷。他召集高级将领开会，问道："当面的敌人兵力雄厚，村砦坚固，我们正面攻击力不从心，而友军之围急着要解。我们如何办才好呢？"众人哑口无言，他说："我要冒一次险，由杞县北上，经柿园、华西营，折而向东，攻击敌人侧背。全军成败，在此一举。"7月5日晚，他命令200旅掩护部队从正面撤退，以45旅为前锋，向北转移。我军阻击部队没有发觉敌军变化。到6日中午，四纵在柿园发现敌军大部队踪迹，立即报告粟裕。粟裕得到报告，已是16时45分。这样，形势对华野就很不利了。前一天得到刘邓通报，胡琏的18军已经到了太康，刘汝明部也从开封到了商丘。我军如果再耽搁下去，有被敌军合围的危险，将陷于被动地位。粟裕看到部队连续战斗多日，确实已经疲劳不堪。为了保持主动，他于18时下达命令：停止战斗，结束睢杞战役，各纵队向陇海路以北转移。

战斗结束后，黄百韬与邱清泉的部队会合。黄为大难不死感到庆幸，悲喜交集。蒋介石召集高级将领开军事检讨

◎ 邱清泉

[1]《国民党高级将领列传》第5集，解放军出版社1989年版，第525页。

会议，表彰黄百韬努力前进，顽强抵抗的功绩，并亲自为他佩戴青天白日勋章。邱清泉则因作战不力，坐视区寿年兵团被歼而受到训斥。邱清泉一气之下，请假回浙江永嘉老家"休息"，撂挑子不干了。

豫东战役是人民解放军同国民党军在中原战场上进行的一次大规模会战。直接参战的部队有华东野战军、中原野战军和冀鲁豫地方部队 20 万人，国民党军约 25 万人。解放军 20 天里连续作战，攻克开封，歼灭区寿年，重创黄百韬，削弱了邱清泉。解放军以伤亡 33000 人的代价，歼敌 94000 人。粟裕精心组织了这场包括城市攻坚战、运动战、阵地防御战在内，被他称之为"最复杂、最剧烈、最艰苦"的战役。在中原野战军的配合下，取得了辉煌的胜利。豫东战役显示了解放军高度灵活的战略战术，善于集中兵力，创造战机，把握战役的主动权。在城市攻坚和阻击作战方面有了长足的进步。豫东战役是一个转折，标志解放军在中原地区全面转入战略进攻。7 月 11 日中共中央的贺电指出："这一辉煌胜利，正给蒋介石'肃清中原'的呓语以迎头痛击；同时，也正使我军更有利地进入了中国人民解放战争的第三年度。"

第 16 章
山东大反攻

山东兵团自胶东出击——九纵奇袭克周村——潍县攻坚战——蒋介石拒绝放弃济南——进军鲁西南配合豫东战役——攻克兖州——严格执行城市纪律——山东形势的根本转变

1948 年初，毛泽东酝酿华野主力挺进江南的战略方针。为配合华野主力的行动，1 月 30 日他以军委名义指示华东局：调韦国清的二纵南下苏北，与管文蔚、陈丕显的十一、十二纵会合，成立苏北兵团；韦国清为司令员，陈丕显为政委。苏北兵团受陈粟指挥。以许世友、谭震林率七、九、十三纵组成山东兵团，担负山东战场作战任务，受华东局节制，在 2 月下旬开始新的作战行动："以一部监视胶东之敌，主力向胶济西段行动。"[1] 遵照中央军委指示，二纵在 2 月中旬离开诸城根据地，挥师南下至苏北阜宁，与华中根据地部队会师。山东兵团的三个纵队在胶东掖县、平度地区休整，开展新式整军运动。部队补充了人员编制，思想和战术水平得到很大的提高。上下士气高昂，急切地想打几个漂亮的歼灭战。

国民党军占据胶济铁路沿线的大城市。蒋介石认为山东局势基本稳定，于是将范汉杰调往锦州任东北"剿总"副司令，驻青岛的阙汉骞 54 师海运葫芦岛，加强东北国民党军力量。李弥的 8 师和王凌云的 9 师也先后抽调到中原。当华野二纵南下后，国民党统帅部又将兖州的 72 师南调应付。这样，

---

[1] 《毛泽东军事文集》第4卷第379页，军事科学出版社1993年版。

到 1948 年 3 月初，山东境内国民党军只有 13 个师、27 个旅的兵力，分别防守津浦、胶济铁路沿线的大城市和部分县城。除济南、青岛兵力较多外，泰安、兖州、烟台这些城市只有一个师把守。兵力分散，捉襟见肘。

许世友、谭震林研究向胶济路西段作战方针。中央的意图是要切断济南、青岛间国民党军的联系，将我胶东、鲁中、渤海三块解放区联成一片，有力支援陈粟主力在中原的作战。先打哪里呢？分析了敌情，许、谭认为周村、张店一带敌军力量薄弱，可以作为第一阶段的攻击目标。他们向华东局作了报告，2 月 25 日华东局复电同意，并决定在战役期间，将王建安的鲁中军区部队和袁也烈的渤海纵队调给他们统一指挥。

第一仗怎么打？有的同志提出先打外围，层层深入，这是通常的打法。九纵聂凤智司令员分析敌情认为：驻守周村的国民党整编第 32 师，是在去年鲁西南羊山集战役中被刘邓大军歼灭后重新组建的，战斗力不强。32 师防御这么大一片地方，这里摆一个营，那里摆两个营，防御非常分散。就是周村的师部，战斗部队也不过 5 个营。与其从外围慢慢向里面打，不如采取"挖心战术"，远程奔袭，直取周村。然后再四面开花，扩张战果。山东兵团批准了这个作战方案，以十三纵留在胶东监视青岛、烟台敌军，以七、九纵夺取周村、张店。[1]

3 月 1 日，山东兵团从掖县、平度出发，向胶济路西段开进，到广饶地区隐蔽集结。然后昼伏夜行，向周村、张店运动。敌人发觉我军有大部队向西运动，以为是我军掩护物资过黄河，没有及时收缩兵力，加强防守。3 月 10 日晚，七纵 19 师突然包围张店，敌军猝不及防，弃城逃跑。我军在郊外围住敌军，很快解决战斗，俘虏 2400 人。渤海纵队同时出动，12 日攻占邹平，13 日占领章丘。

敌 32 师师长周庆祥察觉我军意图，命令附近的 141、36 旅放弃长山、邹平，向周村靠拢。九纵向周村前进时赶上暴雨，道路泥泞，行军困难，12 日凌晨才到达周村城外。这时，附近的敌军已经陆续收缩到周村，城内兵力由 300 人增加到 15000 人。这一夜究竟打不打，关系到战役全局。聂凤智考虑：敌军虽然集中，但立足未稳，部署混乱。抓紧时机打，就能使敌军措手不及。如果等待其他纵队来援，敌军摆好了阵势，加强了工事，必然增加我军的困难。聂凤智当机立断，命令各部连夜冒雨发起攻击。26 师 78 团在开进途中，

 [1]《中国人民解放军第三野战军战史》第214页，解放军出版社1996年版。

与一支队伍并肩前进。黑暗中隐隐约约看到队伍中有戴大盖帽的，抓个俘虏一问，才知道是 141 旅的。团长低声传令准备战斗，突然插入敌军队伍，成群的敌军糊里糊涂当了俘虏。76 团也追上另一支敌军队伍，他们误以为是同去周村的，76 团尾随其后，直插周村城下。

九纵指挥员观察地形发现：周村防御工事相当简陋，只有一道围墙和部分地堡，街上没有构筑巷战的工事和据点。各部队没有休息，迅速发起攻击。25 师在东门、北门首先打响，75 团 4 连把山炮推进到距城门 100 米处，把轻重机枪布置在距离围墙 40 米的近距离内，一齐开火。猛烈的火力压住了敌人，20 多分钟就突入城内。九纵 3 个师从 7 个方向分头突破，沿街追击敌人，把城内敌军分割成六块围歼。25 师 75 团直插敌 32 师指挥部。战斗打响后，敌军师、旅、团之间只通了一次电话，电线就被我军炸断。敌军失去指挥，陷入混乱之中。141 旅刚到，连防务都没交接，就被我军的攻击打乱了建制。32 师师长周庆祥化装逃跑。九纵经过一个白天的战斗，全歼守敌，打了一个速战速决的漂亮仗。[1] 周庆祥逃回济南后，蒋介石以临阵逃脱罪，下令将周枪毙。

许世友、谭震林在兵团指挥所听说九纵连夜进攻周村，非常高兴。这一打，战役全局就活了。后来进行总结时，有的人指责九纵"仗虽然打赢了，但军事上是冒险的"。许世友当场反驳："打是对的，我就怕你们不打。"谭震林

◎ 许世友

◎ 谭震林

[1]《中国人民解放军第27军第三次国内革命战争战史》，1956年10月稿。

严肃地说："怎么能说打赢了也是冒险呢？军事斗争本身就有一定的冒险性。兵团就是要你们打！谁要是不打，我就送他四个字——机会主义！"这是对九纵的高度评价。[1]

山东兵团迅速扩张战果，七纵 20 日攻克淄川，渤海纵队占领桓台。王耀武急派 73、75 师 5 个旅的兵力从济南出来增援，21 日在明水、章丘一线遭到九纵 26 师的坚决阻击。王耀武听说 32 师已被消灭，决定保存实力，收兵回城。山东兵团第一阶段作战攻克、收复 14 座城镇，歼敌 38600 人，我军伤亡仅 2000 多人。许谭向中央报告说，这次战役的主要特点是"作战时间短，消耗小，缴获大"。

3 月 20 日，中央军委祝贺山东兵团取得的胜利，指示许谭下一步打昌乐、潍县。特别强调："胶济全路一切尚存路基、铁轨、车站、桥梁、水塔及其他设备通令保护，不得再破坏（过去破胶济路曾得中央批准，其实是不必要的吃大亏），津浦路津济段已在我手，注意保护。"[2]

王耀武作出错误的判断，唯恐我军攻打济南。他命令加强济南防御，又从潍县调出整编 45 师两个团。他认为潍县城池坚固，兵力较多，共军不会去打它。然而山东兵团的目标就是潍县，4 月 2 日，渤海纵队和鲁中部队开始向潍县外围运动，完成了对潍县的包围。

潍县、安丘、昌乐三角地区，地处鲁中、胶东、渤海解放区之间，是国民党军楔在山东解放区腹地的顽固堡垒。潍县（今潍坊市区）城是明清修建，分东、西两城，中隔白浪河，有桥梁连接。西城亦称老城，城墙高 13 米到 16 米，外壁是石块，内壁是三合土。墙面陡立，只有四门和四角有阶梯可以上下城墙。西城面积 4 平方公里，东城比西城城墙稍低，形似纺锤，面积比西城大些。潍县四郊为平原地带，南关外有少数丘陵，如九龙山、擂鼓山，高度与城墙相当。潍县城墙坚固，易守难攻，县志记载的战事中还没有攻破城池的记录。日伪时期就大量修筑工事，此时潍县驻有国民党整编第 45 师的 212 旅、保安 6 旅、8 旅等部队，加上张天佐、张景月等山东地主武装，共 46000 人。

王耀武将 45 师两个团调往济南，担心潍县兵力不够，命令 45 师师长陈金城放弃不重要的据点，集中兵力防御潍县。不可单纯守城，要在城脚下多筑地堡，形成层次防御。陈金城以西城为防御核心，在南、北、西三面距城

1 《许世友回忆录》第514页，解放军出版社1986年版。
2 《毛泽东军事文集》第4卷第431页，军事科学出版社1993年版。

1400米外围修筑独立的据点群，作为第一道防线；城外400米处和三个城关修筑外壕、地堡，作为第二道防线；城墙上修筑了环形阵地，每10米设一处机枪掩体，每个城墙垛上都有步枪射击孔，城墙内部挖洞防炮屯兵，以备反击。在兵力部署上，陈金城以正规军守城，以保安部队守城关，以地主武装守外围。企图在外围逐步消耗我军力量，固守待援。

山东兵团首长认为潍县虽然城防坚固，但它处境孤立，济南、青岛方向敌军很难前来增援。我军可以有充分的时间集中兵力攻坚。45师虽然装备好，但是新组建起来的，士兵战斗力不强，士气低落。地主武装在山东作恶多年，有许多惯匪、伪军，有作战经验，但武器装备差，各自为战，难以指挥。许世友、谭震林决定稳扎稳打，逐次歼敌，先肃清外围，再集中兵力攻城。兵团决定以九纵、渤海纵队及鲁中军区部队共23个团的兵力攻打潍县城，七纵、十三纵等31个团的兵力分头阻击来自济南、青岛方向的敌军。特纵留在山东兵团的榴弹炮营、重迫击炮营等配合攻城作战。

扫清潍县外围的战斗从4月2日开始。九纵26师在胶东军分区部队配合下，猛打猛冲，势如破竹。先后占领飞龙山、飞机场和部分村砦，切断了潍县与坊子之间的联系。15日占领北关，完成扫清外围的任务。当天，九纵25、27师进入阵地，开始坑道作业，积极准备攻城。

渤海纵队新7师和鲁中军区部队负责扫清西关、南关。渤海纵队是新组建的部队，装备很差，新7师的两个团有一半战士用的是土造枪。他们缺少战斗经验，但求战心切。2团炮兵连很快挖好一条横沟，作为炮兵阵地。战斗开始后才发觉因为缺乏经验，把沟挖在低凹处，射击时影响视线。11日开始战斗，7师2团突击队从距离敌军阵地几百米处开始运动，遭受敌军六零炮和机枪杀伤。7师指挥员命令我军的12门迫击炮射击，压制敌军火力。我军迫击炮使用的是渤海军区自造的炮弹，质量不好，射击中炮弹的尾翅经常脱落，掉下来误伤自己人。炮兵想避免误伤，射程打得比较远。结果炮弹都落到敌军阵地后方，没有起到压制敌军火力的效用。步炮配合不上，进攻几次受挫，新7师只得暂停进攻。12日渤纵和鲁中部队又攻了一天，进展仍然不大。兵团首长看到这个情况，指示渤纵不要分散兵力，如果同时进攻西关、南关有困难，可以放弃西关，集中力量攻南关。从13日起，渤纵和鲁中部队开始进攻南关外的南大营和火车站，又遭到地主武装的拼命抵抗。南大营之敌在我军连续攻击下，伤亡日多。我军又大挖坑道，逼近敌军阵地。

14日黄昏，敌军终于动摇，放弃阵地收缩回城里。渤纵攻占外围阵地后，于15日黄昏开始攻击南关。

南关附近有个敌军据点叫五道庙，盘踞着一连敌军。新7师3团2营进攻该处，遭受敌军火力封锁。连续上去3个爆破组都没有成功，伤亡很大。团政治部主任张茂珍亲自上去指挥，中弹牺牲。后面的战士继续爆破，炸开围墙，3个战士突入庙中，搜集敌军遗弃的手榴弹压制敌军火力，坚守突破口，直到第二梯队上来，将庙内敌人全部消灭。但是他们缺乏经验，认为任务完成，没等接防部队来就撤回去了。南关敌军乘机又夺回五道庙，我军后续部队上来，与敌军再次展开战斗，连续两次反击才打垮敌人，巩固了阵地。完全占领五道庙，已是半夜12点了。

17日黄昏，鲁中部队攻击南关、渤纵新7师进攻西南关、新7师2团攻击南关外制高点擂鼓山的战斗同时打响。有了前几天战斗的经验，各级干部认真看了地形，明确了本部的任务和突击方向，并将榴弹炮、迫击炮推到前沿抵近射击。战斗打响后，我军火力很快压制住敌军。鲁中部队首先突破南关，敌军惊慌失措，纷纷逃向潍县西城。我军奋勇冲进南关，进行巷战，歼灭残敌。到第二天拂晓，南关战斗胜利结束。

战争是最好的老师。渤纵和鲁中纵队由于装备差和缺乏作战经验，扫清外围的战斗比九纵要艰苦得多。在近迫作业、步炮协同、突击爆破等方面都是经历了失利和流血后，才取得成功的。但是渤纵和鲁中部队指战员发挥勇猛作战的精神，一次失败再来二次，不怕牺牲，干部身先士卒，以大无畏的勇气压倒了敌人，也在战斗中迅速成熟起来。[1]

为了打好潍县攻坚战斗，兵团首长进行了多次研究。潍县城墙坚固，外围工事密集，我军如果硬攻，必定造成重大伤亡。他们参考华北兵团石家庄战役的经验，许世友提出一个口号："人马均活动于地下。"号召攻城各部队大挖交通沟，隐蔽接近敌军阵地。这样，敌军的火力打不着我们，我们则可以突然出现在敌军面前，打他个措手不及。命令一下，九纵和渤纵、鲁中部队都开始挖起来。潍县城外是一片开阔的沙土地，土质疏松，掘进速度很快。有的交通壕挖了几里长，有的从十里外挖起，蜿蜒曲折，一直伸展到城下壕沟边上。在接近敌军阵地时，我军在壕沟上铺木板，成为隐蔽的盖沟，加强了攻击的突然性。战后统计，九纵两个师在发起总攻前的八天内，共挖交通

[1]《中国人民解放军第33军解放战争史》，1952年初稿。

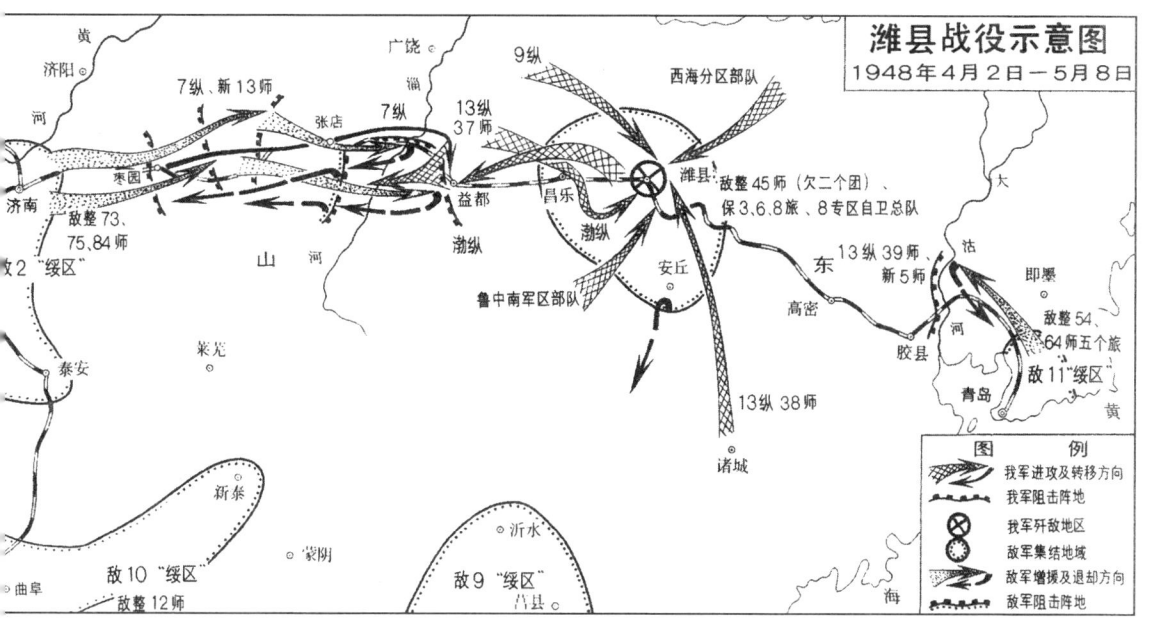

◎ 潍县战役示意图

沟72500米，从潍县城上一望，交叉纵横。这就叫"平时多流汗，战时少流血"。

陈金城也没有闲着，他一面加强潍县两个城的工事，一面向王耀武呼救。济南方向派出几十架次飞机，对我军阵地狂轰滥炸。我军有交通沟、隐蔽洞，大大减少了伤亡。为了迷惑敌军，4月21日，许世友命令部队向后"收缩"，进行攻城前的准备。潍县敌军发现我军一夜间全部退去，以为我军连续作战疲惫不堪，放弃攻城，高兴地向王耀武报告"潍县解围"。

就在敌军盲目乐观的时候，山东兵团于23日黄昏突然接近潍县西城，许世友将突破重点定在西门，在1412米的射击正面上，兵团集中了华野特纵和自己的全部炮火，其中榴弹炮12门、野炮7门、山炮12门、重迫击炮38门。加上其他小口径火炮和火箭筒，共269门。而城内敌军只有山炮15门、九二步兵炮8门、迫击炮40门，我军在炮火上具有压倒优势。17时开始炮火准备，重炮猛轰西城城垣。城墙上的碉堡和工事被一个个摧毁，敌军躲在城墙背后的藏兵洞里不敢出头。两小时炮火准备后，各爆破组抱着炸药包越过壕沟，冲到城下，进行连续爆破，将城墙炸开缺口，为突击部队登城开辟道路。

24 日凌晨 1 时，九纵 27 师 79 团率先从北面登上城墙，战士们沿着梯子迅速登城，很快上去五个连。四个连在城墙上扫清敌军工事，向两侧发展。79 团 5 连进入城内，占领房屋，与敌军展开巷战。晨 6 时，敌军从街道和藏兵洞里出动，向我军入城部队和城墙上部队发起反击。5 连退路被敌军切断，陷入包围，情况危急。但是干部战士不慌不乱，依托房屋坚持战斗，连续作战 18 个小时。79 团在城墙上的部队遭到敌军猛烈进攻，7 连一度被迫后撤，城墙突出部被敌军占领。其他几个连队情况也很危险。有的战士弹药打光了，就捡身边的石头砸向敌人。有的伤员拉响炸药，与冲上来的敌军同归于尽。如果稍有动摇，就会被敌人挤下城去。79 团首长亲自登城，指挥战斗，鼓励战士坚守突破口。27 师首长也来到城下，组织部队增援。聂凤智司令员得到报告后，当机立断，命令 25 师 73 团白天强行登城，配合 79 团夹击敌人。73 团冒着敌军火力的枪林弹雨，13 时从北门登城，一小时内上去一个营。73 团、79 团部队互相配合，不断向城内纵深发展，打得敌军节节后退。激战至下午，渤海纵队和鲁中部队也从南门突破。在我军两面夹攻下，西城敌军终于崩溃，陈金城率残部从东门徒涉白浪河，逃向东城。黄昏时我军完全控制西城，潍县最顽固的堡垒被我军拿下来了。为了表彰 79 团在攻城战斗中的突出表现，战后华东局、华东野战军授予 79 团"潍县团"的光荣称号。

攻克潍县西城后，许世友决定不给敌军喘息机会，趁热打铁拿下东城。潍县西城与东城之间是宽阔的白浪河，两岸街道原是繁华的商业区，数百家商店在战火中变成残破的废墟。兵团决定以九纵主力由西城进攻东城，鲁中部队与九纵一部在南北两面助攻。东门外则网开一面，虚留生路。26 日黄昏，我炮兵部队将山炮推上西城城墙，居高临下轰击东城。敌军被打得抬不起头，19 时 30 分各部队发起总攻，九纵 80 团在炮火掩护下徒涉强渡白浪河，以连续爆破首先突入东城城内。鲁中部队也突破南门，投入纵深战斗。经过一夜巷战，到 27 日拂晓我军已控制东城一半区域。敌军见大势已去，纷纷从东门夺路出逃。我军胶东西海军分区部队早已张开口袋等待他们，陈金城率 3000 残敌刚出东门，就被我军围住，束手就擒。城内盘踞三官阁的最后一部残敌在我军政治攻势下，缴械投降。东城解放，潍县攻坚战胜利结束。

潍县被我军攻克后，山东兵团又向周围扩张战果。安丘、昌乐、田马等地敌军非逃即降，我军又解放了一大片地区。潍县战役期间，青岛方向国民党军第 11 绥靖区司令丁治磐率整编 64 师及 35 师一部西援，被十三纵和胶东军区部队节节阻击，滞留于胶县大沽河沿岸。济南方向国民党第73、75师曾向东增援，被七纵和渤海军区部队阻截于龙山以东地区。4月21日王耀武亲自指挥整编第84师进至益都以西地区，也被七纵和渤海部队阻击，无法前进。潍县被我军攻克后，王耀武、丁治磐不得不停止增援行动，分别退回济南和青岛。

潍县战役是山东兵团进行的一次成功的攻坚战役。在历时一个月的战斗中，我军以伤亡11000人的代价，歼灭国民党整编45师主力及大量地主武装共46000人，俘虏师长陈金城以下26500人。解放了鲁中地区十几个县、镇，使胶东、渤海、鲁中三大解放区联成一片。缴获了大量武器装备和军用物资，使山东兵团的力量大为增强。我军解放的地区是山东重要的粮棉产区，对增强解放区经济实力，支援华野部队作战有重大意义。我军控制了200公里的胶济铁路，济南、青岛国民党军的联系被切断，成为两个孤立据点。最重要的是，在这次战役中，山东兵团在作战方面有了很大进步，从过去的运动战、消耗战上升为能打城市攻坚战，在集中兵力、步炮协同、攻坚战术等方面都日趋成熟，在以后的战斗中成为华野的一支主力兵团。5月19日，许世友、谭震林向军委、华野详细汇报了山东兵团在胶济路中段作战的经过和取得的经验。军委领导看了非常高兴，周恩来5月26日复电，称赞这个报告"甚好，已转发各军区及各野战兵团作参考，并抄送军大作训练教材[1]。"

周村、潍县相继失守，使王耀武受到极大震动。不到两个月的时间，他就损失了8万多人。王耀武感到分散兵力，处处设防，早晚会被各个击破。以济南目前的处境，靠现有的部队是绝对守不住的。5月15日，王耀武飞往南京晋见蒋介石，建议放弃济南，将他的部队撤到兖州，与徐州"剿总"的部队联成一片，以利而后的作战。蒋介石一口拒绝。并对王说："你不从大处着眼，我们必须确保济南，不能放弃。"他指出：济南是山东省会，华东战略要地，为了不让华东、华北"匪区"打成一片，不让他们掌握铁路交通大动脉，就必须守住济南。蒋介石为王耀武打气说："济南如果被围攻，我当亲自督促主力部队迅速增援。只要你能守得住，援军必能及时到达，我有力量来解你们的围。打仗主要是打士气，鼓励士气，首先自己不要气馁。你要知道，我们的失败是失败于士气的低落，你们如不奋发努力，坚定意志，将死无葬身之地。"说到这里，蒋介石深深地叹了一口气。王耀武怀着悲观

[1]《中国人民解放军第三野战军战史》第218页，解放军出版社1996年版。

失望的心情离开南京，他明知守济南是一步死棋，却不得不服从蒋介石的命令死守下去。[1]

山东兵团结束潍县战役后，进行了短期休整。这时，中央军委对华野主力下一步作战行动作出重大决定，一、四、六纵队暂不过江，在中原打几个大仗，歼灭国民党军有生力量。5月7日，中央军委致电许世友、谭震林，命令山东兵团南下津浦线，配合粟裕在中原的行动。许谭考虑部队的情况，5月20日作出决定：以渤纵牵制济南敌军，鲁中军区部队打泰安，七纵、十三纵先在泰安南北打援，然后相机夺取兖州。九纵暂时休整，做预备队。5月下旬，许谭挥师南下，发起津浦路中段战役。

5月29日，鲁中部队4个团开始进攻泰安。王耀武命令守泰安的84师155旅采取机动防御，能守就守，不能守就走。155旅先以小股部队出城打了一下，在我军发起正式攻击之前，乘火车退往济南。我军对敌军逃跑估计不足，没有在北面迂回包围。30日，十三纵占领泰安，切断了济南与兖州的联系。

兖州地处徐州与济南之间，是津浦路上的军事重镇。历史上兖州就是兵家必争之地，城墙坚固，外壕又宽又深。城南有泗水流过，夏季河水暴涨，只能船渡，不可徒涉。驻守此地的是国民党军整编第12师，师长霍守义。12师是东北军旧部，许多军官经历过"西安事变"，对我军的政策是很熟悉的。他们的特点是以保存实力，保命为主。12师老兵很多，一个将校队就有800人，善于防守，战斗力是比较强的，但是他们受制于第10绥靖区司令李玉堂，内部矛盾多，所以12师官兵士气低落，没有几个人愿意为蒋介石卖命的。在防御上他们学王耀武，让地主武装守外围，他们集中兵力守兖州。6月7日山东兵团开始扫清兖州外围，在进攻曲阜时，霍守义也命令驻守那里的一个团迅速撤回兖州，留下当地保安部队与我军作战。七纵没费多大力气，就歼灭了一个保安团，解放了曲阜。几天之内，山东兵团连续收复蒙阴、邹县、泗水等八座县城，扫清了兖州外围。6月20日，七纵和鲁中部队包围兖州。九纵、十三纵也从济南方向奉命南下，配合作战。

这时，究竟打不打兖州，还要观察形势的变化。李玉堂发觉我军有进攻兖州的迹象，急忙向徐州"剿总"告急，请求援兵。刘峙急忙将苏北的黄百韬整25师用火车北运，增援兖州。6月26日，25师全部运到滕县。山东兵

[1] 王耀武：《济南战役的回忆》，载《文史资料选辑》第18辑。

团留下十三纵一个师监视济南方向，将九纵、十三纵主力调往泗水、曲阜，命令七纵撤围，从兖州南下准备打援。国民党方面察觉我军要进攻黄百韬，加上豫东战场区寿年兵团求援甚急，于是命令 25 师开往豫东。6 月 30 日，25 师乘火车掉头南去，山东兵团没赶上，重新包围兖州。

这时，粟裕正指挥华野主力在豫东与国民党军大战。山东兵团考虑如何配合粟裕的行动。粟裕准备围歼区寿年兵团，但西有邱清泉，东有黄百韬，对华野部队构成不小的压力。他希望山东兵团能够南下威胁徐州，迫使敌军分散，减轻此间压力。许谭 7 月 3 日发出一封长电，说明山东兵团的现状和打算："我们过去十天中，对兖州是佯攻，故未认真准备，故尚须十天以上时间，才能打下。""七纵、鲁中两个部队，从胶济线到现在，四个月中连续战斗，伤亡、逃亡、病员达七千余，很难单独解决兖州，必须全力才有把握。"据此，许谭提出两个方案：一是全力集中打兖州；二是全力南下威胁徐州，配合中原作战。

7 月 4 日，毛泽东电告粟裕等，要华野主力完成围歼 25 师战斗后，全军转入休整。"暂时不打邱兵团，不进行严重的作战。"在这种情形下，许谭南下威胁徐州意义不大。"似不如同意许谭刘江午意见，集中兵力攻克兖（州）济（宁），打通山东和你们间的交通，并使许谭兵团无后顾之忧，可以全力南下作战，对于雨季以后你们的作战可起大的和直接的配合作用。这是上策，不是下策。"[1]

攻打兖州的决心既定，许谭调遣部队，在清除外围后，积极布置攻兖州的具体行动。察看地形后发现：兖州城东、南是泗水，水深难渡。城西是开阔地，便于我军运动。但兖州城西门是最坚固的。建有两道城门，外面是椭圆形突出的瓮城。敌军在瓮城构筑了工事，火力可以居高临下。即使瓮城被攻破，里面还有一道城门，四周挖有屯兵洞，里面埋伏部队，作为反突击力量。山东兵团过去进攻即墨县城时，攻打瓮城伤亡很大。敌军估计我军不会以瓮城为主攻方向，守备不是很严。这就给我军提供了一个机会，偏偏从敌军意想不到的地方开刀，集中兵力突破瓮城。

为了保证突破的成功，兵团更注重集中兵力和火力，取得局部的压倒优势。他们改变以往将炮兵配属各师的办法，将 12 门榴弹炮、7 门野炮、3 门山炮集中在西门，实施抵近射击，专门协助步兵开辟攻城道路，重点摧毁城墙工事，打开突破口。在西门 500 米的正面，部署七纵、十三纵 3 个师的兵力，

展开 4 个团并肩突击。7 月 12 日 17 时，我军开始总攻的炮火准备。所有重炮一齐开火，震天动地，瓮城城楼、城垛纷纷被炸塌，烟雾弥漫。高大的城墙被炸开 10 米宽的口子，突击部队不用梯子就可以冲进城中。敌军因我军连日无动作，误以为我军只是佯攻，麻痹大意，等我军的炮弹倾泻到他们头上，顿时慌乱起来。城内的制高点兴隆塔是敌军炮兵观测站，我军的重炮第一发打在塔根上，第二发打到塔顶上，又连续命中三发，在塔上打了几个窟窿。敌军观测站被摧毁，炮兵没了目标，只能朝城外四处乱打，对我军构不成威胁。七纵乘敌军混乱之机发起冲锋，越过外壕，突入城内。60 团的架桥班不顾敌军火力扫射，全班战士下水用肩膀扛着木板，让 9 个连队从"桥"上顺利通过。有的部队干脆跳进外壕，涉水登城。仅一小时，60 团就全部突进城内，与敌军展开巷战。夜间十三纵也突破城垣，与七纵合力杀敌。12 日一夜敌军组织多次反击，因两个团在外围战斗中消耗，缺乏预备队，在巷战中节节败退。而我军后续部队不断拥入城中，越战越勇。13 日中午，我军已经控制了兖州城西、南街区，残存在城东南的敌军黄昏时从东门向外突围，遭到我军炮火拦截，并被埋伏在东门外的十三纵 39 师包围。除李玉堂化装逃跑外，霍守义以下 2 万人被俘虏。原来预计要打 10 天的兖州战斗，一昼夜就胜利结束了。

在兖州战斗中，我军的政策发挥了极大的作用。在攻城之前，兵团政治部就规定了十分严格的城市纪律和俘虏政策，要求各部队认真执行。十三纵115 团战士王文仙是潍县战斗后参军的"解放战士"，他在战斗中认真宣传我军政策。一个敌军官被俘后，最初自称是连长。这时一个战士拾到一个金手镯，还给失主一个国民党官太太。这个"连长"受了感动，承认他是 12 师的旅长。王文仙让旅长命令部下停止抵抗，旅长照办了。王文仙一边集合队伍，一面宣传说："我是昌潍解放的，大家不要害怕。"有一批敌人突围时被我军围住，在我军喊话宣传下，前边一个排缴了枪，后面也都不再顽抗。十三纵廖海光政委在总结时强调："好好执行政策，可以少流血。"

在接收城市过程中，也出现了许多感人场面。十三纵参战时正值夏季，许多战士鞋走烂了就赤脚战斗。进城后打开敌军仓库缴获很多鞋子。有的干部让战士先穿上一双好打冲锋，但是战士们宁肯磨破了脚也不拿。一个战士撤出战斗时背了很多鞋，自己却赤着脚。有人问他为什么不穿鞋？他说："背的鞋是公家的。"那人说："可以先穿一双嘛。"战士回答："不行，我们不能违反政策纪律。"廖海光政委在纵队总结报告中，对这些战士的高尚品德给予赞扬。[1]

七纵负责兖州解放后的军事管制工作。纵队政治部派有接收城市经验的冯平进城搞接收。冯平和一批同志日夜工作，清点仓库物资，接收国民党军政机关，恢复城区秩序，救济难民百姓，搜查残存敌人，组织掩埋死尸，十分忙碌。根据兵团指示，他们特别注意对外国侨民的政策。兖州天主教堂是鲁西南最大的教堂，设有学校、医院、印刷厂，里面有德国、瑞士、加拿大、澳大利亚等几国人士。李玉堂强征教堂做仓库和伤兵医院，国民党兵把教堂搞得乱七八糟。我军进攻时教堂落了几发炮弹，震碎了玻璃。战斗结束后59团把一些俘虏和伤兵关在教堂里看管。军管会干部进城后，动员我军战士马上撤出来，并且站上警卫，不许擅自进入。有几个人出于好奇，要进教堂参观，遭到警卫拒绝。有的骂道："下次攻城遇到天主堂，老子用炸药炸掉，谁也参观不成！"警卫仍然坚守岗位，绝不通融。天主堂的两头骡子在打仗时惊跑了，我军战士听教堂的人诉说后，就到处找骡子，终于在街上找回一头，教士们很高兴，对我军的态度也好转了。[2]

山东兵团在津浦路中段连续战斗50天，使山东局势和敌我力量对比发生了根本性的转变。我军攻克兖州、泰安等津浦路中段城市，完全切断了济南与徐州的联系，也切断了华北傅作义集团与中原国民党军的铁路交通，对解放战争我军转入战略反攻创造了有利条件。山东兵团从1948年3月到7月的作战中，歼灭国民党军正规部队和地方反动武装共14万余人，恢复了老解放区，又解放了大片新区。国民党军在山东只剩下济南、青岛、烟台、临沂几个孤立城市，处于被动挨打的局面。山东解放区则联成一片，并与华北、中原解放区打通了联系。山东大批中小城镇的解放，使解放区人口和经济实力大为增强，为支持华东野战军进行战略决战创造了可靠的后方。山东兵团在作战中表现出高昂的士气和顽强的作风，敢于攻坚，善于集中优势兵力打大歼灭战，战斗力和战术水平迅速提高，成为华野的又一支主力兵团。

---

[1] 廖海光：《十三纵队兖州战役中执行政策纪律的检讨》。
[2] 赵启民：《第七纵队兖州城市工作报告》。

第 17 章
攻济打援

毛泽东催促攻济南——粟裕提出攻济打援方案——蒋介石组建机动兵团——王耀武加强济南防务——华野曲阜作战会议——毛泽东指示要敢于攻坚——集中兵力于西线——王耀武求蒋介石增兵——济南战役打响

1948 年 7 月，山东兵团结束了津浦路中段作战。毛泽东对华野的战绩非常满意，他认为我军应该不失时机地连续作战，争取更大的战果。14 日，他指示粟裕等华野指挥员："估计敌人似将利用你们疲劳，集中力量向你们压迫，使你们不能安心休整。似须以有效行动分散敌人，你们则乘敌分散之际，歼灭几部敌人，方能实行大休整。此种分散敌人的行动，似以许谭攻击济南为最有效。——许谭攻济南，可先占领机场，以两三个星期时间完成攻城准备。然后看敌援兵情况，决定先打援或先攻城。"[1]

7 月 16 日一天，毛泽东给粟裕和许谭连发 4 封电报，催促山东兵团不顾疲劳夺取济南机场，然后完成攻城准备，争取在 10 天之内攻下济南。一天之内给华野发这么多的电报，是很少见的，可以看出毛泽东心情的迫切。但是华野的实际情况是部队连续作战之后，非常疲劳，急需休整和补充。再进行攻打济南的作战，是不适宜的。粟裕、陈士榘、唐亮、张震当日联名复电军委，直言陈述自己的意见："军委 14 日令许谭兵团担任进攻济南两电均悉。如果该部署主要为了分散敌人，以帮助我们取得时间来休息，则我们意见不

[1]《毛泽东军事文集》第4卷第514页，军事科学出版社1993年版。

必如此。因此间各纵，除四、八纵外，疲劳已大体恢复，仅弹药尚未得到补充，正争取分别补给中，半月至二十天内大致可完成。……目前如即以许谭一部抢占济南机场，恐部队本身困难，难以连续作战。……因此建议许谭与我们争取时间休整一个月，而后协力攻打济南，并同时打援。"[1]

毛泽东看了电报，认为粟裕的意见比较合理。这时山东雨季已到，23日，军委致电粟裕和许谭，命令华野全军休整一个月："休整完毕后，或配合粟陈唐张各纵在陇海线南北打几仗，然后攻济南。或先攻济南并打援。"遵照中央指示，华野在陇海路南北的各纵队和山东兵团相继进入休整时期。

休整期间，华野指挥员有充分的时间考虑下一步的作战方针。粟裕与陈士榘、唐亮、张震、钟期光等进行了反复的磋商。8月10日，他们联名给军委发出一封长电，提出3个作战方案：他们倾向于攻济打援，重点在打援。8月12日毛泽东复电粟陈唐张并告许谭，同意攻济打援，并预计了可能出现的三种结果：1. 打一个极大的歼灭战，既攻克济南，又歼灭5军等大部援敌；2. 打一个大的但不是极大的歼灭战，攻克济南，又歼灭部分援敌；3. 济南既未攻克，援敌又不好打，形成僵局，只好另寻战机。毛泽东强调指出："你们第三方案之目的，是为了争取第一种结果。其弱点是只以两纵占领飞机场，对于济南既不真打，而集中11个纵队打援，则援敌势必谨慎集结缓缓推进，并不真援。邱、区兵团之所以真援开封，是因为我们真打开封，敌明确知道我是阻援，不是打援，故以十天时间到达了开封。如果你们此次计划不是真打济南，而是置重点于打援，则在区兵团被歼，邱、黄两兵团重创之后，援敌必然会采取（不会不采取）这种谨慎集结缓缓推进办法。到了那时，我军势必中途改变计划，将重点放在真打济南。这种中途改变计划，虽然没有什么很大的不好，但丧失了一部分时间，并让敌人推进了一段路程，可能给予战局以影响。"[2]

在这封电报中，毛泽东高瞻远瞩地阐明了"攻济打援"的战略决策，重点在攻济南。对于华野指挥员来说，目前最重要的是树立夺取济南的信心。我军已经具备了大城市攻坚的作战能力，但是攻坚伤亡大，消耗多，不如运动中歼敌更为划算。所以指挥员在定下决心时，总是顾虑攻坚不下，又受到援敌夹击，陷于被动不得不撤出战斗。南麻、临朐战斗的教训记忆犹新，所

[1]《粟裕文选》第2卷第523页，军事科学出版社2004年版。
[2]《毛泽东军事文集》第4卷第566页，军事科学出版社1993年版。

以粟裕在攻济上采取谨慎态度，是很自然的。而毛泽东此时鼓励华野要敢于攻坚，真打济南，对华野指挥员起了很大的推动作用。

遵照毛泽东的指示，粟裕等华野指挥员于 8 月 20 日前往曲阜，与山东兵团谭震林、王建安、舒同和部分纵队首长会合，研究济南战役的作战方针。这是自 1947 年"七月分兵"以来，华野两大集团领导的重新会合。津浦路中段战役结束后，华东局预见到我军即将进攻济南，指示地下中共济南市委利用各种渠道，广泛搜集济南的军事、政治、社会情报。济南市委制定了《调查研究提纲》，发动地下党员和进步人士有目标、有计划地调查国民党军在济南的布防情况。经过一个月的努力，初步查清了济南内城、外城和外壕三道防御工事构筑的基本情况；市周围主要制高点四里山、青龙山、白马山、茂岭山、千佛山等工事修筑情况；重要设防地带飞机场、残废院、黄台桥、糖厂的驻军情况；以及黄河、小清河河堤设防情况。提供了敌军防御体系的工事构筑、地形、水系、地质层的详细、完整的资料。除军事情况外，对济南市区国民党重要机关、军事仓库、工厂、公司、商店和社会各界重要人物、社团、党派的基本情况，政治态度等也作了周密调查。[1] 山东兵团从华东局得到这些重要情报后，结合部队野外侦察，编写了《济南蒋匪部队调查》《济南工事情况研究》《对济南守备情况研究》和《华情字第 30 号情况通报》四个文件，印发给各攻城部队。看到这些材料，济南的情况如同一副立体模型，完全展现在我军面前。

华野指挥员在曲阜开会的同时，国民党统帅部 8 月在南京召开军事检讨会议，鉴于 1948 年 1 月到 7 月国民党军在作战中损失多达 70 余万人，丧失了洛阳、开封、四平、潍县、兖州、临汾等一批中等城市，蒋介石感到他的"分区防御"战略是失败的。主要原因是大小城镇都要分兵设防，无法集中兵力与共军作战。在进行战役时，一个军或一个师的机动兵力经常被共军几个纵队包围，救援不及而导致被歼。这样国民党军不仅始终处于被动，有生力量也被共军一口一口吃掉了。蒋介石决定修改防御战略，裁并"绥靖区"，扩编新的机动兵团，每个兵团配备少则五六个旅，多则十几个旅，具有独立作战的能力，使共军"吃不掉，啃不烂"。在华东，蒋介石以刘峙的徐州"剿总"为核心，组建了 4 个机动兵团：邱清泉的第 2 兵团，驻商丘；黄百韬的第 7 兵团，驻新安镇；李弥的第 13 兵团，驻蚌埠；孙元良的第 16 兵团，驻

[1]《中共济南市委秘密工作总结》，载《全国解放战争时期山东重要战役资料丛书——济南战役》。

郑州。对 4 个兵团进行重点整补，完备兵员建制，调拨新武器装备，加强机动作战能力。在济南、青岛、台儿庄、海州、开封等地设绥靖区，最大的是济南第二绥靖区，由王耀武指挥 11 万国民党军驻守。

济南是国民党的山东省会，人口 70 万。它与北平、天津、青岛、太原等大城市构成蒋介石支撑华北局面的重点，济南也是华东国民党军突出的前哨，对山东解放区和华东野战军进行牵制和破坏。我军在津浦、胶济铁路沿线作战的胜利，把济南变成一座"孤岛"，但它仍然是威胁解放区安全的祸患。蒋介石意识到，共军要在中原与国民党军决战，就一定要先拔掉济南这个"钉子"。国民党军则必须死守济南，维持这个政治、军事、地理上都十分重要的据点。

1948 年 8 月间，王耀武获悉华东野战军粟裕的主力已经由豫东北上返回鲁西南，他认为共军必有新的企图，十有八九是冲着济南来的。他召集部下开会研究分析情况，得出以下共识：1. 山东国民党军目前只剩下济南、青岛、临沂三处据点，共军为了巩固后方，必将集中力量攻取济南，以解除南下的后顾之忧，使华东、华北联成一片。2. 从潍县、兖州作战来看，共军的炮兵和工兵力量大为增强，具备了一定的攻坚能力。3. 共军在新占领区域抢修公路、铁路，并逐渐向济南延伸。将缴获的火车头和车厢也大部修好使用。这显然是为进攻济南创造有利的运输条件。4. 共军不断释放国民党军俘虏，并向老百姓宣传政策，争取民心，意在瓦解济南守军意志，为占领和接管济南做准备。

王耀武也加紧了备战行动。8 月中旬，他致电蒋介石，请求将苏北的整编 83 师空运济南，增加防务。请求南京方面向济南大量空运弹药、粮食，可供 11 万济南守军支持两个月。他命令各部增强工事，凡是重要据点都要挖掘外壕和陷阱，架设鹿砦和铁丝网，并演练夜间战斗动作。在千佛山脚下加紧修筑飞机跑道，以防西郊机场失守后应急使用。将城北小清河水闸加宽加高，待共军攻击时开闸放水，将城北变成泛滥区，阻挡共军攻击。将城中居民百姓编为壮丁队、纠察队、担架队、输送队等，协助国民党军守城。王耀武到处视察阵地，督促部队备战，每天忙得不亦乐乎。[1]

蒋介石接到王耀武的电报，8 月 27 日电令刘峙和王耀武：将 83 师空运济南，限两周内全部运到。指示"济南防务应尽量缩小防御圈，守备要点；

---

[1] 王耀武：《济南战役的回忆》，载《文史资料选辑》第 18 期。

控制强大的预备队，采取机动防御；注意夜间防御，勤加演练。"为了储备充足的粮食，蒋介石于 8 月 10 日派出 4 架飞机，满载即将作废的法币运往济南。命令王耀武用这些钞票到济南郊区和解放区边缘农村抢购粮食。王耀武督促各部执行命令，派出部队和兵站人员持法币四处抢粮。济南周围百余里内村镇百姓的粮食几乎被抢购一空，而老百姓手里只拿到形同废纸的法币。国民党当局的倒行逆施激起百姓的极大愤怒，他们说："蒋介石不打倒，我们百姓活不了！"

虽然增援有限，王耀武还是掌握着正规军 3 个师 9 个旅，非正规军 5 个旅，加上特种兵和保安团队共 11 万人，拥有 300 余门火炮、迫击炮，15 辆日式轻型坦克。这些兵力守一个济南城，不能算少。济南市区分为内城、外城和商埠三部分，构成基本防御地带。外围防区东起韩仓，西至长清，南至仲宫，北至齐河、泺口。王耀武将外围分为东、西两个守备区：73 师师长曹振铎担任黄河铁桥至千佛山一线的东区防御，96 军军长兼 84 师师长吴化文担任自泺口镇至马鞍山一线的西区防御，以 19、57 旅为预备队，以保安 4 旅守齐河，一个保安团守长清。具体配备是：以齐河、长清、仲宫、历城等县镇据点为警戒阵地，能守则守，不能守就退。以济南郊区制高点鹊山、白马山、茂岭山、燕翅山、四里山、千佛山、黄台山为重点防御地带，在日伪旧工事的基础上构筑碉堡，挖掘壕沟，布置铁丝网和鹿砦，形成 160 个支撑点，纵深近 10 公里的几道防御阵地。在市区沿商埠和外城挖掘宽深各 6 米的壕沟，为第一阵地；外城墙为第二阵地；内城墙为最后一道防线。城墙上修筑了子母堡和众多火力点，形成交叉火力，易守难攻。王耀武在 9 月中旬视察了泺口、机场、千佛山、燕翅山、茂岭山等多处工事，感到满意。他认为外围能坚守半个月，城区至少能坚持一个月。他对 73 师师长曹振铎说："这样坚固的工事，共军想攻下一个据点，都是极不容易的事。我们如果再守不住，真是太无用了。"曹振铎口气更大："我在抗战时也没作过这样好的坚固工事，我们把工事做好了，就怕共军不敢来！"王耀武与蒋介石、刘峙达成默契，如果共军进攻济南，王耀武负责坚守，刘峙指挥邱清泉、黄百韬、李弥三个兵团北上增援，以南北 27 万人的兵力夹击华东野战军，来一场决战。[1]

粟裕、谭震林主持的华野曲阜会议从 8 月 25 日到 29 日开了 5 天，主要是讨论攻济打援问题。粟裕在会议上讲话指出：我军现在的任务，是打济南

[1] 南京国防部报告：《济南会战》。

并大量歼灭援敌，结束山东战局，然后以全力争夺中原。打下济南后，华北、华东解放区就联成了一片。我们有了大城市，有了工业，可以增加生产，支援战争。一辆卡车可以抵得上一千民夫，可以节省民力。

粟裕指出：去年一年山东兵团不能到外线作战，打下济南后，可以增加四五个纵队，中原战场敌我力量对比将发生重大变化。我们将占优势，如果再打一两个睢杞战役那样的大仗，将迫使敌人在中原全部转入防御，我们可以把战争推向长江沿岸，随时可以渡江。

粟裕说：济南战役将是一场严重的艰苦的战斗。济南是徐州的保障，敌人会死守济南，增援的敌人也会猛而多。我们的战役将分两个阶段进行：第一阶段占领飞机场，歼敌五六个旅；第二阶段是攻济打援。

粟裕严肃指出：这次战役，最重要的是不能轻敌。济南不比潍县、兖州、开封，王耀武的能力是比较强的，济南从日寇时期以来长期设防，多次增修，有上百处工事，上千个碉堡，不能掉以轻心。我们睢杞战役的教训就是吃急酒，二十天作战一个纵队伤亡多达6000人，少的也有4000多。骨干伤亡很大，现在部队新成分很多，能打进攻不能打防御，能胜不能败，这些情况都是要认真考虑的。[1]

毛泽东对济南战役十分重视，对可能出现的情况作了多种估计。8月26日给粟谭的电报说："必须预先估计三种可能情况：1. 在援敌距离尚远时攻克济南；2. 在援敌距离已近之时攻克济南；3. 在援敌距离已近时尚未攻克济南。……估计到这一点，在你们将全军区分为攻城集团和阻援打援集团之后，两个集团均应留出必要的预备兵力，特别是阻援打援集团应留出强大预备兵力，准备在第三种情况下，你们手里有足够的力量歼灭援敌。"[2] 由于许世友因病在华东局驻地休养，没有参加曲阜会议。毛泽东特别指示粟谭："此次攻济是一次严重作战，请考虑在许世友同志身体许可情况下请他回来担任攻城主要指挥员，王建安同志辅之。因王初到东兵团，不如许之熟悉情况。据饶漱石同志说许休息若干天是可以回部工作的。攻济任务完成，他仍可去休息。"[3]

在华野曲阜会议上，围绕如何攻济打援的问题展开了热烈的讨论。关键在于能否打下济南，多少天能够打下济南。聂凤智回忆："在曲阜会议上有争执，主要是攻击时间问题。我说攻济最多20天，被大家挖苦得不得了。其实

[1] 南京军区司令部战史编辑室编：《解放战争时期三野首长报告、会议文件选编》。
[2] 《毛泽东军事文集》第4卷第577页，军事科学出版社1993年版。
[3] 《中国人民解放军第三次国内革命战争史料选编》第3辑第1册。

我们情况摸得很熟，以后我们拼命打，发展得很快。"这说明，攻打济南这样的大城市，华野指挥员们是很谨慎的。多数人认为攻打济南将是一场非常艰苦和需要时间的战役，不可能在短短几天打下来。粟裕8月27日给军委的电报，表示了他们的这些担忧。他列举了攻打济南的一些困难：1.敌57、19旅已空运济南，济南敌军总数已达12万人。其中有7个正规旅，数量不少。"且济南为反动巢穴，反动头子聚集济南，可能作困兽之斗。"2."济南城防虽宽，但兵力不少，非潍县（敌指挥不统一）、兖州（敌指挥官腐朽，战术落后）可比，亦非洛阳、开封（该两城为偷袭性质）可比，有大小据点百余处（每处有堡垒数个至数十个不等），非短期能攻克（至少应准备二十天至一个月）。"3."王耀武之指挥，经一年多了解，是蒋军中指挥较有才干者，则其在部队中颇有信仰，可能适当增加其抵抗力。"4."有人认为济敌甚动摇，且有些内线关系，但职以为只能做研究材料，不能当力量计算。"粟裕还列举了华野主力自豫东战役后减员较多，补充的新成分尚不巩固，干部也比较缺乏。"依部队军政情况，东兵团打一个月至两个月进攻无问题，但西兵团担负一个月阻援，则很难完成任务。"基于上述情况，粟裕建议济南战役分两个阶段进行："第一阶段以足够攻占机场达到吸引援敌之力量（约二至三个纵队）使用于济南方面外，其余应全部使用于打援，以求第一阶段歼援敌六个旅，迫使援敌其余各路不敢继续猛进。然后于战役第二阶段集中主力（东兵团全部及西兵团三至四个纵队）攻占济南，仅以一部分阻援。"但是粟裕表示：与会大多数同志都拥护军委26日电报指示的作战方针，发动硬攻，以迅速夺取济南为唯一目的。鉴于济南战役事关重大，为稳妥起见，拟定这个作战方案，请军委指示。[1]

这个电报反映出粟裕对济南攻坚的谨慎，还是把重点放在打援上。8月28日，毛泽东复电粟裕，强调指出："我们不是要求你们集中最大兵力，不顾一切硬攻济南，这样部署是非常危险的。我们要求你们的是以一部分兵力真攻济南（不是佯攻，也不是只占飞机场）而集中最大兵力于阻援和打援。济南是否攻克，决定于时间。而取得时间则决定于是否能阻援与打援。……因不真攻济南，则援敌必不来。攻城使用兵力太大，则打援又无力量。在此种形势下同意你的意见，第一阶段以足够攻占机场及吸引援敌之力量用于攻城，其余全部用于打援。依情况发展，如援敌进得慢，而攻城进展顺利，又有内应条件，则可考虑增加攻城兵力，先克城，后打援；如援敌进得快，则

[1]《粟裕文选》第2卷第544页，军事科学出版社2004年版。

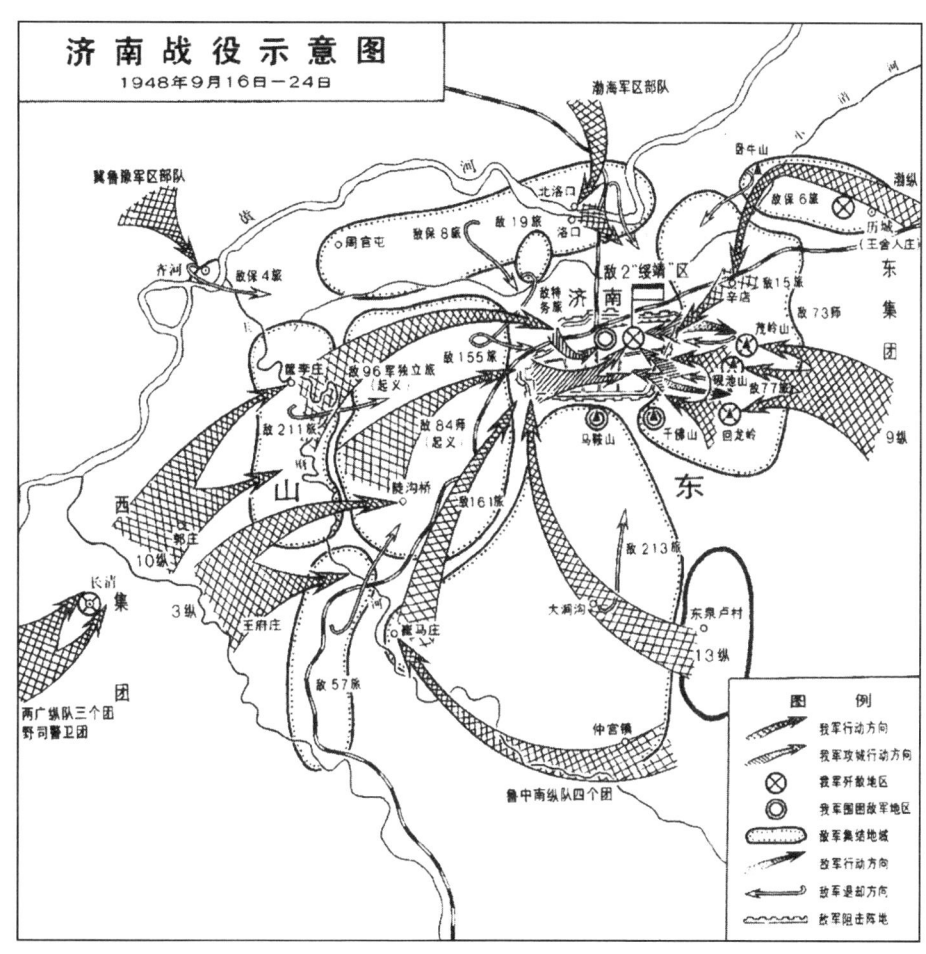

◎ 济南战役示意图

应以全力先打援，后攻城。"[1]

　　毛泽东强调一定要真攻济南，大大增强了华野攻打济南的决心。29日是曲阜会议最后一天，华野指挥员们共同商定战役部署，决定以攻占济南为主要目标，力争在短时期内攻克。在兵力分配上有重大调整，将华野部队分为攻坚和阻援打援两大集团。攻坚集团由许世友、谭震林指挥，分为东、西两个集团：以三纵、十纵、鲁中南纵队、两广纵队、冀鲁豫军区部队组成西线集团，由十纵宋时轮司令员统一指挥，担任主攻济南任务；以九纵、渤海纵队和渤海军区部队组成东线集团，由九纵聂凤智司令员统一指挥，担任助攻；以十三纵为总预备队，特纵炮兵和工兵分别配属两个攻城集团。攻打济南的

---

[1]《毛泽东军事文集》第4卷第579页，军事科学出版社1993年版。

总兵力为 14 万人，占华野参战总兵力的 44%。阻援打援集团由粟裕统一指挥，阻援集团以四纵、八纵和冀鲁豫部队于运河以西的巨野、金乡、嘉祥等地阻击徐州北上之敌，由陈士榘参谋长指挥；打援集团以一纵、二纵、六纵、七纵、十二纵和中野十一纵于运河以东的邹县、滕县打援，歼击北上之敌，由粟裕亲自指挥。阻援打援的总兵力为 18 万人，占参战总兵力的 56%。会议结束后，粟裕、谭震林即返回各自驻地，舒同和华东局部分干部留在曲阜组织后勤和动员地方支前工作。30 日，粟裕向军委详细汇报了华野攻济打援的作战部署。31 日毛泽东复电表示完全同意。

济南战役的战前准备工作紧张展开。9 月 1 日，粟裕、谭震林、唐亮、钟期光联名发布《攻济打援政治动员令》，号召华野全军"为最后摧毁山东敌人巢穴，全歼守敌，夺取济南；大量消灭来援之敌，更进一步开展中原战局而战。"提出响亮的口号："打到济南府，活捉王耀武！"各级指挥员分赴部队层层布置任务，进行战前动员。广大指战员士气旺盛，求战心切。攻城部队派出侦察分队，对济南守敌的工事分布、兵力部署进行深入侦察核实，掌握确切情况。部队开展军事练兵，有针对性地进行战术演习，在沙盘上研究突破方案。打援部队进入阵地后认真加固工事，严阵以待。华东局在曲阜成立支前委员会，以傅秋涛为主任、周鸣骏为副主任，调集冀鲁豫、鲁中、胶东、渤海根据地的 50 多万民工，出动数万辆小车、担架，为部队运送维持 3 个月作战的 5000 多万斤粮食以及弹药、柴草、蔬菜、麻袋等物资。各级政府沿路设置运输站，将各地运到的物资有计划地分配到部队，并组织管理民工的生活。这样大规模的支前工作，在山东解放区历史上是前所未有的。

从 9 月 9 日起，担任攻城任务的东、西集团，分别从泰安、莱芜和济宁、汶上出发，向济南郊区隐蔽开进。由于许世友因病尚未返回兵团指挥部，粟裕于 9 日赶到十纵参加西集团作战会议。宋时轮向他提供了最新动态：济南守敌以飞机场为防御重点，已经集结了 5 个旅的兵力，日夜抢修工事。以三纵、十纵现有力量，攻占机场有一定困难，至少要拖长时间。粟裕认为占领机场至关重要，可以切断王耀武的援军和空中支援。他立即致电许谭，要求抽调十三纵支援西集团攻打机场，并调鲁中部队前来协助。同日许世友自华东局来电，要求将西集团调出一个纵队到铁路以东，以便集中兵力。粟裕感到许世友的意向是以东集团为主攻，西集团为助攻，与他在曲阜的部署不同。粟裕分析了敌情，感到"济南守城之敌，在王耀武统一指挥下，以泺口、马鞍山为界，分为东、西两个守备区。守备东线的是中央军，守备西线的是杂牌军吴化文部。国民党军历来有正规军和杂牌军，中央军和地方军之分，界限是很明显的。济南守敌既然将中央军置于东线，显然以东线为其重点。西线守敌69军军长吴化文，在战役前曾有弃暗投明的表示，可能在战场起义，这就可使敌防线出现缺口。同时敌人的机场在城西，攻下机场，可切断敌人空中的补给线，不但断绝敌人兵力和物资的来源，而且给敌人精神上严重的打击。为此，我决定将攻城兵力重点首先用在西线。这个问题涉及集中兵力的问题，毛泽东同志说集中兵力说起来容易做起来难，我的体会，如何判断和选择重点是关键。"[1]

9月11日，许世友从华东局驻地来到济南前线指挥所。他致电军委："以现在情况打下济南是有把握的，但从部署上看，我们兵力不集中，没有重点的使用，这样很容易造成对我不利，尤其是攻济南的兵力已布置好，不能变动，第一步就这样，但第二步我一定集中使用兵力。"毛泽东当日回电强调指出："攻城部署应分两阶段，第一阶段集中优势兵力攻占西面飞机场，东面不要使用主力，此点甚为重要，并应迅即部署。第二阶段则依战况发展，将主力使用于最利发展之方向，如果东面利于发展，则应使用于东面。整个攻城指挥，由你们担负。全军指挥，由粟裕担负。"[2]在济南战役的作战方针上，毛泽东一锤定音，对济南战役的胜利起到决定性的作用。

华东野战军筹划攻济打援的同时，国民党方面也在紧张策划守城。8月下旬，南京国防部判断共军有攻打济南的迹象，命令王耀武加强济南防务，并指示徐州"剿总"在共军攻打济南时，派邱清泉、黄百韬、李弥三个兵团北上增援，与华东野战军决战，以解济南之围。遵照南京方面指示，徐州"剿总"副总司令杜聿明飞到济南，与王耀武等商量协同作战的问题。王耀武认为：共军力量强大，要想守住济南，必须调74师（孟良崮战役后重新组建）或83师来增援，否则没有把握。杜聿明不以为然，认为只要加强工事，不增派部队也能守住。他说："如若打起来，只要你们能守住十五天，我指挥的部队一定可以到达济南，为你们解围。"王耀武不相信，说："增援部队必定受到共军截击，我看十五天绝对到不了济南，所以必须增加防守部队。否则济南守不住，增援部队再多，也无济于事。"王耀武的副司令、参谋长七

---

[1]《粟裕战争回忆录》第582页，解放军出版社1988年版。
[2]《毛泽东军事文集》第5卷第6页，军事科学出版社1993年版。

嘴八舌，都要求增加守城部队，杜聿明遭到众人反对，感到大丢面子，很不高兴地离开济南，向蒋介石告了一状。因为意见不合，徐州对向济南空运部队一直很不积极。

8月底蒋介石命令刘峙将 83 师空运济南，限十日内到达。王耀武非常高兴，天天盼着援军来。刘峙唯恐 83 师调走，徐州空虚，对他不利，以先运弹药、通讯器材为借口，请求缓运 83 师。到 9 月 12 日，仅将 83 师的 19 旅运到济南。9 月 10 日以后，王耀武得到各地情报，说共军已向济南迫近，总兵力估计有 20 万。王耀武见援军迟迟不能运到，非常着急，9 月 15 日亲自到南京向蒋介石告急。王耀武说："共军大部已迫近济南，有即攻济南模样。共军的战斗力确比过去增强得多了，以他们攻占潍县、兖州的情况来看，他们已经具有攻坚的力量和技术。如不增加一个师，济南是守不住的。请求将 74 师空运济南，固守济南才有把握。"蒋介石答应王耀武的要求，调 74 师增援济南，同时指示王耀武：共军的战法是猛打猛冲，只要头几天稳得住，他们的攻势就会受到挫折。已经准备了强大的部队增援济南，如果共军一旦攻济，援军会迅速前进；待援军到达兖州时，济南方面要抽出两个师出击，以南北夹击打败共军。王耀武得了指示，稍觉定心，匆匆飞回济南。就在他回到济南的当天夜里，华野部队就在济南外围打响，拉开了济南战役的序幕。

第 18 章
红旗插上济南城

聂凤智指示东集团猛攻——一夜攻克茂岭山、砚池山——蒋介石命令王耀武死守济南——三纵激战商埠——东集团绕过历城、千佛山——坦克冲开永固门——阻援集团严阵以待徐州之敌——73 团登上济南城——109 团苦战坤顺门——攻克济南内城——寿光俘获王耀武——济南战役的伟大胜利

1948 年 9 月 16 日，正值阴历中秋节。月明星稀，秋高气爽。根据攻城指挥部的命令，进攻济南的战斗从午夜时分开始。

实际战斗从 15 日就打起来了，西集团的渤海纵队在开进途中首先与龙山之敌前哨部队接触。十纵在地方武装配合下，扫荡长清西南地区的敌军保安部队。特纵配属十纵的一个野炮连把大炮推进到距离敌军阵地几百米的近处，抵近射击，十纵战士在炮火掩护下奋勇冲锋，仅一小时就解决了敌人，俘虏敌军近千人。两广纵队和野战军司令部警卫团于 16 日凌晨包围了长清县城，并占领了金牛山等外围据点。三纵楔入长清以东，袭占琵琶山、孟庄等地。当时西集团的主攻方向是济南机场，力求尽快切断济南之敌与徐州的联系。王耀武接到郊外守军的告急求援电话，判断共军的主攻方向是在西面，17 日紧急命令 2 师师长晏子风率领总预备队第 19 旅由济南西北的无影山、马鞍山阵地向机场以西的古城增援，并将 57 旅由张夏、崮山等地向济南收缩，企图坚守机场。

王耀武顾西顾不了东，当他调预备队向西增援时，我军东集团也发起了

猛烈进攻。指挥东集团的九纵司令员聂凤智虽然担负的是助攻任务，但他决心积极进攻，打开局面。在向师团下达作战命令时，他把"助攻"改成了"主攻"。师团指挥员纷纷打电话问聂司令是不是写错了？聂凤智坚定地说："没有错！"他向大家解释说：助攻不是佯攻，是真攻而不是假打。你能先攻进济南不是更好吗？东面攻得紧，对西线部队的攻击就更有利。大家打通了思想，全力以赴地投入了战斗。[1]

◎ 聂凤智

济南东郊的茂岭山（今五顶茂岭山）、砚池山（今燕翅山）是国民党军守备的重点。茂岭山高 300 多米，山北是一片平原。国民党 73 师强征大量民工在山顶修筑了坚固的半永久性工事。山腰另有 3 个侧防地堡，周围 4 个小山修成触角形集团工事。有一个加强连把守，认为起码可以坚持 1 个月。聂凤智把攻击茂岭山的任务交给 25 师 74 团，并将特纵配属的一个榴弹炮团和纵队的一个山炮团集中起来，组成强大的掩护火力。战前九纵对炮兵的要求是："适时、集中、准确、短促、猛烈"直接支援步兵进攻。25 师各级干部都到山下看了地形，制定了详细的战术。9 月 16 日 24 时，74 团从东北、东南、西北三个方向同时发起攻击。我军的炮火压制了山上敌军的火力，东北角三次爆破，炸开一个一米多宽的缺口。东南角敌军围墙被我炮兵摧毁，也打开一个大缺口。各连用轻重机枪封锁敌军地堡，几支突击队抱着炸药包向山上奋勇冲锋。他们以连续爆破炸毁敌军地堡、工事，敌军被炮火和炸药震晕，醒来已经作了俘虏。仅用两个小时，74 团就完全占领了茂岭山。

砚池山的战斗同样激烈。砚池山虽不如茂岭山高，但地形险要，只有一条小路可通山顶。山下有姚家庄、窑头两个据点互相呼应。担任攻击的 75 团首先攻克姚家庄，然后向砚池山发起攻击。先是炮兵进行炮火准备，主攻的 8 连连长张克信见敌军工事并未完全摧毁，果断向上级建议停止炮击，实行爆破。张连长布置特等射手封锁敌军地堡的枪眼，指挥爆破手进行连续爆破。炸开突破口后，后续部队不顾敌军火力封锁，勇敢通过突破口，冲进敌

[1] 聂凤智：《充满活力的人民军队必胜——回忆解放济南战役》。

军工事，与敌军展开肉搏。敌人丧失斗志，敌连长以下 60 多人放下武器投降。我军攻占砚池山只用了 50 分钟，战斗结束的时间是 17 日晨 8 时。[1]

王耀武倚为济南屏障的茂岭山、砚池山，仅一夜就被我军占领。王耀武大为震惊。驻守茂岭山后的 73 师一个营敌军失魂落魄，在营长朱某带领下向后溃退，被师长曹振铎派人拦截。王耀武一怒之下，命令将朱营长枪毙。17 日白天，73 师以 19 旅和预备队向茂岭山、砚池山反扑，企图夺回这两个制高点。在我军炮火和步兵火力顽强反击下，敌军一个团长被击毙，一个团长重伤。九纵不仅巩固了阵地，而且继续向东南方向的燕子山、千佛山等地推进。

王耀武在我军东集团的猛烈进攻之下，又判断我军主攻方向在东面，他紧急调遣守卫机场的预备队 19 旅、57 旅增援城东，并将守卫机场的 2 师 211 旅收缩至城西的商埠区。两天之内，王耀武把预备队调得东奔西跑，表现出兵力不足和捉襟见肘的窘迫。部下也是怨气十足，参谋长罗辛理被俘后说："在外围作战上，我们处处都在顾虑机场的得失。假如我们根本没有援兵与粮弹来，把机场作为一个独立守备点也就算了，然而我们在部署上却要坚守这个不能守的地方，因此我们深感飞机场是个累赘，守它不但没有好处，反而成了我们的包袱。"他还说："我们原来预计在济南外围至少能坚持七八天，不料解放军战斗发展太快，茂岭山与砚池山未怎样打，很快的被占领了。使得预备队过早投入战斗，从而牵制了整个兵力的布置，这是影响战局的主要关键。"[2]

济南战役结束后，谭震林在 10 月 9 日致毛泽东和华东局的报告中，高度评价了九纵在战役初期的作用："在战役开始，九纵当晚即攻占了茂岭山及其四周，迫使王耀武改变部署，迅速将放在长清与机场之间的 19 旅、57 旅东调平顶山、马家庄一线，将放在机场以西之 211 旅调回商埠北郊火车站一带，因而便利我军迅速迫近机场，迫使吴部起义。九纵这个行动，在整个战役进程缩短是起了很大作用。"[3]

王耀武调动预备队，造成了西线守备的空虚。我军西集团在十纵宋时轮司令员的统一指挥下，以飞机场为攻击重点，进行扫清外围的战斗。17 日，鲁中部队沿津浦线向北进攻，占领南郊的仲宫镇。十纵攻占了靠近机场的杨家庄、大刘家庄、饮马庄等村落，继续向北推进。两广纵队及野战军司令部警卫团、十纵特务团于 17 日黄昏向长清县城发起攻击，很快突入城内，歼

---

[1]《中国人民解放军第27军第三次国内革命战争战史》，1956年初稿。
[2]《全国解放战争时期山东重要战役资料丛书——济南战役》。
[3]《中国人民解放军第三次国内革命战争史料选编》第3辑第1册。

灭守敌 1700 多人。三纵在夺取西郊琵琶山、玉皇山等制高点后，于 18 日开始炮击济南机场。当时徐州方向正向济南空运 74 师部队，刚运到 7 个连，机场就被我军炮火封锁。蒋介石闻讯非常焦急，命令国民党空军副总司令王叔铭亲自到济南上空侦察，设法继续运送 74 师增援。王叔铭乘飞机到济南机场上空低飞侦察，只见我军的炮弹在机场跑道上不断爆炸，烟雾冲天。满载 74 师士兵的国民党运输机只好掉头飞回徐州。

我军西集团的迅速推进，使防守济南西区簸箕山、段店、辛店的国民党整编第 96 军吴化文部的阵地，完全孤立和暴露在我军的面前。面对我军强大的军事压力，在我军政工干部的争取之下，吴化文在 9 月 19 日晚率 84 师 155 旅、161 旅及 96 军独立旅举行战场起义。

吴化文部起义使国民党军内部陷入混乱。王耀武紧急向蒋介石和刘峙发报，请求突围。其方案是：1. 收缩阵地，集中兵力，以内城为主，固守城垣。以千佛山、四里山、齐鲁大学、商埠、外城为据点，以小部队守备，拖延时间，等待援军。2. 主动突围。南京方面很快回电，要王耀武退守旧城，仿照陈明仁守四平的办法，死守济南。具体指示是：1. 守军直接配备于市区各要点；2. 各点守军规定死守至一枪一弹，绝不后退；3. 市区民众除丁壮强征补充伤亡外，老弱妇孺均予以疏散撤退；4. 双方分界设明显标志，以利空军面积轰炸。[1]

既然不准突围，王耀武只好部署死守。他将西线外围阵地的保安部队撤至商埠、火车站，统归 2 师 211 旅指挥。将空运的 74 师 7 个连调到商埠的坚固据点邮电大楼和原德国领事馆，这是二马路上的两座大楼，可以控制商埠通向内城的道路。同时命令曹振铎、晏子风等守内城的部队清扫射界，拆除焚毁了靠近城墙的许多民房。

19 日夜，吴化文部向我军交出阵地后，我三纵、十三纵迅速前进，接近商埠。20 日上午，三纵由北大槐树突入商埠，沿经二路、经四路向东推进。十三纵占领青龙山后，由南大槐树突入

◎ 吴化文（右）

---

[1] 南京国防部报告：《济南会战》。

商埠，沿经七路向东推进。十纵占领济南机场。粟裕在打援集团指挥部得知吴化文起义的消息，立即致电许世友、谭震林、宋时轮，要他们抓住战机，不给敌军喘息时间，全力攻城。电报说："吴化文部既已起义，且我军已完全控制商埠以西（包机场）、以南、西南及城东和东南全部阵地（仅千佛寺、马鞍山、四里山等地仍有敌固守），则战局可能迅速发展。望令各部就现态势，以三、十及十三纵并力，迅速向商埠攻击。得手后，则全军全力攻城。对已被分割之外围孤立敌人，肃清商埠及济城解决后，再行肃清分散孤立之敌。"[1]

21日三纵继续向商埠进攻，与敌军争夺一座又一座大楼。早晨，三纵8师占领国民党山东省党部，将敌军青年教导总队包围。敌军一面交涉投降，一面乘我军包围不严，向内城逃窜。8师师长王吉文身先士卒，督促部队迅速前进。在前进中他不幸被敌军炮弹击中，身负重伤，当日17时光荣牺牲。这是继王麓水同志之后，8师在解放战争中牺牲的第二位师长。王吉文是华野的一员虎将，在多次战斗中立下战功。洛阳、开封攻坚，8师都是头号主力。在战斗最激烈的时候，他总是在前沿亲自指挥。就在他身负重伤，生命垂危之际，他还让医生把药品留给其他伤员，表现了一位共产党员的高贵品质。8师指战员决心以更加勇猛的战斗为师长报仇，8师先头部队分两路将74师残敌包围在"绥靖区"司令部大楼。十纵、十三纵也从南北两面插至商埠与外城之间，切断了商埠敌军的退路。

22日拂晓，三纵9师27团2营突击"绥靖区"司令部以西的银行大楼，爆破之后就向里突。因爆破口狭窄，遭到敌军火力杀伤。后以全营投入战斗，因大楼内部队无法展开，敌军居高临下猛烈扫射，2营被迫撤回。中午27团又以1营进攻，再次爆破突入，仍然受到敌军火力封锁，无法登楼。9师首长命令25团2营上去，连续进攻，不给敌军喘息之机，25团2营不顾伤亡，把机枪连也跟进大楼突击，终于登上楼梯，消灭了残敌，占领了银行大楼。随后，9师和十纵部队从两面包围了"绥靖区"司令部大楼。守敌172团600多人盘踞在这座混凝土三层楼房内，拼死顽抗。我军从各角度用机枪封锁敌军的窗口，敌军则不断从楼里往外扔手榴弹，阻止我军爆破。在战斗中敌军不断伤亡，活着的敌军就把死尸从窗子扔出。16时，9师把大炮推到楼前进行抵近射击，突击队在炮火掩护下开始爆破，以35斤到70斤的炸药包连爆7包，将大楼里面炸开一个个缺口，后续部队勇猛冲进大楼，与敌军

---

[1]《粟裕传》第713页，当代中国出版社2000年版。

展开逐屋争夺。敌军惊慌失措，地下室的敌军也被迫缴枪。战斗到黄昏结束，敌172团团长受重伤，600多敌军非死即降。我军占领"绥靖区"司令部后，继续肃清周围马路的残敌。当晚，商埠被我军完全占领。[1]

西线我军进攻商埠的同时，东线的九纵、渤纵也在迅速推进。20日，国民党军放弃黄台山、糖厂、农林学校、全福庄、洪家楼等外围阵地，向城里收缩。我军迅速扫清外围，步步紧逼。这时，东部外围还有两大据点：一个是历城，一个是千佛山。历城据点位于王舍人庄北，守敌是保安部队1500多人。敌军装备不强，仅有2门迫击炮，但这些家伙是长年与我军为敌的伪军和土匪，凭借外壕、围墙、碉堡、鹿砦构成的坚固工事，死命顽抗。渤海纵队担任主攻的新7师，有兵团调拨的各种火炮共23门，摆在200米宽的正面上，还调来特纵的坦克参战。大家以为有这样优势的火力，拿下历城不成问题。17日夜22时，渤纵开始攻击。猛烈的炮火完全压制了敌军火力。午夜时分，4辆坦克开始出动。我军的坦克一面向敌军射击，一面前进。炮兵怕误伤坦克，停止了射击。步兵缺乏配合坦克作战的经验，等待坦克发出灯光信号再出击。谁知黑夜间只见枪炮射击的火光，根本看不到信号。待通讯员上去与坦克联络，才发出攻击信号。坦克和步兵行动脱节，敌军用机枪火力封锁我突击部队，在壕沟边架桥的战士在敌人火力扫射下伤亡很大，两个连挤在壕沟之间无法行动。到18日凌晨3时，渤纵首长下令停止进攻。[2]

渤纵攻击历城的失利提供新的教训：在优势炮火和坦克的参战下，应放弃我军夜战的传统打法，改在白天发动进攻。这样步兵可以紧跟坦克前进，坦克也容易寻找敌军火力点进攻。聂凤智得知历城战斗的情况后，指示渤纵留下两个团以土工作业围困历城守敌，其余部队配合九纵攻击济南城。我军主力绕过历城，直接向济南外城推进，做好攻城准备。这时，千佛山还有国民党军一个营把守。他们居高临下，九纵的主要突击方向就在其俯瞰之下。是先攻城，还是先攻千佛山？有同志担心，绕过千佛山直接攻城，可能腹背受敌，会陷于被动。聂凤智分析了情况，认为千佛山守敌孤立无援，并受到我军砚池山火力的控制，不敢贸然出击。当我军进攻外城时，如果敌军从千佛山上开炮，必然打到他们自己。据此，聂凤智向许世友报告：置千佛山之敌于不顾，抓紧时机同兄弟部队一起攻击外城。许世友完全同意东兵团的部

---

[1] 《中国人民解放军第22军解放战争战史》，1952年初稿。
[2] 《中国人民解放军第33军解放战争战史》，1952年初稿。

署，22日夜间，东、西集团从两面向济南外城发起攻击。[1]

商埠被我军全部占领后，济南城外只有千佛山、齐鲁大学、花园庄等孤立据点尚有部分敌军据守，王耀武还有比较完整的15、57、77、213四个旅集结于外城和内城。王耀武判断我军可能要休整3天才能攻坚，于是命令各部队加修工事，准备顽抗到底。

为了不给济南城内敌军调整部署和加强工事的空隙，许世友、谭震林决心连续进攻。22日下午，他们电告华东局和阻援集团："我决心黄昏后7时攻击外城，以九纵由东南及东面攻击，十三纵由西南攻击，十纵由西南及西北攻击，渤纵及渤海（军区部队）由东北助攻，三纵及鲁中（军区部队）担任预备队，商埠残敌由三纵负责肃清。"遵照兵团首长指示，各攻城部队开始大挖交通沟，向济南外城迫近。[2]

22日黄昏，东、西集团同时向济南外城发起攻击。九纵25师73团奉命进攻东面的永固门。永固门外500米有座霸王桥，敌军在这片开阔地上修筑了许多地堡和工事，如果靠步兵强行进攻，势必付出重大伤亡。聂凤智从特纵调来4辆坦克协同作战。这些15吨重的美式轻型坦克，是鲁南战役中从国民党军快速纵队缴获的，配备35毫米的平射炮，性能良好。王耀武守济南只有12辆日式坦克，还不如我军的坦克好。当我军坦克怒吼着向敌军阵地冲去，敌军目瞪口呆，有的高喊："别误会，我们是保6旅的！"有的从工事里爬出，掉头往城里跑。我军坦克一面冲锋，一面向周围的敌军火力点开炮，两三发炮弹就摧毁敌军一个火力点。敌军盲目地用机枪向坦克扫射，子弹打在厚厚的钢板上毫无作用。经过一个半小时的战斗，永固门外正面敌军工事基本上被摧毁，坦克轰开永固门的城门，后面跟进的73团战士一拥而上冲进城内。由于城门太矮，坡度太大，坦克无法通过。步兵将城门打宽，让坦克能够通过。进入街道后，遇到一个很大的弹坑。第一辆坦克通过时，陷在坑内，阻塞了后面坦克前进道路。九纵首长见街道很窄，坦克没有活动余地，燃油也将耗尽，于是命令将陷入坑中的坦克拖出来，退出战斗。战后山东兵团总结中说：攻击永固门的战斗中"坦克共消耗炮弹约700发，机弹约1800发，我后随之73团步兵未行爆破，即直接架梯顺利完成登城任务，极少伤亡。（坦克）火力命中精确，很短时间即完成任务，颇得好评。"

---

[1] 聂凤智：《充满活力的人民军队必胜——回忆解放济南战役》。
[2] 《全国解放战争时期山东重要战役资料丛书——济南战役》，山东人民出版社1988年版。

73团在攻击永固门的战斗中，爆破手们大显神威。3连在接近城墙时，对前面的地形和敌军工事并不了解，只知道城外有壕沟，估计会有铁丝网和小桥。爆破开始，连长对第一个爆破手冷来福交代：一面爆破，一面注意观察地形，尤其注意看小桥是否被敌军破坏。冷来福抱着炸药包匍匐前进，迅速通过140米的开阔地，钻进铁丝网。他清楚地看到小桥并未破坏，两侧有两个地堡，才转身炸毁铁丝网，回来向连长报告了准确的情况。排长表扬冷来福："好同志，你完成任务了！"然后再问他："你有没有决心再送第二包呢？"冷来福表示："完全可以，你放心，我剩一条腿也能送上去！"他与班长各抱一包炸药，分头炸毁了两个地堡，为突击队开辟了道路。[1]

西兵团的十纵在占领火车站和天桥后，于22日黄昏向济南外城的永镇门、普利门发起攻击。29师85团组成永镇门爆破队，下设7个小组。战士们冒着敌军密集的火力，以爆破掩护爆破，连续炸掉城门外的鹿砦、桥头堡、地堡，最后堆上300斤炸药，永镇门在一声巨响中被炸塌。后续部队随即攻入外城，友邻部队也突破了普利门。十三纵向外城的西南门永绥门进攻，112团首先从杆石桥突破登城，其他三个团从永绥门突入，将守敌213旅一个团消灭。他们乘胜前进，攻占外城西南最坚固的建筑群——红万字会（今山东省博物馆），歼灭213旅旅部。盘踞在齐鲁大学的敌人被切断退路，于23日拂晓向内城突围，被十三纵包围缴械。22日夜，九纵与十三纵在外城内会师，攻击外城的战斗仅用一天就胜利结束。[2]

这时，王耀武只剩下最后一道防线——济南内城。他不断向南京和徐州方面呼救，蒋介石焦急万分，一面严厉督促杜聿明率邱清泉、黄百韬兵团北上，一面命令空军司令周至柔"济南我军阵地以外，凡匪军聚集区域均可施行区域轰炸"。企图把济南城外炸成一片废墟。23日白天，国民党空军轰炸机对济南商埠、外城狂轰滥炸，许多民房建筑被炸塌起火，无辜百姓惨遭杀害。十三纵37师政委徐海珊也在敌机轰炸中不幸牺牲。这天上午，徐州"剿总"总司令刘峙在空军副总司令王叔铭陪同下飞临济南上空，与王耀武通话。刘峙说："你们的困难我知道，援军进展很快，几天就可以到济南。你们必须坚守待援。需要什么可以空投。"王耀武一方面要求空军轰炸外城，一面要求向内城空投粮食弹药。

[1]《九纵济南战役政治工作总结》。

244

[2]《中国人民解放军第三野战军暨华东军区第三次国内革命战争史资料》，1958年8月初稿。

国民党的援军在哪里呢？按照杜聿明的计划，他打算在济南作战开始5天后——当共军强攻济南不下，受到重大伤亡，攻势减弱之后再率军北上解围。并以声东击西的办法，扬言从津浦路北上，实际从微山湖以西北上，以邱清泉兵团为先锋，冲开我军防线。但是济南战役刚开始，蒋介石就发觉形势不妙，严令杜聿明迅速北上增援。杜聿明匆忙集结部队，命令邱清泉兵团自商丘北上，黄百韬、李弥兵团自徐州北上。偏偏又赶上阴雨天气，部队前进缓慢，一天只走20公里。

在粟裕亲自指挥下，我华野主力在兖州、邹县地区严阵以待，准备打援。粟裕在运河以西配置四纵、八纵和冀鲁豫军区两个旅，依托水洼地带，构筑多道纵深防御工事，阻击由鲁西南北上之敌；在运河以东，配置一、二、六、七、十二纵和中原野战军十一纵，准备在邹县以南集中兵力歼灭由津浦路北上之敌。邱清泉等得知我军主力集结的消息，深知北上凶多吉少，有意拖延，济南战役结束时，邱清泉兵团才到达城武、曹县一带，未与我军接触即迅速后撤。有人认为粟裕把敌情估计得过于严重，预定的阻援计划实际上没有实施，济南就解放了。但粟裕认为不能这么说，"虽然，在豫东战役中，我军一度攻克当时河南省省会开封，但是，济南守城的兵力和构筑的工事，都比开封为强，打这样坚固设防的省会，我们还是第一次。毛泽东同志以攻打临汾费去72天的事实，告诫我们谨慎从事，这是正确的、必要的。尤其是战略决战即将到来的关键时刻，攻济能否成功，与战略决战关系很大。从一定意义上来说，这次是战略决战阶段的序幕，必须谨慎从事。在以往攻城失败的战例中，有些是正当守敌已经精疲力竭，再经受不住最后一击之际，可是各路援敌已蜂拥而至，我军背后受敌，以致只得被迫撤围，这种'为山九仞，功亏一篑'的事情，决不允许在战略决战即将到来的时刻重演。必须谨慎从事，以最坏情况作根本的出发点。徐州地区的敌人正是慑于我军打援集团兵力强大，才不敢贸然进犯。敌人增援部队不敢前来，正说明军委、毛泽东同志攻济打援方针的正确。"[1]

我军攻占外城后，王耀武估计我军连日作战疲劳，总要休整几天才能攻击内城。许世友等研究了情况后，决定不给城内守敌以喘息之机，连续作战。兵团指示：九纵由东南角攻击，十三纵由西南角攻击。九纵担任主攻的是73团，担任攻击任务的各级指挥员来到城东南看地形，只见高大的城墙有14米高，约12米宽，城墙上有三层火力网，城下有地堡，形成交叉火力。

---

[1]《粟裕战争回忆录》第580页，解放军出版社1988年版。

东南角城墙上有一坚固建筑物——气象台，是全城的制高点。护城河宽 5 米，水深 2 米，不能徒涉，只能架桥。大家看了地形后，都感觉从这里突破是十分困难的。可是这里护城河比较窄，便于架桥。一旦登上城墙，占领气象台，就可以控制全城，便于大部队向城内攻击。为了配合 73 团的主攻，九纵首长命令 76、79、80 团各出一个连队助攻。

23 日 18 时开始炮火准备，我军集中炮火向内城东南和西南角猛轰。一小时后，突击队开始行动。王耀武的主力部队 15 旅守东南角，77 旅守西南角，以密集火力封锁我军行动。九纵 76、79、80 团的攻击都不成功。80 团 1 连攻击新乐门，炮击后 1 班长林某带两个战士去炸桥头三个地堡。林某看到敌军火力很猛，心里胆怯，半路上拉弦，将炸药包隔着河扔向地堡，还拿过另一个战士小范的炸药包也扔出去，回去报告地堡炸了。结果地堡没炸掉，反而把桥炸毁了。后面上去的战士只好冒着弹雨架桥，上去一批伤亡一批，连续 4 次架桥没有成功，倒伤亡了 70 多人。[1]

19 时 50 分，79 团 7 连首先登城。敌军从城墙后面的藏兵洞里涌上城墙，进行反突击。7 连顽强地打退敌军的 5 次攻击，因登城云梯被敌军炸断，后续部队上不来，7 连终因孤立无援，激战 1 小时后全部伤亡。76 团也因突破点没选好，敌军火力封锁太严，攻击失利。[2]

73 团 7 连发起攻击后，在战斗中表现出机动灵活的作风和高度的责任感。爆破班长孙喜奉命去破坏东南角城墙下的大地堡。他爬到地堡前，发现地堡外有鹿砦和梅花桩。他想，如果只炸了鹿砦就回去，敌人发觉了，下次再炸地堡就要多费事。他爬过鹿砦，先把梅花桩用手拔掉，再回过来炸鹿砦。回到我方阵地，他马上请求再送一包炸药上去。他再次爬

◎ 济南战役解放军攻城

---

[1] 《九纵济南战役政治工作总结》。
[2] 《中国人民解放军第三野战军暨华东军区第三次国内革命战争战史资料》，1958年8月初稿。

到地堡前，选了一个最有效的部位，一包炸药就摧毁了地堡。7连进入阵地时，纵队炮兵已经开始射击。上级要求炮击停止后步兵开始清除敌军工事和地堡。时间很紧，来不及仔细侦察。6班长孙高廷第一个上去，本应该爆破城墙，但他发现身边一个枪眼在冒火，封锁我军前进道路，便主动先将这个火力点摧毁，然后回来向下一个同志交代了前面的情况。后面的爆破员都像班长这样做，战斗结束后受到九纵政治部的高度赞扬，说他们"不但保证了后续爆破者的安全，而且也保证了将来登城突击者的安全。每一个成员的认真负责，单怕'完不成任务对不起党'的高度革命的自我牺牲精神，是成功的物质基础。这种机动灵活弥补了军事指挥上最大的一个缺点——情况了解的不透彻。"

73团7连爆破的硝烟未散，梯子队就开始行动了。7班的6个人扛着沉重的云梯，迅速通过小桥。班长被城上飞下的石头砸破了头，鲜血直流，但是他坚决不下去，仍然跑在最前面。一个战士被打伤了眼，问班长怎么办，班长说："同志，你闭着眼睛也要把梯子送上去。"全班齐心协力，把云梯靠到城墙上。当他们撤下来后，敌军从城墙上扔下集束手榴弹，毁坏了云梯，第一次攻击没有成功。

73团团长张慕韩向聂凤智汇报了情况，调整了部署。24日凌晨1时30分，聂凤智集中九纵的全部火炮向内城东南角开火。7连突击队不等我军炮火停止，就开始登城。梯子队将3丈多高的云梯靠在城墙上，第一突击组刚登上梯子，就受到敌军侧面火力的射击，大部伤亡。这时，2班长李永江奋不顾身，率领全班再次登城。云梯比城墙矮了一截，李永江扒住墙砖，飞身跃上城头。用冲锋枪打倒扑上来的敌军。2班战士相继登城，迅速占领了气象台，控制了制高点。当7连全部上去后，敌军开始反击。伤亡过半的7连与数倍的敌军殊死搏斗，伤亡越来越多。在这千钧一发之际，8连、9连也登上城墙，投入战斗。73团3营经过3小时的战斗，终于巩固了东南角突破口。他们和后续部队冲下城墙，进入内城街道，与敌军展开巷战。[1]

23日晚，十三纵攻击济南内城西南角的坤顺门。经过一个小时的炮火准备，37师109团的7连于19时10分登城，首先突破。他们向两侧扩张突破口，策应后续部队登城。短短时间内，109团1营、3营相继登上城墙。这时，敌军实行猛烈的反击，企图封闭突破口。109团除3连、9连下城突入

---

[1] 张慕韩：《红旗插上济南城》。

城内，其余大部分牺牲在城墙上。21时15分，突破口被敌军重新占领。3连、9连依托民房，与敌军激战。面对不利形势，十三纵首长决定再次发起攻击。110团在炮火支援下奋力登城，城墙突破口处到处是牺牲的我军战士和敌军的尸体，他们来不及搬运，踩着尸体向上冲。3连、9连发现敌军封锁了突破口，在巩固既得阵地后，向敌军背后冲击，接应110团登城。城墙上的敌军在我军两面夹击下，慌乱溃退。经过4个小时的搏斗，到24日拂晓，37师控制了坤顺门近100米长的城墙，实现了突破。九纵、十三纵像两把尖刀，冲开了王耀武的最后防线，插入了济南内城。[1]

　　九纵73团和十三纵109团的英勇战斗，为济南战役的最后胜利开辟了道路。战役结束后，73团打得仅剩三个连，109团也是"建制破坏甚大"，十三纵37师师长高锐也在战斗中负伤。谭震林1948年10月9日给毛泽东、军委和华东局关于济南战役情况的报告中反映了两件事："109团百余伤员不愿失掉时机，阻塞突破口坚决不下火线，让后续部队从自己身上踏过去而牺牲。73团首先突入城内，两个连大部阵亡。一个负伤班长被俘，在审问时坚决不屈与敌对抗。敌问：'你来做什么？'答：'毛主席命令我来打济南。'问：'你有把握么？'答：'完全有把握有信心。'问：'你已被俘怎么办？'答：'我们的人多得很。'（此人已被敌枪杀，这是战后俘房的口供大意如此。）"军委首长看后深受感动，周恩来副主席10月14日以军委名义指示谭震林："此次报告中所提的一些自我牺牲以求人民解放的英勇感人的战绩，应告新华社记者及政治部人员，将它写成通信或文章，说明人民军队的力量及其因军队民主所造成的高度觉悟和自我牺牲的精神是举国无敌的。"[2]

　　为了表彰九纵73团和十三纵109团的功绩，山东兵团首长于1948年10月10日颁布嘉奖令，授予73团"济南第一团"，109团"济南第二团"的光荣称号。嘉奖令说："解放济南作战中，我九纵队25师73团于9月22日突破外城永固门，继即参加攻打内城。23日下午6时，我发动全线总攻，该团受命于城东南角进行攻击。城高14公尺，护城河宽15至30公尺，城头并有坚固建筑物气象台为守匪制高火力点，城下则有地堡、鹿砦、梅花桩等多重障碍。该团突击部队在我强大炮火掩护下，进行连续爆破，虽四次突击受挫，但仍百折不挠，奋勇突击，卒于24日早晨2时15分突破前沿，登上城头，

<hr>

[1] 《中国人民解放军第三野战军战史》第261页，解放军出版社1996年版。
[2] 《中国人民解放军第三次国内革命战争史料选编》第3辑第1册。

◎ 济南解放阁

击退数倍于我之敌数次拼死反扑，巩固扩大了突破口，使后续部队得以源源投入纵深，在友邻部队配合下最后扫除敌军的抵抗。在整个战役中，该团更能恪遵城市纪律及我军纪律，获得军政全胜。为此，特授予该团以'济南第一团'的光荣称号。"

嘉奖令又说："同一战役中，我十三纵队37师109团在突破商埠，打进外城的连续作战后，仍保持旺盛意志，受命于内城之西南门以北进行攻击。攻击中突击部队与团指挥所的联系被匪军烈火所隔断，但该部仍机动进行连续爆破，通过护城河，排除层层障碍，经四次以上突击，于24日拂晓前登上城头，冒城内敌制高点炽热火力瞰射及城头左右敌火的侧射，与向我反扑之敌白刃格斗，反复争夺达四小时。该团另一部则越过城垣突入城内与守匪来回冲杀，孤军奋战七小时，为后续部队开辟宽阔道路。最后我东、西两个铁拳胜利会师，乃得将王匪最后固守防线割裂，予以各个歼灭。该团此种有我无敌、不怕牺牲的苦战作风，予守匪精神上震撼极大。为此，特授予该团以'济南第二团'的光荣称号。"[1] 20世纪50年代济南进行城市改造，拆除

[1]《全国解放战争时期山东重要战役资料丛书——济南战役》，山东人民出版社1988年版。

了旧城墙。唯独保留了 73 团战斗过的内城东南角，并在气象台的旧址上建起一座雄伟的建筑。陈毅元帅亲笔题名"解放阁"，以纪念济南战役中的英雄们。

9 月 24 日天明，济南城内的国民党军在我军的猛烈攻击下，陷入一片混乱之中。王耀武在大明湖的北极阁指挥部里，和各旅的通讯联络都已中断。我九纵、十三纵和跟进入城的三纵、十纵部队与敌军展开巷战，从几个方向向大明湖畔的国民党山东省政府逼近。眼看大势已去，王耀武把指挥权交代给参谋长罗辛理，自己带领特务团一部于 11 时由北极阁通往城外的坑道向北突围逃跑。

24 日 14 时，九纵 25 师和十三纵 5 个团从四面包围了国民党山东省政府。据守在省政府地下室的国民党第二绥靖区参谋长罗辛理等绝望之下，派人出来接洽投降。一群国民党将校高举双手，走出地下室缴械投降。被我军分割包围的国民党残余部队，如双龙街的 73 师一部、阁后街的 19 旅一部、南门的 57 旅一部，也都分别放下武器。2 师师长晏子风想从东门逃跑，一颗炮弹在身边爆炸，随行的副官、卫士非死即伤，晏子风也被震晕过去。当他清醒过来，解放军已经站在他身边，他只得乖乖地站到俘虏队伍中去。黄昏时，内城战斗结束。城外马鞍山守敌一个团、千佛山守敌一个营在我军政治攻势下，也于 25、26 日放下武器。历时 8 天的济南战役胜利结束。

9 月 22 日战斗进行中，毛泽东就指示华野、华东局和山东兵团首长："为预先准备在我军攻入城内，王耀武率其死党突围而出分路逃窜时，全歼该敌勿使漏网起见，你们应在其主要逃路及次要逃路，近距离及远距离布置多层堵击力量。"[1] 23 日，饶漱石命令鲁中、渤海各分区的地方部队、干部、民兵在济南外围的各交通要道进行警戒，撒下天罗地网，搜捕王耀武和外逃的国民党残兵。寿光县委根据上级指示，每天在大路上设岗，盘查来往行人。9 月 28日早晨，县委机关驻地屯田村武装民兵刘金光、刘玉民、张宗学三人正在值勤，从西边公路上来了两辆大车，车上坐着五男二

◎ 王耀武被俘

 [1]《毛泽东军事文集》第5卷第15页，军事科学出版社1993年版。

女。民兵查问他们的来历,说是济南逃难出来的。化名乔坤的王耀武躺在车上装病,用白毛巾盖头,棉被遮身。民兵见他们说话不是济南口音,形迹可疑,便将他们扣留,送到县公安局。审讯干事王洪涛挨个盘问,各人说法不一。王洪涛掀开王耀武脸上的毛巾,看到他脸的上部皮肤很白,很像戴军帽的痕迹,估计他最低是个军官。于是王洪涛重点盘问王耀武,发现他自称开饭馆,却说不出饭馆的字号。与其他人的关系,口径也不一致。王洪涛摸摸王耀武的脉搏,完全正常,根本不像有病,于是把王耀武关进禁闭室。到下午提审时,王耀武表情恐惧,态度失常,刚问了几句,他就说:"我已经到了这个地步,干脆就说了实话吧。我是王耀武呀!那几个人是我的卫士。我要找县长谈谈。"听说捉住了王耀武,张县长马上赶来。王耀武交代:24日中午他从济南北门出城后,在外围的一道工事里隐蔽到天黑。当夜下雨,他们在村子里化装成商人,25日走到周村。在周村雇了大车,27日到益都,当夜赶路想逃往青岛,没想到28日一早就被抓住。30日,王耀武被送到华东局驻地,后转至华东军区高级军官团。[1] 不久,外逃的第二绥靖区中将副司令牟中珩、国民党山东省党部主任庞镜塘等先后被俘,山东保安司令部中将副司令聂松溪在济南投案自首。

济南战役,我军全歼国民党军第二绥靖区司令部及其所属2师、73师等10个旅1个团,保安部队4个旅、1个总队。歼灭国民党军共84000人,其中毙、伤22423人,俘虏王耀武等将级军官23人。缴获各种火炮890多门,机枪5200余挺,各式枪支48000余支,坦克和装甲车20辆,汽车238辆,以及大批军用物资。并策动吴化文部20000多人起义。华东野战军在济南战役也付出了很大代价,总共伤亡26991人,其中九纵伤亡9806人,十三纵伤亡5907人,十纵伤亡4631人。济南战役后,山东境内的国民党残敌受到极大震动,驻烟台、临沂、菏泽的国民党军先后弃城逃跑,至此,山东境内除青岛和鲁南边缘少数据点外,均获得解放。

济南战役的胜利是在山东人民的大力支援下取得的。在华东局直接领导下,冀鲁豫、胶东、渤海、鲁中各解放区都成立了支前委员会,动用前方随军民工、二线转运伤员、粮食及三线运送粮食物资的民工总计50.4万多人,小车18000多辆,担架14000多副,供应了充足的粮、草、菜、物等,为战役的进行做出巨大的贡献。各地民兵广泛出击,为济南战役的胜利起到积极的配合作用。济

---

[1] 寿光县公安局:《捕获王耀武经过情形》,1948年9月28日。

南战役是我军在山东境内进行的最大战役，也是一场真正的人民战争。

济南战役是人民解放军在解放战争中第一次攻克有敌军重兵防守和坚固设防的大城市。济南战役的胜利，使华北、华东两大解放区完全连成一片，解放区后方更加巩固，增强了解放区支援革命战争的力量。蒋介石的"重点防御"受到沉重打击，动摇了国民党军企图依托大城市进行顽抗的信心。济南战役中我军连续作战，不停顿地进攻，在城市攻坚、步炮协同的战术和技术上都有了长足的进步。粟裕在1948年10月4日对新华社记者发表的谈话中指出：济南战役的胜利"证明蒋介石的任何防御，皆挡不住人民解放军的进攻，人民解放军能够攻占任何坚固设防的大城市。人民解放军不仅能够在运动战中，于很短的时间内歼灭大量敌人，而且在攻坚战中，于很短时间内亦能歼灭大量敌人。仅就此次济南战役来说，歼灭敌人的数量就比战争初期全国各战场一个月歼敌的总数还要多。"9月29日，中共中央在给华东军区、华东野战军首长的贺电中指出：解放济南的胜利"证明人民解放军的攻坚能力已大大提高，胜利影响已动摇了蒋介石反动军队的内部，这是两年多革命战争发展中给予敌人的最严重的打击之一。"

第 19 章
淮海战役（一）徐东大血战

中共中央召开"九月会议"——粟裕建议举行淮海战役——毛泽东制订大淮海战役方针——徐州国民党军摆开"一字长蛇阵"——毛泽东指示华野精心组织战役——国民党"徐蚌会战"计划——华野大举南下——黄百韬在新安镇等了两天——张克侠、何基沣战场起义——蒋介石命令在徐东决战——华野主力合围黄百韬兵团——国民党军集结准备决战——碾庄外围攻坚——邱李兵团大举东进——徐东阻击战——中原野战军攻克宿县——成立总前委——总攻碾庄——黄百韬临死前的哀鸣——淮海战役第一阶段的胜利来之不易

1948 年 9 月 8 日到 13 日，毛泽东在河北平山西柏坡主持召开了中央政治局会议，历史上称之为"九月会议"。这是为加速解放战争的进程而举行的一次重要会议，毛泽东号召"五年左右根本上打倒国民党"，并就加强经济工作，准备接管新解放的大城市，学习工业管理等方面的问题做了部署。会议结束后，各战区的中央委员们迅速返回。随后济南、辽沈战役相继举行，既是对中共中央指示最坚决的贯彻，也大大加快了解放战争的步伐。

济南战役结束后，粟裕于 9 月 24 日向中央军委建议：立即进行淮海战役。电报中说："该战役可分为两个阶段：第一阶段以苏北兵团攻占两淮，并乘胜收复宝应、高邮，而以全军主力位于宿迁至运河车站沿线两岸，以歼灭可能来援之敌。如敌不援或被阻，而改经浦口、长江，自扬州北援，则我于两

淮作战结束前后，即进行战役第二步，以三个纵队攻占海州、连云港。"[1]

9月25日，毛泽东复电华野和中原野战军刘伯承、陈毅等（邓小平出席中央九月会议正在返回途中——作者注），认为"举行淮海战役，甚为必要"。并筹划了战役的三个阶段：1. 歼灭黄百韬兵团于新安、运河之线；2. 歼灭两淮、高邮、宝安地区之敌，为第二个作战；3. 歼灭海州、连云港、灌云地区之敌，为第三个作战。毛泽东指出："进行这三个作战是一个大战役。打得好，你们可以歼敌十几个旅，可以打通山东与苏北的联系，可以迫使敌人分散一部兵力去保卫长江，而利于你们下一步进行徐州、浦口线上之作战。"[2]

在粟裕和毛泽东的往返电报中，首次提出了"淮海战役"的设想。这个设想把战役范围定在徐州以东的苏北地区，打击对象主要是黄百韬兵团。可以称之为"小淮海"的作战计划。

10月9日，华东局书记饶漱石从西柏坡返回华东野战军司令部驻地曲阜后，就与粟裕、谭震林及各纵队首长举行作战会议。会议研究了两个方案，一是运用"围城打援"战术，以一部攻打连云港、海州，调动黄百韬东援，在运动中歼灭之；二是直接对黄兵团进行分割包围，力求全歼，并以一半以上的力量组织打援。

10月11日，毛泽东以军委名义发出《关于淮海战役的作战方针》的重要指示，对战役的设想和部署作了更明确的规定，他指出："本战役第一阶段的重心，是集中兵力消灭黄百韬兵团，完成中间突破，占领新安镇、运河车站、曹八集、峄县、枣庄、临城、韩庄、沭阳、邳县、郯城、台儿庄、临沂等地。"第二阶段"攻歼海州、新浦、连云港、灌云地区之敌，并占领各城"。第三阶段准备在淮阴、淮安方面作战。针对国民党军徐州"剿总"主力集结于徐州附近，随时可能增援的情况，毛泽东着重指出：为达成第一阶段的任务，应采取"攻济打援"那样的部署，以一半以上的兵力进行牵制和阻援，对付邱清泉、李弥两个兵团，使其不敢全力以赴东援黄兵团，这样才能达到歼灭黄兵团3个师的目的。刘邓陈迅速部署攻击郑州至徐州铁路线，牵制孙元良兵团。毛泽东指出："淮海战役的结果，将是开辟了苏北战场，山东苏北打成一片。"

发出上述指示后，经过与华野商讨，毛泽东于14日对战役作了更具体

[1]《粟裕文选》第2卷第571页，军事科学出版社2004年版。
[2]《毛泽东文集》第5卷第157页，人民出版社1996年版。

的部署。他强调华野打援部队应放在侧面，造成围攻徐州的态势，使徐州国民党军"第一个感觉是我军似乎有意夺取徐州，而不能确切断定我军并非夺取徐州，而是歼灭黄兵团。等到我军对黄兵团攻歼紧急而决定增援时，又发现如不解决南北两侧威胁，则很难赴援。这样就给我军以必要时间歼灭黄兵团。"他强调要"以一、四、六、七、十一、鲁中等六个纵队再加特纵，担任歼灭黄兵团三个师，这是全战役的中心目标"。并以刘邓主力在淮海战役发起前就进攻郑州、开封，吸引刘汝明、孙元良兵团停留于郑州、开封之间，不能东援，以配合华野作战。[1]

毛泽东以战略家的眼光，为淮海战役设计了更大的方案。淮海战役成为华东、中原两大野战军共同执行的任务。当初谁也没有预见到淮海战役后来会打到那样大的规模，取得那样辉煌的战果，但是毛泽东提出的两大野战军协同作战的方案，不仅仅局限于歼灭一个黄百韬兵团，而是力求歼灭国民党军徐州"剿总"的主力。这就使原来设想的"小淮海"变成了"大淮海"，开阔了华野、中野首长的眼光，使他们去争取更大的胜利。

就在毛泽东运筹帷幄之际，国民党统帅部也没有闲着。济南失守，对国民党统帅部是极大的震动。作为徐州国民党军机动兵团的指挥官杜聿明，更是深深自责。他考虑要扭转国民党军处处被动挨打的局面，必须主动出击。以国民党军的武器优势，可以集中优势兵力寻找华野主力决战。9月下旬，他制订了一个作战计划：放弃郑州、开封、商丘等城市，集中机动兵团，在鲁西南寻求与华野主力决战。徐州"剿总"总司令刘峙原则上同意这个计划，10月2日，杜聿明到北平请示蒋介石，获得批准。杜再飞南京，与参谋总长顾祝同商讨实施方案。顾祝同犹豫不决地问："你们发动攻击，有没有把握？"杜说："关键在于黄维兵团是否能将刘伯承牵制住。如果能牵制住的话，徐州方面打华野的各纵队都是有胜算把握的。"顾问："万一刘伯承过来，又怎么办呢？"杜说："我们采取稳扎稳打的战法，集中主力形成圆形态势，让共军钻不了空子，吃不掉我们。一旦抓住共军一部，即迅速猛攻，将其包围消灭。万一共军主动先撤，我们采取'钓鱼'战法，诱其来攻，再行包围。万一这期间刘伯承过来，我们可以阻击华野于微山湖以东，配合黄维先击破刘伯承部，再回头击破华野。"顾祝同觉得杜聿明的计划尚属稳妥，表示同意。7日，杜聿明在徐州召集邱清泉、黄百韬、李弥开会进行部署，并决定15日

---

[1]《毛泽东军事文集》第五卷第66、76页，军事科学出版社1993年版。

开始行动。[1]

如果国民党军先于华野开始行动，淮海战役的历史就可能是另外一个样子。历史就是这样地巧合，10月15日早晨，杜聿明正要上车去前方指挥部，突然接到蒋介石的电报，叫他乘飞机去东北。东北野战军发动了规模空前的辽沈战役，杜聿明奉命去指挥东北国民党军的行动。这样，徐州方面的作战计划被搁置，直到华野发起淮海战役前，国民党军一直没有主动出击。这20天的时间，为华野进行战前准备提供了充分的保证。

南京国防部于10月22日召开军事会议，顾祝同等根据情况判断，认为共军可能进攻徐州、蚌埠，进逼江淮。与会者坚持"守江必守淮"的战略方针，决定放弃陇海线上郑州、开封等大城市，集中重兵集团于徐州外围，调黄维兵团东进，对华东共军采取"攻势防御"。此后，南京国防部开始调整部署，将郑州的孙元良（第16）兵团调往涡阳、蒙城地区；邱清泉（第2）兵团调到砀山地区；黄百韬（第7）兵团在运河以东的新安镇；李弥（第13）兵团在运河以西的曹八集；台儿庄、贾汪是冯治安的第3绥靖区部队；海州是李延年的第9绥靖区部队。此外，命令驻确山的黄维（第12）兵团出周口，策应徐州方面作战。从地图上看，国民党军在徐州方面是沿津浦铁路摆了个"一字长蛇阵"，他们的意图是依托坚固据点，可以及时调动，进可攻，退可守。

杜聿明得知徐州方面的部署后，大为不满。他认为："自徐州到蚌埠间二百多公里的铁路两侧，摆了数十万大军，既弃置徐州既设永久工事而不守（徐州那样庞大纵深的据点工事，只留一两个军，几乎等于不守），又将各兵团摆于铁路两侧毫无既设阵地的一条长形地带，形成鼠头蛇尾，到处挨打的态势。据我了解，古今中外的战史中还找不到这样一种集中会战的战略先例。"白崇禧也意识到这个部署的危险性。蒋介石打算让白崇禧统一指挥徐州和华中部队与解放军决战，白10月30日从汉口来南京开会，也满口答应承担指挥职责。但他与李宗仁和桂系将领研究之后，第二天开会时突然改变态度，坚决不肯指挥徐州方面的行动。只同意将黄维兵团调给徐州配合作战。与会者对白崇禧的出尔反尔感到不解，猜测白是怕蒋做成圈套，准备在会战失败后委过于他。也有人认为是李宗仁、白崇禧合谋拆蒋介石的台，如果战败就逼蒋下野，由李宗仁取而代之。大战尚未开始，国民党内部的派系斗争就显

[1] 杜聿明：《淮海战役始末》，《淮海战役亲历记》第7页，文史资料出版社1983年版。

现出来了。[1]

10月22日，郑州、开封的国民党守军开始撤退。刘邓部队抓住时机，迅速占领郑州、开封。25日，毛泽东指示刘邓南下蒙城，直取蚌埠。刘邓表示他们在永城、涡阳地区集结，无论是打孙元良还是攻蚌埠都更有利。毛泽东批准刘邓的计划，同时要求华野在进军中要注意隐蔽作战意图，不要过早惊动敌人。对黄百韬的主攻和对邱清泉的佯攻最好在同一天发起，使国民党军难以判断。

10月28日，华野首长确定了作战部署：以一、二、六、九、十二纵及鲁中纵队、中野十一纵共7个纵队主攻新安镇，消灭黄百韬兵团；四、八纵和苏北的十一纵南北对进，突击运河车站，切断黄百韬、李弥兵团的联系；七、十、十三纵出台儿庄、贾汪，歼灭或促使冯治安部队起义；三纵和两广纵队归中野指挥，向商丘、砀山出击，牵制邱清泉兵团。30日毛泽东复电粟裕等，同意华野的作战部署，强调战役应在11月7日或8日"各处一起动作，使各处之敌同时受攻，同时认为自己处于危险境地，互相不能照顾，要在两三天后才能查明我之主攻方向，但又因为我各部均已迫处他们面前，已无法互相增援，尤其使黄兵团各班丧失收缩集结的必要时间，极为重要"。毛泽东对战役寄予厚望："此战打得好，可能歼灭黄兵团八个师，李兵团两个师，冯治安两至三个师，接着不久并可能歼灭东海及两淮之敌，则长江以北之局面便可展开。……故望你们精心组织这一伟大的战役。"[2]

这时，辽沈战役已接近尾声，廖耀湘兵团全军覆没。蒋介石马上考虑到徐州的危机，11月4日，参谋总长顾祝同飞到徐州，与邱清泉、李弥、黄百韬、孙元良等商议徐州会战。邱清泉说鲁西南发现共军大部队，先头已到曹县、城武。黄百韬则说郯城以北有共军主力南下，可能要向他进攻。众将领一致认为，徐州"剿总"各部队在陇海线上的"一字长蛇阵"态势不利，必须调整。于是顾祝同拟定了一个"徐蚌会战"计划，6日，南京国防部正式下达命令：徐州以两个军固守；黄百韬兵团撤到运河西岸，海州方面的第9绥靖区和44军撤至新安镇归黄指挥；邱清泉兵团在永城、砀山集结；李弥兵团在灵璧、泗县集结；孙元良兵团在蒙城集结。这样，国民党军把原来的"一字长蛇阵"改变为沿津浦线两侧布防，各兵团相对靠拢。但是，国民党军队

---

1 郭汝瑰：《淮海战役期间国民党军统帅部的争吵和决策》，《淮海战役亲历记》第54页，文史资料出版社1983年版。
2 《毛泽东军事文集》第5卷第153页，军事科学出版社1993年版。

的行动迟了一步。就在他们刚刚开始调动时，华东野战军主力大举南下，拉开了淮海战役的序幕。

11月4日，粟裕等下达淮海战役攻击命令。6日夜里，华野中路突击集团一、六、九纵直扑新安镇的黄百韬兵团，四、八纵经邳县抢占运河铁路桥。山东兵团七、十、十三纵从临城、枣庄地区向万年闸、台儿庄、韩庄进军，攻击冯治安部。三纵和两广纵队配合中野从鲁西南的单县向砀山挺进，进逼徐州。解放战争中规模最大的淮海战役拉开了序幕。

国民党军的情报工作，始终处于落后状态。战前解放军依靠国统区情报系统，对国民党军的部署和调动情况了如指掌，并根据国民党军的变化几次变更部署。而国民党军对解放军即将发起的战役行动几乎一无所知。济南战役后，南京国防部情报部门方面曾派遣104部电台，企图深入解放区搜集情报，由于解放区军民的严密组织和高度警惕，使国民党特务无隙可乘。虽然有4部电台在教会掩护下从鲁北地区潜入，却发不出报。他们只能蹲在解放区的边缘，打听一些消息。主要情报来源是靠监听解放军的电台信号。[1] 到11月初，国民党方面得到华东野战军调动的消息，才判断可能是要打徐州。为此，11月4日顾祝同、刘峙在徐州会议上决定变更部署，将主力集中于徐州周围。黄百韬建议"以徐州为中心，集结各兵团对东南西北四个方向备战，各兵团互相衔接"的战法，并建议放弃海州，将第三绥靖区部队和44军西调。刘峙批准了这个计划。

在国民党高级将领中，黄百韬不是黄埔出身，能够当上兵团司令官，是不寻常的。内战开始时他只是整编25师师长。在孟良崮战役中，他拼命救援张灵甫，事后又能主动承担责任，替汤恩伯解脱。南麻、临朐战役中，他为胡琏的11师解围。在豫东战役中，他亲自登上坦克冲锋，使25师免遭歼灭。在国民党将领中，像他这样替蒋介石卖命的人是太少了。所以蒋介石授予他勋章，任命他为第7兵团司令官。当黄百韬回到新安镇布置转移时，兵团所属的3个军相距不过二三十里。刘峙5日、6日连下两道命令：将原来准备开往海州的第100军和驻海州的44军统归第7兵团指挥，要求黄带领这两个军和第9绥靖区司令部向徐州撤退。黄百韬在电话里大声问："第9绥靖区究竟何时到新安镇？本兵团究竟何时撤退？"刘峙无法具体答复，黄只好在新安镇坐等李延年和44军到来。

[1] 李以劻：《淮海战役国民党军被歼概述》，《淮海战役亲历记》第63页，文史资料出版社1983年版。

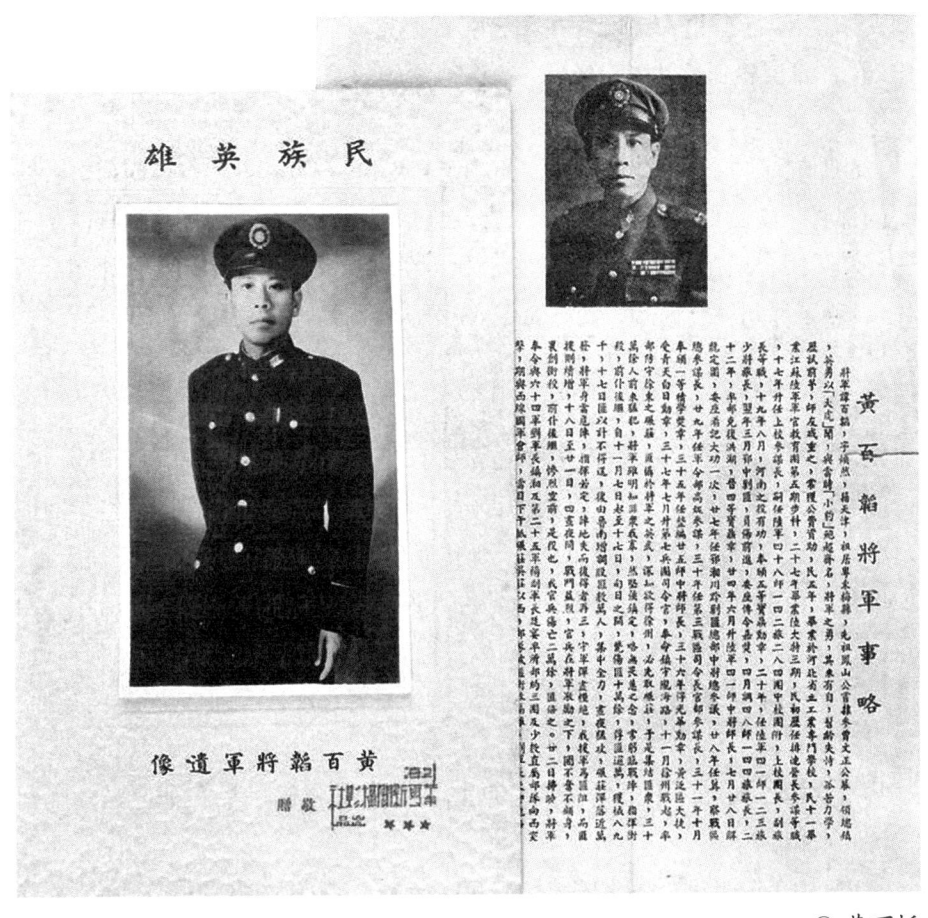

◎ 黄百韬

5日晚，第9绥靖区司令官李延年正在海州的官邸里会见南京总统府战地视察官李以劻，议论撤退的问题。突然一家盐店的经理唐某来见李延年，说刘峙总司令有电报告诉他与李延年一起回徐州。李延年惊讶地问："你怎么知道我要回徐州？"唐某说："不要海州了。"原来，刘峙私下做盐生意，唐某是他的经纪人。李延年大为不满地对李以劻说："刘经扶（峙）看钱财比国家的事还大，这样泄露军事机密，不败何待！"李延年连夜部署撤退事项。海州城内顿时乱作一团，第9绥靖区的司令部和直属部队、44军、国民党各县政府官员、商人、学生等，乱哄哄地向新安镇方向撤去。

11月6日，华东野战军攻击郯城王洪九部，打响了淮海战役的第一枪。王洪九是临沂地区的土匪武装，抗战结束后被国民党收编为山东保安1旅。济南战役后，他放弃临沂逃到郯城。郯城是山东与江苏交界的一个小县城，南距新安镇25公里，王洪九在此为黄百韬充当前哨。华野鲁中南纵队临沂出动，6日黄昏到达外围。经过一夜激战占领郯城，歼敌3000余人。王洪九带少数人南逃。

6日晚间，李延年、李以劻从海州到了新安镇。黄百韬向二李说明形势："陈毅的部署（国民党军情报不灵，一直以为华野是由陈毅指挥——作者注）是先打7兵团，现在兵团的位置非常不利，在新安镇打则孤军无援，如侧敌西进，到不了徐州就会遇敌。我已命令63军从窑湾镇强渡，其余各军明早西行。转进太迟了，要掩护44军从海州西撤，不能贻误戎机。否则全兵团将被包围。国防部作战计划一再变更，处处被动，正是将帅无才，累死三军。这次会战如果垮掉，就什么都输光了。"午夜，黄百韬紧急把睡着的李以劻叫醒，告诉他共军先头部队已经到了郯城，肯定是来打7兵团的。黄百韬情绪激动地对李以劻说："请你告诉刘总司令，要其他兵团快点集结，迟了就会误大事。如果我被包围，希望别的兵团来救。古人说：胜则举杯相庆，败则出死力相救，我们是办不到的。这次与以前的战役性质不同，是主力决战，关系到存亡。请你面报总统，我黄某受总统知遇之隆，生死早置之度外，我临难是不苟免的，请你记下来，一定要转到呀！"最后，黄百韬又沉重地说："国民党是斗不过共产党的，人家对上级指示奉行彻底，我们则阳奉阴违。"他已经预感到末日的来临。[1]

7日中午，王洪九蓬头跣足，只剩一只鞋，满身泥斑地逃到新安镇黄百韬兵团司令部，大家才知道情况紧急。这天，黄兵团的5个军开始渡过运河。运河上只有一座铁桥，部队行列太长，拥挤不堪。黄百韬命令工兵在铁桥以北架一座平行的浮桥，加快过河速度。63军军长陈章主动请求到南边的窑湾镇渡河，避免拥挤，率部队南去了。即使如此，估计也要到10日，兵团主力才全部渡过运河。8日下午100军正在渡河时，华野四纵的先头部队已经赶到运河车站以北，与100军后卫部队交火。

7日下午，华野主力突击兵团一、四、六、八、九纵分路南下，向运河东岸的新安镇、官湖镇、运河车站等地挺进。当天四纵占领邳县，从俘虏口中知道，黄兵团已经渡河向徐州靠拢，有逃跑的可能。8日早晨，粟裕命令四纵不顾一切，于今晚午夜攻占运河铁桥；命令九纵主力由新安镇以南渡河追击。四纵、九纵接到命令，立即展开急行军。四纵指战员不顾天气寒冷，

[1] 李以劻：《淮海战役国民党军被歼概述》，《淮海战役亲历记》第69页，文史资料出版社1983年版。

徒涉水深及胸的河流，向炮车、运河车站之间猛插。许多战士在行军中跑掉了鞋，光着脚继续行军。8日黄昏，四纵12师36团在运河车站以北的八家杨村与黄兵团100军后卫部队遭遇，激战一夜。到9日天明，华野主力部队赶到，逼近运河铁桥。

9日这天，黄兵团25军在100军掩护下通过运河桥，下午100军军长周志道命令后卫44师撤退。在一座狭窄的铁桥上，步兵、卡车、马车拥挤不堪。还有许多从海州逃过来的国民党官员、地主、商人也要过桥，运河两岸一片混乱。守在桥头的25军工兵怕共军逼近，想提前炸毁铁桥。周志道来到桥上，跳脚大骂："老子一个师没有过河，哪个敢炸！等仗打完了，非和黄百韬到国防部打官司不可！"44师军官也骂25军："我们打了一天，掩护你们过河，现在你们过去了，就要炸桥。真是只顾自己，不顾别人。"25军工兵见军长发火，没敢炸桥。44师师长刘声鹤率领一个团匆匆过河，周志道才一起离开铁桥。当44师担任掩护的部队撤下来，接近铁桥的时候，桥东的一辆弹药车突然起火爆炸。25军工兵以为共军到了，慌忙将桥炸毁。44师近3000人被隔在运河东岸，急得团团转。[1]

四纵没有与44师纠缠，主力向西强渡运河，追击黄百韬兵团。10日天明，后续部队上来，将滞留运河东岸的44师人员消灭，占领了运河铁桥。桥破坏得不十分严重。解放军找来木板，铺成桥面。10日晚18时，八纵两个师渡过运河，向西追击。

九纵从新安镇继续南下，追击国民党63军。在沂河边的埝头集追上了63军后卫的两个团。九纵27师立即分成几路渡河。79团1营2连走在前面，命令3班火速架设浮桥。3班找来一些木板和两架梯子，架起一座简易浮桥。由于战士们通过时容易落水，国民党军火力已经开始封锁渡口，为了不延误时间，在副排长范学福和班长马选云带领下，全班一齐跳进冰冷的河水中，十人分两排扛起浮桥，保障全营顺利通过。这个"十人桥"的故事广泛流传，并写进了新中国成立后的小学教科书中。63军军长陈章惊慌失措，率领残部逃向窑湾，成了黄兵团中唯一被丢在河东的军。[2]

鉴于徐州国民党军有总退却迹象，11月9日16时毛泽东电令华野："集中七、十、十三纵及由南向北之十一纵，以全力向李弥兵团攻击，用迅速手

---

1 谭冀平：《44师在八义集的覆灭》，《淮海战役亲历记》第236页，文史资料出版社1983年版。
2 《中国人民解放军第27军第三次国内革命战争战史》，1956年初稿。

段歼灭该兵团的全部或大部，控制并截断徐州至运河车站之间的铁路，运东主力则歼灭黄兵团。只要以上几点办到，就能破坏敌人总退却的计划，遭我全部歼灭，并占领徐州。现在不是让敌人退至淮河以南或长江以南的问题，而是第一步（即现在举行之淮海战役）歼敌主力于淮河以北，第二步（即将来举行的江淮战役）歼敌余部于长江以北的问题。"他告诉华野："敌指挥系统甚为恐慌混乱，望你们按照上述方针，坚决执行，争取全胜。此时我军愈坚决，愈大胆，就愈能胜利。"[1] 毛泽东再次扩大淮海战役的规模，把目标定为歼灭徐州国民党军主力。

粟裕等研究了敌情，认为当务之急是主力兵团渡运河西进，与山东兵团会合，围歼已经到达碾庄圩的黄百韬兵团。9日，粟裕命令四、六、八、九纵迅速渡河，消灭运河东岸敌63军的任务，留给一纵。一纵经过一昼夜近百里的急行军，终于在10日傍晚赶到窑湾镇外围，完成对63军的包围。

黄百韬到达碾庄后，本应继续前进，向徐州靠拢。但是兵团渡过运河后，部队相当疲劳，建制混乱。黄百韬打算在碾庄休整一天，10日再行动。军长们多数主张不要停留，兼程前进。25军军长陈士章说："西走一里好一里，豫东之战，我们25师和72师只相隔20里，炮火相接，但终于冲不开共军的隔绝。现在留在此地，万一被围困，梦想邱清泉远道来援，恐怕不可能。"黄百韬说："相隔5里，他也不会来救我们。"但64军军长刘镇湘反对。因为64军最早过运河，没有损失，他们已经构筑好阵地，舍弃可惜。如果在行军中遭遇共军，后果不堪设想。黄百韬考虑63军还没过来，丢掉也不好，还是决定在碾庄停留一天。这一天耽搁，就为华野包围黄兵团创造了有利时机。[2]

8日，当华野山东兵团向台儿庄、贾汪地区进军时，驻守当地的国民党第3绥靖区冯治安部队第59、77军，在绥靖区副司令张克侠、何基沣率领下举行起义。这两个军原属冯玉祥的西北军，官兵不愿打内战。淮海战役前夕，官兵急于寻找出路。中共地下党员张克侠、何基沣抓住时机，在华东局国军工作部的杨斯德等同志的配合联络下，策动了这次起义。11月8日下午，当华野山东兵团到达贾汪、台儿庄后，59、77军让开大路，使解放军顺利通过第3绥靖区防地，挥师南下。随后起义部队23000余人在张克侠、何基沣带领下到达鲁南解放区，加入人民解放军的行列。[3]

[1]《毛泽东军事文集》第5卷第182页。军事科学出版社1993年版。
[2] 陈士章：《第7兵团的覆灭》，《淮海战役亲历记》第192页，文史资料出版社1983年版。
[3] 何基沣：《运河前线起义》，《淮海战役亲历记》第134页，文史资料出版社1983年版。

第 3 绥靖区部队在运河前线的起义，使华野山东兵团顺利通过运河防线，直插陇海线的宿羊山、曹八集地区，切断了徐州"剿总"和黄百韬兵团的联系，为包围黄兵团赢得了时间。粟裕事后曾说："只要我们在贾汪多待四小时，我们的战机就丢失了。"这次起义对保证淮海战役第一阶段的胜利，有不可低估的作用。[1]

11 月 10 日，驻扎在碾庄以西 20 里曹八集（今八义集）的李弥兵团接到徐州"剿总"的撤退命令，不等黄兵团来到，即全部撤往徐州，致使黄兵团被单独甩在碾庄地区。如果黄百韬这天坚决西撤，华野可能来

◎ 张克侠

不及形成合围。但是蒋介石在关键时刻错误判断，他认为以徐州几个机动兵团的力量，完全可以和共军决战。他指示徐州"剿总"："应本内线作战之原则，集中全力先求运河以西、徐州以东之匪而击灭之。黄百韬兵团应在原地位置固守待援，其余各部队不应再向后撤，应协同邱兵团夹击运河以西、徐州以东之匪。邱清泉兵团应以主力转用于徐州以东，协同黄兵团之作战。李弥兵团应抽出一个军参加攻击。"[2] 蒋介石企图在徐州以东和华野举行决战。黄百韬接到蒋介石的电令后，把兵团部设在碾庄，以此为中心，25 军在北，64 军在东，44 军在南，100 军在西，形成一个环形防御体系。

10 日早晨粟裕得知一纵已将 63 军包围，黄百韬的四个军仍在碾庄地区。他立即调整部署，除三纵配合中野作战，一纵在河东歼灭 63 军外，华野其余 11 个纵队都向碾庄方向前进。"战役第一步应以完成包围黄兵团，不使其西逃为主要任务。待我包围后，则分割聚歼之。如敌西逃，各部应不受战斗地境限制，坚决追歼之。"

国民党第 100 军的 44 师在运河东岸被解放军消灭一大半，残余部分由师长刘声鹤带领下向徐州撤退，10 日下午到了曹八集。这里原来是李弥兵团的驻地，修筑了大量的地堡工事。围墙、外壕、鹿砦、铁丝网形成层层障碍。44

[1] 谢有法：《山东兵团在淮海战役中》，载《中国共产党历史丛书——淮海战役》第2册第64页，中共党史资料出版社1988年版。
[2] 南京国防部：《华东战场作战指导检讨》。

师本来想继续西进，但是听到北面有密集的枪声。他们不相信解放军会来得这样快，有的主张赶快走，有的主张留下据守。等侦察部队回来报告，真的是共军大部队来了，刘声鹤才赶紧部署防御。来到的是华野十三纵，在通过运河防区后，经过一昼夜急行军，38 师的 3 个团于 10 日下午赶到曹八集。纵队首长指示："哪个团先到，哪个团发起攻击。"114 团在黄昏时首先发起攻击。突击部队冲进圩子，与国民党军展开巷战。刘声鹤亲自督战，组织"敢死队"与解放军争夺突破口。双方都打得很艰苦。11 日十三纵投入更多的兵力。在炮火支援下，两个团南北夹击。刘声鹤见大势已去，举枪自杀。下午战斗结束，44 师被全歼。

曹八集战斗，华野十三纵切断了碾庄圩与徐州之间的陇海线，将黄百韬、李弥兵团分割开。11 日七纵向大许家、单集等地进攻，十纵占领韩庄。黄百韬西去道路被华野山东兵团 4 个纵队切断，东路主力四纵占领碾庄以北的大杜庄、太平庄，六纵占领碾庄车站西面的孔庄、曹家楼，八纵占领碾庄东南的天启庙、小古庄，九纵占领碾庄车站以南的徐井涯。黄百韬兵团被包围在碾庄方圆 18 平方公里的范围内，陷入华野主力的合围。

黄兵团 63 军被一纵包围在窑湾。窑湾位于邳县以南运河、沂河汇流处，小镇三面环水，东面有一条围墙。墙外有断续的外壕和水塘相连，地形开阔，外围有许多零星小村落。居民听说国民党军来了，早已躲避逃跑。63 军到镇中连粮食也找不到，军长陈章和师长们靠从地里挖来的芋头充饥。11 月 9 日夜里，一纵 3 个师开始围攻 63 军。63 军是仓促转入防御的，工事修得很差。一纵干部决定大胆突破，插入纵深，迫使 63 军全线动摇。经过一夜战斗，一纵肃清了外围，把 63 军残余的近万人包围在窑湾镇内。11 日 16 时一纵开始总攻，解放军重炮向窑湾镇猛轰，小小的镇子硝烟弥漫，到处起火。炮火准备后，1 师 2 团炸开围墙、鹿砦，由小东门突破。63 军组织 3 次反冲锋失败后，全军陷入混乱。陈章见部队失去控制，带领卫队向运河边逃去，企图抱块木板顺流而下。后面的士兵大骂："丢那妈，叫死守阵地，怕死鬼先跑了！"陈章等刚到河边，就遭到解放军对岸密集火力扫射，陈章中弹毙命。窑湾战斗到 12 日凌晨结束，一纵全歼 63 军 13000 余人。[1] 13 日一纵全部渡过运河，配合兄弟纵队阻击徐州方面的国民党援军。

淮海战役打响了三天，国民党徐州"剿总"总司令刘峙还没摸清解放军的主攻方向。直到 11 月 10 日华野主力合围黄百韬兵团于碾庄地区，国民党统帅

[1]《中国人民解放军第21军解放战争战史》，1952年初稿。

部才如梦初醒。蒋介石以刘峙指挥不力，紧急召杜聿明来南京出席军事会议。杜刚指挥东北国民党军残部从葫芦岛撤退，就被召到南京，心里预感到徐州战局不妙。他先去找参谋总长顾祝同打听情况，得知黄兵团被包围。他问顾祝同：为何不按原来制订的"徐蚌会战"计划将主力撤到蚌埠？顾祝同生气地说："你讲得好！时间来不及啊！李延年还没撤回来，共军就发动攻势了。"

10日下午蒋介石主持军事会议。国防部官员报告：根据情况判断，共军目前是以有力之一部牵制徐州国军主力，而以主力包围消灭黄百韬兵团。因此建议：以李弥兵团和72军守徐州，集中邱清泉、孙元良兵团主力东进，解黄百韬之围。蒋介石当即表示："一定要解黄百韬的围！"并指定杜聿明到徐州指挥。顾祝同还答应杜聿明在指挥时可以机宜行事，不必完全按照国防部的指令行事。当天深夜，杜聿明飞抵徐州。

刘峙想解黄百韬之围，又怕丢了徐州，束手无策。杜聿明一到，立即与刘峙和参谋长李树正研究情况。杜根据自己与解放军作战的经验判断，他认为共军不会直接进攻徐州，而是要集中主力消灭黄百韬兵团。他们又得到情报，黄维的12兵团正向徐州方向前进，刘邓主力有南下阻击黄维的迹象。杜聿明感到必须解救黄百韬，但是黄维的援军不到，他没把握战胜华野主力。因此他提出两个作战方案：1.以黄百韬兵团坚守碾庄，李弥兵团守徐州，集中邱清泉、孙元良兵团会合黄维先击破中野的6个纵队，再回头解黄百韬之围。2.以孙元良兵团守徐州，以邱清泉、李弥兵团为黄百韬解围，命令黄维兵团向徐州急进。

刘峙、李树正认为黄百韬兵团不可能坚持很久，西进如果扑空，两头落空。执行第二方案，又怕邱清泉不听调遣。找邱清泉前来商议后，11日下午，刘峙才下达命令：以邱清泉、李弥兵团东进解黄百韬之围，邱兵团在南路，5军向林佟山以北攻击，70军向潘塘一线攻击。李弥兵团在北路，8军向团山方向进攻。徐州空军配合轰炸。同时将李延年的第9绥靖区改为第6兵团，辖3个军。将刘汝明的第4绥靖区改为第8兵团，辖两个军。两个兵团在蚌埠集结后，沿津浦路北上宿县。黄维的第12兵团向阜阳进军，然后向蒙城、宿县推进。孙元良的第16兵团进至符离集。命令下达后，各部队于12日开始行动。[1]

至此，国民党军摆出了决战的架势。徐州"剿总"集中了7个兵团及其他直属部队共80万人，在人数、装备方面均占有优势。蒋介石希望黄百韬

---

[1] 杜聿明：《淮海战役始末》，《淮海战役亲历记》第19页，文史资料出版社1983年版。

能够坚守碾庄，配合邱、李兵团使我军两面作战。蒋介石派空军给黄百韬投下亲笔信："此次徐淮会战，实为我革命成败，国家存亡之最大关键。务希严督所部，切实训导，同心一德，团结苦斗，期在必胜。" 12日上午，顾祝同乘飞机到碾庄上空与黄百韬通话，为他打气。国民党空军的通讯科长抱着电台跳伞降落在碾庄。黄百韬得意地说："天助我也。"他有了电台，可以随时要求空军支援，并与南京保持密切联络。

粟裕得知国民党军的部署后，仍然没有动摇先打黄百韬兵团的决心。为了阻击徐州东援的国民党军，华野再次调整部署：以山东兵团的七、十、十一纵在林佟山至大许家地带进行顽强防御，阻挡邱清泉、李弥兵团。以苏北兵团的二、十二纵和中野十一纵、鲁中南纵队进至徐州东南的潘塘，切断邱、李兵团的退路，会同山东兵团围歼之。以四、六、八、九、十三纵继续包围碾庄，迅速歼灭黄百韬兵团。这个部署是打援部队多于攻坚部队。因为能否阻挡邱、李兵团是保障华野取得胜利的关键。碾庄地区区域狭小，难以展开更多的部队。华野以5个纵队围攻黄百韬兵团4个军，兵力上没有绝对优势，碾庄攻坚，必定是极为艰苦的战斗。[1]

碾庄地区位于江苏邳县境内运河西岸，陇海路北侧，地势平坦。因历年河水泛滥，居民都将村庄地基筑高（高出2—3米不等，居民称为"台子"）。每个村庄由几个台子组成，台子之间是水塘、洼地。大部分村庄有围墙和外壕，村庄外是开阔地。李弥兵团原来在这里驻防时修了工事，黄百韬兵团利用村庄台地和原有工事，逐村设防，形成圆周形的野战防御阵地。以台子为依托，地堡群为核心阵地，壕堑和交通沟纵横连贯，设置大量鹿砦，将每个村子构成具备独立防守能力的支撑点。在村与村之间也构筑地堡群，控制间隙，防备解放军突破分割。[2]

11月11日晚，碾庄外围攻坚战斗打响。六纵是在长途追击后马上投入战斗，对地形和国民党军配备并不熟悉。有的干部以为黄百韬是溃退之师，有轻敌思想。六纵是华野中攻击力很强的部队，在前三天的战斗中虽然集中了兵力，每天只能占领一个村子，这在过去是很少见的。其他几个纵队也打得不轻松。八纵政委王一平回忆："我们两个团12日打进村子后，冲破敌人一层层火网和一座座堡垒。敌人的射击孔大都紧贴地皮，很难发现。就是匍匐前进，也多

1 《中国人民解放军第三野战军暨华东军区第三次国内革命战争史资料》，1958年初稿。
2 《中国人民解放军第23军第三次国内革命战争史》，1960年初稿。

遭杀伤。有几处工事，敌人构成夹墙式，我们部队冲过去，敌人却从我们背后开火。我们两个团遭受重大伤亡，经过一夜激战，攻下半个村庄。"[1]

在前3天的碾庄攻坚战斗中，华野干部战士感到黄百韬兵团相当顽强。华野战后的总结中这样写道："敌野战阵地以各集团家屋为基点构成支撑点，每个支撑点均采取子母堡式交通壕散兵坑，散兵壕内外连接，并将各村庄之间空地普遍修筑野堡式的阵地，形成犬牙交错、纵横贯通、蜘蛛网式的以堡垒群为骨干的野战阵地。敌人4个军8个师9万多人即依此集中守备于碾庄周围纵横10里的狭小地区，使我困难实施楔入分割、各个解决之态势。敌军在战术上以上述阵地为依托，分区固守，逐村逐屋逐堡顽抗。并组织炮火协同白天空军大量轰炸摧毁我之攻击阵地，掩护其步兵反击。尤以64军（广东军）守备比较顽强。善于避开我之炮火轰击（散兵坑多，房内均修了地堡）与小组爆破，地堡里面不放部队，主要部队放在两侧之散兵壕内隐蔽，待我爆破组接近爆破时，由两翼遂行小部队反击，捕歼我小部队。待我占领某一小村庄后，适时集中炮火，乘我初占阵地立足未稳之际，实施集中轰击，使我无法控制该点为进攻依托。其最大弱点为部队多，地面狭窄，便我集中火力毁灭杀伤。此次战役俘虏较少，毙伤数字约占三分之一以上，个别整连整营即被我全部同阵地一同毁灭。"[2]

14日晚，粟裕召集攻坚各纵队司令员在邳县土山开会，研究敌情，调整部署。粟裕指示要"先打弱敌，后打强敌，攻其首脑，乱其部署"，集中兵力先消灭44、100军。利用夜间搞近迫作业，隐蔽接近国民党军；进而实行对壕作业，突破其网状阵地，大胆插入各村之间，逐个消灭之。

毛泽东非常关注淮海前线作战。得知碾庄攻坚进展不顺利，徐州国民党军开始东援的报告后，14日电告中野、华野负责人："目前数日内必须集中精力，彻底解决黄兵团全部及宿蚌段上敌人。"为了争取战役的胜利，毛泽东下了最大决心："此战役为我南线空前大战役，时间可能要打两个月左右，伤员可能在十万以上，弹药、民工需要极巨，请华东局、中原局用全力组织支援工作。"[3]

1 王一平：《华野八纵在淮海战役中的日日夜夜》，载《中国共产党历史丛书——淮海战役》第2册第291页，中共党史资料出版社1988年版。
2 华东野战军司令部：《碾庄圩地区歼灭黄百韬兵团野战村落攻坚战术经验教训初步总结》，1948年12月。
3 《毛泽东军事文集》第5卷第215页，军事科学出版社1993年版。

毛泽东的电报坚定了华野消灭黄百韬兵团的决心。粟裕在淮海战役结束后的总结报告中说："战役第一阶段中，在打64军时，有些部队发生气馁叫苦，'伤亡太大了'，'部队不充实了'，'不能再打了'。后来军委来了一个准备伤亡十万人的电报，才将这种情绪克服了。"[1]

　　华野调来了重炮和坦克，配合各纵队向黄百韬兵团发起新一轮更猛烈的进攻。

　　为了给黄百韬兵团解围，杜聿明亲自上阵，指挥邱清泉、李弥两个兵团于11月11日开始行动。李弥兵团部署于运河以南、陇海线以北，8军进攻寺山口，9军进攻团山。邱清泉兵团部署于陇海线以南，5军进攻魏集，70军进攻邓家楼。国民党军集中了最精锐的4个军，拥有几百门重炮和数十辆坦克，还有空军支援。杜聿明等认为共军不会打硬仗，也不会打持久战。只要他们猛攻几天，共军就会撤退，为黄百韬解围是有把握的。

　　华野山东兵团已经做好了阻击的准备。十纵于北面防御团山、寺山一线；七纵居中防御魏集一线；十一纵在南防御邓家楼一线。3个纵队由宋时轮司令员统一指挥。徐州以东地区地形开阔，除少数丘陵小山，基本无险可守。华野这3个纵队装备不是很强，要挡住国民党军的进攻是非常困难的。在战前准备时，大家充分估计到敌强我弱的现实，提出有重点地防御，把有限的兵力和火力集中在几个核心工事，切忌单线阵地和无重点地配备。防御要有纵深，掌握机动部队实行运动防御，不断出击，将失去的阵地夺回来，将国民党军死死拖住。

　　11月12日，国民党军发起全线攻击。李弥兵团的8军向寺山口（今孤山村）、团山（今大黄山）进攻。守卫寺山口的十纵28师83团奋起阻击，一天打退了国民党军的十余次冲锋。13日天亮，国民党空军对团山、安子村十纵阵地狂轰滥炸，8军也集中重炮猛轰。团山是一座秃山，无法隐蔽，被国民党军的炮火和炸弹打成一片火海。解放军为避免伤亡，主动撤出阵地。第二天夜里，十纵突然向团山发起反击。国民党军不善夜战，丢了团山附近的两个村庄。杜聿明亲自到李弥的兵团部督战，李弥命令8军军长周开成千方百计夺回这两个村子。杜聿明目睹了双方激烈战斗的场面，对李弥说："今天攻击部队虽然完成任务，但伤亡太大，以后应设法减轻伤亡。"杜聿明计

---

[1] 粟裕：《淮海战役的伟大胜利和华野1949年六大任务》，《粟裕文选》第2卷第729页，军事科学出版社2004年版。

算了一下，国民党军一天进展少则 3 公里，多则 6 公里。他估计共军阻击几天后，会因伤亡大或弹药不足而撤退。

13 日邱清泉的 5 军沿陇海线以南向十纵的大庙阵地发起攻击，受到 28师 82 团的顽强阻击。大庙车站以东陇海线与房亭河交汇处有座铁桥，河东岸有几个村子。十纵把这一带称为"夹河套"，由 82 团 2 营防守。桥旁修筑了桥头堡，在村外河岸挖了多道战壕。13 日晨，5 军以猛烈炮火轰击 82 团阵地，桥头堡因目标明显，很快被炮火摧毁。5 军在进攻上是有一套的，十纵战后总结说："敌进行攻击时善于集中其炮火与兵力，多采取宽大正面的而有重点的攻击。在主攻方向集中炮火轰击一点，集中坦克与步兵攻击一点。突破一点巩固一点，再行伸展。在攻击队形上采取前接头的三角队形，并有纵深的配备。在战术上善于寻我侧背或接合部，实行迂回攻击。如正面攻击不利时即就地停止，进行近迫作业，判知我翼侧薄弱时，即以一部实行大胆的翼侧攻击。待翼侧成功后，正面即行攻击。"[1]

十纵与 5 军是豫东战役时的老对手，他们也有对付 5 军的办法，国民党军炮火准备的时候，2 营都藏在战壕里，地堡里不留人。当 5 军步兵前进到阵地前沿 200 米时，炮火停止，2 营战士们从两个侧面以猛烈火力封锁其前进路线。使国民党军伤亡很大，狼狈溃退。10 匹骡马拉着一门炮跟在后面，解放军的射手打死牲口，让这门炮停留在开阔地上失去作用。5 军正面进攻无效，又施展迂回进攻的战术。下午开过来 6 辆坦克，攻击 82 团与 88 团的接合部，解放军在接合部兵力不足，被迫后撤，桥头主阵地东侧暴露，形势危急。82 团首长赶紧把预备队派上去，恢复了桥头阵地。82 团 2 营坚守夹河套阵地一整天，打退 5 军的多次进攻。

邱清泉、李弥兵团强攻了 3 天，前进不到 20 里。蒋介石见援军进展甚慢，焦急不安，命令邱清泉："黄兵团危险万分，本晚恐难支持，尤以碾庄东北更为艰难。希倾全力东援，星夜挺进，务于本夜挺进碾庄附近解围，免误大局。"邱清泉认为自己部队已经付出了惨重代价，大发牢骚。15 日顾祝同到徐州督战，一见杜聿明就问："敌人不过两三个纵队，为什么我们两个兵团还打不动？"杜聿明解释说："打仗不是纸上谈兵，敌人已先我占领阵地，兵力也在陆续增加，战斗非常顽强。每一村落据点，都要经过反复争夺，才能攻占。"顾祝同、刘峙非常着急，杜聿明下了狠心，将总预备队 74 军从徐

[1] 第 28 军 82 师：《淮海战役中几个主要战斗的检讨报告》，1949 年 3 月。

州九里山调到潘塘方向，由邱清泉指挥，企图迂回华野阻击部队后方，以求突破防线，为黄百韬解围。

局势的发展非常巧合，毛泽东看到黄百韬兵团即将被歼灭，邱李兵团又受到阻击，于是设想以奇兵出击邱清泉兵团侧后，包围消灭邱兵团。14日他电令粟裕等："令韦吉兵团于本夜切断邱匪退路，完成对该匪之包围。否则该匪一闻黄匪被歼，将迅速退回徐州。"[1]

同日，粟裕、张震命令苏北兵团二纵、十二纵、中野十一纵向徐州东南的侯集、赵圩方向出击，楔入邱清泉兵团后方。

韦国清指挥苏北兵团兼程北上。15日夜，二纵在行军途中与国民党74军遭遇，双方发生激战。当时都不清楚对方是谁，第二天天亮后，二纵先头部队6师俘虏两名电话兵，了解到驻潘塘镇是74军。74军是新组建的，战斗力与孟良崮战役中被解放军歼灭的原74师不是一个档次。军长邱维达信心不足，出发前就问邱清泉是不是存心让他们孤军深入。兵团参谋长李汉萍答复他："这是总统的命令，不去要军法处置。"74军与苏北兵团在潘塘遭遇后，发现共军越打越多，才知道是与华野主力碰上了。邱维达赶紧收缩兵力，固守潘塘镇，并向邱清泉呼救。邱清泉得知后非常紧张，因为74军不是他的基本部队，能否顶住没把握。如果潘塘失守，74军被歼，不仅徐州保不住，连自己的退路也被切断。邱清泉一夜没合眼，亲自用电话指挥74军作战，并要求空军派飞机轰炸扫射。17日苏北兵团与74军打得难解难分，邱清泉对参谋长说："现在预备队都用光了，到晚上共军必然会对邱维达发动更猛烈的进攻，74军顶不住怎么办？"参谋长只好将战斗力最强的70军96师及32师从主攻方向撤下来，用汽车运到潘塘镇救援74军。邓军林率96师于当日黄昏到达后立即投入战斗。鉴于国民党军力量增强，苏北兵团楔入后方的任务不易实现，粟裕决心放弃歼灭邱清泉兵团的计划，指示苏北兵团主动撤退，另寻战机。

18日晨，96师师长邓军林发现共军有撤退迹象，立即报告邱清泉。邱清泉在电话中大喊："敌人是溃退！赶快要部队猛追，千万不要让敌人跑掉！"邱清泉兴高采烈，向刘峙报告"徐东大捷"的消息。[2]

就在华野为围歼黄百韬兵团，阻击邱清泉、李弥兵团苦战的时候，刘伯

[1]《毛泽东军事文集》第5卷第215页，军事科学出版社1993年版。

[2] 李汉萍：《邱清泉第2兵团覆没记》，《淮海战役亲历记》第313页，文史资料出版社1983年版。

承、邓小平、陈毅指挥中原野战军在南线为阻止黄维、李延年、刘汝明兵团北上增援，也在紧张地战斗着。11月9日毛泽东指示中野，要他们直出宿县，切断津浦铁路徐州至蚌埠间的联系。宿县是徐州、蚌埠间的重镇，战略地位十分重要。攻占宿县，就孤立了徐州，堵塞了国民党军的退路。中原野战军出动4个纵队，15日攻克宿县。中野的行动对配合华野作战，夺取淮海战役的胜利创造了极为有利的条件。

　　战役的规模越打越大，已经形成了长江以北国民党军重兵集团与解放军华野、中野两大主力的战略决战。华野和中野需要密切配合、协同作战。在兵力使用、指挥关系、后勤保障等方面必须统一行动。11月16日，毛泽东以军委名义指示两大野战军："中原、华东两军必须准备在现地区作战三个月至五个月（包括休整时间在内），吃饭的人数连同俘虏在内将达八十万人左右，必须由你们会同华东局、苏北工委、中原局、豫皖苏分局、冀鲁豫区党委统筹解决。……望从这个观点出发，统筹一切。统筹的领导，由刘、陈、邓、粟、谭五同志组成一个总前委，可能时开五人会议讨论重要问题，经常由刘陈邓三人为常委，临机处置一切。小平同志为总前委书记。"[1]

　　淮海战役进行到11月18日，形势相当严峻：黄百韬兵团虽然已被歼灭一半以上，但仍固守碾庄顽抗，华野等待补充弹药，才能发起新一轮攻击。原来设想以苏北兵团楔入邱、李兵团后方，切断他们与徐州的联系，因国民党军力量强大，难以完成任务。中野同时对付黄维等3个兵团，也感到力不从心。粟裕18日给谭震林的电报中，最担心的是"在黄百韬未全歼，对邱李出击正进行，同时兼顾，恐都成胶着状态"。刘陈邓经过反复考虑，认为同时想消灭几个强敌，不切实际。19日他们致电军委和粟裕，建议集中兵力，先解决黄百韬，再打黄维。

◎ 淮海战役总前委

---

[1]《毛泽东军事文集》第5卷第230页，军事科学出版社1993年版。

电报分析战局和我军行动说：

　　徐东作战据我们观察，歼黄百韬使用了华野六个较能攻坚的纵队，历时已十二昼夜尚未解决战斗。如再以其余部队，其中只有两三个较能攻坚的纵队，加以部队相当疲惫，刀锋似已略形钝挫。以之歼击较黄为强的邱、李诚非易事。我们认为徐海作战必须从三五个月着眼，必须分作三四个战役阶段，每阶段都需要有休息，整补俘兵才能保证必胜。因此，在目前情况下，特别是李延年、黄维北进的条件下，最好力争迅速歼灭黄百韬，尔后即将主力集中于徐东、徐南，监视邱李孙三个兵团，争取休息十天半月，同时以尚未使用之五个纵队或三个纵队用于南线，协同我们歼击黄维、李延年，这个步骤最为稳当。如我们不这样，过低估计本身困难，而在南线又无保障，两路大敌不断北进的情况下，我们六个纵队，除四纵均六个团，九纵只来五个团，平均每纵不到两万人，炮兵很弱，故只能用于一处。马上打邱李既无胜利把握，且可能陷入被动。[1]

　　中央军委同意总前委的意见，于是华野集中兵力部署对黄百韬兵团的总攻。中野则对黄维、李延年采取牵制，阻挡南线敌军北上，暂不主动发动进攻。

　　黄百韬在碾庄天天盼望援军来给他解围。国民党空军不断向碾庄投送粮食、弹药，南京和徐州方面也不断打气，总是告诉他援军马上就到。14日，六纵、十三纵猛攻彭庄，战斗力较弱的100军在华野的穿插打击下被分割成零碎小块，军长周志道被打伤，逃往44军，副军长杨诗云以下大部被俘。黄百韬眼看阵地越缩越小，部队伤亡越来越多，援军就是迟迟不来。15日下午，他打电话给几个军长："你们必须进一步加强工事，准备独立作战，以尽军人天职。有些人看我黄百韬是青天白日勋章获得者，他们是不会全力支援的。我们也不会给别人看笑话。"但是部下除了64军军长刘镇湘比较顽固，其余都已近乎绝望。

　　11月16日，经过重新部署后，华野再次发起攻击。六纵负责打前、后黄滩，歼灭44军。前、后黄滩是几个独立的民居聚落，相互间隔几十米远，工事比较坚固，44军军长王泽浚亲自指挥两个残缺的师顽强抵抗。六纵17师先以一个团进攻前黄滩，特纵调来坦克配合作战。17师没有配合坦克攻击的经验，战士们都等着坦克给他们开路。结果坦克走错了方向，步兵开始攻击时受到火力封锁，初次进攻没有成功。17日黄昏，六纵再次发起攻击。17师

 [1]《中国共产党历史资料丛书——淮海战役》第1册第175页，中共党史资料出版社1988年版。

师长梁金华登上坦克，开到44军阵地前进行侦察。他们化装成国民党军主动喊话："我们是第2兵团来与黄司令官取联络的，你们是哪一部分？兵团部在哪里？"44军以为是援军到了，纷纷爬出战壕来打招呼。一个营长很狡猾，大喊道："情况不清楚，不准和他们讲话。"梁师长坐着坦克在前、后黄滩转了一圈，看清了44军阵地才回来。当夜24时，六纵发起总攻，炮火准确摧毁了44军前沿的大多数工事。44军军部所在的地堡也被摧毁，军长王泽浚几乎被活埋。他从废墟中爬出来，向后面村庄逃命。到18日早晨，六纵把前黄滩的44军分割成三块，进行围歼。王泽浚逃到炮兵阵地，解放军从四面八方逼近。炮兵打不了炮，又无路可走。王泽浚叫部下各自逃命，一个连长来通知他："共军已经解除了我们的武装，叫我们去集合。你也同我们去吧。"清点俘虏时，王泽浚谎报是个排长。虽然他外面穿的是士兵棉大衣，里面却是中将制服，无法蒙混过关，被送往六纵司令部。王必成司令员、江渭清政委会见了他，并把他送往后方。

　　黄滩战斗进行得非常激烈，44军150师师长赵璧光形容当时的场面是："通讯设备全被击毁，军、师之间通信断绝，火力猛烈，炮火连天，火药气味辛辣刺鼻，房屋着火，火势熊熊，墙壁倒塌，犹如天崩地裂一般，烟尘弥漫，对面几乎不见人。已伤者再伤，死者重遭炮击，尸横遍野，目不忍睹。"150师残存的军官聚集在指挥所里，商量是打还是降。一个营长大声说："要打，叫师长、团长去打，我们是不打了。孤儿寡母哭起来可怜！"赵璧光表示："不打就投降吧，不过，这怎么对得起军长啊。"团长肖德宣说："识时务者为俊杰，军长也跑不掉。"于是赵璧光写了信，派人与六纵联系。他聚集了150师残部2500余人，向六纵的一位教导员移交阵地。到18日中午，前、后黄滩被六纵攻占，44军被全歼。[1]

　　顾祝同于17日飞临碾庄上空，用电台与黄百韬通话。顾祝同说了许多打气的话后对黄百韬说："邱、李两兵团在陇海路两侧被阻截，无法前进，你们如能突围出去与邱、李会合也好。"黄百韬知道外援无望，就说："我总对得起总长，牺牲到底就是了。"顾祝同飞机走后，黄百韬对25军军长陈士章说："反正是个完，突围做什么！送狼狈样子给邱清泉看吗？不如在此地打下去，最后不过一死。叫黄埔同学看看，也好鼓励他们以后不要再钩心斗角只图私利。"

---

[1] 赵璧光：《第44军150师失败经过》，《淮海战役亲历记》第211页，文史资料出版社1983年版。

19 日，华野把黄百韬兵团压缩在碾庄圩一带狭小区域内。碾庄圩是个百余户人家的村庄，有两道圩墙和水壕。两道圩墙之间有近百米的开阔地，国民党军修筑了地堡和工事，组成严密的火力网。碾庄圩内有黄百韬的兵团部和部队近万人。粟裕下令八纵由东南、九纵由南面、六纵由西面、四纵由北面总攻碾庄，并调 7 辆坦克助战。

19 日 22 时，总攻开始。华野集中上百门重炮，对碾庄进行猛烈轰击。几千发炮弹把碾庄打得浓烟滚滚，房倒屋塌。九纵负责从南面突破，连续两天战斗进展不顺利。国民党军死守南门外水壕上的一座小桥。九纵 25 师挖的交通沟距离外壕有几十米远，从交通沟向外壕进攻中暴露时间过长。国民党军摆上 20 挺轻重机枪，严密封锁桥头。九纵战士成班成排地被打倒在桥上。聂凤智司令员亲临主攻的"济南第一团"73 团了解情况，1 营长董万华告诉他：有个战士曾经徒涉趟过水壕，证明水不深，不一定非要从桥上突破。聂凤智弄清了情况，改变战术，战斗发起后以突然的动作徒涉过壕，实施突破。同时指示纵队炮兵一定要压制敌军火力，步兵突击部队要紧接着炮弹的硝烟冲进圩墙。战斗开始后，47 团 2 连战士跳进寒冷刺骨的水壕，徒涉过去，变助攻为主攻，仅用 15 分钟就在西南角突破第一道圩墙，打开了突破口。73 团 1 营进行正面攻击，也涉水过壕，冲进第一道圩墙。突破前沿后，国民党军依据两道圩墙之间开阔地上的工事地堡，用火力封锁前进道路，并组织反冲锋，双方拼杀得非常激烈。这时，八纵的一支突击分队也加入战斗，向 73 团右翼展开攻击。73 团在兄弟部队支援下经过 4 个小时战斗，终于冲开第二道圩墙，突入碾庄圩内，与国民党军展开巷战。

与此同时，八纵从东南角突破第一道圩墙。后续部队 3 个团迅速跟进，扩大突破口，向纵深发展。国民党军开始慌乱起来，纷纷向北逃跑。黄百韬命令由碾庄圩东口突围，25 军军长陈士章、100 军军长周志道混在伤兵当中逃掉，是黄兵团中漏网的两个军长。黄百韬本人率参谋长魏翱、25 军副军长杨廷宴等 1000 多人逃到大院上村 64 军军部，他的兵团部被九纵占领。粟裕命令："攻碾庄部队即行由碾庄圩出发，继续向东直捣大、小院上，三里庄之敌。"

20 日白天，四纵主攻尤家湖村，九纵攻击大院上，八纵攻击小院上。驻守尤家湖的是 25 军 40 师残部约 4000 人。四纵在攻击开始前共挖交通沟 7 条，总长 4000 多米，迫近至国民党军阵地 30 米处，形成对村庄的包围。鉴于前一段战斗中伤亡较大，陶勇司令员交代要多抓俘虏，补充部队。21 日 16 时，四纵集中火炮 29 门，在 4 辆坦克配合下开始攻击。30 分钟内将 40 师前沿地堡摧毁，战士跟在坦克后面冲锋。国民党军外围工事被突破后，村内工事不坚固，顿时陷入混乱。经过 3 个小时短兵相接的搏斗，战斗于 19 时 30 分胜利结束。四纵歼灭 40 师 4600 余人。陶勇下令将 4100 名俘虏立即补充进四纵各团。[1]

21 日黄昏，九纵攻击大院上，八纵和九纵 77 团攻击小院上。64 军军长刘镇湘见突围无望，命令部队作困兽之斗。华野集中了所有炮火猛轰这些村子，连前一天在碾庄圩刚缴获的迫击炮都用上了。激战一夜，到 22 日上午 10 时，九纵攻占大院上。黄百韬、刘镇湘等逃往小费庄。八纵、九纵穷追不舍。黄百韬自知气数已尽，叫刘镇湘突围。他说："我年老了，而且多病，做俘虏我走不动，而且难为情。我死之后，使别人还知道有忠心耿耿的国民党人，或可使那些醉生梦死的人醒悟过来，国民党或者还有希望。"他对杨廷宴痛心地说："我有三不解：一、我为什么那么傻，要在新安镇等 44 军两天；二、我在新安镇等两天之久，为什么不知道在运河上架设军桥；三、李弥兵团既然以后要向东进攻来援救我，为什么当初不在曹八集附近掩护我西撤。"[2] 黄昏时刘镇湘、杨廷宴拉着黄百韬由小费庄向西突围，在野外遭到解放军追击。黄百韬跑不动，举枪自杀。杨廷宴坐在黄百韬尸体旁痛哭，一个解放军战士过来询问，杨说："我是伙夫，死的是我哥哥。"这个战士颇有同情心，帮助杨廷宴掩埋了黄百韬。刘镇湘被俘，杨廷宴侥幸逃脱。回到南京向蒋介石报告黄百韬、刘镇湘"自杀成仁"。战斗结束后华野即撤离战场，没有找到黄百韬的下落。一个月后国民党军回到碾庄找到黄百韬的尸体，运往南京埋葬。

再说邱清泉向蒋介石报告"徐东大捷"的消息，谎报"消灭共军 20 万"。蒋介石非常高兴，下令授予邱清泉"青天白日"勋章一枚，奖金 20 万元。并发给刘峙奖金 100 万元，赏赐其他部队。南京派出"慰劳团"到徐州，采访杜聿明、邱清泉，慰劳伤兵。国民党报刊发布黄百韬与邱清泉兵团"会师"的消息，着实热闹了几天。蒋介石认为共军既已被打垮，催促他们尽快为黄百韬解围。11 月 19 日，邱清泉兵团向大许家、狼山、鼓山一线进攻，李弥兵团向团埠、麻谷子一线进攻，又遭到华野阻援兵团的顽强阻击。李弥的 8 军进攻麻谷子，攻击一昼夜没有进展。20 日，李弥要求空军轰炸麻谷子，国

---

[1] 《中国人民解放军第23军第三次国内革命战争战史》，1960年初稿。
[2] 郭汝瑰：《淮海战役期间国民党军统帅部的争吵和决策》，《淮海战役亲历记》第58页，文史资料出版社1983年版。

民党飞机投掷 500 磅的炸弹和燃烧弹。李弥的炮兵又向麻谷子猛轰，把村子打成一片火海。李弥认为共军肯定都被炸死了，命令部队搜索前进。接近麻谷子时，不料又遭到七纵 21 师的猛烈反击，仓皇败退下来。李弥感叹地说："他们是人不是神，就是钢铁都要熔化，为什么能这样顽强呢？" 8 军军长周开成建议：附近的 5 军、9 军都没有跟上，8 军不宜孤军深入，应该稳住阵地才好。李弥以蒋介石有命令，不能停止攻击。结果 8 军打了一天，付出很大伤亡，夜晚七纵主动放弃阵地转移，国民党军才又前进了一步。[1] 邱清泉直到 22 日才攻占大许家，距离碾庄圩仅 20 里。这时碾庄方向枪炮声渐稀，黄百韬兵团已经完了。23 日黄兵团的 100 军军长周志道、25 军军长陈士章先后逃到李弥那里，杜聿明、邱清泉、李弥都傻了眼。继续东进已经没有意义，杜聿明下令撤回徐州。蒋介石得知黄百韬兵团覆灭的消息，11 月 25 日发出训令，大骂徐州东进兵团："此次徐州会战，我东进各兵团行动迟缓，未能彻底奉行命令，致陷友军之覆没，有乖军人武德。刘总司令、杜副总司令、邱、李两司令官及依次各将领不能辞其咎。另据统计，此次作战共耗各种炮弹 12 万余发，我军每日进展尚不及 1 公里，如此消耗浪费，不计战效，亦我革命军人之奇耻大辱。"[2]

淮海战役第一阶段从 11 月 6 日至 22 日历时 17 天，华东野战军和中原野战军共歼灭国民党军一个兵团部、8 个军部（含起义、投诚各 1 个军部）、18 个整师（含起义 3 个半师、投诚 2 个师）。毙伤国民党军 50500 人，俘虏 96600 人，加上起义、投诚，共计 178000 人。其中华野歼灭国民党军 14 万人。缴获大量火炮、枪支弹药、汽车和军用物资。

这个胜利来之不易，华东野战军在围歼黄百韬兵团和阻击邱清泉、李弥兵团的战斗中共伤亡 49000 余人，部队打得极为艰苦。粟裕 1948 年 12 月 31 日给中央军委的报告中说：

"当碾庄圩作战一周时（11 月 12 日到 18 日），参战各纵至少已伤亡 5000 人，原有战斗人员所剩无几，且大部为纵、师、团、营之非战斗人员及半战斗人员（如司号、通信、侦察员等人员）。虽然九纵、十纵、十三纵人员较其他各纵为多，但各该纵于济南战役中伤亡较大（九纵伤亡 11000 人，十三纵伤亡 7000 人），元气未复，亦颇有影响。因此骨干及干部在此战役中伤亡极

[1] 周开成：《淮海战役中的第8军》，《淮海战役亲历记》第246页，文史资料出版社1983年版。
[2] 南京国防部：《华东战场作战指导检讨》。

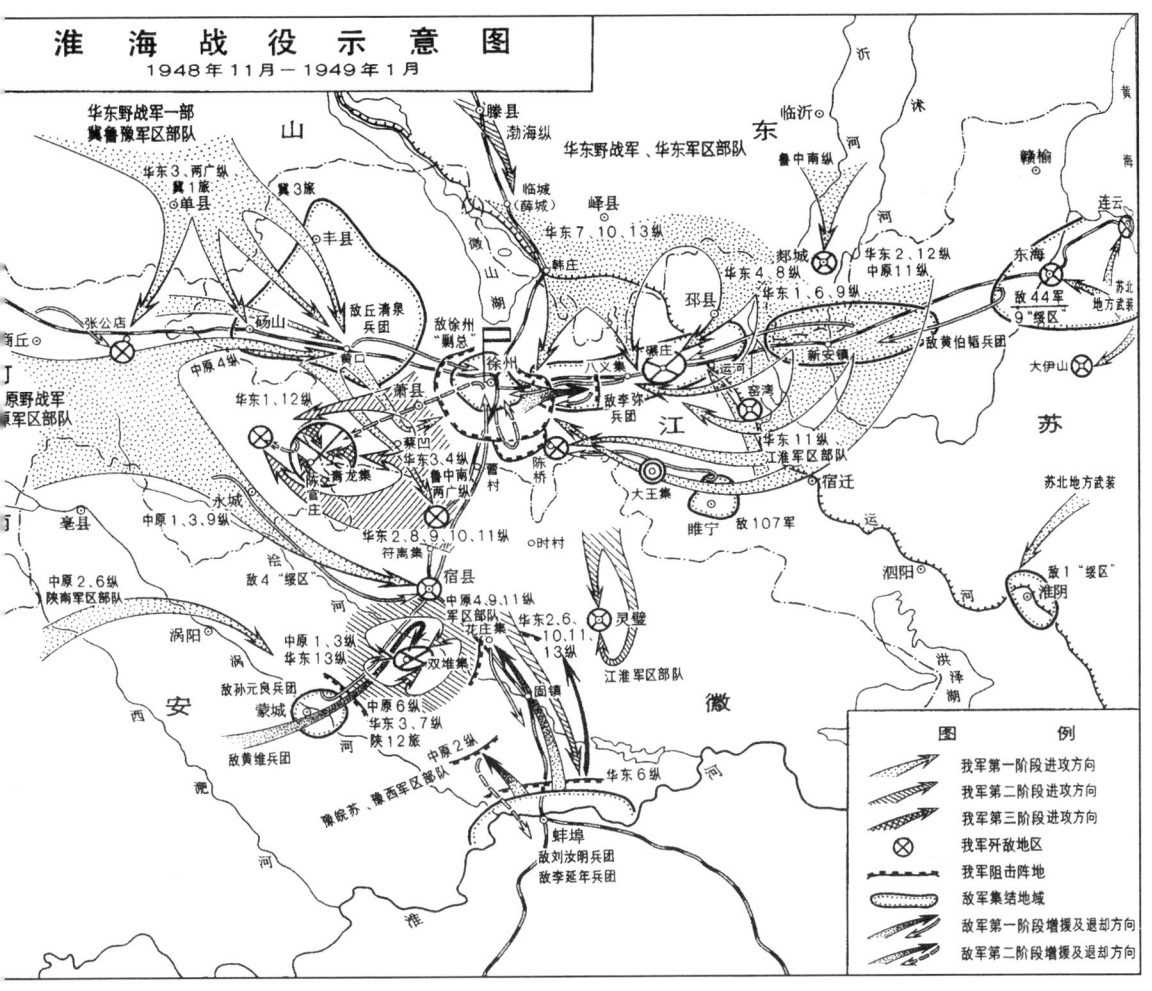

◎ 淮海战役示意图

大，不少连队只剩十余人（连部伙夫、上士、司务长在内），一般班排里每班只剩下一个至多两个老的（济南俘兵即算老兵），而这剩下的老的在即俘即补后不是班长即为班副，其余全为新俘（碾庄圩打黄百韬的俘虏）。虽然这些俘虏兵基本表现尚好（上午补，下午即打仗），但在部队实质上起了极大变化，故有进攻时拉不上去（俘兵不会打夜战，同时由于骨干太少，无人诱导其前进），后退时撤不下来的现象发生。各级干部由于战术素养不够，以及兵员不充实等原因，伤亡较大，尤以班、排、连级为最严重，营级伤亡亦不少。在此次战役中，班、排、连级已有因伤亡更换五六次者。这些新提拔

277

的干部由于无时间进行教育，指挥能力弱，因此更增加了伤亡。在某些人数原来极不充实而伤亡极大的纵队中，几乎有不能继续作战的严重情况。……为解决干部问题，各部教导团几已全部补充部队外，团、师、纵各级通信、侦察、警卫人员及参谋等几已绝大部分调充部队干部，而在侦、通人员中亦有不少新俘虏成分。野直各部门除警卫团（较老）各级之正职干部全部调到部队提升一级使用（如警卫团连长调至纵队任营副，警卫团原来副职则提升正职），并由司、政、供、卫各部门中抽出1000老的人员（包括警卫、侦察、通信及勤杂人员），分别送往各师、团充任下级干部或连队骨干人员。司、政、供、卫抽出后所缺乏之各种人员亦以新俘补充之。野直各机关之指导员则全部调往各师、团工作，其缺职或行政首长兼任，或以女干部接充。参谋人员及各部之科员、干事、文工团员亦大量调往战斗部队工作。虽然我们想尽各种办法，抽出一切可能抽出的干部前往战斗部队，但仍感不足。"[1]

　　各纵队战后的总结和指挥员的回忆录中，也一致认为淮海战役第一阶段的作战是极为艰苦和空前残酷的。四纵的战役总结说："此一时期，经历时间之长，战斗类型之多，情况之艰苦复杂，战斗之激烈频繁均较前期为甚。"而华野各部队都坚决执行上级命令，发扬了英勇顽强、艰苦奋战的作风，贯彻"即打即补"的原则，开展深入的政治思想工作和立功运动，"因而部队经常保持了旺盛的战斗意志及坚强的战斗力，经得起伤亡，经得起连续战斗和残酷战斗的考验"[2]。

[1]《淮海战役中部队情况简报》，《粟裕文选》第2卷第714页，军事科学出版社2004年版。
[2]《中国人民解放军第23军第三次国内革命战争战史》，1960年初稿。

第 20 章
淮海战役（二）歼灭黄维兵团

黄维兵团向徐州增援——中野设下口袋阵——毛泽东鼓励华野继续作战——双堆集合围黄维兵团——廖运周战场起义——中野攻坚受阻——"吃一个，看一个，挟一个"——壕堑作业与土造"飞雷"——总攻双堆集——刘邓的总结

毛泽东在设计淮海战役作战方针时，就设想这次战役是华东、中原两大野战军的协同作战。1948 年 10 月 22 日，中野占领中原重镇郑州。24 日开封国民党军也弃城而去，毛泽东又构思了一个新计划。25 日他指示陈邓："你们不要去开封，也不要去商丘附近。应从现地取捷径到蒙城集中，休息数日。然后直取蚌埠，并准备渡淮南进，占领蚌浦段铁路。以你们全军四个纵队十一个旅（只留九纵一个旅守郑州，秦基伟率九纵主力跟进）控制淮河以南、长江以北、淮南铁路以东、运河以西广大地区，吸引敌人来攻。""如那时孙元良好打，亦可向北打孙元良。如黄维跟踪东进，亦可回头打黄维。蒙城是机动地带，可东，可西，可南，可北。在你们到达蒙城以前，敌人亦不知道你们究竟要打哪一点。"[1]

组织一场大战役，战前的筹划犹如在棋盘上布局。部队动起来就是千军万马，选择一个最佳的集结地点非常重要。如果战斗打响后再调动部队跑几百里，必定延误战机。陈毅、邓小平考虑再三，当天复电军委："第一步集

---

[1] 《毛泽东军事文集》第5卷第121、125页，军事科学出版社1993年版。

结地点建议改为永城、亳州、涡阳中间地区，无论出宿蚌线或打孙元良均更方便。由郑州到达上述地区约十天。……挺进淮南，非到万分必要以不采取为好，因为该地区狭小，滨湖、山地则缺粮缺水，大兵很难机动，同时对部队情况亦不适合。现在鞋袜、棉裤、帽子、绑带尚未补齐，财政上毫无准备及辎重不能携带。总之实行此着，我们很难打到仗，而且可能有较大的消耗。"[1]

邓小平吸取了跃进大别山的教训，从实际出发向军委提出了自己的建议。毛泽东向来尊重野战军指挥员的意见，26日他复电陈邓，同意中野的方案。27日，陈毅、邓小平随四纵指挥部离开郑州，沿陇海路东进，一、三、四纵主力经开封南下，奔赴淮海战场。

粟裕到达华野前方指挥部后，得知中野不出淮南，而是与华野配合作战，于31日请示军委："淮海战役当遵令于（11月）8日晚同时发起战斗，但不知陈军长、邓政委所部能否于8日晚发起战斗，请陈邓复示。此次战役规模很大，请陈军长、邓政委统一指挥。"11月1日，毛泽东指示陈邓、粟裕、华东局、中原局："整个战役统一受陈邓指挥。"[2]

刘伯承当时在豫西指挥牵制黄维、张淦兵团的任务，得到将举行淮海战役的通知后，于5日动身，乘坐吉普车从宝丰出发，会合陈邓。

11月6日夜，华东野战军大举南下，拉开了淮海战役的序幕。根据中央军委的指示，中野主力向陇海路商丘、砀山以南挺进。驻商丘的邱清泉兵团已向徐州收缩，留下刘汝明的55军181师担任后卫掩护。邱清泉一贯牺牲别人保全自己，在物资基本撤完时，就命令5军工兵将砀山以西的铁路桥炸毁。181师撤离时没有火车坐，只好徒步行军。6日夜181师到了虞城县境内陇海线上的小站张公店（今张公房），被中野一纵抓住。一纵司令员杨勇决定趁其立足未稳，迅速实施分割围歼。181师师长米文和还不知道是怎么回事，7日清晨派老百姓给胡庄的解放军送来一封信："驻地友军鉴：南面不断打枪，究系匪军捣乱，抑或与我部发生误会，望告师部。"一纵根据181师的通报，当天包围张公店。8日，友邻三纵、九纵一部配合一纵发起攻击。181师被全歼，米文和以下6000人被俘。[3]

11月10日，刘伯承赶到永城以北的中野指挥部，与陈毅、邓小平会合。这时，陈邓接到毛泽东的指示："你们主力是否已达宿县附近，并开始向宿

[1]《中国共产党历史资料丛书——淮海战役》第1册第92页，中共党史资料出版社1988年版。
[2]《毛泽东军事文集》第5卷第161页，军事科学出版社1993年版。
[3]《中国人民解放军第16军第三次国内革命战争战史》，1959年初稿。

县攻击。你们务须不顾一切，集中四个纵队全力攻取宿县，歼灭孙元良等部，切断徐蚌路。华野三、广两纵亦应用于攻击徐宿段，至要至盼。"[1]

11日夜，刘邓陈在安徽境内的临涣集召集各纵队领导会议，邓小平政委强调：夺取宿县，对配合华野歼灭黄百韬兵团，防止徐州之敌南逃，阻击东援的黄维兵团，都有重大意义。我们占领了宿县，控制了徐蚌两侧地区，就有了战场，就可以腾出手来对付黄维。他命令各纵必须全力以赴，不惜代价地坚决夺取战役的胜利。[2]

12日，中野三、四纵冒着大雨行军，分别进至宿县、夹沟沿线。这时，孙元良兵团奉徐州"剿总"命令，正由宿县向徐州撤退途中。宿县位于徐州和蚌埠之间的津浦线上，扼南北交通要冲。它是徐州"剿总"的后方补给基地，囤积了大量武器、军火、被服等军用物资。宿县城墙高大坚固，环城有宽阔的护城河，易守难攻。但孙元良兵团北上后，留守宿县的国民党军战斗力并不强。

11月12日，中野三纵炸毁了铁路桥，切断了徐州与宿县的交通。陈锡联司令员和阎红彦副政委带领各旅的旅长到前沿勘察地形，选择突破口，明确各旅的任务。当天晚上发起攻击，经过一天战斗，夺取火车站，完成了对宿县的包围。15日三纵总攻宿县。国民党军因番号繁多，指挥不统一，无法组织有效防御，很快被各个击破。16日凌晨，宿县战斗结束。三纵俘虏国民党官兵12000人，缴获大批军用物资，解决了中野的急需。与此同时，张国华率豫皖苏独立旅和豫西军区部队攻占固镇。中野控制了宿县至固镇间100公里的铁路线，切断了徐州与蚌埠的联系。

中野占领宿县，对华野集中力量歼灭黄百韬兵团是一个有力的保障。11月23日毛泽东给中野、华野指挥员的贺电中说："这是一个伟大的胜利。在战役发起前，我们已估计到第一阶段可能消灭敌人十八个师，但对隔断徐蚌，使徐敌完全孤立这一点，那时我们尚不敢做这种估计。这种形势的造成，主观上是因为我华东、中原两大野战军会合并攻占宿县，客观上是敌人只有某种程度的防御能力（对于这一点决不可轻视），很少有攻击能力（对于这一点必须有充分的认识）。"[3]

---

[1]《毛泽东军事文集》第5卷第188页，军事科学出版社1993年版。
[2] 陈锡联：《截断徐蚌线，会战双堆集》，载《中国共产党历史资料丛书——淮海战役》第2册第112页，中共党史资料出版社1988年版。
[3]《毛泽东军事文集》第5卷第263页，军事科学出版社1993年版。

完成攻占宿县的任务后，中原野战军的主要任务就是阻击东进的黄维兵团。黄维兵团是华中"剿总"白崇禧手下最强大的兵团。其前身是整编第18军，原来辖整编11、3、10三个师，军长是胡琏。整编11师是胡琏的骨干部队，国民党军"五大主力"之一。组建机动兵团时，将整编师升格为军。11师为18军，3师为10军，10师为14军，后又调入85军，并配属第4快速纵队。这样，黄维兵团共有4个军，一个快速纵队，总兵力达12万人。

当兵团组建的时候，大家都以为司令官一定是胡琏。但是国民党内部的派系矛盾，在用人问题上大搞任人唯亲。白崇禧不喜欢胡琏，陈诚则推荐自己的亲信黄维，得到蒋介石的批准。黄维是黄埔一期，曾到德国留学。1938年任18军军长，是胡琏的上级。抗战结束后任武汉新制军官学校校长。当任命黄维为第12兵团司令官的命令下达后，18军上下舆论哗然。胡琏的部下愤愤不平，胡琏本人也撂挑子不干了；18军军长杨伯涛也称病住院。黄维为了笼络人心，上任时就表示：他与共军作战是外行，这次来当司令官是过渡，几个月就走，司令官还让胡琏当。兵团组建之始，内部就矛盾重重。[1]

11月8日，黄维兵团奉命向徐州进发。部队由河南驻马店、确山出动，集结之后按照指定路线经正阳、新蔡、阜阳、蒙城、宿县向徐州前进。这一带没有铁路和公路干线，而且要渡过南汝河、洪河、颍河、西淝河、涡河、浍河等大小淮河支流。一个庞大的兵团，带着众多榴弹炮、战车、卡车和辎重在坑坑洼洼的土路上行军，又要架桥渡过一道道河流，其艰难可想而知。当黄维兵团到达安徽蒙城时，已是11月18日了。

11月13日，毛泽东致电刘邓陈，严令中野二纵、六纵"不分昼夜，不惜疲劳，兼程前进"，务必于15日前赶到黄维前头，阻止黄维向亳县、涡阳、永城前进，"不得误事"。要求豫皖苏分局书记宋任穷动员一切力量，破坏桥梁道路，迟滞黄维兵团的行动。

此时，中野二、六纵正在日夜兼程地急行军。二纵走的路是最长的。从9月到11月初两个月间，他们在中原牵制张淦兵团，刚结束了长达3000里的行军。11月6日接到刘伯承司令员的命令，要二纵以急行军速度超越黄维。部队再次上路，进入淮北地区后，天气突然转冷。部队极度疲劳，干部战士体力衰弱，生病的很多。13日二纵到达鲁台集，豫皖苏军区为他们补充了棉衣和鞋，有些棉衣是军区干部战士从自己身上脱下来送给二纵的。二纵继续

 [1]《杨伯涛回忆录》第155页，中国文史出版社1996年版。

前进，18 日夜终于赶到蒙城以北小涧集、西阳集，协同一纵参加堵截黄维兵团的战斗。二纵的顽强作风受到中野首长的高度评价。中原局 11 月 20 日给军委的《两个月综合报告》中说："二纵于戌（11 月）初破击平汉路后，经过大别山北移。虽然部队无菜钱，尚未穿上棉衣，日行十几里以上的急行军，实甚疲惫，但仍遵守时间，不误行动，沿途纪律很好，给大别山人民以极好的影响。"

淮海战役开始一周后，整个战局变得复杂起来。在徐州以东，粟裕指挥华野主力两面作战，一面逐步压缩碾庄包围圈，争取全歼黄百韬兵团；一面顽强阻击东进的邱清泉、李弥兵团。在徐州以西以南，刘汝明兵团重占固镇，黄维兵团已到阜阳。中野一方面要配合华野阻击由蚌埠北上增援的李延年、刘汝明兵团，一方面要集中主力堵截黄维兵团与徐州"剿总"会合。任何一个方面搞不好，都会造成战局的恶化。11 月 16 日，毛泽东指示两大野战军统一行动，由刘、陈、邓、粟、谭组成总前委，邓小平同志为总前委书记。

11 月 18 日，黄维兵团进至蒙城。先头部队 18 军 11 师迅速控制了涡河南岸。这里地形平坦，国民党军发现北岸有解放军构筑的工事，即进入战斗状态。当天，18 军向中野一纵发起攻击。一纵只有两个旅的兵力，依托涡河北岸顽强阻击。原打算阻击 3 天，但是情况出乎意料。涡河河水不深，可以徒涉的地点很多，沿岸还有不少桥梁。解放军很少打阵地防御战，在"五大主力"之一的 18 军面前表现出明显的弱点。黄昏，18 军 11 师开始在蒙城以西强渡，被一纵 8 团击退。18 军转换地点，以一个营兵力在上游八里处二次强渡，占领北岸的黄家。一纵多次组织反击没有奏效，改为扼守阵地。21 日，黄维令 14 军以三个团的兵力向一纵板桥集阵地猛攻，并用重炮和火焰喷射器摧毁解放军阵地。一纵以劣势武器顽强防御，阻击了整整一个白天。黄昏后才向五沟集以北转移。

初次打阵地防御，一纵缺乏经验，付出很大代价。他们后来总结说："对优势敌人防御，除预先构筑工事外，必须是梯阶纵深配备。由于发现敌有从蒙城以东迂回企图时，则于 18 日晚将 1 旅主力调往双涧集对岸。结果仍变成一线，使敌突破一点，既无纵深又无反击力量。敌突破黄家后，使我沿河北之全线失掉作用，被迫转移到第二线。……漫长的河流，尤其是劣势对优势敌人与能徒涉的河流，要想根本不让其突过河是不可能的事。特别像 18 军（那样）有战斗力和携带渡河器材的敌人。在防御中，对河流依靠只能是有一定程度，防御配备上同样不能过宽。此次涡河北岸防御以不充实的 2 旅（不足 2500 战斗兵）担任 30 里正面防御，结果处处设防，处处薄弱。"[1]

黄维兵团虽然渡过涡河，但 4 天只前进了 30 公里。18 军军长杨伯涛感到这次共军作战与以往不同。他认为："过去解放军一贯采取避实击虚、侧击、不意袭击，变化多端的运动战方式，这次对我军北进则采取迎头堵击，利用河川障碍有利地形，设置整严的防御阵地，涡河以北俱发现解放军在构筑阵地，堡垒式的坚固掩体星罗棋布，这样规模为从所未有，似有大打硬仗之势，以主宰战场。"他向黄维建议：应迅速调整部署，站稳脚跟，以应付严重情况。黄维接受了他的意见，拟定了"核心机动"的作战计划。即"以蒙城为核心，构筑坚固工事，囤积弹药，把触角远远地伸出去，同解放军保持接触。把拳头抱起来，瞄准目标再打下去。"他命令各部互相策应，如此逐次跃进，稳扎稳打。整个兵团抱成一团，滚动前进，让解放军抓不住空隙，无法分割歼灭。当时吴绍周的 85 军还在后面，黄维命令各军在蒙城等几天，待 85 军靠拢后再前进。[2]

毛泽东起初对战役形势的估计相当乐观，他在 18 日给刘邓陈的电报中说："敌在防御时，虽尚有相当战斗能力，但攻击精神差到极点。我军抓住敌人这个弱点，可以分离敌军各部，给予各个歼灭。"他指示中野"一纵在蒙城、宿县间作正面防御，以二、六纵组成突击集团，打黄维后尾，只要能歼其两三个师，就可停止其前进。"以九纵对付刘汝明，以三、四纵加华野一纵对付李延年。"应尽一切努力，控制徐蚌路一段与我手中，务必隔断南北两敌，使之不能会合。"[3]

毛泽东的指示使刘邓感到为难，当年中野为了挺进大别山，在过黄泛区时舍弃了绝大部分重武器。在转战大别山的过程中，部队始终没有得到补充，兵员装备都不足，战斗力大受影响。现在要与拥有坦克、大炮的国民党机动兵团打正规战、阵地战，是非常困难的。19 日刘邓陈复电军委："以我们现有六个纵队，单独对付两路大军困难颇多，如取正面防御，必须分散兵力，不能歼敌，且仍有一路透过增援徐州之危险。如采取机动作战，不受保障徐州作战之限制，则可逐个歼敌，但对粟陈张作战不无影响。如果实行钳制黄维，打李延年五个军，至少须五个纵队，但以一个至两个纵队防御黄维均无把握。"

[1]《一纵歼灭黄维兵团初步总结》，1949 年 1 月。
[2]《杨伯涛回忆录》第 163 页，中国文史出版社 1996 年版。
[3]《毛泽东军事文集》第 5 卷第 241 页，军事科学出版社 1993 年版。

他们建议：只以中野九纵与李、刘兵团五个军周旋，集中五个纵队先歼黄维一两个军，再协同华野对付李延年。

此时，华野主力总攻碾庄的战斗已到最关键时刻。鉴于华野部队已相当疲惫，"刀锋似已略形钝挫"，刘邓陈认为想同时歼灭黄百韬、邱清泉和李弥三个兵团是不实际的。19 日他们再次致电中央军委，决心先打黄维。毛泽东采纳了刘邓陈的建议，20 日指示华野："中野主力决定打黄维。对李延年兵团须由你们负完全责任，中野无法派兵。"粟裕等 20 日复电："我们完全同意刘邓陈指示，抽出四至五个纵队，必要时还可增加三个纵队，协助中野歼击黄维、李延年。"他们从碾庄前线撤下六纵，令其急行军南下至安徽固镇，接替秦基伟的中野九纵阻击李延年兵团，使九纵可以西去参加对黄维的作战。

一纵在涡河虽然没有挡住黄维，却为中野争取了宝贵的 4 天时间。刘邓审时度势，决定在浍河阻截黄维兵团。中野后来的总结追述："当时因敌进攻正面很宽，我一纵队防御纵深薄弱，且我军主力尚未赶到，更兼涡河、浍河间地区狭窄，不便大军作战。故我决定在浍河、浍河之间歼灭敌人。21 日我主力全线转移至浍河北岸布阵，各纵队只以小部队接敌进行移动防御，以求消耗迟滞敌人，创造战机。"一纵在五沟集、二纵在白沙集、三纵在孙疃集、四纵在南坪集、六纵在曹市镇、九纵在蕲县集，各纵赶挖工事，纵深配备，严阵以待。[1]

蒋介石因碾庄形势紧急，严令黄维兵团迅速东进，夺取宿县。黄维不敢怠慢，他不待 85 军赶到，就命令 10、14、18 军行动。22 日，黄维兵团先头部队到达浍河南岸。侦察部队报告在前方南坪集至孙疃集一线发现共军主力的阻击阵地。黄维指示 18 军占领南坪集，强渡浍河，打通前往宿县的道路。18 军军长杨伯涛以 118 师为主攻，11 师为助攻，配备榴弹炮营、重迫击炮营的强大火力支援。23 日拂晓开始攻击。

118 师对南坪集的进攻采取炮兵、坦克与步兵协同作战，据四纵战后的总结说：国民党军"攻击前以坦克由正面及两侧接近我阵地，发现我阵地之薄弱部分后，即引导步兵前进。坦克进至我阵地前百米以内，对目标明显的阵地（大部为我机枪阵地）行依次逐个摧毁射击。步兵接近后坦克即转至我侧后封锁交通，拦阻我出击部队，并由侧后向我前沿阵地射击。但发现我爆炸物、燃烧物或伪装阵地，则不敢前进，而行迂回运动。遇我浅窄单线之交

---

[1] 中野司令部：《双堆集歼灭战初步总结》，1949年9月1日。

通壕，即将积土推至壕内超越而过。但对我较复杂宽深之交通壕，则一般不敢轻易突入，只作火力摧毁。""其步兵攻击精神极差，与坦克协同不好。往往经过坦克几次接引，才敢前进。前进时队形密集，行动迟缓；坦克掩护进入我阵地后，又多人猬集一处，发展极慢。遇我反冲锋，只以火力射击，不敢肉搏。"

四纵依照陈赓司令员的指示，不是采取单线防御，而是根据地形，选择要点，形成周围百米的三角形阵地。以机枪为骨干，各阵地之间以交通壕相连，在前沿形成浓密的交叉火力网。阵地前数十米设置燃烧爆炸物（地雷、炸药包等）。当敌军突破我军阵地时，立即组织短促有力的反冲锋，歼灭突入之敌，夺回阵地。[1]

23日一天，中野四纵在南坪集顽强阻击18军，战斗进行得残酷激烈。18军军长杨伯涛亲自指挥20辆坦克，分数拨向四纵阵地冲击，国民党军的榴弹炮也把南坪集打成一片火海。中野四纵在陈赓司令员指挥下坚守阵地，在缺乏重武器的不利条件下，与国民党军展开近战。当坦克突破正面阵地，解放军就出动小部队迂回到两侧，打退国民党步兵进攻。用炸药包、集束手榴弹打坦克，或点燃预先堆好的柴草，迫使坦克退回。18军118师攻到黄昏，两个团遭受重创，仍然无法突破南坪集。黄昏前杨伯涛命令11师在侧面的李庄强渡浍河。四纵两侧防线比较薄弱，被11师突破。但当时天色已暗，国民党军怕解放军夜战，又退回对岸。夜晚，杨伯涛命令工兵架桥，实行偷渡。国民党军悄悄过河，迅速展开占领滩头阵地，却发现解放军早已撤走，不知去向了。

原来，刘邓改变部署，为黄维设置了一个大口袋，等他钻进来。23日夜里刘邓陈致电华野粟陈张："我决心放弃南坪集，再缩到南坪集十余里处布置一个囊形阵地，吸引18军过河展开，而以四、九纵吸住该敌，并利用浍河割断其与南岸三个军之联系。同时于明夜以一、二、三、六纵及王张纵向浍河南岸之敌出击，求得先割歼其两三个师。"电报指出："歼击黄维之时机甚好。因李延年、刘汝明仍迟迟不进，因此我们意见除王张十一纵外，请粟陈张再以两三个纵队对李、刘防御，至少以四个纵队参入歼黄维作战。只要黄维全部或大部被歼，较之歼灭李、刘更属有利。"[2]

这时，华野主力结束了碾庄战斗，全歼黄百韬兵团。部队经过连续十几

---

[1] 四纵司令部：《淮海战役第二阶段作战总结》，1949年1月。
[2]《中国共产党历史资料丛书——淮海战役》第1册第189页，中共党史资料出版社1988年版。

天的战斗，非常疲劳。23 日，毛泽东致电中野、华野领导人，祝贺歼灭黄百韬兵团的伟大胜利。同时告诫他们：徐州方面敌军尚有 50 个师的兵力，"这个敌人是可以消灭的。但是，必须准备给予全战役三个月至五个月时间，必须准备以几个作战阶段（你们已经完成了第一个作战阶段）去取得全战役的胜利，必须准备全军部队及民夫一百三十万人左右三个月至五个月的粮食、草料、弹药，十万至二十万伤员的医治，……在战术方面，必须不是依靠急袭，而是依靠充分的侦察和技术准备（近迫左右，步炮协同等）去取得成功。""只要你们注意了和完成了这些条件，你们就有可能取得这一具有全国意义的伟大战役的胜利。"毛泽东在电报中最后说："望华野、中野全军，在刘、陈、邓、粟、谭五人总前委（邓为书记）统一领导之下，争取新的大胜利。"[1]

毛泽东的指示显示了与国民党军队决战到底的决心，也使华野指挥员放弃了打一仗歇一歇的思想。中原野战军在战役第一阶段成功地攻克宿县，阻截黄维，配合了华野歼灭黄百韬兵团的作战。现在，中央军委要求消灭黄维兵团。24 日，军委电告刘陈邓："情况紧急时机，一切由刘陈邓相机处置，不要请示。"军委赋予总前委指挥全权，避免因电报往来贻误战机，为淮海战役第二阶段的胜利创造了重要条件。

11 月 24 日，黄维兵团渡过浍河，向宿县攻击前进，逐渐进入中野预设的袋形阵地。这天，18 军派出的便衣侦察人员报告：宿县公路上发现共军大部队运动。11 师的先头部队在浍河以北的公路两侧遭到共军阻击，并发现共军的大纵深阵地。10 军报告发现共军大部队由西向东直捣他们的侧后，有形成包围的态势。85 军军长吴绍周也告急说蒙城被共军占领，兵团的后路已被切断。黄维意识到情况严重，当天晚上召集各军军长开会。介绍情况后，黄维说："兵团的任务是打到宿县，与徐州杜聿明会合。现在的情况，我们应该怎样打法，才能完成任务？"杨伯涛说："兵团所处境地，形势非常严重！共军大军云集，布置了天罗地网，有意识地放弃涡河、浍河。现在我们已经陷入圈套，但还没有到四面被围的绝境，还有相当的主动权。如果按照国防部和刘峙的瞎指挥，不加灵活变通地闯下去，那就是死路一条。"他建议趁东南方还没有发现情况，兵团立即向固镇西南靠拢。南坪集到固镇只有 80 里，急行军一夜就可赶到。到固镇与李延年兵团会合，就可以立于不败之地。黄维初任兵团司令，不请示国防部就擅自改变行军方向，是要负重大责任的。

---

[1]《毛泽东军事文集》第5卷第263页，军事科学出版社1993年版。

他迟迟下不了决心。到后半夜，才下达向固镇转移的命令。

杨伯涛接到黄维的命令一看，上面说要 14 军由南坪集东南到浍河南岸，85 军到南坪集，掩护 10 军和 18 军转移。10 军和 18 军与共军脱离接触，10 军沿浍河南岸向固镇前进，

◎ 双堆集

18 军由双堆集向固镇西北的湖沟集前进，兵团部随 18 军行动。他感到这个命令真是莫名其妙。两个战斗力差的军上去掩护两个战斗力强的军撤退，完全是浪费时间。10 军和 18 军完全有能力自己撤下来，14 军和 85 军原地不动，同样可以稳妥地掩护兵团转移。杨伯涛虽然不满，还是按照命令将浍河北岸的部队迅速撤回南坪集，集合好队伍准备向双堆集进发。25 日早晨他到兵团部请黄维下命令开始行动，黄维神态焦急地说："兵团转移的命令让一个参谋给吴绍周送去，结果连人带吉普车都失踪了。正派人寻找，等一等再说。"杨伯涛认为这不是什么了不得的事情，重要的是部队赶快行动，不要等着挨打。但是黄维在这紧要关头，既不进也不退，就在南坪集干等。整个兵团部队荷枪列队等待，心急如焚。[1]

就在黄维召集会议的 24 日夜晚，中原野战军从各个方向开始了包围 12 兵团的行动。在黄维兵团西边，中野一纵、二纵、三纵、六纵迂回至黄维兵团背后的双堆集。浍河北岸的中野四纵、九纵和豫皖苏独立旅进攻南坪集。位于蕲县集的中野十一纵由东向西攻击。华野南下参战的各纵队则兼程前进，集结于蕲县集、桃园集地区，切断国民党军向固镇的去路。25 日凌晨，中野二纵在向双堆集行军中俘获一名国民党军官，缴获吉普车一辆，就是黄维派往 85 军传达命令的参谋。缴获了黄维的命令，刘邓了解了国民党军动向，各纵队加快行动步伐，向黄维兵团扑过去。[2]

黄维在南坪集干等了一个白天，不见参谋的音信。到 25 日 16 时才命令

[1]《杨伯涛回忆录》第168页，中国文史出版社1996年版。
[2]《陈再道回忆录》第40章第3节，解放军出版社1991年版。

各部开始行动。到了双堆集，已是日暮黄昏。本来可以夜间继续行军，甩掉解放军，但是兵团的战车和上百辆卡车行动不便。这一带没有像样的公路，战车和卡车都是在田野中行驶。白天还可以横冲直撞，到夜间水沟洼地都成了障碍，动弹不得。于是黄维决定在双堆集宿营。没想到这一住下来，就再也跑不掉了。

黄维的撤退部署被事实证明是自乱阵脚。14军本来可以直接向双堆集转移，却奉命去浍河南岸掩护10军撤退。27日14军接管10军阵地后，布防尚未完成，中野各纵队就以排山倒海之势冲杀过来。解放军自东、南、西三个方向，向黄维兵团实施钳形合围。据四纵战史记载："27日，本纵队发现敌以密集队形向东南移动，当即根据战役指挥首长对敌实施突击的指示，以10、11、22三个旅及第九纵队一部由南坪集至东坪集之线向敌侧背猛烈突击。此时，敌14军担任左翼，该敌在我突然打击下，措手不及，仓皇败退。我连续攻占王庄、丁庄、罗庄等十余个村庄，将敌14军之部署完全打乱。并歼其指挥所，生俘其军长熊绶春、参谋长梁岱（熊、梁二敌被俘后，又在战斗混乱之际乘机逃跑）。但因本纵队对情况判断错误，当发现敌军密集移动时，误以为敌全线溃退，因而使各旅突击过猛，部队拥挤，陷于混战，无法统一指挥。尔后又因受敌纵深炮火及坦克的拦截和反击，致造成很大伤亡。然而本纵队这一突击行动毕竟是适时的、适机的，它有力地打击了敌军的突围企图及其士气。"[1]

27日的混战，原14军参谋长梁岱回忆："兵团命令以未接战的第14军、85军分别在浍河南岸南坪集附近占领阵地，掩护正在激战中的第10和18军脱离战场。这一来，所有四个军，谁的头上都着了火。要脱的未能脱，要走的不能走，几乎全兵团都与解放军胶着在一起了。14军本来是可以先走的，但此时却奉令担任掩护，仓促布防，阵地未稳，解放军已涌入，先我一步渡过浍河南岸，抄袭了14军右翼。当时我在浍河南岸前线指挥所，看见解放军由后面包抄过来，前线部队不支，纷纷向后溃退，顿时乱作一团。本来14军是掩护第10军和18军后撤的，这时被解放军打得七零八落，反而要依靠他们来掩护和收容了。我在这次混战中，被解放军俘虏了。"他谎报自己是书记官，被释放后又回到14军。军长熊绶春见梁岱死里逃生，抱着他哭了一场。[2]

---

[1]《中国人民解放军第4兵团第三次国内革命战争战史》，1957年初稿。
[2] 梁岱：《第14军被歼记》，《淮海战役亲历记》第501页，文史资料出版社1983年版。

解放军在追击中也发生了混乱。四纵的总结说："当时对整个情况判断，误认为敌已全线溃退，认为一二日即可解决战斗，敌已丧失战斗力等，故作毫无顾忌之追击。"在追击过程中，"各级干部不能掌握部队，形成建制紊乱，无一定攻击目标，到处乱撞乱碰。又与友邻部队挤在窄小地区内，形成大乱战局面，并不断发生误会。通讯联络中断，上下情况不明。部队19时出击，直至24时始和我前指通话。前后整日无联系无指挥，纵队找不见旅，旅找不见团，团找不见营，各自为战，互不相关。因急进混乱，使后续部队及重火器失去联络，重火器亦因飞机轰炸不能前进。先头部队亦未赋予必要的重火器，遇敌有工事与有组织的抵抗，即无法克服，造成重大伤亡"。[1]

到11月27日，中原野战军将黄维兵团压缩在双堆集东西15里、南北四五里的狭小地区，形成了合围。双堆集地处淮北平原，在北淝河与浍河之间稀疏地分布着十几个小村庄。双堆集南北有两个小土岗，一个南边的叫尖谷堆，北面的叫平谷堆，双堆集即以此为名。时值秋收过后，这里是一片毫无遮蔽的平原。村子里只有土墙茅草盖的小房，老百姓早已跑光。当地不仅找不到粮食，就连饮水、燃料和牲口饲料都极为困难。唯一对国民党军有利的是，开阔的地形便于他们发挥火力。

黄维虽然被包围，但他尚未惊慌失措。12兵团毕竟是国民党军的精锐部队，重武器多。黄维部署手下的4个军、一个快速纵队缩成一团，构筑环形集团工事，以坦克、火炮、轻重机枪组织层层火力网，使解放军无法将其分割歼灭。他们自称这是"硬核桃战术"，让共军啃不动，吃不掉。解放军观察黄维兵团阵地情况是："淮海地区村落尚称稠密，但颇不均匀。双堆集附近西部村庄稠密，西南部则较稀散。地形低洼，挖一公尺即可出水，土工作业相当困难。村庄都很小，且多为数户至十余户，分散独立互不连贯之家屋组成。敌即利用此筑成防御核心，火力互相交叉，村与村亦均能火力联系。村中树木均为敌砍作鹿砦，村南部大多有水池，村周皆有洼沟环绕，形成自然战壕。村四周平坦开阔，不易接近。"[2]

黄维不想在双堆集坐以待毙，经与南京方面联络，26日得到总长顾祝同指示："贵兵团应不顾一切，以全力向东攻击，击破当面之匪，与李（延年）兵团会师，俾利尔后之作战。"当天下午，黄维将85军110师师长廖运周等

[1] 四纵司令部：《淮海战役第二阶段作战总结》，1949年1月。
[2] 四纵司令部：《淮海战役第二阶段作战总结》，1949年1月。

召到兵团部，部署突围。廖运周痛快地请求打头阵，黄维非常高兴，着实夸奖了廖一番。他根本没想到，廖运周是一位中共地下党员。

廖运周是黄埔五期学员，1927 年曾加入过中国共产党，参加过北伐和南昌起义。110 师前身是冯玉祥的抗日同盟军。1947 年师里就成立了地下党组织，与邓小平政委保持联系。此时廖运周等认为起义的时机已到，连夜派人去与解放军前线部队联系。110 师的正面是中野六纵，王近山司令员、杜义德政委听说 110 师来联系起义，非常高兴，立即将这个消息汇报给刘邓首长，并为 110 师画了行军路线图，规定了联络信号，派了向导，保证起义万无一失。

27 日晨，廖运周率领 110 师的两个团从双堆集出发，向解放军指定的大吴庄前进。两小时后，他们顺利通过中野六纵阵地，起义圆满成功。110 师通过后，解放军立即封锁了通道。黄维不断用电台询问情况，回答都是"沿途畅行无阻"。[1]

跟进的国民党军在突围时遭到中野六纵的猛烈阻击，全被打了回来。黄维还奇怪 110 师是怎样突出去的，为了妥善安排好 110 师官兵，刘邓首长命令对起义的事保密 3 天。当 12 兵团得知 110 师起义的消息，士气大受打击。军长、师长们都上下猜疑，互不信任。黄维把 85 军军长吴绍周请到兵团部居住，名为照顾，实为监视。

廖运周起义极大地鼓舞了中原野战军的士气。各纵队不失时机地向黄维兵团发起攻击，战斗进行得十分激烈。11 月 27 日刘邓陈给军委的电报中乐观地估计，"全部战斗至迟明日可以解决"。但是实际情况并非想象的那么容易。黄维兵团依靠优势的火力顽强抵御，而中原野战军重武器非常缺乏，战斗力最强的一纵仅有 3 门山炮。无法压制国民党军火力，攻击不能奏效。中野后来在总结中说："从 11 月 25 日到 12 月 2 日这七天，一方面是我们逐步压缩敌人，完成严密的封锁包围阵地，一方面是敌人调整部署收缩成了纵横十华里地区极坚固的防御阵势，在最初两天，我们对敌人战斗力的消耗和混乱的状态估计过高，对敌人防御坚强能力估计不够，故在作战上，实行了过于猛烈的突击，我们的伤亡这两天也最大，而收效则甚小。"[2] 根据这种情况，刘邓陈决定改变战法，一口一口地吃掉敌人。但是战役的时间要延长，不可

[1] 廖运周：《第110师战场起义始末》，《淮海战役亲历记》第564页，文史资料出版社1983年版。
[2] 二野司令部：《淮海战役中双堆集歼灭战初步总结》，1949年9月。

能速战速决。

在淮海战役中，集中优势兵力的战术原则一方面体现在人数上，另一方面也体现在武器上，即以优势的炮火压制对方的火力，为步兵的攻击提供保障。二者缺一不可。中野顺利地完成了对黄维兵团的包围，由于火力不占优势而无法达到迅速歼敌的目的。在这方面，中野与华野的实力有明显的差距。作为指挥员，粟裕是深有体会的。他在淮海战役总结中说："有些同志认为中野打黄维兵团打了多少天未打下，这种认识是错误的。我们有些同志忘记了：中野最先担负了外线出击的最艰苦的任务，我们同志忘记了人家的装备，人家的情况。在消耗方面来说，我们打杜聿明，打手榴弹很少。中野打黄维兵团，打了很多手榴弹，每门炮只打几发炮弹。而我们打杜聿明，几乎用炮火推平村庄，一个村子打几千颗炮弹和成千成万斤炸药。中野一个纵队只有一两万人，而我们华野每个纵队至少有两万人。敌18军比5军强，不弱于74师，而10军、14军、85军也都不弱，以中野那样的装备，消灭最强的敌人，是不容易的事情。人家发挥了我军作战的长处，我们应该向人家虚心学习。"[1]

毛泽东关注着歼灭黄维兵团的战斗。11月29日他指示刘邓陈："从敌人固守着眼，集中火力各个分割歼击，准备以10天或更多时间解决此敌，此种计划是稳当的和可靠的。解决黄维兵团是解决徐蚌全敌66个师的关键，必须估计敌人的最后挣扎，必须使自己手里保有余力，足以应付意外情况。"30日他命令华野："七纵炮兵已供刘陈邓使用，这里不再说了。惟炮纵应全部开去打黄维，以厚火力。"12月4日他又指示刘邓陈："打黄百韬和打黄维两次经验证明：对于战斗力顽强之敌，依靠急袭手段是不能歼灭的，必须采取割裂、侦察、近迫作业、集中兵力火力和步炮协同诸项手段，才能歼灭。"中野坚决执行了毛泽东的指示，提出"坚决持久围歼敌人"的方针，采取稳步的攻击作战，攻占一村，巩固一村，构筑坚固的工防阵地，与国民党军斗战术，斗技巧，同时等待华野的炮兵和增援部队前来参战。

蒋介石见黄百韬兵团全军覆没，徐州3个兵团南下受阻，蚌埠的两个兵团又不能北上，黄维兵团日益危急，28日将杜聿明召到南京商量对策。杜聿明见到顾祝同说："目前挽救黄维的唯一办法，就是集中一切可以集中的兵力与共军决战。否则黄维完了，徐州不保，南京也危险。"他提出了放弃徐州，

[1] 粟裕：《淮海战役的伟大胜利和华野1949年六大任务》，《粟裕文选》第2卷第740页，军事科学出版社2004年版。

率邱清泉、李弥、孙元良3个兵团西进，以解黄维兵团之围的方案，得到蒋介石同意。11月30日，徐州国民党军开始撤退。

12月1日，华野首长得知杜聿明集团已放弃徐州，粟裕立即下达命令：以一、三、四、八、九、十二纵，两广、鲁中南纵队向永城、萧县急进截击，十纵经宿县向永城进发，渤海纵队占领徐州。一场围追堵截杜聿明集团的行动开始了。华野9个纵队不顾敌机的扫射轰炸，不分昼夜沿着公路急进，追赶敌人。九纵走在最前面，12月3日拂晓，九纵先头部队在陈官庄以西超越了敌人。跟进的部队于3日夜占领薛家湖、芒砀山，切断敌军西进的去路。4日，华野各追击纵队陆续赶到，完成了对杜聿明集团的包围。

3日，蒋介石派战地视察官李以劻到蚌埠，要李延年、刘汝明集中力量北进，救出黄维兵团。李、刘兵团战斗力不强，根本没有信心。刘汝明说："尽人力以听天命。"李延年说："鞠躬尽瘁，死而后已，有什么可说的？我看，围是解不了的。"蒋介石唯恐他们不肯出力，特派自己的次子蒋纬国（装甲兵司令部参谋长）亲率战车2团到蚌埠以北的曹老集、鲍集前线，配合李延年兵团行动。蒋介石勉励蒋纬国，要他像当年淝水之战那样以少胜多。

这样，淮海战役的大局面为之一变。华野、中野在淮北平原相距60公里的区域内包围了两个国民党军重兵集团，蚌埠北上的援军距离黄维兵团也只有40公里。12月4日，中央军委指示总前委：对黄维兵团、杜聿明集团和李延年兵团分别采取攻歼、围困和阻击的不同方针。在中原野战军指挥部作战室里，刘伯承司令员随手将口杯、砚台、电报纸摆成三堆，对参谋们说："这就像我们面临的三股敌人。军委电令我们吃掉已围的黄维兵团，围住南下的杜聿明集团，阻住北上的李延年兵团，这叫吃一个，挟一个，看一个。要保证挟着的掉不了，看着的跑不了，就必须吃掉黄维兵团，腾出手来，再歼灭杜聿明、李延年。"能否歼灭黄维兵团，就成了淮海战役承前启后的关键。[1]

从11月28日中野将黄维兵团包围在双堆集地区，到12月5日总攻之前，双方的战斗进行得相当激烈。陈赓的四纵从11月30日起，对双堆集以北的沈庄、李围子发起一波又一波的攻击，4天未能拿下。据四纵后来总结说：国民党军阵地布防比较严密，火力运用合理。"当我进行火力准备时，敌人火器及部队进入隐蔽部躲避。待我火力停止射击或延伸射击时敌再进入阵地实行射击，常以数挺机枪封锁我突击路口，当我突击队进至敌鹿砦附近

---

[1]《刘伯承传》第477页，当代中国出版社1992年版。

时，各火器一齐开火，用短促交叉的火力逆袭杀伤我突击部队于其阵地前。其火焰喷射器亦向我突击队喷火。"解放军"准备不充分，因急求解决战斗，未构筑交通沟与抵近工事。第一次攻击沈庄、李围子使部队在400公尺的平坦开阔地上向敌冲锋，部队伤亡很大。"[1] 被包围的国民党军在严酷的军纪监督下，表现出前所未有的顽强。如14军命令各部与阵地共存亡，否则以军事连坐法惩办。因此迫使士兵逐沟逐堡地顽抗，不敢轻易放弃阵地。即使逃走，其他阵地的国民党军一律不许其进村。如中野九纵突破小张庄后，国民党军一个连逃到旁边的张围子，但因不准进村，他们只好停在野外，直到被解放军全部消灭。所以中野政治部在总结中说："敌人在最初阶段上，连、排、班长对士兵的控制较严，打得也较为顽强，政治攻势在这时成效很小。每一据点的攻破，几乎极大部分敌军官兵非伤即亡，活捉的很少。"原来的优待俘虏政策无法执行，迫使解放军提出"只要能歼灭敌人，就是没有活的也行"和"给敌人毁灭性打击"等口号。这些又增加了战斗的激烈和残酷程度。[2]

在缺乏重武器、火力不如国民党军的劣势条件下，能不能消灭敌人？刘邓指示部队多动脑筋，扬长避短，与国民党军斗战术、斗技术。双堆集地区地形开阔，最利于国民党军发挥火力的优势。如何避开火力封锁，突破前沿阵地，是克敌制胜的关键。11月27日，中野九纵27旅在攻击小张庄战斗中，有3个战士冲到国民党军鹿砦前，遭到火力压制，上不去下不来。为了隐蔽自己，他们就地挖起坑来。先将卧射掩体挖成跪射掩体，再挖成立射掩体，再将掩体用壕沟连通，居然在前沿坚持了一天。九纵司令员秦基伟很受启发，利用夜间开始了大规模的近迫作业。各连连长背着石灰口袋匍匐前进，战士们顺着白线一个接一个跟在后面爬行。到达距离国民党军阵地几十米处，战士们先卧着挖，再跪着挖，然后站着挖，到天亮时，各连都挖成了通向国民党军阵地的交通沟。攻击开始后，突击部队在炮火和重机枪掩护下突然跃出壕沟，出现在阵地前沿，很快完成了突破。经过一天战斗，九纵攻克小张庄，歼灭10军一个团。邓小平政委表扬了九纵的攻坚战术，号召全军推广。[3]

中野司令部将其总结为"依托壕堑前进,沿着交通沟发展,掩护连续爆破,先剥皮后挖心"的新战法，在各纵队普遍运用起来。

[1] 四纵司令部：《淮海战役第二阶段作战总结》，1949年1月。
[2] 中野政治部：《关于淮海战役中部队主要的思想情况向军委的综合报告》，1949年2月21日。
[3] 秦基伟：《中野九纵在淮海战场上》，《中国共产党历史资料丛书——淮海战役》第2册第161页，中共党史资料出版社1988年版。

这种战法使黄维兵团受到致命打击。杨伯涛回忆："解放军没有硬拼，而是机智地采取了掘壕前进，近迫作业的沟壕战术。一道道的交通壕如长龙似的直伸我军阵地边缘。然后利用夜暗，调集兵力进入冲锋准备位置，在炮兵火力配合下，一声号令，发起猛烈的冲锋，当者很难幸免。这样使我军拥有火力的优势，无从发挥。在人力方面，我军是被动挨打，士气低落，而且战

◎ 二野突击队

斗伤亡一个就少了一个，没有补充，远不如解放军拥有广大的后备力量，可以源源补充。这在第12兵团是致命的劣势。"

为了弥补火炮不足的弱点，中野部队在围歼黄维兵团战役后期，普遍使用了一种土造的"炸药发射筒"。这是依据民间烟花爆竹的原理，用空汽油桶改造成筒身，内置炸药包。筒身下用铁管制成发火装置，点火后如同迫击炮一样将炸药包射出，在百米外落地爆炸。一个炸药包可以摧毁一个地堡，并震塌附近的工事。邓小平政委在1949年1月3日致军委的《歼灭黄维兵团作战总结》中说："因我炮火较弱，我们曾大量地使用了土造的炸药抛射筒，收效极大。这种武器须要制式化起来，大量制造，携带亦极方便。"国民党军惊呼共军有了"飞雷"，被炸得魂飞魄散。

经过几天的激烈战斗，解放军将包围圈逐渐缩小。但中野部队也打得十分疲劳，接近极限。眼看黄维兵团这个"硬核桃"就是吞不下去，刘邓首长和各级指挥员都很着急。秦基伟回忆："四纵开始的几次进攻不太理想，谢富治政委把旅长们叫来，一个个训得脸皮发黑。他号召干部破釜沉舟，烧床铺草（一方风俗，准备死的意思）。"真是豁上老本了。这时，华野七纵、十三纵赶来参战，加强了中野的力量。12月5日11时，刘陈邓下达了对黄

维兵团总攻的命令。

12月6日16时，总攻黄维兵团的战斗打响。以中野四、九、十一纵及豫皖苏独立旅、华野特纵炮兵一部组成的东集团，由四纵陈赓司令员统一指挥，向双堆集以东地区进攻；以中野一、三纵，华野十三纵和特纵炮兵一部组成西集团，由三纵陈锡联司令员统一指挥，向双堆集以西地区攻击；以中野六纵、华野七纵和陕南军区12旅组成南集团，由六纵王近山司令员统一指挥，向双堆集以南地区攻击。

被包围10天后，黄维兵团已经到了山穷水尽的地步。12万人的粮食，近2000头骡马的草料，100多门重炮、上千挺机枪、数万步枪、冲锋枪每天消耗的弹药，不下上百吨。出发时带的物资只够兵团使用5到7天，最初战斗时不计消耗，拼命地打，几天后即弹尽粮绝，全靠南京空投接济了。黄维在双堆集修了个简易跑道，飞机还可以降落。12月5日，兵团副司令胡琏从南京飞来，传达蒋介石的指示。黄维与胡琏商量，认为只有突围才是唯一的出路。但是要想突出去，一要空军投下足够的弹药和给养，二要有援军接应。胡琏飞回南京向蒋介石汇报，蒋希望能把黄维和杜聿明两大集团都救出来。9日胡琏又飞回双堆集，传达蒋的决定。黄维感到自己突围没把握，需要与杜聿明一起行动。解放军开始总攻之后，双堆集处于解放军炮火射程之内，胡琏也跑不掉了。国民党军士气低落，12月10日，防守双堆集外围小王庄的85军23师师长黄子华在解放军争取下，率师部及所属3000余人投诚。黄维的双堆集阵地东南方完全暴露在解放军面前。一天胡琏、杨伯涛在18军军部刚吃完饭走开，一发炮弹落在饭桌上，将收拾碗筷的卫兵炸死。胡琏、杨伯涛吓得躲进掩蔽部，再也不敢出来。

总攻的战斗进行得很艰苦，双方寸土必争，形成拉锯战。12月9日，刘邓陈报告军委："截至现在止，我6、7、8三日攻击，已使敌防御体系开始残破，如陈谢集团能于三四天内将双堆集东北之杨围子、杨庄地区攻占，则黄维兵团直属队即完全暴露，尔后作战当更易奏效。敌现集于上千的地堡网内，故我只能稳步钳击，只要交通壕迫近，加上密集炮火，必能成功。"

10日陈谢指挥东集团猛攻双堆集东北的杨围子，这里是14军的军部。陈赓集中了6个团的兵力攻击杨围子，10日首先扫清外围，11日拂晓，14军以坦克、步兵向解放军右翼实施反冲击，与四纵在野外肉搏格斗，激战达9个小时。四纵13旅38团有3个连在与国民党军坦克的拼搏中全部牺牲，但是解放军没有退缩，血战到底，终于挫败国民党军的反冲击，将他们打了回去。17时，解放军的总攻开始。密集的炮弹倾泻到杨围子村内，把14军打得死伤惨重。军长熊绶春神经失常，冲出掩蔽部逃命，被炮弹炸死。14军士兵纷纷向村外逃命，被中野四纵包围消灭在野外。当天，杨围子被四纵攻占。14军参谋长梁岱躲在掩蔽部里不动，当了俘虏。在去后方的路上，一位戴眼镜的解放军首长骑马经过，问梁岱是哪个部队的，又问军长熊绶春在哪里。梁岱告诉他熊已阵亡，首长要梁岱留下熊的卫士，吩咐道："我派人协助你去找，一定要找到，好好埋葬，立个牌，让他家人好查。"熊绶春的尸体被找到埋葬，还立了"第14军军长熊绶春之墓"的木牌。解放军的人道主义使国民党军俘虏都很受感动，后来才知道这位首长就是陈赓将军。梁岱到了后方收容所，接收的干部还认识他。说："原来又是你，你怎么变成参谋长了？"梁岱说："上次不敢承认，这次算坦白了吧。"梁岱受到高级战俘待遇，每天有白米饭和肉吃，还保留了一个卫士。过了几天，卫士对梁岱说："我要参军去了，不能照顾你了。"[1]

梁岱大难不死，两次被解放军俘虏，是12兵团中幸运的。尽管已到穷途末路，黄维、胡琏、杨伯涛等还在坚持。双堆集以南的大王庄和尖谷堆，是18军的主阵地。中野六纵和华野七纵于12月10日联合攻击大王庄。解放军把条条壕堑挖到国民党军阵地前，在夜间发起突击，以近战和肉搏把18军挤出大王庄。第二天18军用猛烈炮火轰击大王庄近一小时，然后以两个团的兵力在坦克掩护下进行反扑。解放军用炸药包和集束手榴弹打坦克，与国民党军一个一个地堡、一条一条壕堑地进行争夺，战斗的激烈和残酷是空前的，双方伤亡都很大，杀了个三进三出。到黄昏时，七纵投入最后的预备队，与中野六纵重新组织进攻，终于攻克了大王庄。

中野部队连日苦战，为了消灭黄维兵团，刘邓下了最大的决心，邓小平政委说：只要歼灭了南线的敌军主力，中原野战军就是打光了，全国各路解放军还可以取得全中国的胜利，这代价是值得的！中野各纵队在总攻中不停顿地向黄维兵团攻击。但黄维兵团的抵抗相当顽强，国民党空军支援的弹药，使他们能够保持炮火上的优势。中野部队一时还不能结束战斗。总前委研究了形势，决定从华野再抽调部队来加强南集团攻击双堆集的战斗。10日，刘陈邓打电话给粟裕、谭震林，粟谭当天回电："我们决定抽调三纵、苏十一

---

[1] 梁岱：《第14军被歼记》，《淮海战役亲历记》第507页，文史资料出版社1983年版。

纵及鲁中南纵队（该三个纵队可等于两个纵队的战力），外加一部炮兵，即晚南下，参加歼灭黄维作战，统由陈士榘同志率领南来，请分配其作战任务。"华野援军和炮兵的到来，为彻底歼灭黄维兵团加上了一颗举足轻重的砝码。

12月12日，刘伯承、陈毅发布《促黄维立即投降书》，指出黄维及其部属"再作绝望的抵抗，不但没有丝毫出路，只能在人民解放军的强烈炮火下完全毁灭。"要求黄维"应爱惜部属的生命，立即放下武器，不让你的官兵作无谓的牺牲"。但是黄维等拒绝投降。

大王庄后面、双堆集东南有个制高点叫尖谷堆，是座25米高的土堆子。黄维兵团的炮兵的观测所就在上边，因此为双方必争之地。12日黄昏，华野七纵部队推进到尖谷堆下，18军军长杨伯涛命令发射毒气弹，解放军被迫后退，当夜没有再进攻。国民党军使用后才知道，所谓的"毒气弹"就是催泪瓦斯弹，并不能置人于死地。国民党的军工厂并没有生产剧毒瓦斯的能力，所谓的"毒气弹"是吹牛的。邓小平政委在战后的报告中也说："敌人曾多次使用催泪性的瓦斯弹，因为我们曾事先教育部队防毒，使战士们在精神上产生了紧张状态。某部在攻击杨庄时，就因为敌人放毒发生混乱，直到明了其作用不大时才安定下来。"[1]

14日，华野三纵以攻坚能力最强的8师归中野六纵指挥，进入大王庄阵地。陈士榘集中了纵队炮兵团和华野特纵的重炮团的火力，压制双堆集。当日黄昏，中野六纵、华野三纵部队对双堆集东北的18军核心工事发起总攻。这个工事由胡琏的骨干部队114师54团守备，该团号称"威武团"。解放军的攻坚部队是中野六纵49团1营（"襄阳营"）和华野三纵23团1营（"洛阳营"）两个英雄部队，来个以硬对硬。18时，解放军集中强大炮火对国民党军阵地进行毁灭性轰击。上百门炮发射的炮弹和火药抛射筒发射的炸药包倾泻在阵地上，近1小时的炮火准备，将国民党军工事完全摧毁。国民党军士兵被打得逃出工事，"襄阳营"和"洛阳营"并肩突击，经过短兵相接的格斗，"威武团"大部被歼。与此同时，华野七纵21师和中野六纵47团在8门榴弹炮支援下，攻占尖谷堆，歼灭国民党军一个营和工兵连。18军调上了特务营、炮兵营、工兵营向尖谷堆反扑，可以说用上了一切可以使用的兵力，也被解放军一一打退，尖谷堆阵地牢固地掌握在解放军手中。[2]

[1] 邓小平、张际春：《关于歼灭黄维兵团作战初步总结向军委的报告》，1949年1月3日。
[2] 杜义德：《回忆中野六纵参加围歼黄维兵团之战》，《中国共产党历史资料丛书——淮海战役》第2册第156页，中共党史资料出版社1988年版。

尖谷堆的攻克，使黄维兵团的司令部、炮兵阵地、快速纵队的车辆和临时机场完全暴露。胡琏和杨伯涛指挥18军的剩余部队将战车、大炮转移到兵团部附近，收缩阵地。把200辆卡车排列起来，堆上泥土，构成城墙式的防御工事。胡琏把保卫兵团部的警卫营调给18军充当战斗部队，并将逃散的14军零散官兵千余人组织起来补充18军，凡是可以拿枪的人都用上了。对于退却的团长、营长，不问理由，一律枪决。这样还是阻挡不住解放军的强大攻势。解放军的炮火可以直接打到黄维的兵团部，炮弹从黄维、胡琏的头上呼啸而过，落在掩蔽部附近爆炸。黄维、胡琏躲在掩蔽部里一筹莫展。

黄维感到再也坚持不下去了，14日呼叫南京方面，表示15日要突围，要求空军配合轰炸。15日9时，空军副司令王叔铭飞到双堆集上空，对黄维说："不能照计划实施。"黄维说："你不能照计划实施，我只好断然处置了。"他和胡琏召来10军军长覃道善、18军军长杨伯涛，命令各部队破坏重武器和电台，抛弃伤员，于当日黄昏开始分路突围。黄维、胡琏求生心切，分头爬上坦克，在11师和战车营掩护下提前行动。他们从双堆集西边打开缺口冲出去后，黄维因坦克发生故障，只好混杂在溃兵中奔跑，被解放军追上生俘。杨伯涛冲不出去，跳入小河自杀，河水冻得他受不了，又爬上岸来，被两个解放军战士架到指挥部里烤火。10军军长覃道善也在乱军中被俘。兵团副司令兼85军军长吴绍周比较明智，黄维、胡琏乘坦克先逃，把浮桥压坏。吴绍周乘坐的坦克不能通过，他索性带着参谋长、师长和卫士坐在附近的小庙里，等着解放军来收容。只有胡琏逃到鲍集附近，被李延年兵团部队救起，送到蚌埠，算是漏网之鱼。到16日，黄维兵团4个军、1个快速纵队共10万余人全部被歼[1]。

从12月4日起，蚌埠北上的李延年第6兵团指挥96军对曹老集发起攻击，54军从左侧迂回仁和集，39军在周家口以西钳制。刘汝明的第8兵团在后面跟进掩护。中野二纵担任固镇以西何集地区防御，华野六纵担任鲍集地区防御。国民党军重点进攻鲍集，蒋纬国率战车2团20余辆坦克向鲍集阵地轮番冲击，华野六纵依靠当地多河渠的地形，层层阻击。8日以后，豫皖苏军区张国华率地方部队5个团、渤海纵队11师相继赶到，增强何集、鲍集地区防御。解放军顶着天上飞机轰炸，地上火炮轰击和坦克冲锋，顽强阻击12天，3次转移阵地，付出重大伤亡。李延年、刘汝明兵团付出13000人伤亡的代价，只前进了几十里。还是不能为黄维兵团解围。蒋纬国无可奈何地

---

[1] 黄维：《第12兵团被歼纪要》，《淮海战役亲历记》第492页，文史资料出版社1983年版。

◎ 黄维被俘

说："我们是尽人力以听天命。这样的大战，关系国家存亡，绝非少数人勇敢牺牲能挽回战局的。"当16日获悉黄维兵团被歼灭的消息后，李、刘兵团连夜撤退到淮河以南。

淮海战役第二阶段以黄维兵团被歼，杜聿明集团被围，李延年、刘汝明兵团溃退而结束。歼灭黄维兵团，是中原野战军在淮海战役中打的规模最大、最为艰苦的战役。中原野战军各纵队歼灭国民党军10万余人，缴获大量武器弹药和物资。解放军也付出了重大伤亡。各纵（不含华野）阵亡及失踪约8500余人，负伤2800余人。由于伤亡太多，部队都经过两三次火线整编。九纵秦基伟司令员回忆："淮海战役结束后，当地政府发动群众清理掩埋国民党军人马尸体，埋一人尸发高粱5斤，埋一马尸发高粱24斤，张围子群众共得政府发粮万余斤。也由此可见，这股死多活少的敌人是相当顽固的，我们的仗也是打得很残酷的。"[1]

[1]《秦基伟回忆录》第11章，解放军出版社1996年版。

虽然打了胜仗，邓小平政委的心情却相当沉重。1949 年 1 月 11 日他给毛主席的报告中写道："中原自 10 月下旬至歼黄维经过了 50 多天的加油作战，一般部队都很积极，问题很少。其原因是经过去年 8、9 月整党，对各级干部教育均大，官僚主义大大减少，干部责任心大大提高。因为干部负责，战士逃亡的也大为减少，在战斗中从上到下均颇顽强。一纵歼 181 师，三纵攻宿县均能迅速解决战斗。歼黄维时各部均下了最大决心，不顾任何代价，消灭黄维的意志一直贯彻到下面。故在整个作战过程中，各纵队虽然经过三次到四次的火线编队没有叫苦的。但是在总攻的时候，中原各纵伤亡达 2 万余人，气已不足，结果使用了华野 2 个纵队才解决战斗。而在中野各纵中，四纵、九纵及六纵比较充实，伤亡虽大（四纵 9000 余人，连同淮海第一阶段约 11000 余人，九纵 6000 余人，六纵 5000 余人）尚能一直攻到底，战功亦较大。三纵在淮海战前仅 16000 人，攻宿县伤亡 1500 人，打黄维又伤亡 4500 余人；一纵战前 3 个旅、9 个团仅 17000 人，打 181 师伤亡 1500 人，打黄维又伤亡 3000 人，故在最后均已丧失攻击能力。二纵及十一纵，在战前仅万二三千人（所有人员在内），就更难担负艰巨任务。战后各纵一致感觉中野不充实，以不能独歼黄维，增加华野过大负担为憾。同时这次还暴露了中野现有火力，打这样的仗实嫌太弱，幸弹药充足，补给及时，特别是战场范围不大，我能交换集中使用，且有华野一部分火器加入，才勉强应付过去。歼黄维后，部队虽伤亡较大，干部伤亡比例更大，但士气甚好，特别是在大规模的攻坚作战方面过了一个重要的关，这是一个极大的收获。"

淮海战役歼灭黄维兵团的战斗，使中野部队经历了大战的磨炼，在作战各方面都有极大的提高。刘伯承司令员非常重视总结经验，责成各纵队及时总结经验，并由司令部汇总为《淮海战役中双堆集歼灭战初步总结》。刘伯承在总结的题词中写道："淮海战役乃毛泽东军事学说中各个歼灭黄百韬、黄维、杜聿明三军的范例，而双堆集歼灭黄维军一战，则乃承先启后的关键。由于我在津浦西侧从黄维的外翼开始围攻，而杜聿明军则欲从徐州西南拊我外翼，以与李延年军协援黄维，因而被歼灭于永城东北地区。双堆集以运动战始，以阵地战终；以消耗敌人始，以围歼敌人终。我在转换关头上运用不同战法而持之以顽强，必须着重研究而发扬之！"这一精辟的见解，是对淮海战役的科学总结。

第 21 章
淮海战役（三）风雪陈官庄

蒋介石决心放弃徐州——杜聿明集团向西逃跑——华野全力追击——包围杜聿明集团——孙元良兵团逃跑被歼——南阳北压缩小包围圈——总前委蔡凹聚会——人间地狱陈官庄——蒋军官兵纷纷投诚——《敦促杜聿明投降书》——华野总攻陈官庄——杜聿明被俘——淮海战役的伟大胜利

1948 年 11 月 22 日黄百韬兵团覆灭后,徐州方面的国民党将领怨声载道。蒋介石的"特派战地视察官"李以劻到徐东前线督战时,邱清泉对他大发牢骚:"总统派你来视察督战,视什么? 察什么? 冯治安部队造反,事前为什么不知道? 这种杂牌部队再多有什么用! 妈的,害得我们好苦。总统只知道写手令,打电报,战场情况他老人家不清楚。共军围点打援,是一种消灭生力军的手段。对黄百韬我是出死力相救的,结果伤亡这样大,黄兵团不免于败,上了敌人的当。国防部是打糊涂仗,是亡国的国防部。敌人主力那么强大,我们能在徐州孤注一掷么? "李弥说得更为具体:"敌军的人海战术是围点打援,这次陈毅同刘伯承集中力量来干,就是想把我们的主力打垮。如果在徐州我们不早撤出,将来就是陷入重围。那时敌人再用人海战术来打一点,任何部队都挡不住。敌人的政治最厉害的一点,就是会鼓动,把老百姓组织动员起来。我在山东 3 年和这次作战中,看到敌人抬担架、运粮弹、修工事,要人有人,我们这一套就不行。所以归根到底,我们的政治就是不行。"但是这些话蒋介石都不爱听,说:"当将领的不能服从,不能任劳任怨还行么？不着眼大局还行么？见危不救还行么？"[1]

黄百韬兵团被歼后，11月24日，蒋介石把刘峙、杜聿明召到南京开会，国防部提出新的作战方案：以打通津浦路徐蚌段为目的，徐州方面以主力向符离集进攻，黄维兵团向宿县进攻，南北夹击共军。蒋介石批准这个方案，要杜聿明回去部署。杜聿明乘飞机回徐州时，特地飞经双堆集上空。见地面上炮火连天，战斗激烈。他与黄维通话，黄维说："当面敌人非常顽强，这样打不是办法。"杜聿明说："今天老头子已决定大计，马上会下命令，请你照令实施好了。"

11月26日，杜聿明指挥孙元良兵团沿津浦线两侧向孤山集、官桥（今属安徽萧县）地区进攻，邱清泉兵团向潘塘以南的二陈集、刘塘一线进攻。74军在二陈集、仁和集方向遇到强大的华野一纵，打了两天，被反击回来。70军寻找华野较弱的鲁中南纵队进攻，27日占领官庄、刘庄等6个村庄。鲁中南纵队虽然装备远不如国民党军，仍以顽强的意志且战且守，迟滞国民党军的前进速度。74军军长邱维达回忆："各军第一线部队展开以后，大家认为成败在此一举，必须集中一切兵力与火力。26日拂晓，战斗信号刚一发出，炮声轰鸣，全线进攻部队即与当面的解放军展开了极为激烈的战斗。双方的火力、冲击、反冲击都发挥到最高，逐村争夺，寸土不让，甚至争夺一村庄或一据点，必须反复争夺四五次，有的六七次之多。致使70军和74军伤亡惨重，虽然有些进展，也是很迟缓的。战斗一天，前进速度仅3公里。次日清晨又继续发起进攻，战况与昨日比较，则大有逊色，这显示进攻的锐气已经走下坡路了。28日'剿总'还是强调要继续进攻，但第一线部队已呈现精疲力竭的状态。迫于军令和'总统'视察官监督之下，只好放些枪炮装装样子，部队都在原地不动。截至28日，第2兵团的第一线还停止于褚兰、张集之线，不能前进一步了。"[2]

鉴于徐州国民党军倾巢南下，华野迅速调整部署，以山东兵团主力增援徐州以南的阻击作战。以九纵增援两广纵队担任津浦路西侧防御；以八纵接替鲁中南纵队，担任津浦路正面防御；以四纵增强一纵、十二纵方面的防务，担任津浦路东侧防御。3个强大的阻击集团在孤山集、后官桥、褚兰一线构筑工事并组织反击。29日九纵接替广纵阵地后，当夜就对孙元良兵团发起反

---

[1] 李以劻：《淮海战役国民党军被歼概述》，《淮海战役亲历记》第69页，文史资料出版社1983年版。
[2] 邱维达：《邱清泉第2兵团被歼记》，载《文史资料选辑》第21辑。

击，收复两个村庄。30 日八纵收复严庄等地，72 军两个营进攻范庄，遭八纵包围，仓皇撤退。徐州"剿总"组织的打通津浦线的计划又失败了。正如华野总结中所说："敌曾企图乘我主力在徐州以东未及转移，及一部南下作战，在我薄弱的部分沿津浦线两侧南犯，妄图寻找我弱点乘机突进。但在此 7 天中敌前进约 30 里至 10 余里，遭我强力反击退回约 10 余里，实际敌人前进仅 20 余里至 10 里。故杜聿明所辖之邱、李、孙兵团倾巢南犯，图沿津浦线取捷径南下靠拢黄维，以便在李延年兵团策应下合股南撤江防之企图，遭严重打击，已使该敌由津浦南下之决心动摇。"[1]

蒋介石见徐州 3 个兵团南下受阻，蚌埠的 2 个兵团又不能北上，黄维兵团的形势日益危急，28 日将杜聿明召到南京商量对策。杜聿明见到顾祝同说："目前挽救黄维的唯一办法，就是集中一切可以集中的兵力与共军决战。否则黄维完了，徐州不保，南京也危险。"顾祝同丧气地说："老头子也有困难，一切办法都想了，连一个军也调不动。现在决定放弃徐州，出来再打，你看能不能安全撤出？"杜聿明说："从徐州撤出问题不大，可是要放弃徐州，就不能恋战。只有让黄维守着，钳制敌人，将徐州部队撤出，经永城到达蒙城、阜阳地区，以淮海为依托，再向敌人攻击，可以解黄维兵团之围。"蒋介石批准了这个方案。杜聿明匆匆飞回徐州，当天晚上召集邱清泉、李弥、孙元良 3 个兵团司令开会，部署撤退行动。杜聿明命令：30 日发动全面进攻迷惑共军，当日晚上开始向萧县、永城方向撤退。李弥兵团以一个师在前面开路，其余作为掩护部队在最后撤离。邱清泉、孙元良兵团居中，各兵团以"滚筒战术"（即以各部形成圆形态势，防备解放军包围）逐次掩护前进。为了保证撤退的安全，杜聿明下了严厉的命令：1. 各部行动要严格保密，务使大军撤退做到神不知鬼不觉，不能让解放军明了撤退的企图，如有泄密，军法从事；2. 责成徐州"剿总"前进指挥部副参谋长文强会同李弥部队，在部队撤离徐州后，彻底破坏徐州车站的所有火车头和无法带走的弹药物资，烧毁全部军用地图和档案；3. 命令徐州警备司令部征用城内的所有车辆供撤退之用，并将徐州公私银行的现金集中，随军押运。

29 日下午，邱清泉在徐州机场召集手下 4 个军长部署撤退任务。3 个军长从前线匆匆赶回来，听说要撤退，都感到意外。他们提出众多的伤员和带不走的军用物资怎么办，邱清泉干脆地说："这些问题我没有办法处理，你

[1] 华东野战军司令部：《关于淮海战役经过概述》。

们自行决定吧！"

杜聿明的"保密"根本保不住。29日黄昏，徐州城内就开始骚动起来。国民党官兵到处抢购绳索、扁担，征用车辆，大家都知道国民党军队要跑了。文强派保密局特务爆破队与李弥的工兵营共同破坏徐州车站的火车头，原定等30日晚国民党军撤离徐州后进行，李弥部下逃命心切，提前半天开始行动，隆隆的爆炸声传到数十里外。徐州"剿总"院内烧档案的火光冲天，浓烟滚滚。徐州警备司令谭辅烈带人到各个银行去查封拿钱，谁知一连走了几家，都是人去楼空。

◎ 国民党军徐州撤退

不但现金全部转移，连职员家属都已乘飞机逃走了。银行的行动比军队还快，肯定是得到了南京方面的消息。杜聿明得知后拍案大叫："老头子（蒋介石）钱就是命，连泄露军情都不顾，叫我怎么能打胜仗！"[1]

11月30日，徐州国民党军开始撤退。邱清泉、孙元良兵团在前，李弥兵团殿后，加上国民党党政人员和家属，共约30万人，由徐州沿徐（州）永（城）公路向西南方向撤退。由于各兵团撤退前切断了电话线，杜聿明对各部情况一无所知。12月1日晨，他带领徐州"剿总"前进指挥部的少数人员上路。西门外的公路上人马拥挤不堪。军队的卡车、大炮与马车、小轿车堵塞道路，动弹不得。各部队完全不顾秩序，争先恐后地超越穿插。有的见公路堵塞，就从田野里开路前进，从徐州到萧县数十里的公路上是一片拥挤混乱的景象。杜聿明指挥不灵，命令参谋指挥车队出徐州南门，绕道凤凰山向萧县前进。出城不久因道路堵塞，杜聿明的吉普车也无法前进，卫士们只得搀扶着杜聿明，在泥泞的田野里跌跌撞撞地步行。这一天只走了几十里，到萧县以西的大吴集宿营。

李弥是最狡猾的。他奉命掩护全军撤退，但他只留下8军负责破坏徐州

---

[1] 文强：《徐州"剿总"指挥部的混乱》，《淮海战役亲历记》第93页，文史资料出版社1983年版。

的仓库和火车头，自己在30日下午就带领兵团部和9军出动了，比杜聿明走得还早。他为了保存实力，故意不与杜聿明、邱清泉联系，带着部队一股劲地向西走，对部下说："不要同他们主力兵团黏在一起，兵团越大越不易行动，一有情况大家就会牵连着走不了。"还说："如果他们（杜、邱）没冲出去，我们冲出去了，那我们就成功了。"国民党军将领损人利己之心态，暴露无遗。

12月2日中午，9军军长黄淑在萧县以西的孟集附近休息，与杜聿明的总部不期而遇。杜聿明两天没与李弥联系上，见9军走在了他的前边，当即责问黄淑："你们为什么走到总部一起了，徐州后续部队通过萧县没有？"黄答："还有少数没有通过。"杜问："你们司令官在哪里？谁叫你们撤退的？"黄答："现在不知道他在哪里，昨晚司令官用报话机指示我们撤退的。"杜聿明怒气冲冲地说："他敢不听命令吗？你马上带部队回去占领原来的掩护阵地，直接归我指挥。等部队通过完毕后，再告诉你撤退。否则不论哪一个单位受到损失都由你负责。"黄淑很不高兴，只得带领部队掩护了一天[1]。

到达孟集后，杜聿明与李弥接通了电话。杜聿明责备李弥两天来未与总部联系，以至总部对13兵团情况完全不了解。李弥支吾推托。杜又责问他为什么不按书面命令行动，李说没接到（实际上是13兵团参谋长接受的命令）。杜聿明也无可奈何，只是告诉他在前面宿营，等待命令。这天，邱清泉兵团的74军也到达孟集。74军经过三昼夜行军没有休息，官兵都十分疲劳，只要停下来就呼呼大睡，掉队的不少。邱清泉对军长邱维达说："部队太疲劳了，这样拖下去，不要打，拖就拖垮了。我已报告杜聿明，同意收容整顿一下再走。"于是当天74军在孟集宿营，休整一天。邱维达回忆："这一停顿，如同黄百韬在新安镇的撤退，恰好弥补了解放军迟一天发起追击的缺陷。这样解放军就赢得了一夜的时间，缩短了几十公里的追击，使强大的追击纵队由平行追击超越于我军退却兵团的先头，终于到达了大回村、薛家湖附近，把退却兵团的道路完全截断了。"[2]

在国民党军放弃徐州之前，华野的情况是相当困难的。粟裕回忆："当时华野除了参加打黄维的三个纵队外，其他部队放在徐州南面，防敌突围。要打李延年兵团恰好未打上，如果打上了李延年，一时又解决不了战斗，部

[1] 黄淑：《淮海战役第9军被歼经过》，《淮海战役亲历记》第285页，文史资料出版社1983年版。
[2] 邱维达：《邱清泉第2兵团被歼记》，载《文史资料选辑》第21辑。

队转移不过来，则杜聿明的三个兵团可能向西走掉。"[1] 解放军战史写道："当时，华东野战军要在三个方向上作战，即以一部兵力协同中原野战军直接参加歼灭黄维兵团，又在南北两个阻援战场上，阻击和钳制国民党军 5 个兵团的 40 余万人马，是淮海战役中最紧张的时刻。"[2]

12 月 1 日，华野侦察部队报告：国民党军正在破坏徐州的工厂、仓库，中午有 600 辆汽车由徐州西开砀山方向。电台监听到国民党军向西开进的消息，华野首长判断杜聿明集团已放弃徐州西逃。粟裕立即下达命令：以一、三、四、八、九、十二纵、两广、鲁中南纵队向永城、萧县急进截击，十纵经宿县向永城进发，渤海纵队占领徐州。中央军委得到华野报告后，毛泽东 2 日指示华野："敌向西逃，你们应以两个纵队侧翼兼程西进，赶至敌人先头堵住，方能围歼，不要单靠尾追。"

一场围追堵截杜聿明集团的行动开始了。华野 9 个纵队不分昼夜沿着公路疾进，九纵原来在徐州以南的孤山集作战，位置靠西，走在最前面。12 月 2 日晚，九纵 25 师到达安徽萧县以西王引河与徐永公路汇合处，74 团在一个叫官路口的村子宿营。3 营长披着一件缴获的美式军大衣回到住处，发现一个士兵在卸门板。他问："你是哪个连的？"士兵立正回答："报告长官，我是 8 连的。"营长一听这种不顺耳的答话，以为是个俘虏兵，就命令他："叫你们连长跑步到这里来。"不一会儿，3 营长只听一声"报告！"一个戴大盖帽的国民党军官站在面前。两个人都愣住了，幸亏营长的通信员机灵，扑上去缴了国民党军官的枪，一问才知道是邱清泉 5 军 45 师的，同解放军混住在一个村子里。3 营当即投入战斗，村子里枪声大作，混战一场。国民党军突出包围，向西逃去。聂凤智司令员听说追上了国民党军，命令不许恋战，向西展开平行追击。3 日拂晓前，九纵先头部队在陈官庄以西的大回村与国民党军遭遇，歼敌一个营，超越了国民党军。聂凤智命令后面跟上来的 27 师向北切断国民党军西进的去路。27 师不顾长途行军的疲劳，于 3 日夜里占领薛家湖和芒砀山[3]。4 日，华野各纵队陆续赶到指定位置。经过三天艰苦追击，华野完成了对杜聿明集团的包围。

[1] 粟裕：《淮海战役的伟大胜利和华野1949年六大任务》，《粟裕文选》第2卷第739页，军事科学出版社2004年版。
[2] 《中国人民解放军第三野战军战史》第291页，解放军出版社1996年版。
[3] 聂凤智：《敢打敢拼，英勇奋战——记华野九纵参加淮海战役始末》，《中国共产党历史资料丛书——淮海战役》第2册第315页，中共党史资料出版社1988年版。

12月3日对杜聿明集团来说是至关重要的一天。如果杜聿明坚持要走，解放军追赶他们是不容易的，毕竟国民党军有汽车，四个轮子总比两条腿跑得快。那天上午，杜聿明在孟集正准备出发，突然接到飞机空投的蒋介石亲笔信。信中说："据空军报告，濉溪口之敌大部向永城流窜，弟部本日仍向永城前进，如此行动，坐视黄兵团消灭，我们将要亡国灭种。望弟迅速令各兵团停止向永城前进，转向濉溪口攻击前进，协同蚌埠北进之李延年兵团南北夹攻，以解黄维兵团之围。"杜聿明读后，感到蒋介石又改变了决心。他想：如果不听蒋的命令，继续向淮河前进，再解黄维之围，尚可将功补过。如果沿途遭共军截击，损失惨重，又不能解黄维之围，失败的责任就大了。杜聿明不敢违抗蒋介石的命令，要部队停止前进，召各兵团司令来孟集开会。大家看了蒋的命令，多数沉默不语，只有邱清泉狂妄地说："总座，可以照命令打。今天晚上调整部署，明天起第2兵团担任攻击，13、16兵团在东、西、北三面掩护。"杜聿明说："大家再把信看看，考虑一下，我们敢于负责就走，不敢负责就打。这是全军生死之地，存亡之道，不可不慎重。"大家都不敢抗命。于是杜聿明决定按照邱清泉的意见，调整部署，向南攻击。这一下，杜聿明集团就陷入华野的重围，再也爬不出来了[1]。

　　当12月4日杜聿明准备向濉溪口前进时，华野各路大军已云集萧县、永城、砀山三角地带，对杜聿明集团形成包围。在追击过程中，解放军抓住国民党军的尾巴猛打，造成国民党军的混乱，汽车和物资被遗弃的遍地皆是。但是解放军追得太急太快，对许多突发情况来不及应付。道路窄、部队多，也发生了拥挤堵塞的现象。因为是轻装疾进，火炮都在后面，遭遇国民党军的重兵集团不敢轻易发起攻击。2日拂晓，一纵在萧县以东和国民党军接触。当时如能大胆猛插，可能会有大的战果。但听到汽车、坦克马达声音隆隆，又见其部队太多，情况把握不住，一纵未下决心投入战斗。待情况查明，国民党军已退过萧县[2]。

　　12月4、5两日，华野一纵由袁圩向西南的王白楼、孟集攻击；四纵向李石林、陈阁方向攻击；九纵向芒砀山、山城集、倪小楼方向攻击，三纵向刘楼、杨小乔方向攻击，十纵攻占大回村后，将阵地移交给二纵，转移到青龙集东南地区。各纵队努力向前压缩，收紧包围圈。

---

[1] 杜聿明：《淮海战役始末》，《淮海战役亲历记》第34页，文史资料出版社1983年版。
[2] 20军司令部：《淮海战役纵队作战经过及主要经验汇集》。

杜聿明集团陷入重围后，邱清泉兵团打了两天才前进到青龙集以西的陈官庄一带。李弥、孙元良的阵地多处被解放军突破，纷纷向杜聿明告急。12月6日，杜聿明的指挥部转移到李石林，邱清泉、孙元良来找杜聿明，请他重新考虑行动方案。他们一起来到李弥的兵团司令部开会，孙元良说："我们攻击进展迟缓，掩护阵地又处处被突破，再战下去前途不乐观，现在突围尚有可为。将在外，君命有所不受。目前只有当机立断，才能拯救大军。"

杜聿明心情沉重地说："将在外，君命有所不受。如果三天前大家按这句话办，就可以全师而归，对得起老头子了，今天做恐怕晚了。敌人重重包围，能杀出一条血路还有希望，否则重武器丢光，分头突围，既违抗命令，又不能全师而归，有何面目见老头子呢？"邱清泉、孙元良仍然主张突围。李弥沉默不表态。杜聿明最后只好说："只要大家一致认为突围可以成功，我就下命令。各兵团要侦察好突破点，重武器、车辆非到不得已时，不能丢掉，笨重物资可以先破坏。"15时散会，各兵团准备突围。

李弥召集军、师长开会，布置各军在黄昏时分三个方向突围，到阜阳集合。与会的各军、师长都表示时间过于仓促，部队现在都在一线，不要说突围，就是脱离阵地也不容易，最快也要在7日拂晓才能开始行动。邱清泉、孙元良要走，就让他们先走。李弥本来就信心不足，见部下都这样说，表示同意。邱清泉向各军长部署时，大家情绪消沉，突围要抛弃重武器，这个兵团等于就完了。74军军长邱维达听说要突围，顿时咆哮如雷："你们怕死！想突围逃跑，那是办法吗？为什么不集中力量硬打出去？突围有被各个消灭的危险，应该考虑这个不利的后果，我们74军包打第一线！"他这一闹，大家都没有话说了。邱清泉考虑丢了重武器，回去也无法交代，于是改变主意，与杜聿明商量暂缓行动。

坚决要跑的只有孙元良。6日下午他开会回来，对各军、师长说："指挥部已决定离心退却，邱清泉部向南突围，李弥部向东突围，16兵团向西突围。我们集结的地点：第一步到商丘的朱集，第二步到信阳，最后到武汉会合。"（事后大家才知道，杜根本没有下这样的命令）部署完后，他就带领参谋人员赶到黄庄的47军125师，这个师是快速纵队，配备了战车，战斗力也较强。孙元良指示125师师长陈仕俊掩护兵团部突围，同时命令将所有电话线截断，电台停止收发报，特别嘱咐指挥部来的电报一概不收，唯恐杜聿明变卦不准突围。国民党军内部勾心斗角，尔虞我诈，真是无所不用其极[1]。

6日晚20时，孙元良兵团开始行动。炮兵先乱轰一通，把炮弹打光，然后开始破坏大炮等重武器。杜聿明与邱清泉在陈官庄密切注视动向。邱清泉本来不想走，让部队象征性地试探了一下，就向杜聿明报告说："西面、南面敌军阵地重重，无法突围。我仔细考虑了孙元良的主张，简直是自我毁灭，如何对得起老头子！"杜聿明与李弥通话，李弥大骂孙元良破坏武器，准备逃跑，表示他也不走。杜聿明要孙元良兵团的电话，怎么也要不通，于是对邱、李指示：不管孙元良兵团情形如何，邱、李兵团不突围。迅速调邱兵团的预备队来填补孙兵团遗留的阵地空缺。如果孙元良能突出去，他们再跟着走。孙元良自作聪明，实际上被杜聿明等抛出去了。

孙兵团突围时根本没有侦察突围路线，也没有选择突破口。几万人分成多路纵队落荒而逃。不久部队互相拥挤，乱作一团。官找不到兵，兵找不到官，41军和47军混在一起，建制完全打乱了。大家都朝着人多的地方跑，无所谓方向和道路。在通过第2兵团警戒线时，突然村里枪声大作，密集的火力把16兵团的官兵都打得卧倒在地，死伤不计其数。47军军长汪匣锋派人联络，才知道是5军200师向他们开枪。交涉了半天，5军才停止射击，他们的行动早已惊动了当面的华野八纵。当国民党军来到刘集、郭营八纵阵地前，解放军猛烈开火。16兵团在前后夹击之下，全线溃乱，密集的人群在村庄之间的旷野里四散逃命。孙元良跳下吉普车混入乱军中，兵团副参谋长熊顺义则带领一批人掉头往回跑。八纵全线出击，枪炮声和"缴枪不杀"的呐喊声震天动地。经过两小时战斗，16兵团大部被八纵和友邻部队歼灭，41军军长胡临聪、47军军长汪匣锋等被俘。副参谋长熊顺义收容逃回的官兵7000多人，被杜聿明编入邱清泉兵团的72军。只有孙元良化装成老百姓，与少数人侥幸逃脱。12月18日，孙元良逃到信阳，被张轸部队收容[2]。

首次突围没有成功，杜聿明仍然争取在南边突破与黄维兵团会合。他命令邱清泉兵团集中炮火和战车，以一个军向南进攻。李弥兵团坚守李石林、青龙集地区，以"滚筒战术"跟进。邱兵团前进一步，李兵团就接替邱兵团的阵地，巩固后方。他们把十几万部队收缩在陈官庄一带南北十余里，东西二十余里的狭小范围内，防止解放军的突破和分割围歼。

[1] 魏煜昆：《第16兵团就歼记》，《淮海战役亲历记》第441页，文史资料出版社1983年版。
[1] 熊顺义：《孙元良兵团被歼经过》，《淮海战役亲历记》第425页，文史资料出版社1983年版。

华野指挥部察觉到杜聿明集团的意图，采取针锋相对的方针。以谭震林、王建安指挥一、四、九纵由北向南积极攻击；以宋时轮、刘培善指挥十、十二纵，以韦国清指挥二、八、十一纵、广纵采取正面阻击和东西两侧夹击，坚决阻敌南逃。

激烈的战斗从 12 月 8 日起再次展开。邱清泉兵团的主攻方向是鲁楼。鲁楼村位于引河岸边，是国民党军南下的必经之路。粟裕特地向十纵交代："守住了鲁楼，就等于堵住了引河的口子。"从 6 日起，邱清泉就派 70 军两个师轮番猛攻鲁楼。十纵 29 师顽强防御，以迫击炮、火箭筒向坦克抵近射击，使国民党军伤亡惨重而退缩。邱清泉见鲁楼攻不下，命令 70 军 32 师进攻鲁楼东南的窦凹。邱清泉亲自指挥，集中火力猛轰窦凹，支援 32 师的进攻。自 12 月 10 日起，南线战斗达到白热化程度。华野战后的总结中记载，"宋刘集团：十纵 10 日击退敌向窦凹之进攻，11 日又击退窦凹敌两次猛攻，12 日敌 70 军之 96 师及 32 师全部，附坦克 8 辆，自 4 时向我窦凹阵地猛攻，激战一天，得失八次，卒为敌占。毙敌副师长以下 2000 余人，俘百余。13 日晨因窦凹阵地失守，鲁楼阵地突出，决定同时放弃，上午 9 时敌占鲁楼阵地。11 时 96 师 2 个团附坦克 8 辆，分三路向我李楼阵地攻击，激战至 14 时，我前沿阵地被敌突破，反复争夺至 16 时，敌后续跟上，遂为敌占领。次日徐小凹亦为敌占领，我坚守张庄、耿庄、后刘园之线阵地。十二纵 14 日攻入陈阁、王林庄、吴楼，敌四次增援，因我突击部队伤亡过大，即停止进攻，毙伤敌 300 余，俘 20 余。"[1]

国民党军拼尽全力，只占领了几个村庄，邱清泉手下最能打的 96 师元气大伤，师长邓军林回忆："窦凹的战斗，是在邱清泉的顽强压力下，付出了极大的代价而宣告结束的。部队的攻击精神，已是一蹶不振，一听到攻击任务，官兵都感到惶恐不安。"十纵 6 天顽强的防御，堵住了杜聿明集团南下的道路。粟裕、谭震林给十纵的嘉奖令中说："此次聚歼杜聿明、邱清泉、李弥、孙元良匪部，会战初期，你们贯彻了这种坚决顽强英勇奋战的战斗作风，给予妄图夺路南窜之杜聿明、邱清泉匪之 70 军以连续迎头痛击，毙伤敌数千以上，确保了鲁楼、李楼阵地，对于完成全歼杜聿明集团任务，起着重大作用。"[2]

从 12 月 6 日至 14 日，华野在南线坚决地阻挡了邱清泉兵团的突围，在

[1] 华东野战军司令部：《关于淮海战役经过概述》。
[2] 李曼村：《淮海战役中的华东野战军第十纵队》，《中国共产党历史资料丛书——淮海战役》第 2 册第 329 页，中共党史资料出版社 1988 年版。

北线不断推进，压缩包围圈。但是部队苦战多日，并未达到分割围歼的目的，双方打成对峙局面。一纵叙述这段时期的作战情况说：

"在攻击手段上，我仍采取过去一般对村落的攻击办法，先炮击，再爆破，最后是突击，按此三步来攻。其实当时敌人已开始全部转入村落四周之野外，已经不是过去一样集中兵力固守村落的防御，而是散开四周形成蜘蛛网式的防御了。如仍采取过去的攻坚经验，即不能取胜。具体表现：一是炮火使用，过去攻坚多用曲射，集中炮火打一点，可压制敌人，掩护部队前进。但现在敌人全部散开，隐蔽地堡交通壕内，那样打法只有浪费弹药。二是突击与爆破分成两个部分担任，不适合当前攻击。因敌已分散各工事中，几包炸药不能解决问题，如炸后突击队再上去，敌人反会封锁爆破口。三是攻击队形，如仍采取集团队形，爆炸一响后，即将部队向内塞，企图与敌进行纵深战斗，但敌主力不在村子上，这样使用部队结果伤亡反大，到处受敌地堡火力之杀伤，而不能取得胜利。必须采取小组动作，先求肃清地堡交通壕之敌，才能取得胜利，这些经验都是从实战中碰到钉子后总结出来的。"[1]

杜聿明集团一时吃不掉，总前委又要华野抽调部分兵力协助消灭黄维，粟裕不免心里焦急。12月14日粟、陈、张给总前委和军委的电报中说："三日来杜匪对我战法，采取东西北坚守，以主力一部配合第二等部队与我纠缠，而集中其主力向五户张集、固上之间突击。在战术上采取绝对优势兵力（3至5个团），在战车（5辆至15辆）与空军和炮火掩护下，用密集队形反复猛扑我一个村落（如窦凹、李楼均经过四次以上之争夺）。在敌人此种攻击手段下，敌虽付出很大代价，我也伤亡消耗颇大，且不便集中更多兵力反击。因此，敌集中攻我一点时，我亦很难守住。我曾对北线采取攻势，因敌均坚工固守，每晚仅能歼敌一个团左右。而每个村守备均成敌之据点，分割不易。"粟裕建议在南边设一袋形阵地，引诱国民党军突围而歼灭之。

这时，毛泽东的注意力集中在平津战役上。为了不使蒋介石迅速决策，海运傅作义集团南下，将其留在华北战场，12月11日毛泽东在《关于平津战役的作战方针》中提出："于歼灭黄维兵团之后，留下杜聿明指挥之邱清泉、李弥、孙元良诸兵团（已歼约一半左右）之余部，两星期内不作最后歼灭之部署。"接到粟、陈、张14日电报后，毛泽东当即复电："你们围歼杜、邱、李各纵，提议整个就现阵地态势休息若干天，只作防御，不作攻击。待黄维

[1] 20军司令部：《淮海战役纵队作战经过及主要经验汇集》。

◎ 淮海战役支前民工

歼灭后，集中较多兵力，再举行攻击。"[1] 接到命令后，华野各纵于 16 日进入休整，战场出现一段沉寂状态。

自淮海战役开始以来，华野各纵队已连续作战 40 天，部队普遍出现极度疲劳和因伤亡严重减员的现象。以四纵为例，战役开始时全纵队为 18704 人，第一阶段他们伤亡 5306 人（伤 3974 人，亡 1332 人），第二阶段伤亡 4056 人（伤 2707 人，亡 1349 人）。也就是说，一个月内拼掉了半个纵队。有的纵队伤亡更大，因此，各纵队都在战斗中随时调整编制，实行以俘虏补充部队的措施。对不带伤的俘虏基本上是一个不放，"随俘随补"。上午俘虏过来的国民党士兵，下午就补充到连队参战。各纵队还通过"边打边提""随缺随补"和"火线提拔"等办法，解决了基层干部的损失，保证了作战。从黄百韬兵团补充来的俘虏半个月后已经有当班长或副排长的了。据四纵统计，此时"连队解放成分已占 80％"。开始华野政治部指示各纵队根据伤亡情况，缺一补一。到后来各纵队抓住俘虏都不放，几乎全部补充到连队，所以各纵队人数是越打越多。到战役结束时，四纵已达到 43072 人，为战役开始时的两倍多。华野全军从战役开始时的 36 万人发展到 46 万人。

在休整期间，华东支前部门和华野后勤部门集中大量民工和运输车辆，将徐州缴获的物资和解放区支前物资源源不断运到前线，改善了部队生活。使部队战士"穿暖、吃热、吃饱、吃好"。部队实行轮番休息，在前线的部

[1]《毛泽东军事文集》第5卷第362页，军事科学出版社1993年版。

队大力改造战壕，把战壕和阵地变成能休息、能做饭、能活动的场所，真正做到"以阵地为家"。在冰天雪地的日子里，战士们吃着解放区人民慰劳的猪肉，抽着送来的香烟，送走了1948年，迎来了1949年。

淮海战役第二阶段即将结束时，毛泽东已经开始酝酿辽沈、淮海、平津三大战役结束后，解放军进军江南，夺取全国胜利的总体规划。12月12日，毛泽东给总前委领导人发出指示："黄维歼灭后，请刘、陈、邓、粟、谭五同志开一次总前委会议，商好在邱、李歼灭后的休整计划，下一步作战计划及将来渡江作战计划，以总前委意见带给中央。如粟、谭不能分身到总前委开会，则请伯承至粟谭指挥所，与粟谭见一面，了解华野情况，征询粟、谭意见，即来中央。"[1]

当时中原野战军司令部在永城南临涣集的小李庄，华东野战军司令部在萧县西的蔡凹村，两地相距近百里。刘、邓、陈决定前往华野司令部开会。12月17日早上，他们乘车来到蔡凹华野指挥部，淮海战役总前委5位领导人第一次共聚一堂。这次会议也是淮海战役中总前委唯一的一次全体会议。会议开了一天，鉴于杜聿明集团歼灭在即，未成为会议的主要议题。他们主要研究了渡江战役的计划和部队整编方案。当天晚上，刘伯承、陈毅驱车北上，前往西柏坡向党中央汇报。邓小平回到小李庄，谭震林回到山东兵团指挥部。

被围困的杜聿明集团则处境悲惨。近20万人的粮食弹药，都要依靠空投补给。刚被包围时，蒋介石为了抢救这支"王牌部队"，命令空军不惜一切代价维持杜聿明集团的生存。平均每天要出动120架次，空投粮食肉类食品240吨，弹药和其他物资160吨，才能满足需要。从12月16日起，南京方面以两个空运大队为主，并租用了中国、中央和陈纳德三个民用航空公司的运输机，昼夜不停地空运。开始空投大米，被围困的部队缺柴火，烧不了饭。杜聿明来电要大饼、饼干、罐头等熟食。南京城里城外各食品厂和作坊都日夜赶制大饼和饼干，忙得不亦乐乎。开始的时候天气正常，空投频繁。12月18日以后陈官庄地区雨雪交加，天气恶劣，民航飞机都撤出了，只有靠空军负担。包围圈越来越小，国民党飞行员怕解放军射击不敢低飞，在1000米高空就顺风投下去，结果这样少的物资，还有相当一部分落在解放军阵地上。雨雪天气持续了近10天，杜聿明集团饥寒交迫，到了崩溃的地步[2]。

[1]《毛泽东军事文集》第5卷第401页，军事科学出版社1993年版。
[2] 程藩斌：《陈官庄地区空投记》，《淮海战役亲历记》第107页，文史资料出版社1983年版。

杜聿明起初冥思苦想，寻求突围之计。16日黄维兵团覆灭的消息传来，杜聿明的心更凉了。现在共军可以全力来对付他们，还有什么办法呢？只有死守待援了。17日蒋介石要他派人到南京商议，他派参谋长舒适存乘小飞机从陈官庄起飞去南京。19日下午，舒适存带回来蒋介石的亲笔信。信中说：现在华北、华中、西北所有部队都被共军钳制，无法抽调；目前唯一办法就是在空军掩护下集中力量突围。杜聿明对突围信心不足。他与邱清泉等商量了3个方案，写信请蒋介石决定：1.必要时放

◎ 被围困的国民党军

弃武汉、西安，集中力量与共军决战，这是上策；2.各兵团持久固守，争取和谈，这是中策；3.如果突围，绝对达不到希望，这是下策。当他将信写好，请舒适存再次飞往南京时，不料连日风雪大作，飞机无法起飞，一耽搁就到了28日。

　　寒冷恶劣的天气把陈官庄变成了人间地狱。国民党军互相抢夺空投的粮食，空投场变成了厮杀的战场。杜派官员监督空投场，依然不能制止乱抢的混乱局面。没有粮食吃，国民党士兵杀光了牲口。为了烧火做饭取暖，先拆了房子，又扒出地里埋的棺材，最后将阵地的鹿砦也偷来烧了。有人描述当时的情景："在包围圈中，除了编入建制的官兵外，尚有不少的闲散国民党军人员、机关公务人员以及由徐州盲目随军而逃的男女学生、市民、地主之类的难民队伍，他们既不在建制之内，连最少量的口粮也没有。邱清泉乘机强迫将他们编入部队，在快饿死的情况下，只要有点吃的，没有不顺从的。"[1]

[1] 文强：《徐州"剿总"指挥部的混乱》，《淮海战役亲历记》第99页，文史资料出版社1983年版。

华野前线部队不失时机地展开政治攻势，瓦解国民党军。有的向阵地喊话，宣传政策。有的乘夜间将食品、香烟送到国民党军阵地前沿，让他们来拿。74 军 58 师官兵收到解放军送来的一口宰好的大肥猪，肚子里装满了给国民党军官兵的劝降信和宣传品。邱维达不能禁止部下吃肉，也就无法禁止大家看宣传品。只能哀叹共军攻心政策的厉害。

在解放军的政治攻势下，饥饿的国民党官兵不断越过阵地投诚。开始是零星的，以后越来越多。据四纵 12 月 26 日报告："昨晚收容 8 军、9 军 87 人，均零星散出，枪械没前几天多了。据供：特务和当官的较过去监视更严，晚上除放哨者外，把当兵的枪支收起，实行集体睡觉。步枪由排长看管，机枪由连长看管。发现士兵向我阵地方向跑即打枪，昨晚就打死好几个。跑出者均借口大小便，或利用放哨时偷跑。很多人是偷人家的枪过来，说：'不带枪来恐怕不大好。'敌军除营长以上还有大米吃外，连、排长均与士兵一样吃榆树叶、山芋藤，士兵都不愿意再打。想过来，没办法，我送去的饭都收到，吃了，但不敢作声。如向我阵地讲句话，甚至笑一下都要杀头。"27 日报告："昨晚来之 108 人中，有 10 多人途中跌倒，头昏眼花，四肢无力，实在饿坏了。"[1] 李弥得知这些情况，无可奈何地对 9 军军长黄淑说："要秘密地向师、团、营长说明，士兵愿意到共军那里，就随他去吧，吃饱了回来也好，不回来也好，唯一的要求是不准带武器去。"从 12 月 16 日到 1949 年 1 月 5 日，投诚的国民党军官兵有 14000 余人，相当于两个师的兵力。这些人投诚后，先要求吃饱饭，然后讲述内部的情况。杜聿明集团的一举一动，都被解放军详细掌握。

为了体现解放军的宽大政策，四纵、十纵在包围圈东面的青龙集地区开了一个放人的口子。他们选择一条便于控制的隘路，部署好兵力，然后就大张旗鼓地号召包围圈内的难民和散兵出来。听说解放军网开一面，难民和散兵蜂拥而来。国民党军为了减轻包袱，少些没有用的人吃饭，也睁眼闭眼地随他们走。这些人中有从徐州逃难的百姓，也有国民党政府官员和地主。一些国民党军官兵也化装成老百姓，拖着枪想混出包围圈。有几次大队人流向口子涌来，搞得警戒部队十分紧张，轻重机枪一齐开火。这也挡不住人们求生的渴望。到了路口，人群好像受过训练，自觉排成一队，一个个放下武器，举着双手，接受解放军的检查和收容。据华野司令部阵中日记的记录：12 月

[1] 华野司令部：《淮海战役阵中日记》。

27日十纵报告："鲁老家跑出敌四五百人，内大部是民众学生，仅十分之三是当兵的，现我全部收容。"1949年1月3日四纵报告："由青龙集放出老百姓、学生、伤员等1000多人，正在政治部审查。"

12月17日，毛泽东为中野、华野司令部写了《敦促杜聿明等投降书》的广播稿。义正词严地指出："你们现在已经到了山穷水尽的地步。""你们的兵士和很多干部，大家很不想打了。你们当副总司令的，当兵团司令的，当军长、师长、团长的，应当体惜你们的部下和家属的心情，爱惜他们的生命，早一点替他们找一条生路，别再叫他们做无谓的牺牲了。""黄百韬兵团、黄维兵团和孙元良兵团的下场，你们已经亲眼看到了。你们应当学习长春郑洞国将军的榜样，学习这次孙良诚军长、赵璧光师长、黄子华师长的榜样，立即下令全军放下武器，停止抵抗，本军可以保证你们高级将领和全体官兵的生命安全。只有这样，才是你们的唯一生路。你们想一想吧！如果你们觉得这样好，就这样办。如果你们还想打一下，那就再打一下，总归你们是要被解决的。"[1] 但是杜聿明、邱清泉等仍然拒绝投降。杜聿明回忆："当时解放军的《敦促杜聿明等投降书》我未看到，就是看到，令'全军放下武器'，仅保证'高级将领和全体官兵的生命安全'，我也不会投降的。国民党军官对个人生命固然看得重要，但更重要的是部队实力，因为他是靠这个升官发财的。"邱清泉私下对参谋长李汉萍说："只有欧洲人打仗最好，打得赢就打，打不赢就降。不像我们中国，明知道不能打，也非打下去不可。"

12月29日，陈官庄地区天气转晴。杜聿明立即打发舒适存上飞机，带上他的建议去见蒋介石。次日蒋介石来电说："听说吾弟身体有病，如果属实，日内派机接弟回南京治疗。"邱清泉力劝杜聿明回南京。杜聿明心里很明白，丢了部队逃生，绝没有好下场。他拒绝了邱清泉的建议，复电蒋介石说："生虽有痼疾在身，行动维艰，但不忍抛弃数十万忠勇将士而只身撤走。请钧座决定上策，生一息尚存，誓为钧座效忠到底。"其实蒋介石是无计可施，黄维兵团被消灭后，蒋介石于12月18日密令刘峙将蚌埠的主力转移到长江以南。这说明蒋介石自顾不暇，根本无力出兵来救杜聿明集团，只能看着他们被消灭了。

29日南京方面恢复了对陈官庄地区的空投。国民党官兵如同饿狼一样到处奔跑抢粮。有的跟着空投伞一直跑到解放军阵地前，不顾死活地抢大饼和

---

[1]《毛泽东选集》第4卷第1369页，人民出版社1991年版。

生米吃。有的互相冲突，械斗残杀，秩序大乱。李弥兵团得不到粮食，大骂邱清泉。杜聿明命令邱清泉调出若干包大米，分给李弥的一线部队，矛盾仍无法平息。华野抓住天气晴好和国民党军混乱的机会，下午集中各纵队的火炮200余门，向国民党军前沿工事进行了全面炮击。猛烈的炮火持续了一个小时，由于解放军已经全面掌握了国民党军工事的分布情况，炮弹打得又猛又准。这是总攻前的一次试射，炮击进一步摧毁了国民党军的信心，使其士气低落，人无斗志。

1949年1月3日，杜聿明接到蒋介石的电令："照第三案实行，自5日起投足三日粮弹。"这是杜聿明建议的下策——突围。杜聿明复电陈述粮弹不足，将士饥饿，无法执行命令，请继续大量空投。5日蒋介石复电，也是最后的命令："准再投三日，务必遵照实施。"杜聿明不走也得走了，他与邱清泉、李弥在陈官庄召集军师长会议，部署突围行动。突围时间定在1月9日。各部队根据命令，开始了准备。

国民党军的行动比解放军慢了一步。自12月29日国民党军恢复空投以来，华野就密切注视动向。据投诚士兵说：他们29日开始吃马肉，还让吃饱。投诚的人数也逐渐减少。电台监听不断收到国民党军相互联络的信息，部队

　◎ 淮海战役解放军总攻

集结和汽车、坦克调动的噪音也明显增加。种种迹象表明，杜聿明集团准备突围。华野经过 20 天休整，部队已经完成整补，战士体力充沛，士气高昂。特纵炮兵和后方补充的弹药也已经到位。华野首长认为，总攻的条件已经成熟。经中央军委批准，1949 年 1 月 2 日，粟裕、谭震林、陈士榘、张震联名发出了全歼杜聿明集团的命令。具体部署是：以三、四、十、渤海纵队和冀鲁豫军区两个独立旅为东集团，由宋时轮、刘培善指挥；以二、八、十二纵为北集团，由谭震林、王建安指挥；以二、八、十一纵为南集团，从三个方向发起总攻击。另以六、七、十三纵、鲁中南纵队、两广纵队等为预备队，拦截围歼溃逃之敌。各部队接到命令后，立即开始近迫作业，以壕对壕，以堡对堡，一条条战壕挖到距国民党军阵地的前沿仅 30 米处，有的楔入国民党军阵地后侧，对其前沿阵地形成三面包围。国民党士兵眼看解放军的战壕挖到身边，也饿得没有力气抗拒了。

1 月 6 日 15 时 30 分，华野的总攻打响了。各纵队集中绝对优势的炮火，将国民党军阵地打成一片火海。在突破前沿阵地时，解放军没有像以往那样采取集团冲锋，而是以灵活的战术，以班为单位，实施小组突破。战士们利用交通壕的掩护，接近国民党军地堡，一边爆破一边前进，以最小的代价达到歼灭敌人的目的。国民党军士气极为低落，已经不能组织有效的抵抗。解放军攻占每一个村庄，都是在两三个小时内解决战斗，这天占领 13 个村庄。李弥兵团受到最沉重的打击，7 日他命令兵团各部放弃阵地，向邱清泉兵团靠拢。上午解放军还没有完成攻击准备，李弥兵团各部就从青龙集等 11 个村庄不战而逃。当天晚上，东集团各纵队占领了这些村子，杜聿明集团的整体防御被打破了。

解放军的强大炮火把邱清泉打得失魂落魄。三年来的作战，他都是以优势炮火而骄横不可一世的。今天解放军的炮火完全压制了邱兵团的火力，使他真正尝到了挨打的滋味。邱清泉自言自语地说："真正崩溃了，真正崩溃了！" 7 日晚上战况发展到最激烈的时候，他喝的醉醺醺的蒙头大睡。参谋长李汉萍来请示办法，邱清泉怒气冲天地说："让它崩溃好了。"

7 日，杜聿明连续向南京方面呼叫，要求空军支援他们在 9 日突围。空军副总司令王叔铭答应 9 日早晨出动上百架飞机投掷毒气弹，掩护杜聿明部突围。杜、邱决定以 5 军打头阵，在空军掩护下杀开一个缺口冲出去。5 军是邱清泉的王牌，在陈官庄地区被围困后，尽管战斗激烈，邱清泉始终没有把5军派上第一线，就是为了保留这支力量在最后关头使用。9日上午，王叔铭果然指挥大批轰炸机飞临陈官庄上空。5军军长熊笑三只等空军投下毒气弹，就指挥部队突围。谁知投下的毒气弹只有少数几个爆炸，根本没有用。5军分头向郭营、左砦等村进攻，企图向西突围，遭到华野九纵、八纵的阻击。5军仅占领了华野两个纵队接合部的左砦，其余都被打回来。邱清泉气得暴跳如雷，熊笑三也垂头丧气地通知后续部队取消突围行动。杜聿明、邱清泉策划多日的突围计划落空了。

◎ 李弥

当天下午，解放军再次发起强大攻击。到黄昏时，邱清泉、熊笑三催促杜聿明赶快下决心突围。邱清泉说："趁早突围总可以突出去，还可再干。如果迟疑不决，那就整个完蛋，一网打尽。"杜聿明仍坚持10日上午突围。大家都认为白天突围没有希望，杜聿明说："如果你们要走的话，你们先走，我一个人在这里守到底，以免耽误了大家。"熊笑三对杜聿明极为不满，天黑时不辞而别，自己先逃跑了。李弥也来到杜聿明的掩蔽部请示下一步行动，杜聿明看到各位兵团司令、军长都不愿坚持，只好说："既然都是这样主张，只有分头突围好了。"邱清泉见杜聿明表态，立即打电话通知各军。李弥还想和杜聿明等一道走，杜聿明说："这不是让敌人一网打尽吗？我们就这样走，如何对得起部下？赶快通知他们自找出路。"李弥走出掩蔽部，见阵地周围炮火映红了夜空，轻重机枪和手榴弹声一阵紧似一阵。各种颜色的曳光弹像无数流星，在阵地上空飞来飞去。李弥伤心地说："炒豆子的时候到了，我早就知道有今天。"

9日这一夜，被华野司令部称之为"迅速、惊人、巨大的发展，是全战役最重要、最紧张、最精彩的一个阶段，也是接近最后一幕最生动的场面"。华野三、四、十纵三支强大箭头都指向陈官庄。10日拂晓，华野司令部见国民党军已呈总崩溃之势，命令各部队立即实施总攻击和总追击。"全线战场于10日拂晓前后战斗的气氛更活跃起来，战斗的情绪更高涨沸腾，达于极高的程度。陈官庄及陈庄分别为十纵及四纵的勇士们插上了红旗，解决了敌人，于是全战场的敌军各部失去了指挥中心，而四面八方强大的解放军又排山倒海般压境而来，匪军的官兵们见大势已去，到处慌作一团，纷纷整师整团也放下武器要求投降。"[1]

9日22时，邱清泉分别打电话给70军军长邓军林、74军军长邱维达等，大喊大叫："我没有办法了！你们自己打定主意突围吧！我放弃指挥权，马上离开指挥部。"挂了电话，邱清泉对杜聿明和掩蔽部中的其他官员们说："现在陈庄三面被包围，只有西南方一个缺口可走，大家突出重围后，谁能到达南京，谁就向总统报告这次全败经过及今晚的情况。"说完，杜聿明、邱清泉等在200师工兵营的掩护下，在茫茫黑夜中四散逃命。他们出陈庄后，因人马拥挤，很快失去联络。邱清泉这时神经失常，到处乱跑，高声大叫："共产党来了！"他被子弹击中，倒地毙命。72军军长余锦源率残部向十纵投降。邓军林、邱维达等在突围中被俘虏。原70军军长高吉人重伤在身，被部下抛弃。解放军将他收容，送往后方治疗。高吉人隐瞒了身份，伤愈后逃跑了。

李弥离开杜聿明后，不敢回兵团指挥部，随着溃散的部队东跑西跑，半夜才摸到9军3师师部。师长周藩希望李弥能领着大家冲出去，李弥疲劳不堪，对周藩等说："你们都当过参谋长，还想不出办法吗？"周藩看到解放军已经突破他们的阵地，就要打到师部来，便与部下商量投降。10日天亮，周藩派人把投降书送给当面的解放军部队。中午得到答复：要3师立即投降，主官出来报到，部队放下武器集合，不得延误。李弥说："他们要主官出去报到，你们哪一个愿意去？"他放声大哭起来，边哭边说："我不能死呀！我若能回去，一定照顾你们的家属，你们都可以放心。"周藩见他这样怕死，心想解放军知道他们的部队番号，身为师长是跑不了的。索性自己去报到，给李弥逃脱的机会。他向九纵的一位团长投降，整理自己残存的部下离开战场[2]。

李弥换上伤兵的衣服，混在人群中，乘天黑人乱逃跑。狡猾的李弥没向南逃，因为他知道解放军肯定会封锁道路，清查俘虏身份。他向北跑到解放区后方，化装成老百姓到了济南，又到青岛，在那里上船逃往上海，是淮海战役中唯一脱逃的兵团司令。

9日夜里杜聿明与邱清泉失散后，带着副官和卫士十来人仓皇向北逃跑。跑到夏砦，躲进一条战壕。副官给他剃掉胡子，化装一番。他们看着解放军大部队从路上经过后，又向北跑。大约走了20里路，天色大亮。副官

1 华东野战军司令部：《关于淮海战役经过概述》。
2 周藩：《掩护李弥化装潜逃概述》，《淮海战役亲历记》第299页，文史资料出版社1983年版。

◎ 杜聿明被俘

看到附近村庄都有解放军，问杜聿明是跑还是投降。杜聿明还想继续逃，正商量时，迎面来了两个解放军战士问："你们是哪一部分？"副官瞎编说："送俘虏的。"解放军战士看他们手里都有武器，命令他们缴枪。杜聿明等只好放下武器，被解放军战士带进村庄。

吃了一顿饱饭，杜聿明等被带到政治部门分别接受审查。负责审查的干部是四纵一位姓陈的政治部主任。询问杜聿明的身份，他自称是13兵团军需高文明。陈主任很有经验，笑着问道："13兵团有几大处？请把处长的名字写出来。"杜聿明顿时傻了，手里拿着派克金笔写不出字来。陈主任看他使用的高级金笔和手表，猜测他不是低级军官。向他交代政策说："你们只要坦白交代，我们一律宽大，除了战犯杜聿明以外。"说完就命令战士把他们带到广场上，与大批13兵团的俘虏们一起听候处理。杜聿明看到许多熟悉的老部下，又羞愧，又恼火。知道早晚会被揭发出来，与其被枪毙，还不如自己了结。乘解放军战士不在身边，杜聿明捡起一块石头朝脑袋上砸，砸得头破血流，自己也晕过去。

四纵的干部见俘虏们骚动不安，传说"总司令死了"。从俘虏中找到这位"高军需"，为他包扎了伤口，单独关押起来。第二天陈主任再来问："你叫什么名字？"杜聿明说："你们已经知道了，何必再问呢？"他被送到四纵指挥部，陶勇司令员等对他以礼相待，但杜聿明态度消极，不愿谈任何问题。1月11日，粟裕、陈士榘电告军委："匪首杜聿明确已被我四纵俘虏，邱、李正继续搜查中。"

淮海战役第三阶段的作战，到1949年1月10日结束。华野经过最后四昼夜激战，全歼杜聿明集团2个兵团、8个军、22个师，共176000人。华野仅伤亡17870人。对比一下，第一阶段围歼黄百韬兵团，敌我双方伤亡比例为2.8:1；第三阶段敌我伤亡比例为9.8:1。所以华野司令部称：淮海战役第三阶段"是收获最大与消耗较小的一个阶段"。

1月9日，蒋介石与杜聿明的电台失去联络后，他在日记上沉重地写道："杜聿明部今晨已大半被'匪'消灭，闻尚有三万人自陈官庄西南突围，未知能否安全脱险，忧念无已。我前之所以不能为他人强逼下野者，为此杜部待援，我责未尽耳。"当杜聿明集团被彻底消灭的消息传到南京，国民党上下人心震动。杜聿明的夫人曹秀清从上海到南京求见蒋介石。宋美龄、蒋介石不敢见，只批示"杜已被俘，着速厚慰其家属"。曹秀清大为不满，便到总统府找蒋介石的原侍卫长、军务局局长俞济时，又哭又闹地说："我丈夫身体有病，还要他率部突围，他走不动，突什么围呀！不是明明要他的命么？"在场的国民党官员看到家属的悲伤，个个感到寒心。

新中国成立后，杜聿明作为重要战犯关押。1956年初，公安部设立战犯管理所，将全国重要战犯都集中到北京，进行学习改造，杜聿明也来到这里。在管理所医务人员精心治疗和护理下，杜所患的胃溃疡、肺结核和肾结核等长年痼疾，逐渐康复直至痊愈。在思想上，杜聿明逐渐转变觉悟，在再生之路上自觉迈进。1959年9月17日，中华人民共和国主席刘少奇发布特赦令，特赦一批确实已经改恶从善的罪犯，包括杜聿明在内的10名战犯被特赦，杜还作为代表在特赦大会上发言。1961年，杜聿明到全国政协文史资料研究委员会任专员。后任第四届全国政协委员、第五届全国政协常委，1981年5月7日病逝于北京。

1955—1956年，杜聿明托人转信给在美国的女儿杜致礼、女婿杨振宁。这时，杜家的人才知道杜聿明仍活着。1957年杨振宁获诺贝尔奖的消息传到北京，周恩来总理派张文裕（杨振宁的老师）作为中国科学家代表前往祝贺，并带去杜聿明给女婿写的一封言简意赅的信："亲爱的宁婿，我祝贺你获得诺贝尔奖金。这是中华民族的光荣。"1963年，杜聿明夫人曹秀清谢辞女儿、女婿，离开美国。到北京与丈夫团聚，开始了新的生活（曹秀清是在最困难的时候，女儿、女婿将她从台湾接到美国去的）。

淮海战役是解放战争三大战役中规模最大的战役。自1948年11月6日到1949年1月10日，历时66天。人民解放军参战的有华东野战军16个纵队，中原野战军7个纵队，以及鲁中南、苏北、冀鲁豫等军区部队共60余万人。国民党军参战的有徐州"剿总"的7个兵团、2个绥靖区、34个军约80万人。解放军以伤亡136000人的代价，歼灭了国民党军在长江以北的主要战略集团，共歼灭 5 个兵团、22 个军、56 个师，共 55.5 万多人。在兵力和武器装备都不占优势、战场情况复杂多变的条件下，解放军能取得如此辉煌的胜利，是中央军委、总前委的正确决策，华野、中野密切配合，各部队首长卓越指挥，广大人民群众全力支援的结果。而国民党方面统帅部一再改变决心，各兵团之间互不配合，见死不救，在陷入重围后人无斗志，乃至整师整团放下武器。这说明决定战争胜负的关键不是武器和兵力多少，而是蒋介石的内战彻底失去人心的结果。

淮海战役的结果，使国民党军队在中原和华东战区的精锐部队损失殆尽，解放军基本上解放了长江以北的华东、中原地区，使蒋介石的统治中心南京、上海、武汉等地处于解放军的直接威胁之下。国共双方军事力量的对比发生根本性的变化。

第 22 章
百万雄师过大江

贾汪会议三野整编——蒋介石下野，李宗仁求和——长江天堑——渡江的各项准备工作——国民党的长江防线——总前委制定《京沪杭战役实施纲要》——国共开始和平谈判——李宗仁幻想"划江而治"——蒋介石秘密转移资金——27 军渡江侦察记——南京政府拒绝《和平协定》——毛泽东、朱德发布进军命令——百万雄师强渡长江——江阴要塞和海军起义——人民解放军占领南京——郎溪、广德围歼战——解放杭州

1948 年 12 月中旬，淮海战役正在激烈进行中，毛泽东已经在构思进军江南的战略计划了。12 日他致电总前委，要他们开一次全体会议，"商好在邱李歼灭后的休整计划，下一步作战计划及将来的渡江计划"，然后请刘伯承将总前委意见带来中央。毛泽东在电报中谈了他的初步设想：淮海战役结束后，中野、华野休整两个月，然后完成渡江准备工作，约在 1949 年 5 月或 6 月举行渡江作战。华野、中野协力经营东南，夺取并控制南京、上海、杭州、福州等大城市。

毛泽东在 1949 年的新年献词《将革命进行到底》中明确宣告："1949 年中国人民解放军将向长江以南进军。"淮海战役结束后，华野全军开始休整。华野前委于 1 月 19 日至 26 日在徐州东北的贾汪举行扩大会议。贾汪会议是总结淮海战役和部署 1949 年华野任务的一次重要会议。粟裕代表华野前委作了题为《淮海战役的伟大胜利和华野 1949 年六大任务》的总结报告，充

分肯定了华野在淮海战役中取得的辉煌战绩和指战员们不辞艰苦英勇作战的优良作风。强调指出这次会议的唯一目的，"是为了打过长江去，解放全中国"。

贾汪会议认真研究贯彻中央军委关于部队整编的指示。这是中国人民解放军正规化建设的一件大事。军委1948年11月1日发布了《关于统一全军组织及部队番号的规定》，野战军各纵队一律改为军，军下为师，三三制，一直到团，团以上全国统一番号。华东野战军改称第三野战军，野战军的编制和负责人是：

第三野战军司令员兼政委：陈毅

副司令员兼第二副政委：粟裕

第一副政委：谭震林

参谋长：张震

政治部主任：唐亮

第三野战军下辖4个兵团，15个军，两个纵队，共581000余人。

第7兵团：司令员王建安，政委谭启龙。下辖

21军（原第二纵队）：军长滕海清，政委康志强。

22军（原第三纵队）：军长孙继先，政委丁秋生。

23军（原第四纵队）：军长陶勇，政委卢胜。

35军（原鲁中南纵队与吴化文起义部队合编）：军长吴化文，政委何克希。

第8兵团：司令员陈士榘，政委袁仲贤。下辖

24军（原第六纵队）：军长王必成，政委廖海光。

25军（原第七纵队）：军长成钧，政委黄火星。

26军（原第八纵队）：军长张仁初，政委王一平。

34军（原江淮军区部队与何基沣起义部队合编）：军长何基沣，政委赵启民。

第9兵团：司令员宋时轮，政委郭化若。下辖

20军（原第一纵队）：军长刘飞，政委陈时夫。

27军（原第九纵队）：军长聂凤智，政委刘浩天。

30军（原第十二纵队）：军长谢振华，政委李干辉。

33军（原渤海纵队与张克侠起义部队合编）：军长张克侠，政委韩念龙。

第10兵团：司令员叶飞，政委韦国清。下辖

28军（原第十纵队）：军长朱绍清，政委陈美藻。

29 军（原第十一纵队）：军长胡炳云，政委张藩。

31 军（原第十三纵队）：军长周志坚，政委陈华堂。

32 军（原胶东纵队）：军长谭希林，政委彭林（1949 年 2 月 15 日改编，两广纵队调出后归 10 兵团建制）。

两广纵队：司令员曾生，政委雷经天（1949 年 3 月调归第四野战军建制）。

特种兵纵队司令员陈锐霆，政委张凯。

后勤司令员兼政委刘瑞龙。[1]

辽沈、淮海、平津战役之后，蒋介石的精锐主力已大部丧失。总兵力只剩下 204 万人，其中能用于机动作战的兵力有 146 万人。京沪杭地区的汤恩伯集团虽然兵力最多，但许多部队都是被我军歼灭后重新组建的，战斗力不强。长期的战争和国民党政府的腐败使国民党统治区的经济已经陷入总崩溃的局面，物价飞涨，工商凋敝，财政枯竭。军事上的失败和经济形势的恶化，使蒋介石焦头烂额，心力交瘁。不仅国民党内，就是美国人也对蒋介石丧失了信心。淮海战役刚开始的时候，美国军事顾问团的巴大维将军就看透了国民党军失败的原因。他在 1948 年 11 月 16 日致美国政府的报告中说："自从我到职以来，没有一次战役是因为缺乏弹药或装备而失败的。据我看来，他们的军事崩溃，完全可以归因于世界上最拙劣的领导，以及其他许多足以破坏士气的因素，这些因素引起了战斗意志的完全丧失。"巴大维明确地告诉美国政府："蒋委员长已经丧失了他在政治上的和他的群众的支持。"巴大维建议停止对蒋介石军队的援助并撤回美国顾问团，美

◎ 蒋介石下野离开南京前最后一次拜谒中山陵

---

[1]《中国人民解放军第三野战军战史》第318页，解放军出版社1996年版。

国驻华大使司徒雷登也是这个态度。[1]

司徒雷登在幕后支持桂系李宗仁、白崇禧取代蒋介石。白崇禧在武汉连续发出议和电报，逼迫蒋介石下野。他甚至威胁蒋介石，如果蒋坚持不下野，桂系军队将退出华中，将长江开放给共军，实现局部和平。1月19日，蒋介石约见张群、张治中、孙科等人，当众宣布下野。蒋介石愤怒地说："我现在不是被共产党打倒的，而是被国民党人打倒的。"

1949年1月21日，蒋介石发布"引退"文告。李宗仁以"代总统"身份接替南京政府的权力。下午，蒋介石乘飞机离开南京回奉化老家。国民党新闻报道："总统今着长袍马褂，临行前对此紫金山之革命都城，颇示恋恋，而送行人员亦多神色黯然。"[2]

李宗仁上台后发表文告，决心"以最大努力谋求和平"。同时又不肯放下武器。"敌人是不会自行消灭的。"这是中国共产党人同国民党多年斗争总结的经验。无论国民党当局高喊和平还是积极备战，都不能改变共产党人将革命进行到底的决心。1月12日毛泽东指示三野、二野：部队休整到3月底为止，在此期间"完成渡江作战诸项准备工作，待命出动"。

2月4日，粟裕指示各兵团派出侦察部队，到长江边进行实地侦察，任务包括江边地形和船只情况、渡江地点的选择、敌军江防部署、沿江两岸道路情况等。2月9日，总前委在河南商丘开会，研究渡江作战问题。会后给军委的报告说："关于渡江时间，我们一致认为以在3月半出动，3月底开始渡江为最好。""如推迟到4月出动，4月底5月初渡江，则敌在政治上军事上有更多准备。特别在季节上已届春雨桃汛时间，困难增多。仅在准备方面略较充分。"[3]

渡江不是一件轻而易举的事情。需要克服种种困难，考虑到多方面的问题。因而渡江的准备工作比以往的任何战役都要复杂得多。

首先要熟悉长江的水情。长江是我国最大的河流，中下游江面由西向东逐渐放宽。湖口至芜湖间宽1000—1500米，南京段宽2000—2500米，镇江至江阴段宽约3000米，江阴以东宽达万米。江身弯曲，其中芜湖至江阴段形成一个大弧形，水流受潮汐影响较大。枯水季节，江中有许多沙洲露出水面，为渡江提供了一定方便。每年4月春雨桃汛之后，水量渐涨。进入梅雨季节后，

[1] 参见美国国务院：《美国与中国的关系》白皮书，载《中美关系资料汇编》第1辑。
[2]《申报》，1949年1月22日。
[3]《中国人民解放军第三野战军战史》第324页，解放军出版社1996年版。

降水的增多导致江水水位上涨，道路泥泞，对作战就很不利了。在交通方面江南与江北条件也不一样。江南公路、铁路发达，便于部队运动。江北的公路、铁路条件要差得多。由于这些地理条件，使长江真正如同一条"天堑"，横在我军面前。

在中国古代战争史上，有过几次渡江的战例。东汉末年曹操在赤壁之战中，被孙权、刘备联军击败。北魏初年，太武帝拓跋焘率大军南下，进至瓜步（今江苏六合县南）。眼望波涛汹涌的长江，叹道："嗟乎，天之所以隔南北也！"掉头回中原去

◎ 解放军南下准备渡江

了。金军在完颜亮指挥下大举攻南宋，南宋文臣虞允文指挥精干的水师舰队，在采石大败金军，保全了南宋的半壁江山。而几次大规模的统一战争，如西晋灭吴，隋灭陈的成功，都是在双方实力对比悬殊的条件下，北方军队在充分准备后，从长江中下游多点突破，并以水师顺江而下协同作战取胜的。现实情况是，我军既无空军，也无舰艇，渡江主要依靠木帆船，和曹操的时代差不多。以木帆船冲破国民党军舰、飞机、大炮构成的长江防线，其难度是可想而知的。

三野部队到江边实地侦察后，产生了许多活思想。少数人麻痹轻敌，看到长江说："长江最宽五里，爬也爬得过去。"有的说："敌人在长江边上那些破烂的部队，还经得住我们打吗？长江那么长，敌人哪里守得住！"但多数干部战士思想上顾虑很大。27军的山东干部说："打济南打潍县，不管城墙多高，咱都能打过去。山地平原都不怕，到了水上就没办法。"总之，原来平原作战的一套都要改变。许多战士对南方水土不服，很不习惯。主要反

映是南方水多，雨多，饭吃不来，生活不习惯。山东、苏中许多干部，对过江思想上存有疑虑。有的想回家，不愿南下。[1]

　　针对这些情况，3月初三野部队宋时轮兵团在无为、和县地区，陈士榘兵团在浦口外围，叶飞兵团在江都、泰兴、靖江间，开始渡江准备和水上演习。首先要使北方士兵熟悉水性和水面作战的技术。各部队利用湖泊、内河天天练习乘船、划船、游泳、救护、堵漏、救生器材使用。水上作战动作演练水上射击、打敌舰、登陆、滩头阵地防御。这些技术训练完成后，部队开始训练渡江队形、指挥联络、步炮协同的战术训练。陈毅曾对《大公报》记者杨刚讲述我军水上练兵的故事：巢湖沿岸的老百姓天天看见成群成队的解放军围在湖边，专门上船、下船、下船、上船。把船摇出去，没多远又摇回来。不但战士们是如此，连武器也如此。天天把枪炮搬上各式各样的木船，搬上又搬下。上帆下帆，摇船撑船，日日夜夜地干。就这样，几十万北方人学会了跑跳板，在船上坐得住，站得稳。他们学会在100吨的木船上放些什么武器，在200吨的船上又放些什么样的武器。以后他们练渡湖，使用了一个师在一点钟内乘顺风渡过了巢湖。他们找了几百个船老大，讲驾船、风向、水性的道理。老百姓都自愿替解放军驾船渡江。每个军在一个月内使每只船培养了两三个水手，这样飞渡长江的翅膀就完成了。陈毅强调："这次坚韧卓绝的渡江准备，把北方人变成了南方人，把陆军变成了水军，把浩荡长江变成了平阳大道，这是奇迹。这些都是广大指战员与人民群众共同研究的结果，是他们智慧与血汗的结晶。"[2]

　　渡江要有船。国民党军撤退时，已将长江北岸的船只全部拖到江南或就地毁坏，我军筹集船只需要从内河、湖泊的老百姓手中征集。这不仅是战争的需要，还是一项政策性很强的群众工作。船是渔民的命根子，征集的地区多数是新解放区。要老百姓连船带人支援渡江，不是一件容易的事。27军3月份到达安徽无为县后，即开始调查、征集船只。许多船民都把船藏了起来，27军在附近3个县才征集到400多只船。27军决定"以县为单位，组织调查组，沿河巡检漏报船只。有的从小河岔找出来，有的从水底捞出来，有的从部队演习船中查出来。"这样，27军集中了515只能用于渡江的船只，基本保证了一个梯队两个师的需要。在地方政府的帮助和各部队努力下，到4月渡江

[1] 第9兵团政治部：《目前部队思想情况简报》，1949年4月1日。

[2] 《大公报》，1949年6月5日。

前三野共筹集各类木船 20977 只，其中用于渡江作战的有 8302 只，同时动员了 19000 多名船工随船参战。

渡江的木船是从江北各地千辛万苦征集来的，为了保护好它们，实现战役的隐蔽性和突然性，不可能过早把船只摆在江岸边。如果把几千条船摆在江边，必定会遭到国民党军飞机和军舰的轰炸。在战役开始前，我军的船只都隐蔽在长江北岸的河湖港汊里。内河的出口则被敌军严密监视和炮火封锁，因此我军的船只在战役开始时不能从内河进入长江。怎样解决这个难题呢？邓小平政委在新政协会议上作报告时这样讲："我们渡江需要船，原有的船被国民党全部拉到江南去了，我们的船停靠在长江以北的内湖和内河里（每船可载八至十二人，大者五十人，最大者一百人），但是内河的出口当时被敌人封锁了，因此船不能从内河入江。对这样的困难，有些所谓军事家认为不可克服，然而我们克服了。渡江的时候，敌人不明白我们的船是从什么地方来的。其实，我们的船不是从水路出去的，而是从旱路出去的。我们的办法叫做掘渠。我们是把船拖出去的。有时为疏通一条渠道使船出去，要掘几十里（最长的有六十里）的小河沟。为了掘渠翻坝，曾使用了两千一百万个人工。这样巨大的工程是在一个半月的准备时间中完成的，是我们几十万士兵、指挥员包括师长、团长亲自参加这个劳作，以及几十万民工的劳作才完成的。"[1]

25 军集结在无为东南的姚王庙地区，他们掘渠翻坝，苦干加巧干。221 团负责疏通汤浦到贾家桥的河道，开始没经验，前挖后塌，4 天的工程干了 7 天。后来总结经验，挖出的淤泥要翻到远处，如果把淤泥翻在岸边，很快就会塌陷到河床内。对于容易坍塌的淤泥地段要事先打上木桩，防止坍塌。河床内有积水，要先筑坝将水弄干。如果贪图省事，在水中挖泥，效率极低。翻坝也要讲技巧，原来是人海战术，前拉后推，蛮干而无功，一个连一夜只能翻 6 条船。后来研究了办法，在坝上开一丈多宽的口子，坝口略高于江面水位。将船从渠道中拖出来，地上铺竹片作"轨道"，减轻阻力。推船时两边力量平均，组织若干人在船尾用力推，使船头抬高，速度快而省力。翻坝时先过小船，将坝口翻滑，大船就容易过去。到战役发起前，一个连一夜能翻上百条船。[2]

---

[1] 《邓小平文选》第1卷第137页，人民出版社1994年版。
[2] 《中国人民解放军第25军解放战争史》，1952年初稿。

2月11日，毛泽东通知各大区和野战军负责人来平山开会。粟裕因病在济南住院，刘伯承在商丘主持渡江准备工作，邓小平、饶漱石、陈毅、谭震林等匆匆上路。3月5日，中共中央七届二中全会在平山西柏坡举行。会议闭幕后，中央决定以邓小平、刘伯承、饶漱石、陈毅、康生、谭震林、粟裕等17名委员组成中共中央华东局，邓小平为第一书记，饶漱石为第二书记，陈毅为第三书记。以饶漱石等11人组成中共上海市委，饶漱石为书记。任命陈毅为上海市市长。毛泽东与邓小平、陈毅、谭震林等研究了渡江作战的问题，定下4月10日为渡江战役发起时间。3月21日，总前委、华东局负责人陆续到达蚌埠南郊的孙家圩子，研究渡江战役的详细方案。[1]

在长江对岸，国民党也在日夜忙碌。李宗仁"代总统"的南京政府鼓吹与中共"和平谈判"，改组政府，以示"革新"。蒋介石在奉化遥控国民党军队，指示汤恩伯等在长江布防，企图阻止我军渡江。1月25日，蒋介石刚"下野"4天，就在奉化溪口召见何应钦、顾祝同、汤恩伯等。他指示将长江防线分为两大战区：江西湖口以西至武汉归华中军政长官白崇禧指挥，总兵力40个师，约25万人；湖口以东至上海归京沪杭警备总司令汤恩伯指挥，总兵力75个师，约45万人。京沪杭战区的作战方针是：以长江防线为外围，以沪杭三角地带为重点，以上海为核心，采取持久防御，与台湾相呼应。具体部署是：以刘汝明的第8兵团指挥第55、68、96军防守湖口至铜陵段；以张世希的第7"绥靖区"指挥第20、66、88军防守铜陵至马鞍山段；以侯镜如的第17兵团之106军在徽州地区为预备队；以李延年的第6兵团及张耀明的"首都卫戍司令部"指挥第28、45、99军防守南京、浦口地区；以丁治磐的第1"绥靖区"指挥第4、21、51、123军防守镇江至江阴段，54军在丹阳为预备队；以陈大庆的淞沪警备司令部指挥第37、52、75军防守苏州至上海段。还有二十几个师分布于浙赣铁路沿线和浙东地区为二线部队。海军林遵的第2舰队分驻镇江、上海、安庆等港口，沿江巡弋；空军飞机约300余架分置于南京、上海、武汉机场，支援陆军作战。国民党军在长江上筑起了一道"立体防线"，按照通常的看法，共军想以木船突破长江防线，确实难度很大。但此一时非彼一时，国民党军在江北的连续失败，上下士气低落，人无斗志。汤恩伯一面对下级说："毛泽东的声明把我们都列为战犯，我们除了坚决死战之外，没有别的出路。"一面又对心腹说："从湖口到上海790公里，光靠

[1]《陈毅传》第443页，当代中国出版社1991年版。

18 个军防守是不够的。"他的副司令万建藩也抱怨："如果不打徐蚌会战，今天我们守长江的兵力要雄厚得多。可见战略上决策的错误，影响太大了。"[1]

最离奇的是，国民党军的江防部署，李宗仁竟然不知情。一切军事都由蒋介石牢牢控制，就是白崇禧也只知道蒋介石对华中江防的指示，汤恩伯对白也保密。所以在研究长江防御时，南京国防部与汤恩伯发生激烈争吵。汤恩伯根据蒋介石保存实力的指示，要将主力放在镇江以东。国防部三厅厅长蔡文治坚决反对，他根据全盘作战考虑，主张防守重点应在芜湖一段，以保证南京的安全。汤恩伯明知国防部的人有道理，也不予理会。相反他还悄悄调走江阴要塞的重炮，来加强上海的防御。到了这样的时刻，国民党内部还在尔虞我诈，不打败仗才怪。

邓小平、陈毅等开完七届二中全会后，与刘伯承、粟裕在总前委驻地蚌埠孙家圩子连日开会，研究渡江战役的方针和部署。3 月 31 日，由邓小平亲自修改制定了《京沪杭战役实施纲要》，上报中央军委。4 月 3 日军委批准了这个《纲要》。《纲要》预定渡江战役分三个阶段："第一阶段，达成渡江任务，并依据下一阶段之要求，实行战役的展开；第二阶段，达成割裂和包围敌人之任务，并确实控制浙赣线一段，断敌退路；第三阶段，分别歼灭包围之敌，完成全战役。"渡江战役的兵力部署是：以三野第 8 兵团指挥 20、26、34、35 军，第 10 兵团指挥 23、28、29、31 军和苏北军区三个独立旅，共 35 万人组成东集团，由三野代司令员粟裕、参谋长张震指挥。其中 34、35 军由仪征、扬州攻占瓜洲、浦口，吸引和牵制南京、镇江的国民党军；主力 6 个军由扬中县的三江营至镇江以东的张黄港段渡江，切断沪宁铁路、公路，阻止南京敌军东逃和上海敌军西援。以三野第 7 兵团指挥 21、22、24 军，第 9 兵团指挥 25、27、30、33 军，共 30 万人组成中集团，由谭震林指挥，在裕溪口至枞阳段渡江。主力迅速东进，与东集团会合完成对京沪杭地区国民党军的包围。二野部队 9 个军 35 万人组成西集团，由刘伯承指挥，从枞阳至望江段渡江，切断白崇禧集团与汤恩伯集团的联系，主力沿江东进，夺取芜湖、南京。邓小平、陈毅在合肥的瑶岗，代表总前委统一指挥渡江作战。《纲要》向各部队下达后，粟裕、张震率三野机关自蚌埠出发，于 4 月 5 日到达江苏泰州以南的白马庙，指挥渡江作战。[2] 渡江已是万事俱备，只待 4 月 15 日中

---

1 侯镜如等：《蒋介石王朝在京沪杭最后的挣扎》，载《文史资料选辑》第32辑。
2 《中国人民解放军第三野战军战史》第327页，解放军出版社1996年版。

央军委一声令下了。

然而情况突然发生了变化。4月10日毛泽东致电总前委："我们和南京代表团的谈判已有进展，可能签订一个全面的和平协定，签字时间大约在卯删（4月15日）左右。如果此项协定签订成功，则原先准备的战斗渡江即改变为和平渡江，因此渡江时间势必推迟半个月或一个月。关于江水情形究竟如何，推迟渡江时间有何不利，望即告，以便决策。"[1]

总前委、二野、三野负责人接到电报，都着了急。10日分别电告中央军委，表示推迟渡江对我极为不利。邓小平、陈毅汇集各方反映，10日下午电告军委："（长江）每年阳历5月初开始大水，而且5月的水比7、8月还大，两岸湖区均被淹，长江水面极宽，届时渡江作战将发生极大困难。同时现我百万大军拥挤江边，粮食、柴草均极困难，如过久推迟，则必须将部队后撤就粮、就柴草。"总前委建议："按目前部队情况，立即渡江，准备渡江把握颇大。先打过江，然后争取和平接收为更有利。"[2]

尽管如此，毛泽东仍然认为，军事必须服从政治上的需要。4月11日他指示总前委："依谈判情况我军须决定推迟一星期渡江，即由15日渡江推迟至22日渡江，此点请即下达命令。"毛泽东解释推迟渡江的理由是：现在南京的主和派正准备和我们签订和平协定，"此种协定，实际上是投降性质。""公布后，对于主战派及江南敌军，估计必起大的瓦解作用。"我军在协定公布后渡江，"对于南京政府及江南军民表示仁至义尽。对方如有反悔，曲在彼方，我则理直气壮。"他强调："我方立脚点，必须放在对方反悔上面，必须假定对方签字后不公布，或公布后不执行。那时我方的损失只是推迟了7天渡江时间，此外并无损失。"因此，毛泽东告诉总前委："总之，4月下旬必须渡江，你们必须精确地准备一切。"

渡江行动暂时推迟，全国上下的眼睛都在关注着北平的国共双方和平谈判。李宗仁上台后，通过各方面的关系寻求与共产党谈判，目的是为了阻止解放军渡江。3月26日中共中央正式通知南京政府：4月1日将在北平举行和平谈判。中共方面以周恩来、林伯渠、林彪、叶剑英、李维汉为代表，以中共1月14日所提八条为谈判基础。

李宗仁派张治中、邵力子、章士钊、刘斐等组成"南京政府和平商谈代

---

[1]《毛泽东年谱1893—1949》下卷第477页，中央文献出版社1993年版。
[2]《中国人民解放军第三次国内革命战争史料选编》第3辑第3册。

表团"，赴北平与中共谈判。刘斐本来不愿意担当这个使命，李宗仁找他密谈，和盘托出他的"底牌"，就是"划江而治"。蒋介石积20多年反革命的经验，深知毛泽东绝对不会半途而废，共产党是一定要过江的。3月24日，他在溪口接见宋希濂、关麟征，对他们大发感慨："我们自黄埔建军以来20多年中，遭受过许多挫折，但从未失败到今天这样的严重。抗战胜利后，我们的军事力量较以往任何一个时期都要强大得多，为什么在短短三年时间里，会弄到今天这个地步呢？军事上失败最主要的原因，就是我们军队的战斗意志太薄弱了！一个师甚至一个军，一被共军包围，只有几个小时或顶多一天工夫，就被共军完全消灭了。我们过去北伐时期，能以少击众，以一当十，是因为官兵具有不贪财、不怕死的革命精神。但抗战胜利后，很多部队完全丧失了这种精神，许多中上级军官利用到各大城市接收的机会，大发横财，做生意、买房产、贪女色，腐败堕落，弄得上下离心，军无斗志。这是我们军事上失败的根本所在。"他指示宋希濂："如果和谈不成，共军必然渡江。今后西南地区极关重要，你指挥的部队，可转移到鄂西山地去，以巩固川东门户。"[1]

蒋介石在绝密的情况下，命令汤恩伯为他转移上海的银行资金。此时在上海中央银行的金库里储备着价值几亿银元的黄金、白银，汤恩伯征集轮船，将金银全部抢运台湾。据李宗仁估计，汤恩伯运到台湾的金银约有黄金390万盎司、价值7000万美元的白银和7000万美元的外汇，总价值约在5亿美元左右。除了金银之外，国民党还抢运了大批机械、物资。这些金银物资成为蒋介石盘踞台湾的经济基础。

4月1日，张治中率南京政府代表团到达北平，国共双方开始和平谈判。在这期间，长江北岸我军保持静默，敌军向我方打炮，也不还击。但是渡江的准备工作，一天也没有停止。

中集团第9兵团的27军担负从铜陵、芜湖之间的荻港、黑沙洲地段渡江的任务。为了查明敌军江防部署和敌后纵深的情况，27军首长决定派遣一个"先遣渡江大队"过江进行侦察。大队由242团参谋长亚冰（章尘）、军侦察科长慕思荣指挥，以侦察营的两个连和各师抽调的三个侦察班组成。在过江之前，先组织部分偷渡，乘小船两次夜间到达对岸，抓了3个俘虏回来。俘虏供称：江岸一线守备比较薄弱，纵深也无兵力，并交代了登陆地点的工事和地形情况。宋时轮司令员、聂凤智军长先后听取了先遣队的汇报，作了

[1] 宋希濂：《和谈前夕蒋介石的幕后操纵和李宗仁的备战部署》，载《文史资料选辑》第32辑。

详细的指示，要求他们一定要把预定渡江地段的敌情、地形搞清楚，用电台向兵团报告。

4月6日夜晚，先遣队带着充足的枪支弹药、给养、电台，分乘15只小船从北岸出发。国民党军舰的巡逻通常在20时以后结束，在夜色掩护下，亚冰率领一部于21时30分开始渡江，20分钟后到达十里厂、皇公庙登陆点。3班的一条船在南岸碰到敌军的木桩，遭敌火力杀伤，损失较大。亚冰决定迅速上岸，摆脱敌人。他们抢占堤埂后，即沿着内河搜索前进，直奔狮子山。慕思荣带领另一部分以夹江口为登陆点，20时起渡，25分钟后到达南岸。5班的一条船被敌军发现，遭炮火击沉，9人掉进江里牺牲。其余顺利登陆后直插杨山。8日拂晓，两个分队在戴公山以北的牧家亭会师，渡江行动取得成功。

由于渡江时有船只被发觉，亚冰判断我们的意图已经暴露，需要深入山区隐蔽，躲避敌军搜捕，与江南游击队取得联系。他们潜入铜陵、繁昌、南陵三县接合部的张家山，隐蔽休息了两天。然后他们把部队分成三组分散活动，有的去找游击队接头，有的侦察江边敌情，有的外出寻找粮食蔬菜。12日他们转移到泾县的陈担冲，这里比较偏僻，没有敌人，有粮草可以依靠，于是部队在这里隐蔽，等待上级指示。

18日接到军首长来电，说是20日发起渡江战斗。先遣队当夜冒雨出发，在崎岖山路中行进，一夜行军90里，返回张家山宿营地。19日他们又行军90里到黄莲山，与杨鹏率领的游击队会合。军首长指示：先遣队的任务是接应配合80师攻占龙门山、马鞍山，并对繁昌、荻港间敌军进行袭扰，破坏电线，错乱敌之部署。亚冰、慕思荣把伤员、电台留在杨鹏处，先遣队兵分四路，分头破坏敌军在交通要道上的电线。20日18时当江北攻击开始时，先遣队在山顶燃起火堆，为渡江部队导向。江边的敌军看到后方山上起火，惊慌失措。夜里先遣队由黄莲山出发，向龙门山搜索前进。他们一路上割断敌军电话线，但是没有与敌军主力遭遇。估计是我军渡江时敌已向南逃窜。21日拂晓，先遣队一部在龙门山与80师先头部队会合，一部在江边鸡头山与79师会合。他们报告了纵深敌情，聂军长、刘政委在江边接见了他们，表彰他们完成了先遣渡江的任务，为人民立了大功。新中国成立后文艺工作者根据27军渡江的素材，加上其他军的事迹，拍成电影《渡江侦察记》。[1]

---

[1]《中国人民解放军第27军第三次国内革命战争战史》，1956年初稿。

1949 年 4 月的国共北平和谈，与 1945 年的重庆谈判相比，真是此一时彼一时。这一次，国民党是打着白旗来乞和的。毛泽东、周恩来对张治中等以礼相待，但在原则问题上是寸步不让。13 日中共方面拿出了《国内和平协定草案》，作为正式谈判的基础，交国民党代表团研究。张治中看完了《草案》，不禁大为失望："第一个感觉是全篇充满了降书和罪状的语气。第二个感觉是：完了，和平是不可能的！"周恩来强硬地表示：无论和谈成功与否，解放军都要如期渡江。张治中无可奈何地说："也好，干脆！"没有什么可商量的了，张治中委托黄绍竑、屈武携带文件回南京请示。[1]

李宗仁、白崇禧、何应钦等看到《和平协定》的最后文本，众人面面相觑，情绪极为低沉。后来还是白崇禧打破沉默，说："这样苛刻的条件能接受吗？"李宗仁不发一言，让何应钦 17 日到溪口去见蒋介石。蒋介石气得拍案大骂张治中："文白无能，丧权辱国！"完全拒绝了这个文件。在最后关头，李宗仁违背了签字的诺言，否决了《和平协定》。会后，白崇禧飞回汉口布防。

20 日深夜，张治中等才收到南京李宗仁、何应钦来电，拒绝在《和平协定》上签字。然而这已经无济于事，21 日，毛泽东、朱德发出《向全国进军的命令》，命令各野战军全体指战员："奋勇前进，坚决、彻底、干净、全部地歼灭中国境内一切敢于抵抗的国民党反动派，解放全国人民，保卫中国领土主权的独立和完整。"声势浩大的渡江战役正式展开。

中集团首先实施渡江。从裕溪口至枞阳镇 100 公里的长江段水道九曲蜿蜒，江心洲珠串连环，江面较窄，水流也相对平缓，利于我军突破。一旦强渡成功，即可控制南京至芜湖的铁路，抄捷径直取南京。担任第一梯队的是第 7、第 9 兵团指挥的 24、25、27 军。当日天气晴朗，江面上风平浪静，对岸绿树成荫，完全没有大战即将开始的紧张迹象。

20 日 17 时，我军各炮群开始试射。24 军的炮火首先向江心的闻新洲、紫沙洲轰击，打掉敌军前沿阵地的地堡。同时掩护我军渡江船只翻坝入江。在渡江作战中，我军的炮兵显示出高超的技术水平。榴弹炮、山炮循环射击，摧毁独立的地堡，迫击炮则专打逃窜的敌人。当榴弹炮、山炮修正距离时，迫击炮连续射击填补空隙。对岸敌军炮兵反击，我军立即抓住目标进行压制射击。只见江对岸浓烟滚滚，敌军陷入混乱之中。

在炮兵掩护下，我军突击部队打开大堤的出口，将隐蔽在河道里的船

---

[1]《张治中回忆录》第 6 章第 4 节，华文出版社 2007 年版。

◎ 渡江战役

只翻坝入江。黄昏时，空旷的江边已经排满了众多木船，战士们在临时码头上有秩序地迅速登船。尽管要求肃静，也不免嘈杂之声。原定20时开始渡江，但各部队翻坝情况不一样。27军79师19时20分才开始拖船，一小时后235团拖出大部，237团只拖出少部。这时对岸敌军发觉，开始射击。军首长命令已经入江的船立即开始渡江，不必等齐。235团在近21时率先开始了渡江行动。21时24军统一开始渡江，有些翻坝慢的部队则在22时开始渡江。

夜幕降临，江上刮起了风。中集团3个军上千船只扬帆起航，船工用力摇桨，战士们纷纷用铁锹、钢盔帮助划水，加快船速。先头船刚过中流，距离对岸300米时，敌军开始炮火拦截。有的船被打穿，战士们用棉絮、身体堵漏，有的船工负伤，仍然摇橹不停。我军炮群再次齐射，掩护部队渡江。江心里波涛汹涌，水柱冲天；江南岸是一片火海，映红夜空。27军先遣队在山顶点燃火堆，为我军导向。21时，27军79师235团1营3连5班的木船在夏家湖登上南岸，成为"渡江第一船"。各部队也陆续到达南岸，平均渡江时间为15—20分钟。27军在荻港至旧县之间突破。24军先攻占闻新洲、紫沙洲两个大江心洲，然后继续渡过夹江，在铜陵至荻港段突破。25军在大套沟至鲁港段突破。21军占领贵池以北的长生洲。渡江部队纷纷在南岸点燃火堆，向北岸传递胜利的信息。船工们运完第一梯队，马上返回再运送第二梯队。21日凌晨2时，聂凤智率27军军部过江。到21日晨，中集团已渡过10个师28个团，建立了东西长120公里，纵深20公里的江南阵地。渡江战役首战告捷。[1]

21日汤恩伯匆忙飞到芜湖部署堵击，然而国民党第20、88、55军等部早已放弃阵地，仓皇南逃。二线的99军开到宣城，见势不妙也掉头就跑。就在

[1]《中国人民解放军第三野战军战史》第338页，解放军出版社1996年版。

汤恩伯手忙脚乱的时候，我军东集团、西集团开始了更大规模的渡江行动。

东集团第 10 兵团的 23、28、29 军在强大炮火掩护下，从七圩港到张黄港一带渡江，直指南岸的江阴。这里是长江下游最窄的地方，江面仅宽 1500 米。虽然敌军重兵防御，也阻挡不住我军的强渡。兵团司令叶飞在江边亲自指挥，并随 28 军第一梯队过江。原定启渡所得时间是 21 日 17 时 30 分，可是白天江上风平浪静。叶飞心里着急，犹如天助，到 16 时左右，江上起风了，而且是顺风。指战员们都高兴极了。一声令下，上千条船扬帆向对岸驶去，最快的仅用 10 分钟就到达南岸。敌军的火力拦截比预计要弱，突击部队上岸后迅速消灭敌军火力点，扩张滩头阵地，向纵深发展。23 军 69 师 207 团 2 营 5 连 1 排乘坐一条机帆船渡江，到天生港附近遭敌军火力拦截，船上伤亡 20 多人，排长也牺牲了。1 班长挺身而出接替指挥，继续奋勇前进，突破封锁，强行登陆。他们歼敌一个连，站稳了滩头阵地，保障后续部队上岸。战后荣获"渡江英雄排"的光荣称号。当天夜里，后续部队一批接一批渡江，有的船一夜往返八次。叶飞上了岸才发现，由于渡江心切，忘了带电台。他只好带着人往前赶路，寻找 28 军军部。[1]

第 10 兵团渡江的最大障碍，是国民党江阴要塞。江阴要塞是国民党经营多年的江防重镇，山顶有炮台，山腰有壕堑，山脚有地堡群，总兵力 7000 余人，新式重炮 30 余门，火力可以控制张家港至黄田港 30 公里的一段江面。要塞司令戴戎光是国民党顽固分子。应该说，正面攻击江阴要塞，是相当困难的。

但是在我军渡江过程中，江阴要塞一炮未发，使第 10 兵团得以顺利渡江。这是我党地下工作的又一杰作——策动江阴要塞起义。

1946 年夏，盐阜地委组织部长唐君照接到在国民党军任职的弟弟唐秉琳来信，表示想离开国民党到解放区工作。地委书记曹荻秋同志指示要利用这个关系，建立秘密联络。1947 年唐秉琳调到江阴要塞，华中工委将其作为策反工作的重点。唐君照逐渐发展了唐秉琳、唐秉煜兄弟和吴广文 3 名地下党员，并要他们设法先后调到要塞。唐秉琳当了炮台台长，唐秉煜当了守备总队队长，吴广文当了工兵营长。他们在要塞里建立了组织基础，并联络了一批中间人士。

1949 年 1 月，唐秉煜获得了国民党军的长江布防图和作战方案，亲自

---

[1]《叶飞回忆录》第549页，解放军出版社1988年版。

送到江北。陈丕显、管文蔚听取他的汇报后，对要塞工作非常重视。三野开始渡江准备后，江阴要塞工作由三野10兵团直接掌握。粟裕派华东局社会部情报科长王徵明携带电台，到靖江与唐秉琳等保持密切联系。4月渡江前，王徵明带领29军的4名干部潜入要塞。王徵明当了游击炮团团长的"卫士"，控制炮团，其余的人也分别潜入各部门，控制了要害部位。韦国清政委交代给王徵明等的任务是："保持60里防区，迎接部队登陆。所谓'迎接'就是炮不打，枪不响。"

4月21日夜，三野10兵团开始渡江。当我军炮击南岸敌21军阵地时，21军要求炮台火力支援。唐秉琳命令炮台缩减射程400米，打了十几发炮弹，结果全打到21军头上。我军开始渡江后，戴戎光命令炮台射击。唐秉琳执行命令，但炮弹都没有装引信，只听炮响不见爆炸。戴戎光正骂："妈的，这打的是什么炮，是打的欢迎炮嘛！"唐秉煜和我军干部冲到指挥所，俘虏了戴戎光。22日晨，江阴要塞召开全体官兵会议，宣布起义，并由三野特纵接管。粟裕来到要塞，亲切接见唐秉琳，说："你们为大军顺利渡江做出了重要贡献，为党为人民立了功，党和人民是不会忘记你们的。"江阴要塞掉转炮口，封锁了国民党海军退回上海的航道。10兵团迅速通过要塞防区，切断了南京至上海的铁路。[1]

当我军炮火封锁长江航道后，国民党海军海防第二舰队司令林遵率大小舰艇25艘在南京长江下游的笆斗山江面起义。这次起义也是在中共地下党的策动下举行的。林遵是福州人，英国皇家海军学院毕业。1948年底，海防第二舰队被调入长江，官兵们对打内战都表示厌恶。这时，林遵的同学、国民党海军司令部官员郭寿生受地下党委托，来镇江基地找林遵，要他率领舰队起义。林遵知道国民党大势已去，就联系了几位思想进步的舰长，等待时机。我军发起渡江战役前夕，林遵派人通知我党联系人舰队将要起义，并告知适宜渡江的地域，避免冲突。20日夜我军开始渡江后，海军总司令桂永清命令林遵率舰队马上去芜湖，阻止我军渡江。林遵拖延时间，没有执行。22日我军已全面渡江，桂永清又在下关召集南京江面的舰长们开会，要他们当晚冲出长江，逃往上海。"永绥"舰舰长邵仑是起义组织者之一，借故拖延，使各舰未动。桂永清命令林遵马上去南京，带领舰队下行。23日晨，林遵乘"永嘉"舰到达笆斗山，召集舰长们开会。大家听说桂永清已经乘飞机逃走，南京国

---

[1] 刘瑞年：《江阴要塞起义》，载《百万国民党军起义投诚纪实》。

防部官员也已逃往广州，都大骂起来，谁也不愿意再为国民党卖命。林遵向大家征求意见，结果主张走和留下的各占一半。林遵宣布起义，派人起草文告。几个顽固的舰长密谋后于傍晚起锚，有的舰不明真相也跟着开走。林遵用报话机呼叫，四舰返回，七舰逃跑。林遵派参谋到浦口与35军接洽起义，24日凌晨，第二舰队起义成功。停泊在镇江的江防舰队23艘舰艇也随即投降。这些舰艇，后来成为新中国海军的基础。[1]

在10兵团渡江时，第8兵团也开始了渡江作战。21日20时，20军自三江营渡江，进攻扬中。因遇逆风，内河大部分船只不能按时起航，只有两个营登岸。他们与扬中守敌3个团展开战斗，击退敌军多次进攻，守住了登陆点。22日凌晨，20军有4个团过江，发起全面进攻，守敌仓皇溃逃。34军22日由仪征至扬州段渡江，在炮火掩护下占领北新洲、瓜洲，直插镇江。35军于21日夜间向江浦和浦口之敌发起攻击，经过一天激战，攻取敌军主要阵地。22日晨，敌军获悉我军主力已经过江，害怕被歼，逃往南京，江浦、浦口随即解放。

22日的南京已是一片混乱。京杭国道上拥挤着国民党的溃军，向上海、杭州方向争先逃命。南京政府的官员都纷纷登上飞机逃往广州。各航空公司的30多架飞机紧张空运，据说6小时内就将政府部门疏散一空。这一夜，南京四郊炮声隆隆，李宗仁彻夜失眠。23日早晨，他带领少数随从乘最后一架专机起飞，先在上空盘旋两周，然后向桂林方向飞去。

23日上午，35军接到粟裕张震22日24时的电报："如南京之敌逃窜，则35军应即渡江进占南京，维持秩序，保护敌人遗弃之一切公私财产，该军应特别注意遵守政策，严肃城市纪律。"35军本来没有渡江任务，手里一条船也没有。接到命令后，全军上下到处寻找船只。下午103师侦察连在浦口的小河汊里找到一只小划子，经再三动员，船主表示愿意送他们过江。103师侦察班长魏继善带着4个侦察兵，在火力掩护下渡江。17时左右到达下关码头，见江边无敌踪影，连忙用旗语制止射击。他们找到下关发电厂，在工人帮助下找到一条小火轮，回到浦口，35军开始渡江。后来找到了火车轮渡船，一夜之间35军就全部到达下关。整顿军容后，开始入城接管。[2]

1949年4月24日是一个有历史意义的日子。据外电报道："共军于今

---

[1] 金洵《国民党海军舰艇起义》，载《百万国民党军起义投诚纪实》。
[2] 石惠南：《35军与南京解放》。

晨 3 时 45 分接收南京。军队系由西北门开入，由军官乘吉普车一辆开路，士兵沿中山路向焚烧之司法院大厦开进。共军进城后，迅速占据各要点，并接收各政府机关、银行与公用事业。共军入城未遇抵抗，早起之市民均在街头，用好奇眼光观看共军。共军散布城内后，即分组排齐坐定，唱歌并听长官训话。"[1]

◎ 毛泽东在看解放南京的报道

35 军 104 师 312 团首先进入"总统府"，将红旗插在"总统府"门楼上。3 个师划分了防区，张贴我军城市政策的"约法八章"布告。以吴贻芳等民主人士组成的南京市民"维持会"协助维护城内秩序，并与我军接洽接收。守卫中山陵的国民党军一个营护陵部队向我军投诚，将中山陵完好地转交到我军手中。

在北平香山的"双清别墅"，毛泽东阅读"人民解放军解放南京"的号外，心情激动。挥笔写下《七律 人民解放军占领南京》：

> 钟山风雨起苍黄，
> 百万雄师过大江。
> 虎踞龙盘今胜昔，
> 天翻地覆慨而慷。
> 宜将剩勇追穷寇，
> 不可沽名学霸王。
> 天若有情天亦老，
> 人间正道是沧桑。

总前委原来估计渡江是一场艰苦残酷的战斗，没想到敌军如此不堪一击。过江后我军没有喘口气，就立即转入追歼敌军的行军作战中。粟裕判断敌军

---

[1]《申报》，1949年4月25日。

主力将向杭州撤退,22 日 17 时命令中集团的第 7、第 9 兵团以急行军向郎溪、溧阳前进,不为小股敌人迷惑。务必切断南京至杭州的国道,不使敌军主力退到杭州。24 日,东集团占领南京、镇江、无锡等城市,切断了南京至上海的水陆交通。粟裕在地图上反复测算敌我双方的距离和行程,从南京到长兴、广德约 140 公里,其中部分是山区,敌军撤退中遭受我军追赶拦截,估计要四五天才能到达。我东集团从江边直插太湖,仅用两三天时间就可占领宜兴。再南下一两天就可到达长兴,切断南京至杭州的道路。只要我中集团和东集团加速对进,完全可以在郎溪、广德地区围歼国民党军主力。粟裕、张震在 23、24 日连续发布命令,要各军向指定的合围地区加速前进。10 兵团除以 29 军进占苏州外,28、31 军沿太湖西侧向长兴、吴兴猛进;20、26 军归 10 兵团指挥,与 23 军沿丹阳、溧阳之线南下,尾追南京、镇江逃敌;9 兵团各军只留 30 军监视芜湖之敌,中集团各军沿南陵、宣城、广德之线急进。几大箭头都指向郎溪、广德地区。

各部队接到命令后,干部战士发扬"猛打、猛冲、猛追"和"打得、跑得、饿得"的战斗精神,不顾疲劳和饥饿,顶风冒雨,日夜兼程追赶敌人。有的部队连续四五天急行军,一天只能吃上一两顿饭,非常疲劳。有的边行军边打瞌睡,以至撞在树上、跌到水田里、掉到河里的事时有发生。加上连日阴雨,战士们衣服湿透,感冒的、腹泻的也越来越多。这些困难都不能阻挡部队的行军,大家都想早一点包围全歼敌人。

25 军 24 日凌晨到达芜湖附近的湾址,74 师的两个团在渡河时发现有一个师的敌人。师首长立即改变决心,停止前进。命令两个团后退,布置阻击。敌军见我军后退,立刻冲上来,企图夺路逃跑。74 师与敌军反复拉锯,坚守到下午,25 军后续部队赶到,从侧面杀入。敌军立即溃乱起来,在山洼里东逃西窜,国民党第 20 军军长杨干才死于乱军之中,副军长以下万余人被俘。

23 军在 25 日夜里占领溧阳县城,得知南京方面的国民党溃军正沿宁杭公路向这里逃跑。23 军连夜布阵,第二天拂晓,逃敌便蜂拥而至。23 军在溧阳城北与敌军展开拼杀。激战一天,俘虏敌军 9000 余人。

20 军于 25 日夜到达溧阳以北地区,当天夜里听到公路上有汽车声,但是没发现敌人。其实敌军正在附近宿营,第二天早晨 20 军准备南下,在老河口突然与数万敌军遭遇。军首长立即决定先消灭敌军再向广德前进,命令 58 师向南渡、胡桥方向出击,59 师向施家桥方向出击。58 师 174 团急行军

20公里，下午到达胡桥。只见公路上敌军密密麻麻，一眼望不到尽头，正拥挤着向南逃窜。174团不顾敌众我寡，多路突击，杀向敌群，把敌军冲得七零八落。敌军不知道我军来了多少部队，人无斗志，纷纷投降。经过两个小时战斗，就俘虏敌军12000多人。20军结束战斗后，来不及清理战场，又匆匆南下了。

　　在我军快速追击下，南逃的国民党第4、28、45、66军和51军一部不敢再沿京杭国道撤退，转向郎溪、广德的山区逃窜。为了协调部队行动，围歼逃敌并解放杭州，粟裕决定以第9兵团司令员宋时轮统一指挥9、10兵团部队全歼被围之敌，第7兵团迅速向杭州进军。24军接管南京，23、35军归还7兵团建制。[1]

　　形势发展非常快。26日中集团先头部队已经到达郎溪、广德地区，同日东集团的28军占领长兴，27日中集团的27军在吴兴与28军接上联系，封住了"口袋"。我军的23、24、25、31、33五个军围住了国民党五个军，各部队猛冲猛打，"枪声就是命令，敌军就是目标"，开始分割围歼敌人。前线记者刘亮随24军行动，目睹了这场围歼战，并写了如下报道："从南京、镇江、芜湖等地狼狈逃窜的蒋军先头部队刚到广德城郊，就被从数百里外赶来的我军拦头截住，并且迅速陷入各路我军的严密包围圈中。这个大包围圈的中心是广德城北25华里的山区，该地山岭重叠，林木蔽天，敌军陷入这个进退维谷的绝境后，建制混乱，首尾不能相顾，各自漫山遍野地逃窜，我军略加攻击，即交枪投降。我军某部三个骑兵与敌军四百余人遭遇，打了一排枪，该部敌人立即全部投降。28日战斗开始不久，数以万计的俘虏已从前线分头押解下来。29日我各路大军冒着寒风阴雨，翻山越岭，穿过丛林，四面八方向被围之敌奋勇攻击，当我突击部队插入敌阵后，敌人不敢迎战，回头就跑，但却无法逃出我军合围的铜墙铁壁，只好纷纷投降。至下午5时许，我各路攻击部队已在包围圈中心胜利会合。战士们密布在山谷及丛林中，捕捉溃兵及收集敌军丢弃的武器弹药和物资。疲惫不堪的敌军散兵，在山坡上淋着雨等候我军收容，只要一名解放军战士领着几个俘虏走过，他们便纷纷自动跟上，刹时便成为一长列的俘虏群。记者在一个不满200人的俘虏队伍里，发现其番号竟达十一个之多。此次战斗为时仅两天，八万余敌人全部就歼。"[2]

---

[1]《中国人民解放军第三野战军战史》第347页，解放军出版社1996年版。
[2] 刘亮：《历史大进军的轨迹》，载《陈粟大军征战记》。

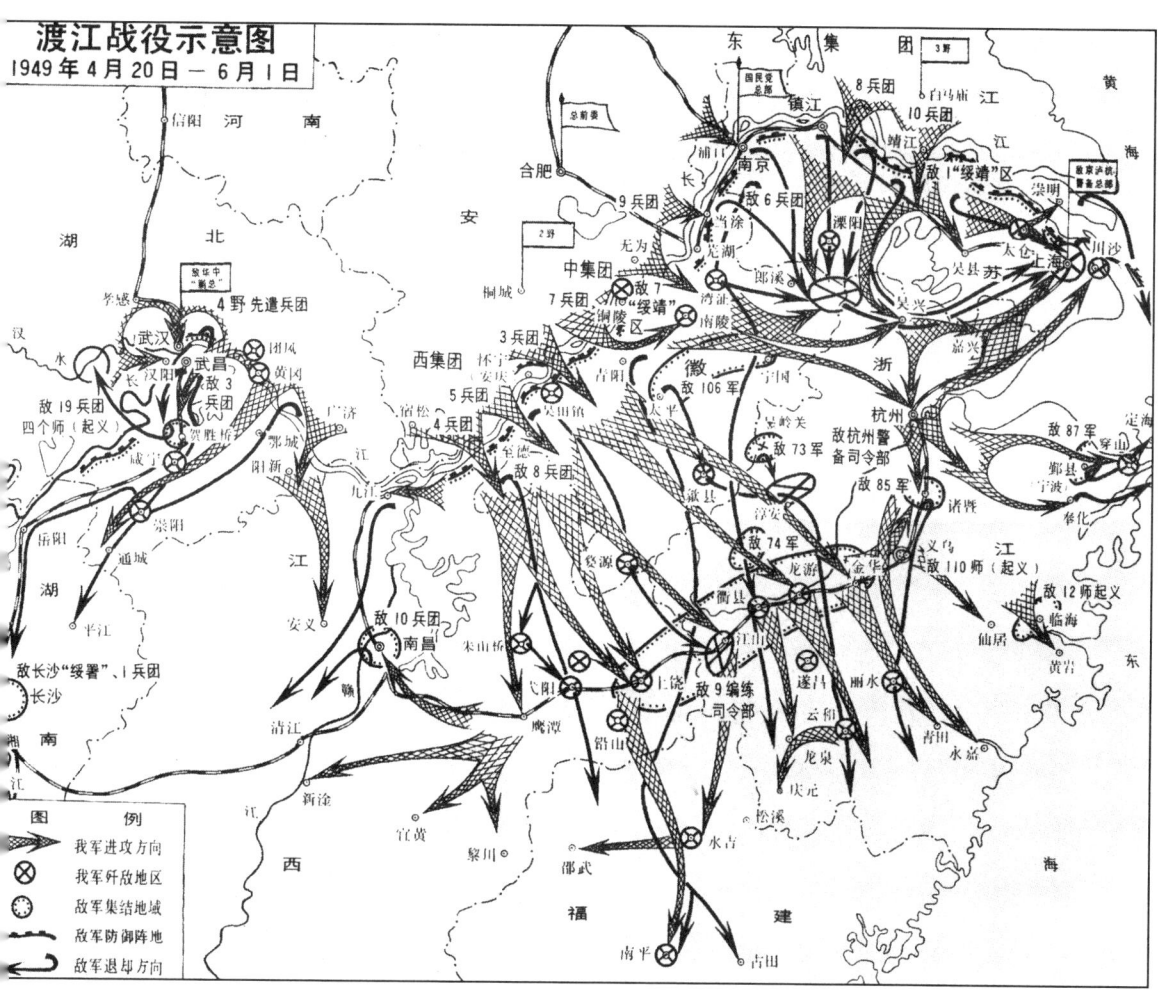

◎ 渡江战役示意图

　　与此同时，7 兵团的 21、22 军在谭震林、王建安指挥下，日夜兼程向杭州挺进。28 日 21 军占领孝丰，进入天目山区。山高岭陡，道路崎岖，又下着连绵阴雨。部队的后勤辎重都没赶上来，许多战士的鞋子走烂了，只好赤脚行军。虽然十分艰苦，但战士们士气旺盛，5 月 2 日到达余杭。这时，国民党军仓皇向宁波、温州方向撤退，阴谋炸毁钱塘江大桥，阻止我军南下。21 军 62 师在余杭稍事休息，就向杭州方向强行军。3 日拂晓，62 师越过五云山，突然出现在钱塘江大桥旁。仅半小时战斗，就打垮了敌军守桥部队。敌军慌忙炸桥，只造成轻度损伤，大桥保住了。3 日下午，我军侦察部队进入杭州，发现敌军已经撤走，城内比较平静。随后，21 军部队迈着整齐的步伐入城，受到市民群众的热烈欢迎。谭震林等领导人也陆续到达，开始了紧张的接管工作。杭州的解放，标志着渡江战役第一阶段作战的胜利结束。

渡江后形势发展之快，出乎意料之外。陈毅 5 月 10 日在丹阳三野干部会议上谈到渡江后的情况时说："这次部队过江准备两个半月，4 月 20 日晚上开始渡江作战，4 月 23 日占领南京，5 月 3 日晚上占领杭州，5 月 4 日占领上饶，并且解放了镇江、丹阳、常州、无锡、苏州等地，整个渡江作战任务便完成了。任务完成得很快，当天晚上渡过长江，三天解放南京，不到两个星期或仅仅两个星期，占领了整个苏南、皖南（上海除外）和浙江大部，历史上从来没有这样的进军。百万大军（三野 60 万，二野 30 万加上直属队）携带重武器骡马辎重等，十天内外进军千里，横渡长江天险，粉碎敌人反抗，平均一天进军 100 里，普通老百姓空身走路，也没有这样快。敌人在江南设防共有 21 个军，其中 10 个军被全歼，7 个军大部被歼，最多的只逃掉一个团，仅在上海防守的几个军比较完整。这是历史上一个空前伟大创造，完全出乎我们意料之外。我们原先认为渡过长江需要经过三四天甚至于一个星期的恶战，或者渡过去了站不住脚又被打回来；或者只能占领滩头阵地逐步发展，不能像秋风扫落叶一样横扫千里。原来准备在无锡、南京要打一下，一个半月打下南京，结果 3 天就实现了计划，半个月解放苏南、皖南，进入浙江、赣东北，证明了人民解放军的强大，敌人的腐朽，军无斗志，亡魂丧胆，不敢抵抗，缴械投降。解放军的威力发展到最高峰，敌人的战斗意志降到零点，标志着全中国民主革命的胜利，而南京的解放又代表着一个全中国的胜利。"[1]

---

 [1]《入城纪律是给新区城市人民的见面礼》，载《陈毅军事文选》第497页，解放军出版社1996年版。

第 23 章
"紫石英"号事件

"紫石英"号闯入三野战区——陶勇下令炮击英舰——"紫石英"号在镇江被扣留——丘吉尔扬言"报复"——毛泽东起草抗议声明——中央军委对英舰的灵活策略——"紫石英"号逃出长江口——毛泽东透露当年内幕

解放战争渡江战役期间，在三野东集团作战区域内，曾发生了轰动中外的与英国军舰"紫石英"号冲突事件。

1949 年 4 月 20 日早晨，长江北岸的三江营（今江苏泰兴市口岸镇西）三野第 8 兵团阵地上，配属 20 军的特种兵纵队炮 3 团战士们正在进行渡江作战前的准备工作。三江营对岸的扬中县原是江中的一个大沙洲，由于泥沙的淤积在南岸形成一个小江岔子。北岸有一条小河也在这里汇入长江。长江在这里拐了一个弯，江面不宽，水流不急。兵团首长认为三江营是一个很好的出发阵地，对岸也是理想的登陆场。兵团主力 20 军就要从这里渡江，此时，兵团司令员陈士榘正在扬州城里召集军师干部开会，做渡江前的最后部署。

9 时 30 分，炮 3 团 7 连观察所突然发现东边江面上驶来一艘军舰，溯江而上，闯入我军防区之内。从望远镜里可以看到舰上悬挂的英国国旗。团部接到报告后，立即命令各连实弹待命射击。并指示：如果英舰不向我军射击，我们也不打它；如果英舰敢向我方挑衅，就坚决还击。

这个"不速之客"是英国海军护航舰"紫石英"号（Amethyst，又译"紫水晶"），排水量 1700 吨，有炮 6 门，水手 120 名，舰长史基纳（Skinner）中尉。

据说他们的任务是到南京"保护"英国侨民的，英国军舰根本没有把北岸的人民解放军放在眼里。当"紫石英"号通过炮3团阵地时，一场冲突发生了。

据炮3团事后的报告说："该舰于通过我7连第三炮位后，发现北岸我炮兵阵地，并首先向我开炮射击。我炮兵立予还击，当即将英舰甲板及炮台、司令台、机轮舱击中数处。该舰当即折向南岸，企图依托对岸国民党军，借陆上火力的援助，此时龟山敌炮兵阵地亦闻讯予英舰以援助，合力向我阵地攻击。英舰于驶近南岸时，因水浅被搁，行动失灵。我右翼1连炮阵地亦协同7连作战，前后计命中英舰30余弹。因缺少破甲弹及延期信管，未能将该舰击沉。有一弹射中该舰吃水线下，亦因搁浅未沉。该舰炮手大部于此时伤亡，乃悬白旗告饶，我们即令停火，少顷英舰又将白旗降下，复悬英国国旗。我团乃命令继续射击，迫使该舰再度悬白旗。英舰恐我不见，连挂三白旗，我即停止射击。"

"13时半又有英舰Consort（伙伴号）一艘由南京驶来，增援'紫石英'号。该舰加快速度顺流急驶，企图冲出我火制区。我1连、7连立即射击，当时命中弹计5发。惜破甲弹用完，未予重创。'伙伴'号于驶过我军阵地后，转头西来，靠近江北岸，于我火炮死角地带开始轰击。我7连阵地全毁，两炮受伤，炮手亡1、伤1，步兵亦有伤亡。旋该舰即驶往上海，'紫石英'号仍搁浅于三江营对岸。当晚9时，英舰又驶至三江营向我炮击，并将'紫石英'号拖出搁浅地区，停泊于三江营西之夹江口，对我步兵登舟南渡威胁极大。我们正计划派人持信令英舰来人接洽，突来一海军巨型飞机，降落'紫石英'号舰侧，我当即射击，敌机旋即飞去。我续轰敌舰，又命中8发，该舰乃徐徐驶入三江营南岸之夹江口，至22日晨，该舰行踪不明。"[1]

自1840年鸦片战争以来，英国军舰在中国沿海、内河横行霸道，这次"紫石英"号和"伙伴"号挨打，实在是大出其意料之外。英国人是不肯吃亏的，21日，英国海军的重巡洋舰"伦敦"号（London）和驱逐舰"黑天鹅"号（BlackSwan）在英国远东舰队副司令梅登中将指挥下，从上海溯流而上，援救"紫石英"号。这天上午两舰到达泰兴南的七圩港江面。这里是10兵团23军的阵地，陶勇军长正在江边指挥部队准备渡江。他见两艘军舰在江面上游弋不去，恐怕影响我军渡江。时间紧急，他立即请示兵团司令员叶飞，

---

[1] 康矛召：《1949年4月26日致8兵团的报告——我与英舰"紫石英"号作战经过及对该舰处理意见》，载《华东军区第三野战军第三次国内革命战争战史资料选编——渡江战役》。

是否将其驱逐。

叶飞接到电话后，开始以为是将要起义的国民党舰队。他已经得到通报，林遵将率国民党海军舰队起义，并规定了联络信号。他问陶勇："这些军舰是不是挂的规定起义的联络信号旗？"陶勇说："挂的是花花绿绿的旗。这些军舰老在我们正面长江上不走，妨碍我们渡江，有点不怀好意，是否把它打掉？"叶飞考虑兵团马上就要渡江，事不宜迟，命令前沿观察所挂起警告信号，要江上的军舰马上离开。

前沿的特纵炮6团挂起信号后，英舰没有反应。从望远镜中看到舰上有人活动，并将炮口对准我方。陶勇不再忍耐了，命令炮兵开火。炮6团的榴弹炮和23军炮兵一齐开火，打得长江上水柱冲天。英舰也向我军开炮，造成我军人员的伤亡。我军炮弹命中了英舰，英军亡15人，伤25人，梅登中将制服被弹片划破。英舰决定放弃救援"紫石英"号，掉头返回上海。

当"伦敦"号和"黑天鹅"号进入23军渡江区域后，叶飞、陶勇曾向指挥东集团作战的三野副司令员粟裕、参谋长张震请示。粟、张于21日8时20分紧急请示总前委和中央军委："我23军七圩港外本晨到兵舰两只，一大一小，上部一文'英'字旗号。据望远镜观察，舰上除有中国人外，并有外国人。因我已实施渡江，均已下令封锁江面，而请示对该舰如何处理，是否给予轰击？"[1]

当日18时，毛泽东以军委名义答复粟、张："你们所说的外舰可能是国民党伪装的，亦可能是真的。不管真假，凡擅自进入战区，妨碍我渡江作战的兵舰，均可轰击，并应一律当作国民党兵舰去对付，装作不知道是外舰。新华社亦不要发广播去劝告，看其反应如何再说。但如该外舰对我渡江在实际上无妨碍，则可置之不理，暂时不去打它。"[2]

毛泽东的电报还没到，23军已经同英舰交火了。三野司令部打电话向叶飞询问："你们怎么同英国军舰打起来，谁先开的炮？"叶飞打电话告诉陶勇："江面上的军舰是英国军舰，我们把英国军舰打伤了，上面来查情况哩。"陶勇怒气冲冲地说："有什么好查的！我最好的团长邓若波都给他们打死了！"叶飞与陶勇商定，上边来问，一定强调是英国人先开炮。[3]

这两次冲突，实际上是在双方都不了解的情况下打起来的。我军渡江在

---

[1]《中国人民解放军第三次国内革命战争史料选编》第3辑第3册。
[2]《毛泽东年谱1893—1949》下卷第485页，中央文献出版社1993年版。
[3]《叶飞回忆录》第540页，解放军出版社1988年版。

即，没有预料会遭遇外国军舰。英军也不知道我军就要渡江，更没想到会挨打。"紫石英"号搁浅后，即向上海英国海军远东舰队求救。"伦敦"号、"黑天鹅"号向上游进发时，英国大使通过驻北平总领事包士敦送信给朱德总司令，说明英舰营救"紫石英"事，请求我方提供方便。毛泽东这才知道我军打的是英国军舰。他于22日3时电告总前委和粟裕、张震："英国人要求我军对于英舰两艘营救被击损之英舰（"紫石英"号）船员一事予以便利，我们意见在英舰不妨碍我军渡江作战的条件下，可予以营救之便利。对于英国人要求该二舰于营救事务完毕后，仍须开往南京护侨一事不能同意，应令二英舰向下游开去。但如二英舰不听劝告，仍开南京，只要不向我军开炮及不妨碍我军渡江，你们也不要攻击他们。"[1]

但是毛泽东的电报来晚了，23军已经把"伦敦"号和"黑天鹅"号打回上海去了。粟裕、张震调查了事情经过，于23日中午向总前委、军委报告："21日上午在七圩港（泰兴南我出港口）江面驶来悬英国旗舰二只，先向我开炮（亦说我战防炮先打）。我即还击，命中9炮，并击毁炮2门。该两舰旋即取下英旗西去，驶至口岸港附近，为我各炮兵轰击后，东驶经七圩港时，舰上用广播器向岸上高喊：'我们不是你们的敌人'。当时我未予炮击，该舰已驶沪，然番号无法查清。"[2]

再说"紫石英"号被我军击中后，舰长史基纳和舵手丧命，部分水手仓皇跳入江中，游到南岸，在国民党军救护下步行到常州，然后登上火车，于21日逃回上海。新闻报道说这些英军"多被黄布棉军服，各人均极疲惫。有御绷带者，有负伤用担架抬下火车者，有跛足者，有穿拖鞋者，极为狼狈"。谈起共军的炮火，他们依然心有余悸。[3]

21日夜里，驻南京的英国大使馆派一等秘书爱德华过江，到浦口与我方联系，请求停战并营救"紫石英"号的英军伤兵。军委指示粟、张："加强江阴方面之炮火封锁，一使敌海军不能东逃，二不使英舰再西犯，来犯则打击之。""对营救紫石英之伤员，如爱德华来不要拒绝，可予以营救。唯须英方承认错误，未经允许不得入我防区。且与国民党兵舰及南岸敌军勾结一起，向我攻击，致使我军遭受重大损失（伤亡252人），此种与我为敌的行为，绝不容许。英方必须承认错误并赔偿损失。你们占领镇江后，应即将紫石英

---

[1]《毛泽东年谱1893—1949》下卷第485页，中央文献出版社1993年版。
[2]《华东军区第三野战军第三次国内革命战争战史资料选编——渡江战役》。

[3]《申报》1949年4月22日。

号俘获，解除武装，逮捕其人员。但需要给以适当的待遇，不要侮辱他们。对其伤员予以治疗，但不要释放。必须英方派出正式代表和我方代表举行谈判，英方承认错误，方予释放。"[1]

21 日我军渡江后，因忙于追击国民党溃军，没顾得上寻找"紫石英"号。26 日特纵炮 3 团渡江后，沿岸搜索，发现"紫石英"号停泊在镇江东谏壁镇附近江面上。炮团张参谋向舰上打招呼，一名英军中尉和翻译上岸来与我方联系。炮 3 团政委康矛召奉军首长命令赶到现场，与英方交涉。他向英方发表三项口头声明：1. 英舰未经人民解放军许可，擅自侵入解放军防区且首先炮击解放军阵地，致使解放军官兵 252 人遭受伤亡，房屋、村庄惨遭破坏。英政府及海军当事人应对此暴行负完全责任。2. 英舰应向中国人民及人民解放军道歉，并保证以后不进行与中国人民及人民解放军相敌对的行为。3. 中国人民及解放军保留对英国当局要求赔偿损失、严惩凶手的一切权利。英方代表表示已死的舰长应对此事件负主要责任。但对首先炮击我军表示抵赖，说是在演习。康矛召反驳说："当时不是演习的时间和地点。中国人民不应再受帝国主义压迫了，为什么人家打了我们嘴巴还说是摸脸呢？"他要求除留下必要的人员外，英方人员应大部离舰，等候处理。[2]

"紫石英"号被我军扣留，英国当局恼羞成怒。21 日英国外交部发言人声称：英舰获得中国政府许可，有权驻入中国内河。一如中国兵舰获得英国政府许可，可驶入泰晤士河。25 日英国海军部增派几艘军舰前往远东，并发表声明：英舰在南京、上海"完全系于政权更易时治安紊乱之际，从事援助英联邦人民之责。一俟环境许可，即拟撤回英舰"。26 日英国首相艾德礼在下院报告"紫石英"事件时，前首相丘吉尔发言说："长江事件实为一种暴行，政府以全部责任交由驻华海军司令担负，早应派遣航空母舰作有效之反击。"但是艾德礼对此持谨慎态度，他表示：由于中国局势动荡不定，英国政府对炮击英舰的事件持保留态度。

4 月 30 日，毛泽东起草了《中国人民解放军总部发言人为英国军舰暴行发表的声明》，严厉驳斥丘吉尔的战争威胁。《声明》说："英国人跑进中国境内做出这样大的犯罪行为，中国人民解放军有理由要求英国政府承认错误，并执行道歉和赔偿。""长江是中国的内河，你们英国人有什么权利将军舰开

---

[1]《华东军区第三野战军第三次国内革命战争战史资料选编——渡江战役》。
[2] 康矛召：《1949年4月26日致8兵团的报告——我与军舰"紫石英"号作战经过及对该舰处理意见》，载《华东军区第三野战军第三次国内革命战争战史资料选编——渡江战役》。

进来？没有这种权利。中国的领土主权，中国人民必须保卫，绝对不允许外国政府来侵犯。"《声明》表示："中国人民革命军事委员会和人民政府愿意考虑同各外国建立外交关系，这种关系必须建立在平等、互利、互相尊重主权和领土完整的基础上，首先是不能帮助国民党反动派。中国人民革命军事委员会和人民政府不愿意接受任何外国政府所给予的带威胁性的行动。外国政府如果愿意考虑同我们建立外交关系，它就必须断绝同国民党残余力量的关系，并且把它在中国的武装力量撤回去。"[1]

　　毛泽东的声明表明了中国共产党人的立场：绝不承认帝国主义在中国的特权，绝不容许帝国主义对中国的侵略。但是"紫石英"事件的发生，使中共中央警觉起来。在全局上，我们要有反抗帝国主义的气魄和勇气，在具体问题上又要谨慎从事，避免西方国家对中国革命的武装干涉。4月28日毛泽东给总前委的指示中说："英军'紫石英'号事件，似乎是一个偶然事件，英国连抗议也没有提。因此我们除借此作宣传教育人民外，实际上我们亦不必扩大这件事。"[2]5月6日，在三野举行上海战役前夕，毛泽东指示粟裕、张震："预先告诫部队，在占领吴淞时极力注意避免和外国兵舰发生冲突。"20日粟裕、张震报告："在高桥以西至林家宅沿江之线有敌舰五艘（其中两舰有外国旗，三舰无旗），对我269团及262团阵地作猛烈的炮击，我之守备阵地大部被其摧毁。我因怕打错，已严令不准打。为此，对我威迫与阵地坚守增加极大困难。此事如何处理，请示。"毛泽东复电："黄浦江是中国内河，任何外国军舰不许进入，有敢进入并自由行动者，均得攻击之；有向我发炮者，必须还击，直至击沉击伤或驱逐出境为止。但如有外国军舰在上海停泊未动，并未向我军开炮者，则不要射击。"他告诫粟、张："为了对付外国军舰的干涉，你们应有充分的精神准备与实力准备，即要将外国干涉者的武装力量歼灭或驱逐之。"[3]

　　三野部队保持了克制，在上海战役中没有与外国军舰发生冲突。中共中央担心帝国主义会对中国进行武装干涉，毛泽东于5月28日电告四大野战军负责人，要大家"预筹对策，以期有备无患"。措施是加强沿海港口的守卫，保留一部分兵力应付突然事件。在这种形势下，对"紫石英"号的处理就成了一个很微妙的问题。

[1]《毛泽东选集》第4卷第1461页，人民出版社1991年版。
[2]《毛泽东文集》第5卷第286页，人民出版社1996年版。
[3]《毛泽东文集》第5卷第296页，人民出版社1996年版。

"紫石英"号在镇江停留期间，修复了被炮弹打坏的船舱。对英军究竟是作为俘虏还是作为客人看待，上级没有明确指示。因此，看管部队每天供给船上必要的燃料和粮食，没有派人上舰监视和解除英军武装。英国远东舰队司令布朗特两次致电"紫石英"号舰长克仁斯，要他与我方交涉放行。我方要求英方首先承认错误，道歉后才能考虑放行的问题。谈判陷入僵局。第8兵团政委袁仲贤将这些情况报告总前委，总前委转报中央。6月10日，周恩来以军委名义起草了《对英国军舰紫石英号的处理办法》的复电，指示总前委："你们可令前线司令部康矛召以公函通知紫石英号舰长克仁斯定期至我司令部与袁仲贤将军会谈。届时，袁仲贤可根据英舰四艘武装侵入中国内河及炮轰我军阵地的基本事实，将英远东舰队司令布朗特两次函电及克仁斯几次备忘录的无理和威胁词句给以口头驳斥。在会谈中应注意劝导其承认英国军舰闯入未得解放军许可的中国领水和战区为基本错误，至少应劝导其承认无法取得我军同意即行开入亦为冒失行为，然后才能允予考虑将谈判英国海军的责任及认错、道歉、赔偿等问题，与允许'紫石英'号军舰开走修理问题分开解决。"

在电报中，周恩来还对"紫石英"号可能逃走的问题指示了对策："你们估计'紫石英'号一般地不会偷走，但应准备该舰如采取偷走办法时的对策。我们认为，如果'紫石英'号采取偷走办法，我方军舰及江岸炮兵应装作不知道是'紫石英'号，而让其逃去（此点应事先秘密通知有关方面）不要攻击，然后迅即发表声明加以申斥……我们应严密戒备吴淞、江阴两要塞，如果'紫石英'号经过江阴偷走，可不予炮击。"当时上海已经解放，有大量的工作要做。中央希望能尽快解决"紫石英"号的问题，避免牵扯过多的精力，避免国际冲突。[1]

然而几次谈判都没有取得进展。英方坚持是我方先打的他们，拒绝承认错误和道歉。南京市委将情况报告中央，6月23日毛泽东复电："对'紫石英'号的方针，必须英方承认不得人民解放军同意擅自侵入中国内河是错误的这一点（不着重谁先开枪，因为这是没有多大关系的，重要的是擅自侵入内河，只要是擅自侵入，我军就必须打它和扣留它；也不要着重正当渡江的时机，重要的是擅自侵入人民解放军控制的内河，不管什么时机，都是不能许可的），才能释放，否则决不能释放。"[2]我方代表根据中央指示的立场

[1]《周恩来军事文选》第3卷第645页，人民出版社1998年版。
[2]《毛泽东年谱1893—1949》下卷第520页，中央文献出版社1993年版。

再次与英方谈判，双方又陷入僵局。

眼看释放无望，英方准备秘密逃跑。随着时间的推移，我军渐渐放松了对"紫石英"号的戒备。英国人把我方每天提供的燃料积攒起来，达到了可以逃出长江的用量。7月30日夜里，"紫石英"号偷偷起航。当时一艘顺流而下的"江陵"号商轮正好驶过镇江，"紫石英"号贴上去，与"江陵"轮并行，借其掩护，躲避我军炮火。21时大港炮台的25军山炮团发现"紫石英"号逃跑，立即开炮拦截。因为没有探照灯等照明设备，黑夜中辨不清目标，结果炮弹多数打到"江陵"号商轮上，导致"江陵"轮不幸沉没。25军山炮团用电话通知下游的江阴要塞，特纵守备部队立即派出步兵沿江巡逻，要塞副司令李安邦赶到黄山炮台指挥。到午夜时分，没听见江上有轮船的机器声，也没有看到步兵发出的搜索信号。突然，黄山炮台山脚下出现一个庞然大物，开足马力向东驶去。原来狡猾的"紫石英"号在接近江阴要塞时，关闭轮机，不出动静地顺流而下。通过黄山炮台时，军舰紧靠南岸石壁，我军炮火居高临下，死角太大。等炮兵们移动炮架调整射击角度时，"紫石英"号已迅速通过炮台，消失在黑暗之中。

逃过江阴之后，江面骤然开阔。拦截"紫石英"号更加困难，只有吴淞口这最后一关了。江阴要塞派出部队，带战防炮2门、机枪4挺，乘汽艇追赶。沿途询问过往商船，说是曾看见一艘军舰向下游行驶，舰上关闭灯光，速度很快。江阴要塞估计"紫石英"号到达吴淞口的时间，通知吴淞要塞的炮18团做好战斗准备。18团等到31日下午，江阴追赶的汽艇都到了，也没看到"紫石英"号的踪迹。根据情况分析，"紫石英"号一定是避开了吴淞口，从崇明岛北面的航道逃出了长江口。[1]

"紫石英"号逃跑后，粟裕召集有关部门负责人开会，就此事进行检讨。8月27日粟裕和三野副参谋长周骏鸣联名向军委写了报告，总结了一些教训："领导上没有明确对英舰'紫石英'号的态度。究竟以俘虏看待还是以客人看待，有些模糊。没有予该舰以必要的限制，如限制燃料或派人上舰监视，或缴下武器。"

"英帝为了照顾其在远东的面子和威信，不肯承认其错误，又不愿该舰长期陷于我手，其唯一办法则为偷跑。而我在对关于执行军委防止该舰逃窜部署动作上缺乏明确具体的指示，只是照样转令各江防部队对该舰'不以击

---

[1] 三野特纵、25军山炮团：《为呈报紫石英舰逃窜事件的报告》，1949年8月1日。

沉为目的',而对如何达到不使该舰击沉,且又可以有效阻止该舰逃窜之目的,却未予各江防部队以具体指示。致江阴要塞机械改变原来(以击沉为目的)部署,变换了有效阻击的炮兵阵地,怕击沉了要犯错误(当时山下江岸大水亦是一客观原因)。"

"对英舰的熟悉航道地形乘夜晚偷跑及其逃跑时可能运用麻痹掩护狡诈想到的估计准备不足。因此在防御配备上存在各种弱点,如江阴要塞南岸炮位放在山上,不得遂行低伸水平射击,崇明岛未设炮火,没有估计到该舰由崇明岛以北逃窜,江阴没有照明设备和江面巡逻等。"

"缺乏照明设备,炮兵射击技术不高,对水上活动目标射击无经验。事前守备部队在干部、战士中普遍进行兵舰、商轮夜间识别教育不够,致该夜敌舰利用'江陵'号商轮掩护前进,而我25军炮兵反误击商轮。"[1]

报告送上去后,中央并没有责怪什么。直到8年后,毛泽东才讲述了其中的原因。1957年11月8日,毛泽东在莫斯科出席会议期间,会见了英国共产党领导人波立特和高兰。毛泽东告诉他们:蒋介石快要灭亡的时候,要求美国出兵。美国说可以出钱,供给军火,但是不能派兵。当时美国有少数部队在上海、南京、北平、青岛,陆海军都有。英国也有一些,为数更少。我们的军队所到之处,他们就赶快撤走。美国人员走得快,英国要慢一些。英国曾派"紫石英"号兵舰到南京去接部队,被我们打中了一炮。后来它说是跑了,实际上是我们让它走的。它当时的燃料不足,我们给了一点油。当时的形势是:如果'紫石英'号不走,就使人下不了台,我们同英国的关系就会尖锐起来。我们主要是对付美国,不是以英国为攻击对象。

---

[1] 《中国人民解放军第三次国内革命战争史料选编》第3辑第3册。

第 24 章
战上海

解放上海是艰巨复杂的任务——陈毅强调入城纪律——国民党军的上海防线——三野决策先打吴淞——外围战斗进展不顺利——粟张指示改变战术——浦东、高桥激战——毛泽东指示先攻市区——刘昌义率部起义——国民党军大溃逃——我军在上海露宿街头——华东解放战争的胜利

第三野战军渡江之后，以摧枯拉朽之势迅速解放了南京、杭州、镇江、无锡、苏州等江南城市。渡江战役第三阶段的任务，是解放和接管上海。

上海是当时亚洲最大的城市，有 600 万人口，也是中国工业、商业中心。能否完好无损地占领这个大城市，是一项艰巨、复杂的任务。陈毅曾对三野干部说："进入上海是中国革命的最后一个难关，是一个伟大的考验。"[1]

解放上海难在哪里？第一，上海是帝国主义利益最集中的地方，美国、英国的军舰还停在黄浦江中不走。如果我军进攻上海，会不会引起帝国主义武装干涉，使国际局势复杂化？第二，在上海作战，犹如"磁器店里打老鼠"。如果打烂了上海，新中国的经济建设就要蒙受重大损失。第三，如果我军接管工作做不好，导致上海停工停电，发生混乱，变成一座"死城"，我军就可能在上海站不住脚。

这些问题，是中共中央和总前委时刻考虑的大事。因此在部署渡江战役时，中央就提出对上海要"慎重，缓进"。要充分做好一切接管的准备工作。

[1]《入城纪律是给新区城市人民的见面礼》，载《陈毅军事文选》第500页，解放军出版社1996年版。

1948年4月27日毛泽东指示总前委和粟裕、张震："你们不但要部署攻击杭州，而且要准备接收上海，以便在上海敌人假如迅速退走，上海人民要求你们进驻的时候，不致毫无准备，仓卒进去，陷于被动。""为着多有一些准备时间，不使国民党过早退出上海，我军仓促进入上海，请粟张注意不要使我军过于迫近上海。同时，争取在数日内完成进驻上海的准备工作，以便在国民党迅速退出上海时，我军亦不至毫无准备地仓卒进去。"毛泽东强调："何时进驻上海，须得我们批准。"[1]

刘邓陈来到南京后，耳闻目睹我军进入大城市后发生的一些事情，感到最紧迫的是对部队进行城市政策教育。尽管过江前各部队都进行了不同程度的城市政策教育，但绝大部分干部战士是第一次进大城市，新鲜好奇，闹了不少笑话。陈毅和邓小平到南京后，住在蒋介石的"总统府"里。4月28日早晨他们在东园散步，发现地上漫着水，走廊上的地毯也泡在水里。一问才知道是战士不会用自来水龙头，把它扳坏了，到处跑水，好容易才堵住。陈毅很生气，命令住在这里的警卫部队马上打扫干净，除站岗值勤人员外全部撤出"总统府"。陈邓也随即迁移到国民党原"行政院"办公。[2]

23军68师进入杭州后，因不习惯城市生活，也出了一些问题。有些同志看了电灯、自来水就好奇，浪费水电现象很普遍，几天就损坏了40个灯泡。203团战士在蒋介石公馆里搞坏了三个抽水马桶，用抽水马桶的水洗碗。站岗的哨兵站在马路中央，看到汽车经过就阻拦询问，妨碍了交通。军师领导对纪律抓得很紧，68师政委陈茂辉在武康县城发现卫生队的骡马拴在一间小洋房里拉屎，在行军路上就对该团政委指出；入杭州后发现一个排长在街上买香烟，陈政委当场阻止，并让排长回去作检查。入城那天军长、师长仅吃到一顿饭，宁可饿肚子也不去街上买食物和香烟。有的同志对城市纪律很不习惯，有的说："城市里真难，动不动就犯错误。"有的说："当兵不抵老百姓三分之一好。"有个营从城里撤到乡下住，大家都高兴地说："这下可到解放区了！"[3]

看到部队的报告，总前委感觉到城市接管确实是很复杂的问题。由于战线推进太快，许多准备工作来不及或不细致。后方的物资和接管干部尚未到达，部队入城纪律和政策教育还不深入，如果这样稀里哗啦开进上海，非乱

[1]《毛泽东年谱1893—1949》下卷第489页，中央文献出版社1993年版。
[2]《陈毅年谱》第560页，人民出版社1995年版。
[3]《23军入杭州后部队思想及城市纪律执行情况报告》，1949年5月15日。

套不可。4月30日总前委报告军委，要求推迟进占上海。电报说："根据南京经验，在我党我军未做适当准备，仓卒进入大城市，必然陷于非常被动的地位。就军事上说，杭州、上海很快即可拿下；就政治上说，我们许多重要准备都未做好。加以上海、杭州干部尚在长江北岸，人民币因火车拥挤（据说薛暮桥处很难交涉到车厢）不能及时运到，煤的问题因缺运输工具，则更难克服。粮食在南京无大问题，估计杭州多无大问题，上海还不知道有无存粮。而在部队本身困难亦多，政策及入城守则尚未深入教育，连续行军作战尚未整理，大批俘虏尚未处置。如不经过十天左右的整训，进城之后一定会发生许多问题。35军因非主力兵团，骄气较少，故该军在南京虽然出了不少乱子，但纪律还算比较好的。其他主力军如不训练，不会比35军的情况更好。我们考虑，以尽可能推迟半月到一月入上海为好。"[1]

5月3日，毛泽东批准了总前委的请求，复电说："上海在辰灰（5月10日）以前确定不要去占，以便有十天时间做准备工作。在辰灰以后，则应作两方面的计划：甲，即去占领上海。这是假定汤恩伯在十天内由海上退走，上海成了无政府状态，迫使你们不得不去占领。你们的准备主要地应放在这点上。否则，你们将陷入被动。过去，你们在三个月准备渡江期间，没有抽出一个月时间令军队学习政策和接管城市事项，没有作很快占领诸城的精神准备和组织准备，吃了亏。现在只好在十天内补足此种缺点。乙，拖长时间至半个月或二十天或一个月再去占领。只要汤恩伯不走，就应如此。占领浏河的时间亦可推迟。"[2]

5月初，小小的丹阳县城突然热闹起来。陈毅、饶漱石于3日到达这里，主持解放上海的准备工作。数千名干部从各解放区、北平、香港日夜兼程赶来，投入接管上海的集中整训。他们当中有许多人是著名的"上海通"，如上海地下党负责人刘晓、从事文化工作的夏衍、从事秘密工作的潘汉年、从事经济工作的许涤新。各路精英汇集一堂，分头进行调查研究和准备工作。有关上海的政治、经济、社会、文化等多方面的资料，有从敌人那里缴获的、有上海地下党调查的、有上海来人报告的，整理成200多本小册子。大家根据这些材料和中共中央的有关政策，研究接管上海的具体方针措施。如上海的官僚资产阶级和民族资产阶级如何区别对待，外国人的企业如何接管，国民

[1]《中国人民解放军第三次国内革命战争史料选编》第3辑第3册。
[2]《毛泽东军事文集》第5卷第573页，军事科学出版社1993年版。

党政府机构如何处理，金融如何稳定，流氓帮会怎么办，市民的粮、煤等生活必需品如何保证供应，等等。事无巨细，都要考虑周全才行。陈毅、饶漱石不分昼夜地与分管各方面的干部研究情况，听取汇报。单是财政接管纵队的汇报陈毅就听了两天两夜，对于如何紧急调运粮食、棉花、煤炭保证上海市民的需要，做了周密部署和应急准备。[1]

5月10日，陈毅在丹阳一座大庙里，向数百名接管干部作入城纪律的报告。一开口他就声色俱厉地批判两件违犯纪律的事："8号下午我和饶政委到街上散步，走到戏院门口，有几个穿黄军服的同志，没拿票硬要进去。老百姓拿着票子反而进不去了。那时逼得我不得不亲自出马干涉，他们才走了。如果没有我们去干涉，那天戏院一定要被打烂。为什么无票非要进去看戏？是不是老子革命几十年，进戏院还没有资格？这就是违犯纪律！"

"第二件，今天早晨我到丹阳师范学校，问校长、教员有没有解放军进来破坏纪律。他们说：'一般地很好。前天有位解放军来摘去一个电灯泡，昨天又有两个同志带着摘灯泡的同志来还灯泡。'这是人家不满意中的满意，这是很严重的破坏纪律。"

陈毅从这两件小事，谈到接管上海的大事。他说："上海很复杂，我们都不大懂。我们不能自大、吹牛。上海一个月要烧20万吨煤，600万人这张大口又要饭吃，要解决几百万人的粮、煤及生活问题。单是每天大小便问题不解决就不得了。每天的垃圾不解决，几天就堆成一座山。我们会演戏唱歌，人家佩服。我们管理不好上海，就无法向老百姓说话。上海是最现代化的城市，是帝国主义反动派的窝巢，是百年来发展起来的各式各样、奇形怪状的复杂的城市，我们没有经验是很难进行工作的。因此除了具有信心以外，必须要有谨慎小心'临事而惧'的态度，这样才能多考虑问题。否则是低级的幼稚的，就一定会栽筋斗。进入上海是中国革命的最后一个难关，是一个伟大的考验。上海搞得好不好，全中国全世界都很关心。我们搞得好，世界民主力量就会为我们高呼、庆祝、干杯；搞不好就会使他们失望。"

怎样才能接管好上海，陈毅强调："必须强调入城纪律，入城纪律是入城政策的开始，是和市民的见面礼。纪律搞得好，政策就可以搞得好，搞不好就会影响政策的推行。上海人民对我们的希望很大，把我们看成'圣人'，如果一进去就搞乱了，他们就会大失所望，再去挽回影响就要费很大

---

[1]《陈毅传》第450页，当代中国出版社1991年版。

的劲。"[1] 20 天的丹阳整训，为接管上海的各项工作打下了坚实的基础。

我军渡江后，国民党军兵败如山倒。汤恩伯奉蒋介石的指示，在上海集结了 8 个军 25 个师的正规军。加上空军和海军第 1 舰队及炮兵、装甲兵、工兵和保安部队，总共 20 万人。4 月 26 日，蒋介石从奉化老家来到上海，亲自策划部署上海防御。他在复兴岛连续召见团以上军官，训话打气。表示自己留在上海不走，"要和官兵共艰苦，和上海共存亡"。他分析的国际形势是不出 3 个月，就会爆发第三次世界大战，到时候美国就会恢复援助。上海战略和经济地位重要，守备上海的兵力是雄厚的，军用物资是充足的，阵地也是坚固的。只要守上 3 个月到半年，形势一定会朝有利的方向转化。他终日忙碌不停，不断对军官们重复这些话。蒋介石是最善于欺骗的，他向汤恩伯交的底是：尽可能坚守一个时期，待上海的资金和物资全部转运台湾后，就可以放弃上海。当时顾祝同在上海召开作战会议，国防部三厅厅长蔡文治认为几十万大军守上海是死路一条，前无出路，后有大海，守不住大家只好跳海，与汤恩伯大吵大闹。汤恩伯镇不住场，只好宣读蒋介石的密令，说："总裁无意久守上海牺牲实力，只要金银运完就了事，这责任由我来负。你们这些长官、同事们请到广东去吧，免得在这里碍手碍脚，必要时我还要保护你们。"顾祝同等面红耳赤，只好登上飞机走路。[2]

国民党军在上海的防御阵地分为三层：以南翔、华漕、七宝、华泾之线为浦西外围阵地，以川沙至北蔡为浦东外围阵地。以吴淞以西的狮子林向南经月浦、杨行、刘行、大场、真如、虹桥、龙华至黄浦江为浦西主阵地，以高桥向南经高行、洋泾、塘桥之线为浦东主阵地。在市区以国际饭店、四行仓库、海关大楼、百老汇大厦（今上海大厦）等高大建筑物为坚固防守据点。其兵力部署是以 6 个军 20 个师防守黄浦江以西地区，以 2 个军 5 个师防守浦东，海空军实施机动支援。

上海外围在抗战前就修筑了不少坚固的碉堡，侵华日军也修筑过永久性工事。1948 年以来，国民党军在上海加紧构筑新的工事和配套设施，到1949 年 5 月前，上海外围有 4000 多座碉堡、1 万多野战工事。配上地雷、铁丝网、鹿砦等，形成了严密的防线。但是部队进入阵地时，发现许多碉堡和居民的房屋建在一起或距离很近，严重影响射击和视线。上海地区人口稠

---

[1]《入城纪律是给新区城市人民的见面礼》，载《陈毅军事文选》第495页，解放军出版社1996年版。
[2] 唐文：《国民党统帅部关于京沪杭作战的决策和争吵》，载《文史资料选辑》第32辑。

密，这是难免的事。汤恩伯接到报告，命令将阵地周围 1000 米以内的民间建筑物一律拆除，以扫清射界。对阻拦的群众格杀勿论。对这些无家可归的百姓，汤恩伯还不许进入市区，而是朝远郊驱逐疏散。第一期疏散的人口为 80 万，可以想象有多少民居被拆。上海外围顿时怨声载道，哭声震天。国民党官兵本来就人无斗志，面对群众的悲惨景象，有的不忍心下手。但在汤恩伯的严厉督令下，还是执行了。[1]

粟裕、张震率三野前委机关渡江后，进驻苏州，筹划上海战役。5 月 2 日，粟裕、唐亮返回丹阳，与陈毅、饶漱石等研究作战方案。粟裕提出了三种设想：第一是长围久困。这样可以以逸待劳，减少部队伤亡。但上海有 600 万居民，粮食和煤全靠外地输入。长期围困，人民的生活将陷入绝境。而敌军有海上通道，我们围不死，所以长期围困的办法不可取。第二是选择敌人防御薄弱的苏州河以南实施突击。这样虽然避开了敌军设防的重点地区，伤亡也可能减少，但主战场将放在市区，城市会被打烂，也不可取。第三是把攻击重点放在吴淞，暂不攻击市区。这样可以封锁敌军的海上退路，阻止敌人抢运上海物资。敌军为了保护其海上退路，必将与我军决战。这种战法将是硬碰硬的攻坚战，我军要付出较大的代价。但是为了保全上海这座大城市，第三方案应该是最佳方案。[2]

当时三野负责人有这样的想法：我军渡江之后，国民党军溃不成军，士气低落，上海有和平解放的可能。因而在"文进"还是"武进"的选择上，他们认为"文进"的可能性大。5 月 5 日毛泽东致电陈、粟："据上海吴文义几次报告，敌人正在搬走上海物资。我们判断，搬运物资是确定的，在短期内似难搬走很多物资，但如时间拖长则搬走的物资可能较多。在此种情况下，请你们考虑是否可以在 5 月 10 日以后数天内先行占领吴淞、嘉兴两点，切断敌从吴淞及乍浦两处逃路，然后从容布置，待你们准备好了的时候，再去占领上海。"当天陈、饶回电："5 月 5 日电奉悉。对于 10 日后先行派部队占领吴淞、嘉兴两点，切断敌人两处逃路，我们认为这样做是有利的，并不妨碍我们的接收准备工作。而兵临城下，反可争取和平接收与撑主和者的腰，并使破坏者不敢放肆。请军委决定下令实施。"

5 月 6 日军委指示三野："请粟张即行部署于 5 月 10 日以后，5 月 15 日

[1] 施有仁：《蒋军长江败退和淞沪溃逃的狼狈情形》，载《文史资料选辑》第32辑。
[2]《粟裕战争回忆录》第622页，解放军出版社1988年版。

以前数日内，先行占领吴淞、嘉兴两点，封锁吴淞口及乍浦海口，断绝上海敌人逃路，使上海物资不致大批从海上逃走，并迫使用和平方法解决上海问题成为可能，请粟张以具体部署电告。""占领吴淞、嘉兴并不放弃推迟占领上海的计划。何时占领上海，仍须依照我方准备工作完成的程度来作决定。最好再有一个月左右的时间，充分完成准备工作。但是你们仍须准备在不可避免的情况下，早日去占领上海。你们的准备工作愈快愈好。"[1]

粟裕、张震匆匆赶到苏州，作进攻上海的军事部署。7 日上报了作战方案：以 29 军配属两个炮兵团攻占吴淞、宝山，以 28 军控制太仓、嘉定，由第 10 兵团司令叶飞指挥。以 30 军攻占嘉兴、乍浦、金山，进入浦东。预定于 12、13 日发起攻击。经军委批准后，10 日粟裕正式下达了淞沪作战命令。

叶飞对作战计划有异议。他回忆："解放上海各方面的准备工作，特别是如何接管好这个城市的准备工作都很充分，却疏忽了军事上的准备以及作战部署很不周密。战前，既未规定各部队的作战任务，使各部队能做充分准备；临战，又没有召集参战部队首长参加的作战会议，研讨作战方案，就下达了作战部署和作战命令。"当时 10 兵团部队驻在常熟一带，距离吴淞 120 多公里。就是不打仗，强行军一天也只能走六七十公里。为什么会下这样的命令呢？"就是因为轻信了情报，说是敌军准备起义，因而认为从常熟到吴淞口，不会有什么仗打。"[2]

当时叶飞也有轻敌思想，匆匆召集军师干部开了会，28、29 军就分头出发了。当时三野自上而下都没把敌人放在眼里，认为不费劲就能拿下上海。28 军在淮海战役后发展壮大到 7 万人，每个团就有五六千人，武器装备是三野最好的。渡江之后，部队在追击过程中普遍滋长了骄傲情绪，认为敌人"一切不行了""过江过江，没放一枪；追击追击，不堪一击"。有的同志抱怨打不上仗，带的弹药多，负担太重，愿意打仗不愿意行军。[3]所以接到命令后，各部队都情绪高昂，但谁也没有做细致的战前准备。兵团政治部主任刘培善在总结上海战役初期受挫的教训时说："本质的问题是突破长江后战役指导思想上重视不够，有轻敌思想。有人说：上海不是打的问题，而是接收的问题。攻上海时三野命令，我们一天走 100 里也走不到。我当时不知道上海是否有工事。"[4]

[1]《毛泽东军事文集》第5卷第575页，军事科学出版社1993年版。
[2]《叶飞回忆录》第559页，解放军出版社1988年版。
[3]《中国人民解放军第28军军史》，1951年初稿。
[4] 南京军区司令部战史编辑室：《采访意见选录》，1962年4月。

5 月 12 日，淞沪战役发起。28、29 军一路急进，在几乎没有遇到抵抗的情况下占领浏河、太仓、嘉定。当天晚上，叶飞率兵团部进驻嘉定，进展之顺利出乎意料。叶飞想："国民党军队再不能打，也是有作战经验的部队，浏河这个地方总该守啊。为什么不在浏河设防？这是上海的第一道防线嘛！如果真是驻守上海的敌军要起义，为什么又没有人来联系呢？如果真没有仗打，如果当面的敌军真的起义了，该多好！"可是第二天形势就变了，战斗之激烈使我军受到重大挫折。

13 日 29 军向月浦发起攻击，86、87 师沿着公路并排前进。月浦、刘行的守敌国民党第 52 军，是辽沈战役中从营口撤退的一个主力军，建制完整。军长刘玉章曾与我东北野战军多次作战，对付我军比较有经验。52 军凭借严密的地堡、工事防御系统，顽强阻击，给 29 军造成重大伤亡。据 29 军战斗总结说："13 日上午，87 师 253 团抵月浦西边公路上，沿公路两侧向月浦攻击。260 团抵月浦北开始攻击。259 团向狮子林、月浦间插入，261 团于 259 团左侧向月（浦）宝（山）公路楔入。各团均与敌军接触，因地形情况不了解，同时敌人碉堡伪装成坟包，既隐蔽又低。在上级号令下不顾一切坚决地、迅速地向指定地域插入与攻击，253 团对月浦西头地堡攻击二次未成，伤亡近 300 人。第三次接受教训，组织火力，连克碉堡三座，歼敌 100 余人。其余各团均以几次大代价之穿插、硬攻，仅夺下几座。260 团在月浦北边攻击两次，遭敌密集炮火压制，伤亡近 700 人。"当天 86 师的攻击也几次受挫，干部经过前线观察，发现敌军工事坚固，守备沉着，我军不宜使用猛插的战术，因而停止了进攻。[1]

29 军的干部回忆："上海战役，我们 29 军先打的，去两个师（86、87），第一仗打月浦很大程度是轻敌。上面一轻敌，造成下面更轻敌。上海有多少敌人，我们知道的。月浦敌人是一个团，上级要求 12 时打下来，掩护 86 师攻吴淞口。浦东用 30 军攻高桥，企图把上海围起来喊话。上面讲没有什么工事，就是几个土地堡。我们讲要注意注意，脑子里还是轻敌的。中午出发到浏河，捉到几个俘虏说有工事，我们不相信，上边也不相信。后来摸掉敌人一个排哨，了解工事是坚固的，但上面不相信，下死命令几个小时打下来。段（焕竞）副军长跟我们师行动，听到宝山公路上汽车响，说：'快啊，你们听，

[1]《第10兵团淞沪战役战斗要报》，载《华东军区第三野战军第三次国内革命战争战史资料选编——渡江战役》。

敌人跑了！'结果攻不下，一天一夜伤亡 2000 多。"[1]

28 军进攻刘行、杨行战斗同样受挫。据 28 军战史记载：14 日 83 师 244
团、247 团由东西两面分别包围攻击刘行，248 团由左翼包围国际无线电台，
经一夜激战，部队伤亡较大。247 团 1 营只夺取一个地堡，伤亡百余人；248
团伤亡 200 余人，未彻底完成任务。244 团了解了敌情，采取小群战术，接
连夺取了十几个地堡，攻入刘行村内。15 日中午全部占领刘行，歼敌 52 军
一个营。"泰安连" 2 排在敌人火力封锁下通过两道水沟、三道铁丝网，首先
突破敌军阵地，表现出高度的英勇机智。

同日，84 师也向刘行方向进攻。252 团攻占杨行西边的朱家宅后，15 日
越过公路，占领了几个村庄，切断了杨行和大场、江湾间的联系。52 军调
集一个师的兵力，在炮火和坦克支援下向 252 团阵地反扑。由于该团过于突
出，立足未稳，阵地被突破。252 团陷于混乱，在太仓新补充的俘虏兵乘机
倒戈向国民党军投降。252 团在撤退中损失 600 余人。敌军得手后，下午又
向 248 团阵地发起两次反击，均被 248 团战士击退。15 日以后，杨行、刘行、
月浦一线，双方进入相持阶段。[2]

14、15 日两天战斗，28、29 军伤亡较大，战斗处于胶着状态，部队前
进困难。这时叶飞才冷静下来，明白敌人不但没有投降的征候，而且要凭借
永久性工事顽抗到底。这样，猛进穿插战术就不适宜了，想迅速攻克吴淞口
也是不可能的。叶飞决定改变战术，采取淮海战役中的近迫作业攻坚战术，
逐段、逐点攻击。他把情况和想法报告野战军司令部，粟裕表示同意。16 日，
粟裕、张震指示各兵团并报总前委、军委，要求改变战术。

指示说：敌守备特点，"吴淞、月浦、杨行、刘行、大场线，均为既设阵地、
碉堡林立之永久性筑垒地带。部队为沪敌守备之精华，战斗力为蒋军之最强
者。""敌图以地堡群为核心，配以炮兵火力网，实行阵地前面积射击。故我
在攻击前与突入后伤亡大，两天来，我歼敌一个营，要付出 1000 人代价。"

粟裕、张震指出："目前我作战不同于野战，亦不同于一般攻坚战，已
为我济南战役后再次之攻坚战。因此，对永久设防阵地攻击，应慎重周密组
织。"其战术是"对主阵地攻击，应周密侦察，选择敌突出部或接合部与较
弱的敌攻击，楔入敌之纵深。尔后由敌侧背，或由内向外打来，撕破敌之防

---

[1] 南京军区司令部战史编辑室：《采访意见选录》，1962 年 4 月。

[2] 《中国人民解放军第 28 军史》，1951 年初稿。

御体系。""集中兵力（应是小群动作），尤应集中火力与发射筒，轰击一点，以炸药来软化敌钢骨水泥工事，轮番不停地攻击。""交通壕作业迫近敌人。可采用淮海战役歼灭杜聿明时钳形作业，交替攻击，力求歼敌于阵地内。""发挥孤胆攻击与守备精神，发挥爆破威力，以炸药开辟冲锋道路"。[1]

根据野战军的指示，10兵团接受了教训，改变了战术，稳扎稳打。他们调整了部署，以28军主攻杨行，29军主攻月浦。调33军上来配合作战。当时连日阴雨，战士们日以继夜地挖交通沟。上海郊区水田多，挖下去1米就见水，近迫作业比淮海战场要困难得多。大家不顾雨水和泥泞，在敌军炮火下挖出一条条纵横交叉的交通沟，接近敌军阵地。17日以后，部队以单人爆破，先打孤堡、后打群堡的方法，逐步推进。大大减少了伤亡，增强了部队的信心。19日，28军攻克国际无线电台，俘敌1500人。

第9兵团奉命进攻浦东。兵团政治部在动员时说："蒋匪帮决心将上海打烂搬空，破坏完才走。我们有攻占上海及接收淞沪警备之任务。我各军均曾创造出许多光荣的战绩，此次必须协同兄弟兵团，在国际观瞻所在的上海，演一出有声有色的全武行来，给国内外朋友和敌人看。必须充分表现出我军军事上的威力与艺术，表现出人民军队执行政策与纪律的本色，使朋友鼓舞，使敌人胆寒。"5月12日，9兵团的20军首先由浙江北上，先后占领了金山、奉贤，进至松江地区集结。27军占领松江、青浦后，在泗泾地区集结。30军在20军之后迅速推进到川沙境内，矛头指向敌军海上通道和防御重点的高桥。汤恩伯急忙抽调市区的51军到川沙白龙港，阻止我军北上。51军是东北军，南逃后只有2个师编制，在渡江战役中被我军消灭了2个团，败退到上海的残部仅6000多人。军长王秉钺怕汤恩伯治罪，虚报有1万人，汤恩伯就拿51军当主力使用了。13日51军到达川沙，只见当地秩序混乱，根本没有什么像样的工事。王秉钺估计共军的主攻方向在西边，浦东不会有大的战斗。再说共军离得还远，最快也要三天后才能到达。所以他不着急，14日部队才进入阵地，开始修筑工事。[2]

谁知30军动作非常迅速，他们14日占领奉贤旧城后，连夜北上，15日中午以急行军速度到达川沙，消灭了留守的保安部队，占领了川沙县城。30军仍然没有休息，继续大胆北上，切断51军与高桥方面的联系。王秉钺接

[1] 《粟裕文选》第2卷第833页，军事科学出版社2004年版。
[2] 金钺：《蒋军51军上海被歼记》，载《文史资料选辑》第32辑。

到报告，说共军大部队正向当面压来，他胆战心惊，16 日急忙找手下两个师长商量对策。一个师长说："共军大部队已经超越我军阵地向北急进，要把我们包围在海滨，我部弹药不多，粮食只够吃两天，就是战斗也不能持久，还是想法躲一躲吧。"另一个师长说："我们的阵地都在水田里，并不坚固，还是早想办法好。"王秉钺同意他们的意见，说："最怕共军把我们包围在白龙港海滨狭小地区，一举歼灭。我们苦战也没用，还是先向高桥撤退。"于是他下达命令，当天夜里沿公路向高桥撤退。不料天不作美，傍晚下起雨来。51 军士兵在泥泞中艰难行进，速度很慢。半夜时他们到了顾家宅东北的高桥公路上，突然四下枪声大作，30 军向敌军发起了攻击。51 军顿时陷于混乱，四散逃命。30 军大胆穿插，仅用 2 个小时就将 51 军击溃，军长王秉钺也当了俘虏。逃回去的残部仅千余人，被收容重编为 2 个团，在市区苏州河驻守，以刘昌义为代军长。

同日，31 军也从金山向北进军，16 日攻占周浦后，与 30 军并行北上，夺取高桥。18 日拂晓，我军占领高桥外围尹家桥、王家码头、顾家宅一线，切断了高桥守敌 12 军与浦东市区守敌 37 军的联系。上海防区司令石觉对高桥格外重视。为保障出海的通路，石觉紧急调遣 75 军的 95 师增援高桥。从 19 日起，国民党军依靠三面环水的有利地形，在海空军配合下，与 30、31 军展开激烈的争夺战。国民党军以优势炮火轰击我军阵地，并组织多次反冲锋。我军就地坚守，予敌军重大杀伤。因为高桥地形狭窄，河流纵横交错，桥梁多被破坏。我军部队展不开，特纵炮兵上不来，在敌军火力压制下伤亡较大。30、31 军白天击溃敌军进攻，加固工事，晚上组织进攻，与敌军争夺地堡。这样你来我往，形成相持状态。[1]

在 10 天的外围作战中，我军的主攻方向是吴淞和高桥，从两面钳击国民党军出海口。汤恩伯被迫拆了东墙补西墙，从市区调出 3 个军增援浦东和吴淞方向，造成市区兵力空虚。这正符合我军争取在市郊与敌军决战，保全上海市区的作战意图。总前委鉴于接管上海的准备工作业已就绪和吴淞、高桥战斗进展缓慢，17 日指示粟裕、张震："在敌固守上海的情况下，在部署上似应由南向北实行攻击，因苏州河南为敌防御守备较弱部分。且多面攻击，才能分敌之势，使我易于奏效。"18 日粟裕、张震报告总前委："如对沪攻击不受时间、地区限制，我们意见如四面八方向市区发起攻击，北线力求楔入

---

　[1]《第 9 兵团淞沪战役总结》。

吴淞，而以 9 兵团主力先解决苏州河南与南市之敌，尔后会攻苏州河北。如此实施则我楔入敌之纵深不致被动。""我们完全同意对淞沪全面攻击，唯不知接管准备与其他方面是否已准备完毕？"当日总前委复电："我们进入上海的政治准备业已初步完成，你们攻占上海的时间不受限制。"[1]

毛泽东密切关注上海战役的进展，他接到总前委的报告后，20 日指示总前委和粟裕、张震："据邓陈饶电，接收上海的准备工作业已大体就绪，似此只要军事条件许可，你们即可总攻上海。""攻击步骤以先解决上海，后解决吴淞为适宜。如吴淞阵地不利攻击，亦可采取攻其可歼之部分，放弃一部分不攻，让其从海上逃去。"先攻市区和允许吴淞之敌逃跑的决策，使三野放开了手脚，采取灵活战法，加速了解放上海的进度。[2]

三野前委根据中央指示和当面敌情，决定抽调第 7 兵团的 23 军、第 8 兵团的 25 军和特纵主力参战，配属和加强第 9、10 兵团力量。上海战役我军参战部队达到 10 个军、30 个师和特纵炮兵，近 40 万人。5 月 21 日，三野下达《淞沪战役攻击命令》，决定 23 日发起总攻。以 25、29 军攻占吴淞、宝山；以 29、33、26 军楔入江湾、大场、真如地区，并向纵深发展；以 20、23、27 军进攻苏州河以南市区；以 30、31 军牵制高桥之敌。为了使上海市区少受损失，规定部队在市区作战时力争不使用炮火、炸药。总攻时间定在 5 月 23 日。

这时，汤恩伯已经对坚守上海失去信心，22 日登上军舰退到吴淞口外遥控指挥。指挥淞沪防御和警备的石觉、陈大庆也撤到吴淞要塞，做好了随时逃跑的准备。陈大庆找来赋闲的第 1 绥靖区副司令刘昌义，提升他为淞沪警备副司令兼 51 军军长，要他指挥 51、21、123 军和 4 个交警总队，组成北兵团，撤退到苏州河北岸坚守。刘昌义心里非常明白：51 军从川沙逃回市区的残部只有 2 个团，21 军是川军，123 军是苏北民团改编的杂牌。留下这些不能打仗的部队守市区，不过是当替死鬼，掩护汤恩伯和国民党军嫡系部队逃跑罢了。

5 月 23 日夜里，三野发起总攻。20、27、23、26 军分别从东、南、西三个方向攻击市区。24 日，20 军攻占浦东市区，国民党第 37 军渡过黄浦江向北市区逃窜。27 军先后占领虹桥、龙华，控制了龙华机场。然后越过徐家汇铁路，进入市区。当天夜里，27 军 79、81 师分别沿中正路（今延安路）、林森路（今淮海路）、徐家汇路、南京路突击前进。打得敌军节节败退。淞沪警备司令部的一个传令军官竟开着吉普车把命令送到27军阵地上。25日凌晨，27军已攻取了苏州河以南的主要街区。在苏州河北岸，国民党军凭借百老汇大厦、邮电大楼等高层建筑，以密集火力封锁苏州河各桥梁。27军多次组织攻击，均遭受敌军居高临下的火力杀伤。对峙到中午，27军战士焦急万分，强烈要求军部允许使用炮火攻击。聂凤智军长亲临前线观察，召开紧急会议。强调尽力保护市区人民生命和建筑物，不准使用重武器；改变战术，在夜间实施迂回进攻。就在相持不下的时候，刘昌义派人前来联系起义。

刘昌义早年出身冯玉祥的西北军，抗战中被编入汤恩伯的部队。汤恩伯中原战场溃逃时，刘昌义与日本人打了几个硬仗，受到蒋介石的表彰。但他毕竟是杂牌，抗战胜利后就被解除军长职务，挂个空头副职，长期赋闲。他对国民党当局是极为不满的。1948年底国民党政权崩溃的迹象越来越明朗，刘昌义与李济深的"国民党革命委员会"成员王葆桢接上关系，准备相机起义。因条件不成熟，一时没有机会。24日，刘昌义得知汤恩伯、陈大庆等已登上军舰逃跑，知道自己的命运已经决定。如果不想当俘虏，就只有起义投诚这一条路了。24日夜里，他召集21、51、123军的军官开会，主张起义。大家虽然同意，但苦于没有可靠的关系，解放军未必相信。这时，军部的一位军官刘凤德，与我地下党接上了联系。见刘昌义有心起义，便乘机进言说他与解放军有联系，可以保证军长的安全。刘昌义非常高兴，派他过苏州河与我军联系。25日早晨我军答复刘昌义，要他放下武器。刘昌义同意停火，要求与解放军直接谈判。25日中午，刘昌义等来到苏州河南岸的27军81师师部，会见了师政委罗维道和地下党代表田云樵。罗政委向他交代了政策，要国民党军先放下武器，停止抵抗。刘昌义表示同意，并介绍了他手下部队的情况。罗政委迅速报告了聂凤智军长，聂凤智听到这个消息非常高兴，立刻查到刘昌义的电话，晓以大义，指明出路。根据聂军长的要求，黄昏时刘昌义被27军用车接到虹桥路27军指挥部，与聂凤智军长、仲曦东主任谈判。他们共同研究了起义和接收的具体事项，双方达成了协议。[1]

当夜24时，粟裕向军委和总前委邓小平同志汇报："黄昏时，沪敌殿后部队指挥官派员与我前线部队接洽投降。据息：彼称汤恩伯、陈大庆其主力均已撤离吴淞，彼为殿后部队，约4万人，向我接洽联络投降，我正接洽

---

[1] 邹能斌等：《淞沪义举——刘昌义率部接受和平改编纪实》，载《百万国民党军起义投诚纪实》。

中。""陈、饶刻乘火车至苏州，原本拟在此宿营，因得悉上情，即继续东去，拟进至南翔宿营。明晚即进至沪西圣约翰大学或交通大学暂住。我们率三野轻便机关，决明（26 日）晚直赴上海与陈、饶会合。"[1]

26 日凌晨，刘昌义率领 51 军等部队根据协议向江湾方向开进，将苏州河北岸的阵地移交给 27 军。国民党 37 军和交警总队的部分残余人员拒绝放下武器，在外白渡桥一带顽抗，很快就被我军消灭。刘昌义的部队开到江湾时，还遭到嫡系 54 军围攻。起义部队和赶到的我 26 军坚决反击，将 54 军击退。

25 日汤恩伯得知我军已经攻入市区的消息，下达总撤退的命令。在江湾防守的 54 军中午接到命令，顿时混乱起来，官兵们争相逃命。蒋介石在 4 月初曾在上海准备了大量船只，打算随时撤退。但是解放军并没有马上对上海发起攻击，而青岛的刘安祺部困守一隅，随时有被消灭的危险。他连电蒋介石求救，蒋介石只得抽调上海的船只去接青岛的国民党军。青岛的部队还没运到台湾，上海就守不住了。因船只短缺，只好能装多少装多少，上不了船的部队就丢弃不管了。54 军 8 师师长施有仁回忆当时的情况："当天下午下完命令，我就乘吉普车开往虬江码头。开行不久，就被路上的车辆堵塞，无法通行。我尚以为少数汽车抛锚，乃下车徒步到前面观看情况，见到马路上停满了各式车辆，一直走到码头上，也都是这样的。才知道由于解放军的炮弹已经打到码头附近，开车的司机和押车人员都把车辆丢了，赶着上船逃命去了。我到船边一看，我们的部队没上多少，而船被乱七八糟的人挤满了。栈桥上都无法挤上去，我还是由人从舷旁边扶上去的。分配我们乘坐的船是个排水 3000 吨的货船，事前就装了 2000 多吨的面粉。结果我们的部队仅上了 1000 多人，而第 6 师仅上了 140 人。情况特别紧急，在我们船的左边已经落下了不少炮弹。船上人员一再要求开船，同时船上也载得人山人海无法再挤了。我同 6 师师长商量，无可奈何地只得下令开船。到达基隆港上岸，清查当时撤退到台湾的番号有 52 军、54 军、69 军的一个师，每军实际撤退到台湾的一般多在 5000 人上下，且以勤杂人员占多数。此外有一部分如 75 军、21 军、123 军均由上海直接撤往舟山群岛。还有一大部分如交警部队、37 军、51 军等在撤退中没得到命令而丢在上海了。"从海上逃跑的国民党军约有 50000 多人。[2]

---

[1] 《中国人民解放军第三次国内革命战争史料选编》第 3 辑第 3 册。
[2] 施有仁：《蒋军长江败退和淞沪溃逃的狼狈情形》，载《文史资料选辑》第 32 辑。

国民党军的撤退引起全线的崩溃。高桥是敌军防御最顽强的地区，30、31军与其激战一周，相持不下。汤恩伯为了确保海上退路，从市区抽调75军等部队接替被打得残破不堪的12军守备高桥。22日，三野特纵的重炮团到达高桥前线，首先集中火力打击黄浦江上的国民党军舰，击伤敌舰7艘，迫使其逃出吴淞口。25日晚，31军军长周志坚统一指挥30、31军总攻高桥。炮火准备后，敌军已呈瓦解之势。我军从三面发起攻击，15分钟就突破前沿。到20时30分，我军攻入高桥镇，守敌纷纷溃逃。我军乘胜追击，26日晨全歼高桥守敌，俘虏5000多人，从吴淞口东岸封锁了黄浦江。至此，浦东完全解放。

黄浦江以西的我军各部队也是穷追猛打，27军接收刘昌义部的阵地后，迅速向北发展，26日下午攻克火车站，占领了苏州河以北的大片市区。20军配合27军作战，包围了盘踞铁路管理局的37军残敌，迫使其投降。23、26军向江湾、真如攻击前进，占领江湾、大场、国民党淞沪警备司令部等重要地点。25、28、29、33军分头猛攻吴淞、杨行、宝山等地，26日上午，我军潮水般扑向吴淞码头，正在准备上船逃跑的国民党军8000多人都当了俘虏。

在追歼逃敌的过程中，我军开展强大的政治攻势，迫使敌军不战而降。27军235团沿着中正路向前发展时，有个内线关系在路边等候，说国际饭店内的交警第3大队准备投降。我军迅速包围了国际饭店和周围的高层建筑，团首长派人送信给国际饭店内的敌军，要他们放下武器。敌大队副来联络，说自己看守大楼有功，不愿放下武器当俘虏。经再三交代政策，大楼内1552名敌军官兵才走了出来。上海最高的建筑物就这样被27军占领了。

26军78师232团2营的副营长带着一个班追击到江湾镇，发现一座大楼上有敌人。副营长找好地形就喊话："你们已经被包围了，再打下去是死路一条！宽大政策保证你们的生命和财产安全！"一会儿出来一个军官同他接洽，约有一团人出来缴枪。副营长派半个班看管，带着半个班前进了400米，又发现一股敌人。他又喊话："你们的师长、团长都交了枪，就剩下你们啦！"楼里边有人喊："等我们吃完饭再说。"副营长立即高喊："通讯员，叫后边山炮射击！"敌人一听着了慌，马上派人出来联系，又一个营的敌人放下了武器。

26军234团的2连连长在通往吴淞的公路上截住了54军的5辆卡车，

◎ 解放军骑兵进驻上海

发现其中有54军的副军长。连长对他进行个别安慰，并了解敌军情况。得知前面有一个师失去指挥，连长劝敌副军长立功赎罪，要那个师放下武器。敌副军长答应后，与连长和几个战士乘汽车前去。一路上到处是溃散的国民党官兵，散乱地坐在公路上。敌副军长向他们喊话："吴淞已经解放，大家赶快把武器放在原处，到后边去集合。"于是7000多敌人排好队，等待我军收容。[1]

27日上午，27军攻至上海市区东北角的杨树浦地区，据守发电厂和自来水厂的国民党21军230师约8000人还在负隅顽抗。这是上海地区最后一股残敌，已经无路可逃。但是如果硬攻，势必损坏发电厂和自来水厂，造成上海停电、停水的严重后果。聂凤智指示暂时停止战斗，争取政治解决。他向已经到达上海的陈毅请示，陈毅问明这个师是川军，指挥官是副师长许照。他指示聂凤智："你查一查蒋子英的下落，他在陆军大学当教官时，许照曾是他的学生。让他出面劝许照投降。"蒋子英的电话号码很快查出，接电话的蒋子英做梦也没想到解放军的首长会找到他，连声表示："我照办，我照办！"当天下午，许照率部放下武器。[2]

5月27日，上海全部解放。经历15天的淞沪战役，我军歼灭国民党军第51、37军和5个交警总队全部，第12、21、52、75、123军大部，总计15万人。我军坚持外围作战，把大上海完整地交回人民手中，创造了战争史的奇迹。在战斗中，我军伤亡3万余人。上海的解放宣告了历时43天的渡江战役胜利结束。第三野战军总共歼灭国民党军10个军、32个师及交警、保

---

[1] 第9兵团政治部：《淞沪战役敌军工作综合材料》。
[2] 《陈毅传》第452页，当代中国出版社1991年版。

安部队共约 30 万人，其中俘房 23 万人，毙伤 24000 余人，起义投诚 48000 余人。缴获各种火炮 2350 余门，汽车 1300 余辆，坦克、装甲车 120 余辆，舰艇 72 艘，以及大量物资。三野在渡江战役全过程中共伤亡 46000 余人。[1]

◎ 上海解放新闻

如何接管好大上海是对我军更严峻的考验。在战役之前，三野各部队都进行了深入的政策教育和纪律教育，反复学习"三大纪律八项注意"和"约法八章"。根据南京等城市接收的经验教训，华东局、华东军区和三野前委制订了更为详细具体的《入城守则》《城市纪律》和《外交纪律》等文件，发到各部队。粟裕为三野干部作了"怎样进入大上海"的报告。干部战士都写了保证书。总前委对三野提出两大要求：一是"打得好"，要显示出我军的威力和艺术；二是"进得好"，即入城后政策纪律好、军容好。陈毅对部队入城后的纪律提出极为严格的要求，最基本的一条就是"不入民房"。有的干部提出：遇见下雨、有病号怎么办？陈毅坚持说："这一条一定要无条件执行，说不入民宅，就是不准入，天王老子也不行！这是我们人民解放军送给上海人民的'见面礼'！"

5 月 27 日早晨下着小雨，上海市民在枪声平息后打开家门，惊奇地发现马路两边潮湿的水泥地上，睡满了身穿黄布军装的解放军战士。胜利的军队在城市中露宿，谁都是生平第一次见到。27 军在市区的部队从聂凤智军长带头，官兵一致。20 军入城后，全军露宿街头。最少的露宿 30 个小时，有的长达几天。59 师师长住在小学校门口，政治部、司令部住在一条弄堂里，部队在人行道上。据 9 兵团的总结记载："进入市区的部队，虽在战斗中，服装均能保持清洁整齐。初入市区的部队，两三夜均在马路边露宿。适值雨季，连夜下雨，由于从军部起干部均能以身作则，战士亦都有觉悟，毫无怨言。

1 《中国人民解放军第三野战军战史》第369页，解放军出版社1996年版。

◎ 解放上海后露宿街头的解放军

市民（工人、学生、商人等）再三邀请部队进屋休息，均被婉言谢绝。市民送的慰劳品以至开水，均谢绝不受。部队3天无开水喝，吃有30里外送来的冷饭。有一工厂工人送慰劳品给部队，双方互相推让10次之多。工人感动地说：'这真是我们的队伍。'有个商人夜间送烧饼慰劳他门口的我军哨兵，被谢绝；等哨兵换班后，又送给新接哨的，又被谢绝。连送三四次，直到天明，无一人接受。商人说：'解放军的纪律个个人都一样，真是好队伍。'闸北水电公司的哨兵发现水管坏了，当即追查责任，找人修理，并向公司交代清楚。据该公司工人说该厂英国人从来不说中国一点好处，这次英国人反映：'这个部队好，非常负责，纪律好。'攻浦东时，英、美、葡等外商仓库和煤油公司等被蒋军盘踞，外商托人要求我军暂不炮击，答应帮助我们劝降。我军攻击部队接受其请求，和平收缴守军枪械。事后几国领事均托人或用电话向我道谢。外电一致报道我军为他们所见过的最好的军队。"

严格的城市纪律，使我军在上海最初的生活比在农村还要艰苦。"前三天吃冷饭，没有开水喝，睡马路边。以后也是吃'战斗饭'（用子弹箱盛饭，钢盔打菜，炮弹壳做饭碗，甚至用痰盂打面条）。每天早晨天没亮，连长带着全连跑步到黄浦江边去大便。因为找不到厕所，路远，有的战士半路上就拉在了裤子里。""币制未规定前，就不在市场上买东西。有好几天没吃过菜没抽过烟的。20军政治部通讯员看见某部队采买员在买咸菜，大家告诉他币制没规定，不能买。采买员说：'是首长叫买的。部队几天都没有吃菜了，对身体很有影响。'后来20军政治协理员就把自己从乡下带来的腐乳让了一坛给采买员，把要买的咸菜仍还给店里。"干部战士们就这样坚持不入民房，坚持不在市场上买东西，坚持不入公共场所。3天后接管工作基本就绪，各部队才找到国民党军空闲的营房、仓库、机关用房，陆续住了进去。[1]

上海开始了解放后的新生活。陈毅领导军管会干部日夜紧张工作，对原有的市政、财政、文化、军事单位进行全面的清理和接收。市区内担任警备任务的部队在清查、收容国民党散兵游勇，逮捕特务，疏散难民，清除垃圾。驻在郊区的部队在拆除碉堡、平毁工事，排除地雷，为老百姓恢复正常生活和生产而努力。两三天内，上海的供电、供水就完全恢复了正常，商店开门，新鲜的蔬菜也源源不断上市。这个巨大的城市迅速地恢复了正常运转。陈毅说："好好地接管帝国主义、国民党反动派遗留下来的遗产，好好地接管这些人民多年来血汗的积累和新民主主义新中国的物质基础，这对新中国的建设有重大的意义。因此，毛主席和我党中央非常重视接管工作，号召并领导共产党员、人民政府工作人员、人民解放军的指战员首先遵守纪律，以自己的模范纪律来对待接管工作，我们是这样做了。这就保证了用战争夺回的人民财产，原封不动地交还人民。"[2]

上海解放后，基本标志了华东解放战争取得了决定性的胜利。三野部队有的进行城市接管和警备工作，有的深入山区追剿国民党残匪，有的南下福建。在清理废墟、重建家园的工作中，在解放沿海岛屿的进军中，迎来了中华人民共和国的诞生。

---

[1]《第9兵团进入上海的政纪检讨》。
[2]《关于上海市军管会和人民政府六、七两月的工作报告》，载《陈毅军事文选》第514页。